Narratives

Stepan Zoryan

Պատմվածքներ

Ստեփան Զորյան

Պատմվածքներ

© Հնդեվրոպական Հրատարակչություն, 2014

Հրատարակված է Ամերիկայի Միացյալ Նահանգներում:

Կապ՝
IndoEuropeanPublishing@gmail.com

ISNB: 978-1-60444-779-8

Բարեկամներ

Ձյուն է գալիս:

Սպիտակ փաթիլները, ինչպես խնձորենու ծաղկաթերթեր, դողալով ու երկյուղած իջնում են տանիքների վրա, մարդկանց գլխին, ուսերին, ձիերի մեջքին, ծառերի ճյուղերին ու հեռագրաթելերին, և գիշերային թիթեռների պես պտտվում վառված լապտերների շուրջը:

Կարծես մի անողորմ, մի հսկայական ձեռք երկնային բարձունքից մաղում— թափում է նրանց ցած, որ գան— թաղվեն փողոցների ցեխերի մեջ:

Եվ ահա վախվխելով իջնում են նրանք: Ուրիշ մարդկանց թվում իջնում են նրանք և ծեր ամուրի Պողոսի ուսերին ու գլխին, որ վերարկուի օձիքն ականջներին քաշած պաշտոնատեղից դառնում է տուն:

Նա հենց նոր դուրս եկավ հագուստեղենի խանութից, ուր գործակատար է երկար տարիներ ի վեր, և հիմա շտապում է տուն ընթրելու:

Ծեր Պողոսն այսպես է, նա միշտ տանն է ընթրում և միշտ շուտ է տուն դառնում: Նա այն ամուրիներից չէ, որոնք սրճարանում մնում են մինչև գիշերվա 1— 2— ը, սիրում են դերասանուհիներ, խոհարարուհիներ, պես— պես փողկապներ և *մյատնի կանֆետ*: Ո՛չ: Պողոսն այդպիսի բան չգիտի, նա շատ համեստ է իր կենցաղավարության և ձգտումների մեջ, քնում է երեկոյան ժամը իննին, զարթնում է վեցին, երբ Թիֆլիսի գործարանների սուլիչը աշխատանքի է կոչում բանվորներին. խմում է թեյ, ճաշին ուտում է մի տեսակ կերակուր, իսկ երեկոյան ինչ կպատահի: Առաջ նա սիրում էր մորը, իսկ հիմա, նրա մահից հետո, իր վիշտն և ուրախությունը բաժանում է մոր թողած կատվի հետ: Այսպես է ծեր Պողոսը: Բայց նա ունի և իր հոգսը՝ չլինի թե մի հիմար բան պատահի և հանկարծ գործից հեռացնեն իրեն, կամ տանտերը սենյակի քրեհն ավելացնի: Պետք է զգույշ լինել:

Չնայած ցուրտ է, բայց ծեր ամուրին տուն է դառնում ուրախ տրամադրությամբ: Նրա մտքերը թափառում են իր փոքրիկ սենյակում, պտտվում հացի սեղանի շուրջը, նայում են պատից կախված մոր պատկերին, սեղանի ծայրին նստած կատվին և կանգ են առնում անկողնի վրա, ուր իր հետ միասին գիշերները ննջում է մոր թողած ժառանգությունը՝ Վանա կատուն: Սակայն նրան ավելի զբաղեցնում է ընթրիքը: Այսօր ձկան գլուխ կա տանը:

Բայց ահա նա մոտենում է իր սենյակին, պատշգամբում թափ է տալիս վրայի ձյունը, բանալիի երկու պտույտով բացում է դուռը և մտնում ներս: Ներս մտնելով՝ սպասում է, որ կատուն մթան մեջ ահա կքսվի ոտներին և կմլավի, թե «սոված եմ»: Այսպես է հասկանում ծեր ամուրին կատվի մլավոցը: Բայց կատուն այսօր, հայտնի չէ՝ ինչո՛ւ չի քսվում նրա ոտներին, ի՞նչ է պատահել: Ամուրին զարմանում է մի քիչ, ասենք այդպիսի դեպք հաճախ է պատահում, զարմանալու ոչինչ չկա, նա վառում է լամպը և նայում այս ու այն կողմ, կատուն դարձյալ չի երևում:

— Որտե՞ղ ես, է՛յ,— ասում է ամուրին և կանչում, — փիսի՛, փիսի՛, փիսի՛:

Կատուն դանդաղ դուրս է գալիս մահճակալի տակից և գլուխը կախ, անշարժ կանգնում տիրոջ առաջ:

— Քեֆդ էլի վատ է, հա՛,— խոսում է Պողոսը:— Ով գիտի սովա՞ծ ես: Ոչինչ, հիմի ուտելու բան կտամ քեզ:

Վերջին խոսքերն արտասանելով՝ նա գնում է դեպի հացի սեղանը, բայց դեռ սեղանին չհասած՝ կանգնում է մեխված֊ի պես:

— Դրա համար ես մռութդ կախել հա՛,— հանկարծ դառնում է կատվին բարկացած:— Ա՛խ, անպիտա՛ն, ախ, դու անամո՛թ:

Եվ նա զայրույթով ձեռքերը թափ է տալի կատվի վրա:

Չնայած ինքը Պողոսը ձկան պնակը ծածկել էր մի ուրիշ պնակով, բայց կատուն, այդ անպիտանը, այնուամենայնիվ կերել է ձուկը:

— Սա քանիերորդ անգամն է, որ այսպես ես անում, անամո՛թ: Կգայի, մենակ չէի ուտի, քեզ էլ կտայի: Իսկ դու, ագահ անասուն, վերցրել ու կերել ես առանց սպասելու, — ասում է ամուրին որդուն խրատող հոր եղանակով և հանկարծ գոչում բարկացած,— անպիտա՛ն, անպիտա՛ն:

Կատուն երկյուղով շարժում է պոչը և գնում անկյունում նստում: Նա զգում է, որ հանցավոր է, ուստի և գլուխը կախում է կրծքին:

— Չէ՛, ինչպես տեսնում եմ, դու արդեն չափը անցնում ես,— շարունակում է Պողոսը՝ ձեռքերը թափահարելով: — Անցյալ օրը բաժակն ես կոտրել, էն օրը սերն էիր կերել, էսօր էլ ձուկը: Սա ի՞նչ է: իսկ ինչ քո՛ւ բանն է, էն չես անում: Գիշերները մկները հանգիստ չեն տալի, դու տերը չես լսում և վերցնում ես ձուկն ուտում:

Կատուն պոչը սեղմում է ոտներին և գլուխն ավելի իջեցնում, ինչպես մեղապարտը դատախազի առաջ:

Ծեր ամուրին շարունակում է բարկացած անցուդարձ անել: Նրան ավելի զայրացնում է կատվի համարձակությունը, որ ձուկը կերել է ամբողջապես և միայն ոսկրափշերն է թողել, գոնե մի կողմն ուտեր, էլի ոչինչ, բայց նա կերել է բոլորովին: Եվ Պողոսի բարկությունն աճում է ավելի: Նա ձեռքը թափ է տալիս հանցավոր կատվի վրա և բացականչում.

— Դո՛ւրս, դո՛ւրս էստեղից, անպիտա՛ն:

Ու դուռն արագությամբ բանալով՝ նա կատվին անում է պատշգամբը և ինքը նստում— մտածում, թե ինչով ընթրի այս երեկո, ոչ հաց կա, ոչ պանիր. ճաշարան չարժե գնալ՝ հա՛մ թանկ է, հա՛մ անմաքուր: Ու մտածում է երկար:

Մինչ նա մտածում է այսպես, դուրսը կատուն քսվում է դանը, թռչում լուսամուտի գոգը և չանգռում ապակիները:

— Սատկի՛ր, սատկի՛ր,— ասում է ամուրին: — Բաց չեմ անի, սատկի՛ր:

Ու այս ասելով՝ նա ավելի հաստատ է նստում տեղը, կամենալով ցույց տալ, կարծես, թե իր վճիռն անխախտ է: Բայց կատուն նորից ոտները քսում է դռանը, թռչում է լուսամուտի գոգը և, ապակիները չանգռելով, մլավում:

Ինչպես երևում է, մրսում է:

— Սատկի՛ր,— ասում է ամուրին նորից,— ձուկը կուտե՞ս:

Սակայն կատուն այս անգամ սաստկացնում է մլավոցը, որ անշուշտ հասնում է հարևանների ականջը: Նա իր չանգերով նորից բախում է դուռն ու լուսամուտը, և ծեր ամուրիին թվում է, թե կատուն իր մլավոցով ասում է. «Ների՛ր, ների՛ր, էլ չեմ անի»:

— Քեզ չպետք է ներել, անպիտա՛ն, — ասում է ամուրին, — դու ամեննին չես խրատվում:

Ու այս ասելով՝ նայում է պատից կախված մոր պատկերին, որի հայացքը կարծես ասում է. «Ների՛ր, Պողոս, մեղք է, ների՛ր»: Հետո մտածում է, որ ձկան գլուխն ուտելով՝ ինքն առանձին բան չէր շահի, չուտելով էլ ոչինչ չի կորցնում:

«Ենթադրենք, թե սկի չկա», — մտածում է նա ինքն իրեն և գտնում է, որ իր արածը այնքան էլ լավ բան չէ. կատվին թողել է դուրսը մլավելով, հարևանները կիմանան, այդ էլ մի ամոթ: Եվ մի փոքր տատանվելուց հետո, նա դնում է դեպի դուռն ու ասում.

— Հը՛մ, էլ էդպես բան կանե՞ս: Ցուրտը կերա՞ր: Խրատվի՛ր հիմի:

Ու մի քանի րոպեից փակ դուռը բացվում է կրկին և կատուն մտնում է ներս:

Նա մռռոցով քսվում է ծեր ամուրիի կոշիկներին, վարտիքի տոտերին, կարծես շնորհակալություն է հայտնում:

— Այսպես, սիրելիս, այս քեզ խրատ,— մատը թափ է տալի ամուրին: — Մյուս անգամ չհամարձակվե՛ս: Իսկ եթե համարձակվեցիր, վա՛յ քեզ: Այն ժամանակ ինչ կուզես արա, էլ դուռը բաց չեմ անի: Հասկանո՞ւմ ես, որ ես ասում եմ բաց չեմ անի, նշանակում է՝ բաց չեմ անի:

Սակայն կատուն, որ միշտ լսում է այս խոսքերը, ըմբռնում է միայն այն, որ ինքն ինչ էլ ուտում է թաքուն, որքան էլ բարկանում է տերը ու դուրս անում իրեն, բայց և այնպես, ամեն անգամ էլ դուռը բացվում է իր առաջ:

Անցնում է մի ժամ, ծեր ամուրին լույսը հանգցնելով մտնում է անկողին, իսկ կատուն, մեջքը բարձրացնելով ու ձգելով, կծկվում է ու պառկում նրա ոտների վրա: Փոքր անց՝ ցածրիկ սենյակը լցվում է քնի հանգիստ մշմշոցով:

1916

Ձմռան գիշեր

Լուռ, արծաթաշող գիշեր է. ձյուն է ու լուսին: Փայլում է ձյունը տանիքների վրա, փայլում է ցանկապատերին և շողշողում ծառերի ճյուղերին:

Ամեն ինչ ողողված է լուսնի առատ լույսով:

Փոքրիկ քաղաքը քնած է խաղաղ: Փողոցները դատարկ են. պահակներ անգամ չեն երևում: Շները երբեմն հատ— ընդհատ հաչում են լուսնի վրա և, ուշադրության չարժանանալով, լռում զայրացած մռռոցով: Կեսգիշերից անց է, բայց քաղաքացի Հակոբի քունը չի տանում: Չնայած սենյակը տաք է, անկողինը փափուկ, բայց և այնպես քնել չի կարողանում: Այս բանը պատահում է գրեթե ամեն գիշեր: Օ՜, երկար են ձմռան գիշերները, մարդ հոգնում է քնելուց: Եվ Հակոբը լուսամուտից նայելով լուսնի առատ լույսին, շողշողուն ձյուներին, մտածում է՝ ինչ լավ կլինի ձմռան գիշերն էլ ամառվա պես կարճ լինի, մարդիկ իզուր ժամանակ չեն կորցնի և կաշխատեն մի բան գլուխ բերել, թե չէ անխոս պառկելուց ի՞նչ օգուտ: Մտածում է Հակոբը, տնքում է հողացավ ունեցողի նման և հազում այնպիսի մի հազով, որով ուշադրություն են հրավիրում կամ ուզում են իմանալ՝ հարևանը քնա՞ծ է, թե՞ ոչ:

Սենյակում նրա հարևանը կինն է, և որքան էլ Հակոբը հազում է, շարժվում, կինը կարծես չի լսում, քնա՞ծ է, թե՞ քնած է ձևանում, դժվար է իմանալ: Սպասում է Հակոբը մի փոքր և էլի հազում: Նույնը: Բայց նա խոսելու անդիմադրելի ցանկություն է զգում, նրա գլխում խռնվում են բազմաթիվ մտքեր, կասկածներ, ենթադրություններ, ուզում է հայտնել, ստուգել: Ու կամաց, քնքշանքով հրում է կնոջը:

— Արո՛ւս, ա՛յ Արուս:

Կինն անմիջապես չի պատասխանում. ճրրում է, ասես երազի մեջ, գլուխը թեքում է բարձի վրա և տնքում քնից զարթնողի տնքոցով:

— Ի՞նչ է:

— Քնա՞ծ ես,— հարցնում է մարդը:

— Ի՞նչ կա որ...

Ու կնոջ ձայնի մեջ լսվում են դժգոհության շեշտեր:

—Ոչինչ,— ասում է մարդը՝ երեսը կնոջը դարձնելով: — Ասում եմ՝ տեսնես էս ցրտովը զինվորներն ինչպես են մնում դիրքերում՝ լեռների մեջ, ամայի դաշտում: Մինչև անգամ գայլեր կարող են երևալ:

— Հա՛, չէ մի, պոզեր,— խոսում է կինն անտարբեր:

— Այո՛, այո՛, քեզ բան եմ ասում,— առարկում է Հակոբը:— Մի՞թե չգիտես, որ ռազմաբեմերում միշտ գայլեր են երևում: Հիմի կհարցնես՝ ինչպե՞ս: Ա՛յ ասեմ: Հեռվից զգամ են մարդկային դիակի հոտ և իջնում սարերից, անտառներից...

Մի րոպե լռում է մտախոհ և ապա շարունակում.

— Էհ, պատերազմը շա՛տ վատ բան է, շա՛տ: Մեկ— մեկ մտածում եմ՝ եթե մի օր հանկարծ թշնամին մոտենա քաղաքին, ի՞նչ ես կարծում, դերձակ Մինասը ո՞նց պիտի փախչի, ինքը կաղ, կինը պատճառավոր, հինգ էլ երեխա, ո՛չ կառք կարող են վարձել, ո՛չ սայլ:

— Ձիով կերթան,— ասում է կինը,— մի բան, որ տան մեջ չունեն:

— Ձի՛: Օ՛, սիրելիս, ձին ավելի թանկ է: Մեկ էլ, փախչելու ժամանակ ո՞վ իր ձին ուրիշի կտա: Ոչ ոք: Չէ՛, նրանց համար շա՛տ, շա՛տ դժվար կլինի: Մանավանդ որ կինը պատճառավոր է, չի կարող ձի նստել:

— Թա՛նկ է, չի՛ լինի, ոտով կերթա՛ն,— ասում է կինն էլի անտարբեր:

— Հեշտ է ասել՝ ոտո՛վ: Ապա մի փորձիր էս ձյունին ու ցրտին: Կարո՞ղ ես սկի:

Կինը բարկանում է թեթև ու ձեռը հանում վերմակի տակից:

— Էլի՛: Ինչո՞ւ մեզ թողած՝ ուրիշների մասին ես մտածում:

— Դե՛, մեզ ի՞նչ կա,—ասում է մարդը, — մենք ոտով էլ կերթանք: Իսկ թե դերձակն ինչպե՞ս կանի, չգիտեմ:

— Դե լա՛վ,— երեսը շուռ է տալիս կինը,— թշնամին չեկավ՝ փախչելը մնաց:

— Ասում եմ՝ եթե մի օր գա,— պատասխանում է Հակոբն արդարանալու պես:— Չէ՞ որ մարդ պետք է մի քիչ հեռուն մտածի:

Կինը նորից թեթև նեղանում է:

— Լա՛վ, թող քնենք, — ասում է՝ երեսն ավելի շրջելով:

Հակոբը լռում է: Նայում է լուսնի շողերին, որ ընկել են հատակին, պատին և շողշողեցնում են պահարանի ապակիները: Դուրսը քամի է: Լուսամուտի առջևի ձյունածածկ ծառը թեթև երերվում է և խաղացկուն լույսեր ու ստվերներ փռում հատակին: Լռություն է, քնած է տունը, քնած են հարևանները, քնած է ամբողջ քաղաքը: Բայց Հակոբի քունը դարձյալ չի տանում: Լռության մեջ անցնում է բավական ժամանակ, նա մեջքի վրա պառկած՝ մտածում է ու կենտահազ տալիս: Ապա երկար նայում է ծառի երերվող ստվերներին ու նորից կամաց հրում կնոջը.

— Արո՛ւս:

Կինը տնքում է հառաչանքով:

— Զարթո՞ւն ես:

Կինը զարթնում է դժկամ.

— Ի՞նչ է, է՛:

— Ոչինչ, մի բան եմ ուզում ասել: Տես՞ է լ ես տերտերանց բակում ինչքան սառուց կա: Զարմանալի է, թե ինչո՛ւ չեն մաքրում: Էնքան երեխա ունեն, պառավ մայրը, կինը՝ միշտ ման են գալիս բակում, և մեկը չի մտածում, որ կարող են ընկնել, վնասվել: Դե արի ու էս թանկ ժամանակ բժշկիր դրանց: Անմիտնե՛ր: Ես կարծում եմ՝ պետք է հասկացնել, որ մաքրեն: Համ էլ, գիտե՞ս ինչ, սառուցը ծառերին կարող է վնասել: Ափսոս են: Իսկ նրանց բակում ծիրանի լա՛վ ծառեր կան:

— Է՛հ,— — ընդհատում է կինը,— ինչ կուզե ըլեն, մեր բակում քիչ սառուց չկա, մաքրող ես մեր սառուցը մաքրի: Քարը տերտերանց գլխին էլ, նրանց ծառերի էլ:

— Ախր չէ, է՛, լավ ծառեր են, դրա համար եմ ասում: Մի՞տդ է՝ հերու ինչքան էին բռնել, քիչ էր մնում ճղակոտոր ըլեին: Եթե է՛ս տարի էլ էդքան բռնեն, հասկացնեմ պիտի, որ ճղների տակը տայաղ տան:

— Է՛, քնիր,— ասում է կինը տրտունջով,— էդքան ծառ սիրող ես, ինչո՞ւ մեր բակում մի ծառ չես տնկում:

Հակոբը լռում է, ուզում է առարկել կնոջը, որ իրենց բակում ծառ չի կարող աճել, քանի որ ջրի արխ չունեն, բայց միտքը նոր բան է ընկնում հանկարծ:

— Բա իմացել ե՞ս,— ասում է աշխուժով,— Տոնոյի կովը ծնել է, օրապակաս հորթ է բերել: Ինչպես պիտի պահեն՝ չգիտեմ: Զարմանալի է: Պոչն էլ կարճ է, ասում են: Մի թիզ: Եթե ամառը ճանճերը վրա տան, ո՞նց պիտի անի: Հը՞: Բոռերը կխեղդեն անպատճառ:

Կինը չի լսում այլևս, նա քնած տնքում է, ասես ծանր բեռան տակ: Լսում է Հակոբը կնոջ քնաձայնը և նայում նորից լուսնի շողերին: «Այո, բոռերն անպատճառ կխեղդեն, եթե պոչը չերկարի»,— մտածում է նա:

Ժամանակն անցնում է լռության մեջ և լռությունը, թվում է, հոսում է: Հակոբն իր ականջներում խուլ, շատ խուլ խշշոց է լսում: Ծառի շվաքն այժմ ընկել է դիմացի պատին, ուր լույսեր ու ստվերներ են խաղում նորից: Երևի դուրսը դարձյալ քամի կա: «Այ՛ո, անշուշտ, քամի կա, — մտածում է Հակոբը: — Իսկ քամին հիմա ծառերին վնաս է: Տերտերանց ծառերն էլ հենց քամու առաջ են»:

Քամի՞ն: Ի՛նչ վնասներ ասեք, որ չի պատճառի քամին, մտածում է Հակոբը: Օ, եթե այդ քամին հանկարծ հողմ դառնա՝ ինչե՛ր ասես չի անի: Մանավանդ եթե հրդեհ լինի քաղաքի որևէ թաղում: Ի՛նչ հրդեհ: Լուցկու կայծը մենակ բավական է, որ քաղաքը կրակի ծով դառնա: Դա կարող է պատահել հենց մի որևէ ծխնելույզից: Քամին էլ հո միշտ հակառակ է ծխնելույզներին:

— Աստված ոչ անի, եթե էս քամու ժամանակ վառվող բուխարիկ լինի,— ասում է Հակոբն ինքն իրեն և մտածում այն անփույթ տանտերերի վրա, որ ծխնելույզները չեն մաքրում ձմեռնամտին: Չեն մաքրում և ստանում են պատիժը: Բայց ցավն այն է, որ նրանց հետ տուժում են ուրիշներն էլ:

Ու Հակոբը մտախոհ շարժում է գլուխը բարձի վրա, ապա զգուշությամբ ձեռը դիպցնում կնոջ կողին:

— Արո՛ւս:

Կինը չի լսում:

— Արու՛ս,— կանչում է Հակոբն ավելի բարձր:

Արուսն այս անգամ զարթնում է մեծ դժկամությամբ և թոնթորում է ինչ— որ:

— Արուս,— սկսում է Հակոբը հոգատար ձայնով, ուշադրություն չդարձնելով կնոջ քրթմնջոցին: — Մի բան եմ հարցնելու, դու կիմանաս, որովհետև բալկոնում շատ ես լինում:

— Կարճ կտրի,— ասում է կինը:

— Ասում եմ՝ զուցե տեսած լինես,— շարունակում է մարդը:— Ես կարծում եմ տեսած կլինես, որովհետև բալկոնից երևում է: Կարապետ աղեն էս տարի իր բուխարիկները մաքրել է տվե՞լ:

Կինը դժգոհ շարժումներ է անում:

— Ի՜, Արուսն ուրիշ բան չունի, աչքը Կարապետ աղի բուխարիկների վրա պիտի պահի: Գլուխը քարը Կարապետ աղի էլ, նրա բուխարիկների էլ:

— Չէ՛, ախր մի լսի՛ր, գիտես՝ ինչ կա,— հասկացնում է Հակոբը կնոջը,— եթե չի մաքրել, խայտառակ բան կլինի:

— Ի՞նչ,— հարցնում է կինը բարկացած:

— Ի՞նչ, մի՞թե չես հասկանում՝ ինչ կպատահի, եթե մաքրած չլինեն: Էն էլ քամու ժամանակ: Բավական է բուխարիկներից մեկը վառվի, էլ հնարավո՞ր է հանգցնել: Ու հետո, գիտե՞ս՝ ի՛նչ կլինի: Կվառվի ոչ միայն նրա երկու հարկանի տունը, կվառվի ամբողջ կահ— կարասին, կվառվի աղջկա բաժինքը, ու միանգամից կքանդվի երկու տուն: Ասում են՝ աղջիկը մի տան բաժինք ունի: Հետո, ներքն կվառվի զինին, կոնյակը: Ու ամբողջ վերի թաղը: Հասկանո՞ւմ ես:

— Էհ, հերի՛ք է,— բարկանում է կինը, այլևս չկարողանալով իրեն պահել,— խալխի դարդարարը չես:

— Ասում ես էլի՜,— վշտանում է Հակոբը քիչ լռելուց հետո,— ինչպ՞ես դարդ չանես, երբ մի անփութության պատճառով քաղաքի ամենալավ տունը և մի ամբողջ թաղ կարող է ոչնչանալ: Ինչպես դարդ չանես, երբ քավոր Բարսեղը, հրեն, գետնախնձոր է առել, կեսը ցրտատար է դուրս եկել: Կամ...

Կինն այլևս չի լսում: Ճրրալով թեքվում է մյուս կողքի վրա ու քնում: Իսկ Հակոբը կնոջ այդ վարմունքից դժգոհ՝ շարունակում է մտածել, թե որպիսի հրդեհ կառաջանա քաղաքում, եթե Կարապետ աղի ծխնելույզն իսկապես մաքրված չլինի: Փոքր անց, սակայն, նրա մտածումները խանգարում են մկները, որ վազվռտում են առաստաղում ու տախտակներն աղմկում այնպես, որ թվում է քարեր են գլորում վերև:

Լսելով մկների աղմուկը, Հակոբը հառաչում է և մտածում, թե արդյոք ինչպես են ապրում մկներն առաստաղում:

— Տեսնես ինչո՞վ են կերակրվում դրանք այդ չոր տախտակների մեջ,— ասում է նա մտքում ու շարունակում մտածել:

1916

Շաքարաման

Թիֆլիսի Սալդաթսկի բազարով (ուր ծախում են թթու դրած վարունգ, կեղծած յուղ, գողացած շորեր և հին ոտնամաններ) անցնում էր մի երիտասարդ՝ մի փոքրիկ կապոց ձեռին:

Նա գնում էր ծանր ու մոլորուն քայլերով և շարունակ շուրջը նայելով, ինչպես տան հասցե որոնող օտարականն, և դրա հետ միասին նրա դեմքն ուներ մի այնպիսի արտահայտություն, որպիսին ունենում են միայն քննադատությունից պախարակված բանաստեղծները՝ կես վիրավորված, կես ամոթահար:

Եթե նրա գլխին անգլիական հին կեպիի փոխարեն լիներ ֆրանսիական լայնեզր գլխարկ, կարելի էր կարծել, որ նա գյուղական ուսուցիչ է և քաղաք է եկել իր համար գլխարկ գնելու կամ ներկայացում տեսնելու, իսկ եթե նա իր՝ մի քիչ երկար և շատ նստելուց փեշերը ծալված խունացած պիջակի տեղ հագած լիներ բենզինով սրբած մի նեղ բաճկոն, կարելի էր ենթադրել, որ գավառական քաղաքից եկած մանր գործակատար է:

Բայց, իսկապես, ո՛չ այս էր, ո՛չ այն, այլ, եթե ճիշտը կուզեք իմանալ, մի բանտարկյալ, որ նոր էր դուրս եկել բանտից:

Օ՜, որպիսի խնդությամբ թնդաց նրա սիրտը, երբ բանտի երկաթե դռները բացվեցին նրա առաջ, և նա դուրս եկավ փողոց, ուր փոշու նման մանր անձրև էր մաղվում երկնքից: Այդ ժամանակ նա, իհարկե, շատ բան զգաց, ինչպես բանտից դուրս եկող ամեն մարդ, սիրելի թվացին նրան մարդիկ, բաց լուսամուտներով տները, երթևեկող կառքերը և երկնքից իջնող մանրահատ անձրևը: Բայց, սրանից զատ, նա զգաց նաև մի ուրիշ բան. հայտնի չէ ո՛ր նկուղից, ո՛ր տնից կամ ո՛ր ճաշարանից նրան հասավ կերակրի անուշ հոտ և նրա մեջ զարթեցրեց տաք կերակուր ուտելու փափագ: Ու մտավ նա առաջին պատահած ճաշարանը: Եվ երբ բոլորովին ճաշից կշտացավ, սկսեց մտածել իր դրության մասին, ինչպես բնականաբար անում են մարդիկ կշտանալուց հետո: Մտածում էր, թե ուր պիտի գնա հիմա և որտեղ պետք է գիշերի, քաղաքում չուներ ոչ ազգական, ոչ մոտ բարեկամ, իսկ ձեռին կար ընդամենը մի մանեթ, որից 30 կոպեկ տվեց ճաշին: Նա մտածեց հեռավոր ծանոթների մասին, իրենց լոռեցիների մասին, որոնցից ամեն մեկը մի գործ ուներ քաղաքում: Մտածեց գնալ դերձակ Օհանեսի մոտ և օգնություն խնդրել նրանից մի քանի օրվա համար, մինչև որ գործ կգտնի, բայց հետո հիշեց, որ մի տարի առաջ չէր կատարել նրա հանձնարարությունը, գյուղից գալու ժամանակ լոբի չէր բերել դերձակի համար: Ապա ուզեց գնալ կոշկակար Նիկոլի տուն, սակայն այստեղ էլ անկարելի գտավ, մի անգամ վեճի միջոցին ինքը կոշկակարին անվանել էր բուրժուա, և կոշկակարը սաստիկ վիրավորվել էր: Հետո նա մտածեց դիմել ուրիշ հայրենակիցների՝ բազազ Սարգսին, գործակատար Բագրատին կամ դարբին Սիմոնին, բայց նորից անհարմար բաներ հիշեց և, վերջապես, որոշեց ուղղակի դիմել խանութպան Աբելին, որը իր հանգուցյալ հոր լավ ծանոթն էր, որին իր հայրն էր «մարդ շինել»՝ գյուղից քաղաք բերելով: Աբելը ամենահուսալին թվաց նրան:

Եվ այժմ ահա, Սալղաթսկի բազարի աղմուկի միջով, գնում էր նա մանրավաճառ Աբելի մոտ օգնություն խնդրելու: Գնում էր ու մտածում Աբելի մասին, նրա խանութի մասին, ուր եղել էր միայն երեք տարի առաջ, և նրա ցուցանակի մասին, որի վրա նկարված էր շաքարի մի գլուխ և տանձ ու խնձորով լիքը մի ապակյա վազ: Այսպես մտածելով, միաժամանակ չէր կասկածում, որ Աբելը մերժի իրեն:

— Իհարկե, չի մերժի,— ասում էր նա ինքն իրեն,—քանի որ հերս է մարդ շինել նրան: Եթե իմ հերը չլիներ, նա հիմի տրեխները հագին չոբան էր: Իսկ եթե «չեմ ու չում» անի, ձեռնափոխ կուզեմ, հետո կտամ:

Այս մտածումներով հասավ Աբելի խանութին և, կանգնելով, ապակիների միջից նայեց ներս: Խանութում կար միայն մի գոգնոցավոր փոքրիկ տղա, որն ինչ— որ ծամում էր արագ— արագ: Երիտասարդն սկզբում օրորվեց անվստահության մեջ՝ մտնե՞լ, թե՞ չմտնել, ապա մի քիչ ավելի պարզ պատկերացնելով իր դրությունը, որ գիշերելու տեղ չունի, ճաշելու փող, համարձակություն ներշնչեց իրեն ու մտավ խանութ:

Փոքրիկ տղան նրան տեսնելով՝ արագ հանեց բերնի ծամոնը և կոխեց գրպանը:

— Ի՞նչ եք ուզում,— հարցրեց նա համարձակ ձայնով:

Երիտասարդը տատանվեց մի րոպե:

— Ես ուզում էի,— փնթփնթաց նա:— Պարոն Աբելը՝ խազեինդ, էստե՞ղ է, տա՞նն է:

— Հա՛, ճաշում է, կուզե՞ք կանչեմ:

Երիտասարդը նորից տատանվեց, անհարմար ժամանակ եկավ, եթե մի քիչ հետո գար, լավ կլիներ: Բայց՝ ոչինչ, թող կանչի, եթե այդ չի խանգարի ճաշելուն:

Եվ փոքրիկ տղան արագ անցավ խանութի ետևը, իսկ երիտասարդը մոտեցավ վաճառասեղանին և, մինչև Աբելի գալը, սկսեց դիտել այնտեղ դրված հաստ, միատեսակ խփավոր շաքարամանները, որ սովորաբար գործ են ածում միայն գյուղական քահանաները և քաղաքի սարկավագները: Նա մեկ— մեկ վերցնում էր նրանց խուփը, դիտում անտարբեր և մտածում, որ Աբելն իրեն դժվար թե ճանաչի, ահա երեք տարի է չի տեսել: Բայց եթե ճանաչի, երևի շատ կուրախանա, չէ՞ որ իր հոր շնորհիվ է այս խանութի տերը դարձել, և, անկասկած, չի մերժի, կօգնի իրեն: «Իսկ եթե իմանա, որ գողության համար եմ բանտ նստել, դժվար թե մի բան տա,— մտքում խոսում էր նա,— երբեք չի հավատա, որ անմեղ եմ եղել և այդպես էլ դուրս եմ եկել: Չէ՞ որ մարդիկ չեն հավատում բանտից դուրս եկածի անմեղությանը»: Եվ նա ուզեց դուրս գալ խանութից, հեռանալ, որ իր հայրենակիցը ոչինչ չիմանա իր մասին, բայց հետո մտածեց, որ վատ բան կկարծեն եւտնից, ու մնաց:

Ու հենց այդ րոպեին միջապատի ետևից լսվեց արագ քայլերի ձայն: Երիտասարդը ինչպես ձեռքը դրել էր շաքարամանի վրա, այդպես էլ մնաց անշարժ, որ բան չկասկածեն:

Ներս մտավ ձեռքերը իրարից հեռու բռնած (երևի յուղոտ լինելու պատճառով) մի միջահասակ մարդ, մի իսկական լոռեցի՝ բարի և ռամիկ դեմքով, որի գլխի ու երեսի ալեխառն կարճ մազերը նմանում էին ոզնու փշերի: Ներս մտնելով՝ նա հարցրեց.

— Ի՞նչ եք կամենում:

— Ես,— սկսեց երիտասարդը շաքարամանի խուփը շարժելով,— ես ուզում էի:

Նա շփոթվեց մի րոպե ճաշը կիսատ թողած մարդու առջև, որ անհամբեր աչքերով նայում էր իրեն.

— Ես ուզում էի, — շարունակեց նա այս անգամ էլ շաքարամանը շարժելով:

Խանութպանն անհանգիստ շարժում արավ և, տեսնելով, որ երիտասարդը շարունակում է շաքարամանին նայել, հարցրեց:

— Ի՞նչ, շաքարաման եք ուզո՞ւմ: Դա կարժենա մի մանեթ:

«Չճանաչեց»,— մտածեց երիտասարդը և ուզեց հասկացնել, թե ո՛վ է ինքը:

— Գիտե՞ք, ես քեռի Խեչանի տղեն եմ,— ասաց նա և կարմրեց, ու իսկույն մտածեց, որ հիմար բան ասաց, ի՜նչ կարիք կար:

— Քեռի Խեչանի՛,— զարմացավ խանութպանը,— մեր քեռի Խեչանի՞:

— Այո՛,— ուրախացավ երիտասարդը, որ գործը լավ սկսեց:

Հիմա երևի Աբելը հարցուփորձ կանի իրեն:

— Հա՛, դե՛հ որ մեր քեռի Խեչանի տղեն եք, ձեզ կարելի է մի բան զիջել,— շարունակեց խանութպանը,—տվեք 90 կոպեկ ու տարեք, շատ լավ ապրանք է, չեք փոշմանի:

Երիտասարդը լռեց: Նա մտածում էր՝ ինչպես շարունակել սկսածը, բայց ուզում էր, որ Աբելը շարունակի և հարցեր տա իրեն, սակայն Աբելը լռում էր և, ձեռքերը իրենից հեռու բռնած, անհամբեր նայում էր նրան:

— Հը՛մ, ձեռք չի՞ տալի:

— Ես... գիտե՞ք..., — խոսեց երիտասարդը և ուզեց ասել, որ ինքը բանտից նոր է դուրս եկել, կարիքի մեջ է, բայց դարձյալ լռեց:

Ինչ կարիք կա այդ ասելու, ինչ կարիք կա:

— Հավատացեք՝ պակաս չի կարելի,— առաջ տարավ իր խոսքը խանութպանը, — էդ էլ ձեր խաթեր համար եմ տալի: Դրա նմանները միշտ ծախում ենք մեկ ու քսանով, ձեզ տալիս եմ 90— ով: Ապրանքի մասին էլ խոսք չի կարող լինել, օդեցկի (Օդեսայի), լավ, դիմացկուն: Եթե չկտրեք, քսան տարի կդիմանա:

Երիաասարդն օրորվեց երկմտության մեջ:

— Գիտե՞ք, ես նոր եմ դուրս եկել բանտից, այնպես որ, — փորձեց շարունակել նա, բայց նորից նայելով խանութպանին ու փոքրիկ տղային՝ լռեց դարձյալ:

Աքելը նորից անհամբեր շարժում արավ, մի այնպիսի շարժում, որ հատուկ է միայն ճաշը կիսատ թողած կամ մի տեղ շտապող մարդկանց:

— Համարյա թե առքի գինն եմ ասում, — ասաց նա շտապ— շտապ,— առքի գինը:

Երիտասարդն իր հայրենակցի ձայնից զգաց, որ դժգոհություն է պատճառում նրան, գուցե դժդոհություն է պատճառում և այն փոքրիկ տղային, որ այնպես համարձակ, ամբարտավան աչքերով նայում է իրեն, և նա դուրս գալու քայլ արավ:

— Ձեռք չտվե՞ց,— հարցրեց խանութպանը:

Երիտասարդն արիացավ:

— Ոչ, թանկ է:

— Դուք որքա՞ն կարող եք տալ:

Նա դիտմամբ ցածր գին ասավ.

— Յոթանասուն կոպեկ:

— Վնաս է լինում:

— Ավել չեմ կարող,— պատասխանեց երիտասարդն ակամա և շտապեց դեպի դուռը:

— Տվեք ութսուն:

— Ավել չեմ կարող,— կրկնեց երիտասարդը հաստատ ձայնով, և զոհ մնաց ինքն իր ձայնից, իր պատասխանից, ու դուռը բանալով՝ ոտքը դրեց շեմքը:

— Լա՛վ, համեցե՛ք, համեցե՛ք, տարեք,— կանչեց խանութպանը նրա ետևից,— համեցե՛ք, քանի որ մեր քեռի Խեչանի տղեն եք, ինչ արած:

Երիտասարդն անխոս ետ դարձավ, տվեց 70 կոպեկ, ունեցած ամբողջ գումարը, և շաքարամանն առնելով՝ դուրս գնաց:

Մի քանի րոպեից արդեն նա քայլում էր նորից նույն Սալդաթսկի բազարով, նույն կապոցի հետ մի նոր շաքարաման ձեռքին:

1916

Մանուկներ

Վաղուց Ոսկերչյան եղբայրների վաճառատան կողքին ընկած էր շաքարի մի տակառ: Ընկած էր երկու տան արանքում, նեղ մի փակուղում, ուր ոչ ոք չէր մտնում: Ընկած էր նա փայտե կապերը մեջքին, բերանը միշտ բաց, և մեջը խուրձից ավելի տրորած ծղոտ, որ մնացել էր վաճառված շաքարից: Ու այդպես՝ մարդկանց աչքից հեռու, արևի ու անձրևի տակ, կողքը հեռագրաթելի սյանը դեմ տված ու, իր վիճակից կարծես դժգոհ, տրտում նայում էր երկու տան արանքով երևող երկնքի շերտին: Մոտիկ, հենց մի քանի քայլի վրա, մեծ փողոցով անցնում էին շատ մարդիկ, բայց մեկը չէր նայում նրան, բոլորը, անգամ տերերը, ասես չէին տեսնում նրա գոյությունը: Երբեմն միայն նրան մոտենում էին փողոցաշրջիկ շներ և հոտոտելով՝ անցնում դունչները ցցած: Ըստ երևույթին տակառը նրանց ևս դուր չէր գալիս: Ու մնում էր մոռացված, երեսի վրա ընկած: Եվ այդպես երկա՜ր ժամանակ:

Բայց մի օր, անսպասելի, նրա մեջ երևացին բնակիչներ: Հայտնի չէ՝ ինչպես նրանում բնակություն էին հաստատվել ինչ— որ մանուկներ, մեկը դրանցից, ամենամեծը,աղջիկ էր, մոտ ութ տարեկան՝ խճճած, փոշոտ մազերով, փոքրը նույնպես աղջիկ էր՝ հազիվ չորս— հինգ տարեկան, նրա մազերը հասած հաճարի գույն ունեին և աչքերը մուգ կապույտ էին, մանուշակի նման, իսկ միջնեկը՝ տղա էր՝ կաշվե գոտին մեջքին: Երեքն էլ բոբիկ էին և բաց, գանգուր գլուխներով: Վերջին հանգամանքը ցույց էր տալիս, որ մի ընտանիքից են, բայց թե ովքե՞ր էին, որտեղի՞ց էին եկել և ո՞ւր էին գնալու, հայտնի չէր: Երևում էր միայն, որ մեծն ակներև հովանավորում էր փոքրերին և նրանք ակնածու լսում էին նրան: Երբ անցորդներից մեկը, պատահաբար, նայում էր նրանց կողմը կամ մոտենում էր մի շուն, փոքրերը երկյուղով նայում էին քրոջը՝ վտանգավոր չե՞ն արդյոք մեկը կամ մյուսը: Իր նայվածքներով մեծը միշտ հանգստացնում էր փոքրերին և փաղաքուշ ձայնով սիրտ տալիս նրանց: Այսպես անում էր մանավանդ այն ժամանակ, երբ պատրաստվում էր նրանց մենակ թողնելու: Իսկ նա փոքրերին մենակ թողնում էր շատ հաճախ: Ամեն օր վաղ առավոտից այդ բոբիկ, գանգուր մազերով աղջիկը գնում էր շուկա, աչքերը գետնին ինչ— որ որոնում էր մրգավաճառների խանութների առջև ու կանաչեղենի սայլերի արանքում: Որոնվում էր ուշադիր, մանրազնին, զարմանքով նայում էր կախված մսերին, սալակների մեջ դարսված մրգերին ու կանաչեղենին: Նայում էր երկար ու նորից անցնում շուկայի հրապարակը, ուր լինում էին միշտ սեխի, ձմերուկի կլեպներ, կանաչեղենի թափթփուկ, փչացած բողկ, ճլրած սոխ, կոտեմ, պոմիդոր: Մի երկու ժամվա պտույտից հետո նա գոգը լիքը վերադառնում էր տակառ՝ գոհ ու ժպտուն: Նրան տեսնելով երեխաներն իսկույն գլուխները հանում էին տակառից և ձեռները պարզած՝ ճչում խնդալից, ինչպես մորը տեսնող թռչունի ձագեր:

— Եկա՛վ, Ատա՛ն եկա՛վ:

Այսպես էին կանչում նրանք մեծ քրոջը, և Ատան գոհ ժպտում էր ու դեռ հեռվից ցույց տալիս գոգի բարիքները: Ապա, երբ գլուխն իջեցնելով մտնում էր տակառ, չորս փոքրիկ ձեռներ անմիջապես նրան էին պարզվում ագահ, դողդոջ շարժումներով: Ատան կարգի էր հրավիրում նրանց՝ «կամա՛ց, ա՛յ կամաց», և ուտելիք բաժանում: Փոքրերն ախտրժակով ուտում էին սեխի, ձմերուկի կլեպները՝ երբեմն իրար ձեռքից կտորներ խլելով: Ատան նորից կարգի էր հրավիրում՝ նոր կտորներ տալով կամ չտալու սպառնալիքով: Երեխաները հանդարտվում էին և շարունակում կրծել կեղևները՝ միաժամանակ ագահ նայվածքներ ուղղելով միմյանց ուտելիքի վրա: Երբ նախաճաշը վերջանում էր, Ատան փոքրիկների գլուխը դնում էր իր ծնկներին ու քորելով՝ քնեցնում նրանց: Ճաշից առաջ ու հետո կրկնվում էր նույնը: Ատան երեխաների գլուխն իր ծնկներին պահում էր այնքան ժամանակ, մինչև որ քնում էին: Այս լինում էր առանձնապես երեկոները:

Բայց միշտ այսպես խաղաղ չէր անցնում կյանքը տակառում: Երբեմն փոքրիկները հիշում էին մորը և սկսում լալ: Այդ ժամանակ Ատայի համար սկսվում էր մի ծանր աշխատանք, հանգստացնում էր փոքրերին մեղմ, սիրող խոսքերով, շոյում, գուրգուրում էր նրանց և օրորում ծնկան:

— Մայրի՞կը, օ՛, մայրիկը վերն է,— ասում էր նա երկինքը ցույց տալով,— նա կգա, եթե նրանք քնեն: Իսկ եթե լաց լինեն, եթե շարունակեն այսպես լաց լինել, նա չի գա, այո՛, չի գա: Կխռովի ու չի գա: Հասկանո՞ւմ եք:

Եվ փոքրերը, մորը չվշտացնելու համար, լռում էին ամեն անգամ ու աչքերը զցում երկինք, որտեղից մայրիկը պիտի գար:

— Բա ու՞լ ա, ինցո՞ւ ցի գալի,— ասում էր երբեմն փոքրիկը՝ քրոջը չհավատալով:

— Կգա, կգա, դու որ խելոք կենաս, նա կգա,— պատասխանում էր Ատան:— Մայրիկը չի սիրում, որ լաց են լինում: Հասկանո՞ւմ ես:

Փոքրիկը լռում էր ու նայում երկինք, նրա հետ երկինք էին նայում և քույրն ու եղբայրը: Ու երկար, երեքը միասին, գլուխները տակառից հանած, նայում էին երկնքին, աստղերին, որ փայլում, շողշողում էին բոցավառ աչքերի նման: Ուրեմն մայրիկն այնտեղ է՝ աստղերի մոտ, մտածում էին նրանք, և թվում էր, որ այն բոլոր մայրիկները, որ տնից գնացել են հեռու, հիմա աստղեր դարձած՝ վերևից նայում են և սպասում, որ ամեն ինչ խաղաղվի, որ երկնքի սանդուղը ձգվի, որպեսզի գան իրենց երեխաներին համբուրեն: Այսպես էր ասում Ատան, և փոքրիկներն սպասում էին մայրիկին: Բայց, տեսնես, այդ պսպղուն աստղերից ո՞րն է մայրիկը:

— Բա ո՞ւղ ա, ո՞ւղ ա մայլիկը, — շարունակում էր փոքրիկը՝ աչքը դարձյալ աստղերին:

Ատան լուռ, երկար նայում էր երկնքին, շողազարդ աստղերին և մատը մեկնում մի աստղախմբի:

— Հրե՛, էն կողմը մեր գեղի աստղերն են,— ասում է նա,— էնտեղ է մայրիկի աստղը:

Փոքր աղջիկը, նրա հետ և փոքր տղան, վիզները ձգում են ավելի և նայում քրոջ ցույց տված աստղախմբին: Շողում են աստղերը, շողշողում խմբով և թարթում իրենց ոսկե թարթիչները: Ու կամաց— կամաց փոխվում են նրանք աչքերի և աչքով անում մանուկներին: Թվում է՝ ժպտում են, ժպտում սիրով և ջերմություն ծորում ցած:

Ու քիչ հետո, աստղերի արանքում հետզհետե երևում են նրանց կանացի ծանոթ դեմքեր՝ շողշողուն աչքերով: Երևում են շատ— շատ մայրիկների դեմքեր: Ու այդ բոլորի մեջ ամենից պայծառ, ամենից ժպտուն տեսնում են իրենց մայրիկի դեմքը, որ ժպտում, ծիծաղում է ու, կարծես, կանչում, կանչում վերևից:

Աղմկոտ քաղաքը նիրհում է կամաց— կամաց, ձայները մարում են, մեռնում, լույսերը հանգչում մեկ— մեկ, բայց երեխաները շարունակում են դեռ լուռ, շնչազուսպ նայել աստղերին, որ միալար թարթում, ժպտում և աչքով են անում նրանց:

Մի օր էլ փոքրիկ Աչին, ինչպես կանչում էին նրան, հիվանդացավ հանկարծ: Ծղոտի վրա պառկած՝ նա շարունակ երկինք էր նայում, և երբ աստղերն ելնում էին կամարում, նայվածքն ուղղում էր այն աստղախմբին, որ Ատան էր ցույց տվել: Նայում էր, նայում անթարթ,անընդհատ և շուտ— շուտ ժպտում ինքն իրեն: Մի անգամ էլ, երբ նայում էր այդպես, նրան երևաց մայրը, որ աստղերը ճակատին, շորերն աստղազարդ, աստղանման աչքերով իջնում էր ցած, իջնում էր երկնքից և ժպտում ու կանչում ձեռները պարզած:

Աչին խնդաց հանկարծ, և նիհար թաթիկները մեկնեց դեպի վեր, դեպի աստղերը ու մնաց այդպես, մինչև որ մայրը մոտեցավ կամաց— կամաց ու գրկեց նրան:

1916

Մայթերի վրա

Իմ սենյակի լուսամուտը բացվում է մի փողոցի վրա, ուր քաղաքապահ ոստիկան չի կանգնում: Ինչ ասել կուզի, որ այս հանգամանքը հաճելի է ինձ, բայց այստեղ իմ նպատակը չէ պատմել այդ ոստիկանի մասին: Աստված նրա հետ: Ես ուզում եմ ասել, քանի որ իմ փողոցի վրա ոստիկան չկա, այդ պատճառով այնտեղ, առավոտից մինչև երեկո, ազատ ողորմություն են հավաքում երկու մուրացկան: Մեկը մի զառամ ծերուկ է Դարվինի նման՝ մեծ գլխով ու սպիտակ խռիվ մորուքով, աջ ոտքը փայտից է, այնպես հաստ ու կոպիտ, որ հիշեցնում է սապոգի ճտքի կաղապար՝ անթարթ ու անկրունկ և որովհետև թրխկում է անախորժ, այդ պատճառով ման է գալիս հենակով, ու միշտ ինչ— որ քրթմնջում է քթի տակ, որ դժվար է իմանալ՝ օրհնո՞ւմ է, թե անիծում: Մյուսը՝ մի ջահել կին է՝ առողջ, արևառ դեմքով ու բազեի աչքերով: Ման է գալիս արձակ— համարձակ և կուրծքը միշտ դուրս զգած: Չգիտեմ ինչու, նրա տեսքն ինձ միշտ հիշեցնում է լեռնային գյուղ, բարձր սարեր, նեղ արահետներ, որ ձգվում են անտառի միջով, վիթխարի ժայռեր, որոնց տակ փրփրած աղմկում է սարից իջնող վտակը: Եվ, դարձյալ չգիտեմ՝ ինչու, իմ երևակայությունը սիրում է պատկերացնել նրան այս վայրի բնության մեջ: Դա նրանից է երևի, որ նրա աչքերն այնպես նման են բազեի աչքերի, իսկ լանջը հպարտ է, ինչպես լեռան աղջկա կուրծք: Կի՞ն է, թե՞ աղջիկ՝ չգիտեմ, բայց զարմանալի շարժուն է, ինչպես սնդիկ, և կայտառ, ինչպես սարյակ: Ձմեռ թե ամառ նա անդադար երթևեկում է բոբիկ ոտներով և ինչ— որ ճռվողում անցորդներին՝ թևերը շարունակ շարժելով:

Փողոցը, որի վրա բացվում է իմ լուսամուտը, բավական բանուկ փողոց է: Մի քաղաքամասից մյուսն անցնելու համար դա ամենակարճ և ամենահարմար ճանապարհն է. ուստի և այնտեղից անցնում են ամեն տեսակ մարդիկ, և շատ հարուստներ: Իմ փողոցի վրա փայտե ոտով ծերունին բռնում է հարավային մայթը, իսկ ջահել կինը՝ հյուսիսային: Յուրաքանչյուրն իր մայթին նայում է իբրև սեփականության վրա, ուր անցորդները շահատու կամ անշահ հաճախորդներ են: Ծերունին մուրում է շատ ժամանակ նստած, իսկ ջահել կինն անընդհատ երթևեկում է իր մայթի երկարությամբ և հաճախ օրհնանքի ու խնդրանքի խոսքերով, ձեռն անցորդներին պարզած, հետևում է նրանց մինչև փողոցի անկյունը: Եվ, որքան նկատել եմ, ամեն անգամ բան չի ստանում:

Այդպես չէ, սակայն, ծերուկը: Նա կանգնած ժամանակ անգամ տեղից չի շարժվում, սպասում է խեղճ, մինչև որ անցորդը մոտենա: Եվ երբ մոտենում է մեկը, նրա ցամաք շուրթերը քրթմնջում են ինչ— որ: Ու ինձ թվում է՝ նա տեղից չի շարժվում նրա համար, որովհետև մտածում է (երևի երկար տարիների փորձ է), որ եթե մեկը ողորմություն տալու լինի, կտա առանց այլևայլի, իսկ եթե ո՛չ՝ որքան կուզես ետևից վազիր: Երևի այսպես է մտածում նա: Բայց թվում է, որ ծերուկը տեղից չի շարժվում ավելի շուտ իր փայտե ոտքի պատճառով: Չէ՞ որ այնպես դժվար է փայտե ոտքով ու հենակով քայլել նեղ մայթի վրա: Բացի դրանից, նրան հավանորեն ախորժելի չէ իր փայտե ոտքի թխկոցը՝ թը՛խկ— դը՛խկ, թը՛խկ— դը՛խկ: Այսպես է թվում ինձ: Եթե նրա ոտքն առողջ լիներ, գուցե ջահել կնոջ նման նա էլ հետևեր անցորդներին: Բայց քանի որ այդ չի կարող, դրանից է երևի, որ միշտ նախանձով ու ատելությամբ է նայում երիտասարդ կնոջ կողմը, իսկ կինն, իր հերթին, բազեական աչքերից շարունակ զզվանք ու արհամարհանք է թափում նրա գլխին:

Ես այս շատ լավ եմ նկատում, որովհետև շատ ժամանակ նրանք կանգնում են իմ լուսամատի մոտերքը: Որքան էլ կարճատես, նկատում եմ, այնուամենայնիվ, թե ինչպես ոտաբոբիկ կինը քիթ է վեր քաշում ծերուկի վրա, և ես նրանց նայվածքներից հասկանում եմ, թե ինչ են ուզում ասել իրարու: Ծերունու նայվածքն ասում է.

— Աներես, անզգամ, չես էլ կորչում այստեղից:

Կնոջ նայվածքը պատասխանում է.

— Ի՜, հողեմ պառավ գլուխդ, չես էլ սատկում:

Բանը, սակայն, միայն նայվածքներով չի վերջանում: Ջահել կինն իր վարմունքներով երբեմն սաստիկ վրդովում է ծերունուն, որովհետև օրը մի կամ երկու անգամ իր մայթից անցնում է ծերունու մայթը: Նա այդ անում է այն ժամանակ, երբ նկատում է, որ նրա մայթով գալիս է հարուստ մի անցորդ: Տեսնելով կինն անցավ իր մայթը և պատրաստվում է արդեն ձեռ մեկնել եկողին, ծերուկն անմիջապես վեր է թռչում տեղից, հենակը դնում կռան տակ և ոտքը թրխկացնելով շտապում դեպի կինը: Հասնելով՝ զայրագնած հրում է նրան մայթից և քրթմնջում ինչ— որ: Նա, հավանորեն, հայհոյում է հակառակորդին, որովհետև այդպիսի դեպքերում կինը գազազած ետ է դառնում և բռունցք թափ տալիս: Այդ ժամանակ ծերանին ատամները սեղմած՝ գլուխը շարժում է սպառնալից կամ հենակը թևատակից հանելով՝ սպառնում նրանով հակառակորդին: Եվ ջահել կինը չանչելով ու փնթփնթոցով հեռանում է նրանից: Բայց պատահում է երբեմն, որ նրանք հեշտությամբ չեն հեռանում իրարուց: Կինը զայրացած՝ բռունցքը մոտեցնում է ծերունու դեմքին, իսկ ծերուկը, հենակը պատրաստ, աշխատում է խփել նրան: Ու սկսվում է կռիվը: Կինը ճարպկորեն բռնում է ծերունու սպիտակ, խճճված միրուքը, ծերուկը, բերանը լայն բացած, ջանում է կծել հանդուգն կնոջ ձեռքերը, ուսերը և անգամ դեմքը: Քաշքշոցը շարունակվում է այնքան, մինչև որ երևում է մի նոր անցորդ: Այս բանը կրկնվում է գրեթե ամեն օր, ու ամեն անգամ իրարից բաժանվում են զայրացած մռմռոցով ու փնթփնթոցով: Կինն ասում է չանչելով, այսինքն՝ ինձ թվում է, որ նա ասում է.

— Հողեմ գլուխդ, չես էլ սատկում:

Իսկ ծերուկի դեմքն արտահայտում է.

— Լի՛րբ, անզգա՛մ, ի՞նչ գործ ունես իմ մայթի վրա: Կանգնիր քու կողմը:

Այսպիսի խոսքեր ես լսում եմ երբեմն, որովհետև նրանց կռիվը երբեմն էլ կատարվում է իմ լուսամուտի առջև:

Երկու օր առաջ նրանք դարձյալ կռվեցին: Եվ այդ կռիվը ես լավ տեսա, որովհետև այդ ժամանակ լուսամուտին հակված նայում էի փողոցին, ուր ձյունն իջնում էր աղցի թեփի նման կարծր հատիկներով: Օդը ցուրտ էր, մարդիկ ման էին գալիս կրկնակոշիկներով ու օձիքները բարձրացրած: Ծերանին, հենափայտը պատին հենած, նստել էր մայթին իջնող ձյան տակ և մեկ— մեկ մաքրում էր միրուքին թափվող ձյունահատիկները, իսկ ջահել կինը, ձեռները տրորելով, բոբիկ գնում— գալիս էր շարունակ, որ չմրսի: Հանկարծ ծերունու մայթին երևաց փարթամ հագնված մի պարոն՝ օրիորդի հետ թևանցուկ: Նրանք ծիծաղում էին ամբողջ երեսով, և նրանց ուրախ տրամադրությունից երևում էր, որ առատաձեռն պիտի լինեն: Երևի այդպես էլ ենթադրեցին մուրացկանները, որ իրենց ակնկալող նայվածքներն ուղղեցին նրանց: Զույգին տեսնելուն պես ծերուկն շտապեց ելնել տեղից, հավանորեն առաջ գնալու, գոնե մի երկու քայլ: Բայց մինչ կբարձրանար տեղից, ջահել կինն արագ, այծյամի նման անցավ նրա մայթը և ձեռ մեկնեց եկողներին: Ենթադրությունը սխալ չէր, ուրախ պարոնն իրոք առատաձեռն եղավ, նա կանգ առավ, հանեց նախ սպիտակ ձեռնոցը, ապա դրամաքսակը գրպանից ու արծաթե մի դրամ մեկնեց ջահել կնոջ: Իսկ ծերունու մոտով անցավ առանց նրան նայելու: Այս բանը սաստիկ վրդովվեց ծերունուն: Հազիվ երկու քայլ էր արել նա, երբ այս բոլորը կատարվեց, բայց և այնպես նա կես ճանապարհին կանգ չառավ, հենակը սեղմեց թևի տակ և, թը՛րխկ— թը՛րխկ , անսպասելի արագությամբ սլացավ դեպի հակառակորդը:

— Լի՛րբ,— գոռաց նա ատամները սեղմած,— Տո՛ւր էդ, թե չէ...

Կինն արհամարհանքով ծիծաղեց.

— Հա՛— հա՛— հա՛:

— Տուր, ասում եմ,— գոռաց նորից կաղլիկը, ավելի մոտենալով:— Տո՛ւր...

Նրա աչքերը ցայտում էին ատելություն ու զզվանք: Բարկությունից բեղերի ու հոնքերի մազերը ցցվել էին փշերի պես: Բայց ջահել կինն, ըստ երևույթին, չէր վախենում նրանից և, կուրծքն էլ ավելի դուրս գցած, նայում էր նրան սովորական արհամարհանքով:

—Տո'ւր, ասում եմ,— պահանջում էր ծերուկը, քայլ առ քայլ սպառնալից դեպի կինը գնալով:— Տո՛ւր...

Նրա պահանջն այնքան հրամայական էր ու համառ, որ կինն էլի ծիծաղեց նրա ավելորդ եռանդի վրա: Ծիծաղելով՝ նա արհամարհանքով նայում էր ծերուկին ոտից— գլուխ, հեգնելով կարծես նրա անզորությունը, փայտե ոտքը, մաշված հենակը, որ դողդողում էր նրա թևի տակ: Այդ նայվածքն ու ծիծաղն այնքան վիրավորական ու ոչնչացնող էին, որ ծերուկն այլևս չհամբերեց:

— Լի՛րբ,— գոռաց դարձյալ, հենակը բարձրացնելով: — Քեզ ասում եմ՝ տո՛ւր, անզգա՛մ:

Ու փորձեց խփել նրան, բայց կինն արագ բռնեց նրա հենափայտը և սկսեց քաշել դեպի իրեն: Ու երկար քաշքշուկից հետո հանկարծ հենակը խլեց ծերուկից: Բայց կաղլիկն անմիջապես թափով բռնեց նրա թևը և, երևի, սաստիկ սեղմեց, որ ջահել կինն իսկույն ձեռը գցեց նրա միրուքը: Ու մի քանի րոպե նրանք կռվում էին այսպես, կինը ձգում էր ծերունու միրուքը, իսկ ծերուկը, հազիվ կանգնելով փայտե ոտքի վրա, բերանը լայն բացած, աշխատում էր կծոտել կնոջ ձեռները, ուսերը, անգամ դեմքը:

Կռիվը, գուցե, երկար տևեր, եթե չպատահեր այն, ինչից այնպես դողում էր ծերուկը: Հենակից զրկված նա հանկարծ ծանր կոճղի պես, ահագին աղմուկով ընկավ աջ կողքին, այսինքն փայտե ոտքի վրա, ու գլորվեց մայթն ի վայր: Այդ տեսնելով՝ կինը ձեռի հենակն անմիջապես գցեց գետին ու անցավ իր մայթը՝ նույն հաղթական քայլերով, կուրծքն էլի դուրս գցած:

Ծերուկը, հավանորեն, սաստիկ ցավ զգաց. նա մի քանի րոպե չշարժվեց տեղից, իսկ երբ ուղղվեց— նստեց, սարսափելի գունատություն կար դեմքին: Չնայած դրան՝ նա, այնուամենայնիվ, նստած տեղից սկսեց մեկը մյուսի ետևից քարեր նետել դեպի հակառակորդը: Բայց կինն այլևս չէր նայում նրան, որովհետև մի նոր զույգ էր գալիս իր մայթից:

Հետևյալ օրը ծերուկը չեկավ փողոց: Նա չեկավ և մյուս օրը: Եվ մի ամբողջ շաբաթ չերևաց:

«Որտե՞ղ է արդյոք»,— հարցնում եմ ինքս ինձ ամեն անգամ, երբ լուսամուտից նայում եմ փողոց: Ու որոշում եմ իմանալ ծերունու ո՛ւր լինելը: Սակայն անցնում են օրեր, շաբաթներ, ծերուկը չկա, և ես չեմ կարողանում իմանալ նրա ուր լինելը: Եվ մի օր ահա, վերջապես, մոտենում եմ ոտաբոբիկ ջահել կնոջն ու ասում՝ «ո՞ւր է այն ծերունին»: Նա իմ հարցից ոչինչ չի հասկանում:

Ես բացատրում եմ.

— Այն ծերունին, որ փայտե ոտք ուներ և քեզ հետ ողորմություն էր հավաքում այստեղ:

— Ա՛,— բացականչում է անտարբեր ջահել կինը, — նա մեռել ա վաղուց:

Ու, խոսքը չավարտած, շտապում է մայթն ի վեր, ուսկից գալիս է մի նոր անցորդ:

Հիմա ջահել կինը մենակ է. նա տիրում է երկու մայթին էլ, այժմ մեկից մյուսին անցնելիս՝ նա իրեն ավելի ուրախ, կայտառ ու հաղթական է զգում, քան առաջ:

1914

Օրիորդ Մարիամը

Ընկերուհիները զրուցելով կեսգիշերին վերադառնամ էին տուն: Նրանք հենց նոր դուրս եկան պարահանդեսից և այժմ, լուռ փողոցով անցնելով, խոսում էին այդ մասին:

— Ինչ ուզում ես, ասա,— ասում էր Շուշանը, որ նիհար, բարձրահասակ մի օրիորդ էր՝ թռչունի քթով և մանկաբարձուհու տեսքով,— ես շատ հավանեցի այն պարոնի պարը, որ ոտքերը խփում էր իրար և ձեռքերը մեջքին դնելով այսպես էր անում:

Այս ասելով՝ օրիորդ Շուշանը ձեռքերը կանթեց մեջքին և իրանը շարժեց:

— Էհ, թող, ի սեր աստծո, — նկատեց ընկերուհին՝ օրիորդ Մարիամը, որ ավելի կարճ և ավելի տարիքով էր Շուշանից,— դու պարի մասին սկի գաղափար չունես:

— Թող այդպես լինի, բայց իմացիր, որ նա շատ լավ էր պարում, — շարունակեց Շուշանը և, օձից խայթված կամ դրամաքսակը կորցրած մարդու պես, հանկարծ ցնցվեց ու թողեց ընկերուհու թևը:

— Ի՞նչ պատահեց,— հարցրեց Մարիամը, նրան նայելով:

— Քիչ մնաց մոռանայի,— խոսեց Շուշանը, նորից ընկերուհու թևը բռնելով:

— Ի՞նչը:

— Լսիր՝ ասեմ: Էն բարձրահասակ պարոնին տեսա՞ր, որ մեր ետևը կանգնած էր:

— Որի՞ն:

— Էն որ իծի մորուք ուներ:

— Հա՛, ի՞նչ կա որ: Նա առաջ մեր բակումն էր ապրում: Ճանաչում եմ:

— Հենց էդ պարոնը վաղը կամ մյուս օրը քեզ առաջարկություն է անելու,— ասաց Շուշանը լուրջ դեմքով:

— Էհ, թող, ի սեր աստծո,— նեղացավ Մարիամը,— հանաքների ժամանակ չէ:

— Հավատացնում եմ, Մարիամ, ես իմ ականջով լսեցի, թե ինչպես նա իրեն մոտ կանգնած կնոջ հետ խոսում էր քո մասին, մի քանի անգամ նույնիսկ մատով ցույց տվին քեզ:

— Թո՛ղ կատակներդ:

— Անկեղծ եմ ասում, Մարիամ, նրանք քո մասին էին խոսում, և

մինչև անգամ նկատեցի, որ այն պարոնը կարծես սիրահարված լիներ քեզ վրա, այնպե՛ս էր նայում:

— Վերջապես, թո՛ղ հիմարությունները,— հուզվեց Մարիամը և, ձեռքը խլելով ընկերուհուց, նեղացած առաջ քայլեց:

— Լսի՛ր, Մարիամ,— ասաց Շուշանը հասնելով և բռնելով ընկերուհու թևը,— ուրեմն չե՞ս հավատում, որ ճիշտ եմ ասում: Մորս գերեզմանը վկա, սուտ չեմ ասում: Հիմա հավատո՞ւմ ես:

Օրիորդ Մարիամն այլևս չէր կարող չհավատալ, որովհետև գիտեր, որ ընկերուհին սուտ տեղը չի երդվի մոր գերեզմանով:— Ուրեմն մի բան կա, մտածեց նա և, հետաքրքրությունը թաքցնելով, ասաց.

— Չեմ հավատում:

— Ազնիվ խոսք: Ես իմ ականջով լսեցի:

— Ի՞նչ:

— Այն, որ էն պարոնի մոտ կանգնած կինն ասաց. «Գնա ու առաջարկիր, ամոթ բան չի»: Մի քիչ հետո էլ, քեզ նայելով՝ շարունակեց. «Լավ, բարի օրիորդ է երևում: Վաղը կամ մյուս օրը գնա»: Իսկ էն պարոնն ասում էր. «Թեև օրիորդը ինձ ծանոթ է, բայց վախենում եմ մերժի»: «Չի մերժի,— ասաց կինը,—թեկուզ մերժի էլ, հո քեզ չի ուտի»: Էսքանը լսեցի, իսկ էսքանը քիչ բան է՞:

— Հետո էլ ի՞նչ ասին,— հետաքրքրվեց Մարիամը:

— Հետո էլի խոսեցին, որ լավ չլսեցի, բայց լավ նկատում էի, թե ինչպես նայում էին քեզ և, կարծես, ուզում էին մոտենալ բան ասելու, մարդիկ խանգարեցին:

Օրիորդ Մարիամը, որ սկզբում չէր ուզում լսել ընկերուհուն, այժմ, նրա երդումից հետո, նրա յուրաքանչյուր խոսքին առանձին նշանակություն էր տալիս և ամեն մի խոսքի մեջ աշխատում էր խոր իմաստ գտնել: Եվ նա, որ արդեն երեսունմեկ տարեկան էր և դադարել էր ամուսնության մասին մտածելուց, մանավանդ որ արդեն համոզված էր, թե ինքն այլևս ո՛չ թարմություն ունի, ո՛չ գեղեցկություն, ընկերուհու հայտնությունից հետո զգաց, թե ինչ— որ մի հաճելի բան շարժվեց կրծքի տակ, կարծես մի ջերմ ձեռք շոշափեց նրա սիրտը, և նա մտածեց ամուսնության մասին, գուցե դեռ ամեն ինչ կորած չէ:

Ընկերուհուց բաժանվելով՝ շտապեց տուն, իսկ երբ մտավ իր սենյակը, նա առանց լամպը վառելու, խավարի մեջ նստեց անկողնի վրա և տարվեց մտածումներով:

Հարևան բնակարաններից ձայն չէր լսվում: Բոլորը քնած էին, կողքի սենյակում հանգստանում էր նրա կարի մեքենան և մեծ ու երկար սեղանը, որի վրա աշխատում էին նրա աշակերտուհիները:

Անկողնի վրա նստած՝ օրիորդ Մարիամը հիշեց այն հաշվապահ պարոնին, երբ նա իրենց բակում էր ապրում, հիշեց նրա դիմագծերը, շարժումները, աշխատեց մտաբերել նրա այն հարգալից ժպիտները, երբ ամեն անգամ հանդիպելիս երևում էր նրա թուխ դեմքին: Հիշեց և այն դեպքը, երբ մի անգամ նա բակի դուռը բաց արավ իր առջև: Հիշեց և այն դեպքը, երբ իր ձեռնոցն ընկել էր և նա, իր տնից գալու ժամանակ, նկատելով, վերցրել էր և տվել իրեն:

Հիշելով այս ամենը՝ Մարիամը մտածեց. «Ուրեմն նա վաղուց է սիրում ինձ»:

Ու, գլուխն առնելով ափերի մեջ, մատները խրեց մազերը և նորից տարվեց հիշողություններով:

Այս անգամ մտաբերեց իր մանկությունը, երբ սովորում էր ծխական դպրոցում, երիտասարդությունը, երբ աշակերտուհի էր դերձակուհու մոտ, մտաբերեց իր լվացարար մորը, այն չոր, կնճռոտ դեմքով պառավին, որ ամեն ինչից դժգոհ էր և միշտ անիծում ու ծեծում էր իրեն:

Մտաբերեց Մարիամն այս ամենը և նրա կրծքի տակ, այժմ ավելի մեծ չափով, շարժվեց ամեն ինչ, ինչպես սառույցը գարնանը, և նա արտասվեց, ու արտասվելով դարձյալ հիշեց հաշվապահին:

Եվ բավական ժամանակ այսպես լուռ, խավարի մեջ նստելուց հետո, նա վերջապես դանդաղորեն հանվելով մտավ անկողին և երկար ժամանակ չկարողացավ քնել: Կրկին անգամ լաց եղավ բարձը գրկած ու կրկին անգամ հիշեց հաշվապահին:

Ահա թե ինչո՛ւ իրեն հանդիպելիս միշտ ժպտում էր նա,— մտածում էր օրիորդ Մարիամը:— Ուրեմն նրա մտքում բան կար, հապա ինչո՞ւ այդ բանը շուտ չէր հայտնում: Երբ հաշվապահն ապրում էր իրենց բակում, միշտ մի տեսակ էր նայում իրեն, և նա այժմ է հա՛սկանում, թե ինչու էր այդպես նայում:

Մյուս օրը Մարիամը զարթնեց մի այնպիսի տրամադրությամբ, որ երբեք չէր ունեցել, և փոխանակ ամենօրյա աշխատանքի շորերը հագնելու, հագավ տոնական երկնագույն զգեստները, մազերը հարդարեց հայելու առաջ և երկար ժամանակ դեմքը դիտելով, գտավ, որ ինքն այնքան էլ տգեղ չէ, ինչպես կարծում էր մինչ այժմ, ինչպես, գուցե, կարծում էին և ուրիշները:

Եվ, մազերն ուղղելուց հետո, ուրախ դեմքով դուրս եկավ պատշգամբ: Այրի տանտիրուհին նկատելով կենվորուհու ուրախ տրամադրությունն ու զարդարանքը, հարցրեց.

— Տե՞ղ ես գնում, օրիորդ:

— Ո՛չ,— պատասխանեց Մարիամը ժպտալով:

— Հապա ինչո՞ւ ես էդպես հագնվել: Կարծեցի հարսանիք ես գնում:

— Հետո կասեմ,— ասաց օրիորդը խորհրդավոր և, մտնելով

աշակերտուհիների մոտ, սիրալիր ժպտաց ամենքին, շոյեց մի քանիսի գլուխը, ապա նստելով նրանց քով՝ սեղանի մոտ, սկսեց կատակներ ու հանաքներ անել հետները:

Այդ անելով, միաժամանակ րոպե առ րոպե սպասում էր, որ ահա հաշվապահը կգա: Նա չի կասկածում, համոզված է, որ կգա: Բայց ժամեր անցան, և հաշվապահը չերևաց: Իսկ ճաշին, երբ աշակերտուհիները ցրվեցին իրենց տները, երբ օրիորդ Մարիամն սկսել էր կասկածել, հանկարծ երևաց հաշվապահը՝ փայտը ձեռքին, բեղերը սրած: Նա հագնված էր մաքուր ու կոկ, ինչպես նորափեսա:

Օրիորդ Մարիամը, որ այդ ժամանակ պատշգամբումն էր, հաշվապահին տեսնելով իսկույն ներս մտավ, սրտի թրթռումով կանգնեց հայելու առաջ և դողացող ձեռներով սկսեց շորերն ու մազերը կարգի բերել: Նա ներս մտավ, որ ցույց տա, թե զբաղված էր և չէր սպասում հաշվապահին:

Չանցավ մի րոպե՝ այրի տանտիրոլհին հայտնեց այցելուի մասին:

Օրիորդը հաշվապահին ընդունեց իր համեստ ընդունարանում և, սաստիկ հուզումից կարմրելով, առաջարկեց նստել:

— Խնդրեմ,— ասաց նա սենյակի մի հատիկ բազկաթոռը ցույց տալով:

Հաշվապահը նստեց: Իսկ օրիորդը տեղավորվեց գահավորակի վրա: Նրա սիրտը փոքրիկ մուրճի պես խփում էր կրծքին, որի զարկից նրա երակները դողում էին ցնցվելով:

— Էհ, ինչպե՞ս եք, օրիորդ,— սկսեց հաշվապահը առ վայրկյան լռությունից հետո, երկու ձեռքով մազերն ուղղելով:— Գիտեք, երբ մտա այս բակը, իսկույն հիշեցի այստեղ անցրած կյանքս և բոլոր կենվորներին: Հիշո՞ւմ եք, օրիորդ, երբ ապրում էի դիմացի սենյակում...

— Այո՛, ինչպես չէ,— ասաց օրիորդ Մարիամը կարմրելով և զգալով, որ ահա սկսվում է անսպասելին:

— Բացի ձեզանից, օրիորդ,— շարունակեց հաշվապահը,— առաջվա կենվորներից այստեղ կա՞ն, թե՞ տեղափոխվել են:

— Մի քանիսն այստեղ են:

— Արդյո՞ք այստեղ է այն ռուսը, որ ամեն օր ծեծում էր կնոջը և գիշերները երգ ասելով լաց լինում:

— Ո՛չ, նա մեռավ:

— Խե՛ղճ: Իսկ այստե՞ղ է այն հայը, որ միշտ Ավետարանից և Քրիստոսից էր խոսում: «Ավետարանում գրված չի,— ասում էր,— Հիսուսը չի ասել»:

— Ո՛չ, նա այստեղ չէ,— պատասխանեց օրիորդը: — Բայց իմացա՞ք, որ մեր տանտերը ինքնասպանություն գործեց:

— Ո՛չ, ինչի՞ համար,— հետաքրքրվեց հաշվապահը:

Օրիորդը վարանեց իսկույն պատասխանել:

— Չգիտեմ, ասում են՝ կնոջ պատճառով:

— Ա՛,— արտասանեց հաշվապահը մտածկոտ և լռեց, ասես ինչ— որ մի բան հիշելու համար: Նրա լռությունից օգտըվելով՝ օրիորդ Մարիամը, «ներողություն» ասելով, դուրս գնաց թեյ պատվիրելու, և կրկին ներս գալով նստեց առաջվա տեղը: Նրա սիրտն այժմ ավելի ուժեղ էր բաբախում, կարծես նոր լարված մի խանգարված ժամացույց կար կրծքի տակ, որ գործում էր արագ— արագ ու անհամաչափ:

— Էհ, ուրիշ ինչ եք անում, օրիորդ,— շարունակեց հաշվապահը ծիծաղկոտ աչքերով նայելով նրան:

— Ոչինչ,— ասաց օրիորդը ժպտերես, բայց փոքր— ինչ ամաչելով:

— Իսկ ես ահա թե ինչ եմ մտածել, օրիորդ: Կարո՞ղ եք երևակայել ինչ:

— Ոչ, — հազիվ արտասանեց օրիորդն ամոթխած, բայց լավ զգաց, թե բանն ինչումն է:

— Ես, գիտեք, օրիորդ,— սկսեց հաշվապահը, — դեհ, ասենք այդ ամենի հետ էլ պատահում է, մեր օրերում նույնիսկ ծերերն էլ ետ չեն մնում այդ բանից, այնպես որ դա ամոթ բան չպետք է համարվի և... կարիք չկա մութ խոսքերի դիմելու:

Այս խոսքերի վրա հաշվապահը մատները շարժեց մտացրիվ, իսկ օրիորդ Մարիամը ամոթխածությունից գլուխն իջեցրեց, նա շնչասպառ սպասում էր հաշվապահի խոսքերին:

Բայց հենց այդ ժամանակ փոքրիկ աղախինը մատուցարանով երկու բաժակ թեյ բերեց պաքսիմաթով ափսեի հետն իսկույն դուրս գնաց: Նրանք սկսեցին թեյել: Մի քանի րոպե լռելուց հետո, նախկին կենվորներին հիշելով, վերջացրին թեյը, որից հետո հաշվապահը շարունակեց առաջվան եղանակով:

— Գիտեք, օրիորդ, ինչի՛ եմ եկել ձեզ մոտ: Չգիտեմ, ձեզ հայտնի է, թե ոչ, բայց կարծում եմ, հայտնի պիտի լինի, որ ես չունեմ ո՛չ հայր, ո՛չ մայր, ո՛չ մտերիմ ծանոթ բարեկամ, որոնց դիմեի իմ խնդիրքով, իմ սրտի ուզածն ասելու:

Օրիորդ Մարիամը աչքի տակով նայեց հաշվապահին և նրա սիրտը լցվեց տագնապով ու հուզումով:

— Եվ որովհետև ոչ ոք չունեմ, օրիորդ,— շարունակեց հաշվապահը, — ես ինքս եմ... Այսինքն, դա իհարկե, ամոթ բան չէ, բայց և այնպես...

Հաշվապահը նորից շարժեց մատները, կարծես չվստահելով միտքը հայտնել: Իսկ օրիորդ Մարիամը կարմրեց պուտի պես: Մի հաճելի քաղցր արբեցում պաշարել էր նրան, և նա, շունչը պահած, սպասում էր հաշվապահի վերջին խոսքին:

Դուք ինքներդ գիտեք, օրիորդ, որ ամուսնությունը շատ վաղուց ընդունված մի բան է. ասենք կան մարդիկ, որ սկի չեն ամուսնանում, բայց նրանք ինչի՞ են նման, ամեն մեկը մի չոր փայտի: Ուրիշ բան է, իհարկե, ամուսնացող մարդը: Ընտանիքը մի առանձին քաղցրության ունի: Եթե մենակ ապրվեր, աստված Եվային չէր ստեղծի: Ինչպես տեսնում եք, օրիորդ, աստված ինքն է սահմանել ամուսնությունը, այնպես որ այդ բանը ամոթ չի համարվում:

Օրիորդ Մարիամը չէր վստահանում որևէ խոսք ասել, նրան հաճելի էր լսել այդ ամենը, և լսելով մի տեսակ սփոփանք էր զգում:

— Ամուսնությունը, օրիորդ, որ կա, մի սուրբ բան է,— շարունակեց հաշվապահը՝ նայելով օրիորդի կարմրած դեմքին: — Ամուսնությունը եթե չլինի՝ մարդիկ էլ չեն լինի: Ես շատ եմ մտածել, որ եթե մարդիկ չամուսնանային, աշխարհը ինչի՞ նման կլիներ, երեխեք որտեղի՞ց կլինեին: Այնպես որ, օրիորդ, շատ մտածելուց հետո, որոշել եմ ամուսնանալ:

Օրիորդ Մարիամի սրտի զարկերն ավելացան և նրա ողջ մարմնով մի հաճելի սարսուռ անցավ: Նա, ամոթից կարմրելով, աչքերը հառեց հատակին և սպասեց հաշվապահի առաջարկության խոսքին:

Հաշվապահը լռեց մի փոքր, ըստ երևույթին տատանվում էր ինչպես արտահայտի միտքը կամ ինչպես սկսի:

Եվ այժմ, օրիորդ,— ասաց նա վերջապես, — եկել եմ ձեզ մոտ, եկել եմ վստահությամբ և հույս ունեմ, որ...

Այս անգամ օրիորդ Մարիամը գլուխն ավելի իջեցրեց, նստած տեղը կուչ եկավ և, սրտի բաբախումը զսպելու համար, ձեռը դրեց կրծքին:

— Հույս ունեմ, որ խնդիրս չեք մերժի: Ես, օրիորդ, եկել եմ խնդրելու, որ դուք... բարի լինեք իմ կողմից... առաջարկություն անել ձեր ընկերուհի Հայկանուշ Իգիթյանին և նրա ծնողներին:

Օրիորդ Մարիամին թվաց, թե երկրաշարժ եղավ, որի հետևանքով սենյակը իր կարասիներով սկսեց շարժվել: Ինչո՞ւ այսպես մթնեց:

Այս ասում եմ ձեզ, օրիորդ, նրա համար, — առաջ տարավ իր խոսքը հաշվապահը,— որովհետև դուք մոտ ծանոթ եք թե՛ օրիորդ Հայկանուշին և թե՛ նրա ծնողներին: Ես, օրիորդ...

Հաշվապահը դարձյալ ինչ— որ ուզում էր ասել, բայց, նայելով օրիորդին և նկատելով նրա այլայլումը, լռեց իսկույն:

Այս դեպքից հետո օրիորդ Մարիամը մի շաբաթ հիվանդացավ, իսկ հաշվապահն սկսեց ուրիշ միջնորդ որոնել:

1914

34

Կամաց խոսեք...

Հենց իր անվանակոչության օրը ս. Գևորգ եկեղեցու երեսփոխ, ծխական դպրոցի հոգաբարձու, Մարդասիրական ընկ. անդամ, քաղաքային դումայի իրավասու, սանիտարական հանձնաժողովի նախագահ և տնատեր ու պատվավոր քաղաքացի Դավիթ Դանիելյանի ատամները ցավում էին սաստիկ:

Ցավն սկսել էր դեռ նախընթաց օրը, բայց այդ առավոտ ավելի սաստկացավ, այնպես որ նա չկարողացավ ոչ ոքի ընդունել: Տեսնելով ցավը շատ է նեղում, կինը խորհուրդ տվեց գնալ ատամնաբույժի մոտ, բայց Դանիելյանը, որ ատում էր առհասարակ ատամնաբույժներին, չուզեց գնալ, որովհետև մի անգամ նրա ցավող ատամի տեղ հանել էին առողջը:

— Համենայն դեպս, գնա',— առաջարկում էր կինը,— գուցե մի դեղ տան:

— Չեմ գնա,— ասում էր Դանիելյանը՝ ներքին ծնոտը բռնած անցուդարձ անելով,— չեմ գնա, կարող ես ինքդ մի բան արա... օ՛խ— օ՛խ— օ՛խ...սպանեց, Մարիամ, սպանեց:

Այդ տեսնելով՝ տիկին Մարիամն սկսեց գործադրել իր գիտցած միջոցները: Ամենից առաջ սոխ խորովեց և ամուսնու ատամների վրա դրեց, հետո աղի ջրով բերանը ողողել տվեց, վերջը մի մեծ մախաթ դրեց կրակը և նրանով ատամները դաղեց, բայց ցավը չանցավ ամենևին, ինչ— որ մի անհայտ ձեռք, ասես շիկացած ասեղներով, ծակծկում էր պարոն Դանիելյանի ներքին ծնոտը:

Եվ պարոն Դանիելյանը, ցավից գլուխը բռնած, մերթ անհանգիստ անցուդարձ էր անում, մերթ պառկում բազմոցի վրա և միաժամանակ լուռ նիրհում:

Տիկին Մարիամը, ձեռները կրծքին դրած, հուղարկավորի դեմքով նայում էր ամուսնուն և վշտանում, որ ոչնչով չի կարողանում օգնել:

— Սպանե՛ց, Մարիա՛մ, սպանե՛ց, — կրկնում էր Դանիելյանը ծնոտը սեղմելով:— Այն ո՞վ է, Մարիամ, այնպես բարձր խոսում: Ի սեր աստծո, ասա՝ լռեն, իմ դրությունը չե՞ն տեսնում:

Ամուսնու խոսքերի վրա տիկին Մարիամն անցավ մյուս սենյակը և սաստեց այնտեղ գտնվող իր երկու աղջիկներին:

— Կամա՛ց խոսեք, չեք տեսնում՝ հայրիկի ատամները ցավում են,— ասաց նա այնպիսի ձայնով, կարծես տանը ննջեցյալ լիներ:

Աղջիկները մեղավորի պես լռեցին, և այնուհետև եթե նրանցից

մեկը կամ մյուսը, մոր պատվերը մոռացած, ուզում էր բարձր խոսել կամ բերանը բանում էր ծիծաղի, մյուսը սաստում էր իսկույն.

— Կամաց, հայրիկի ատամները ցավում են:

***

Կեսօրին Դանիելյանին այցելության եկավ տեր Հովսեփ քահանան և, տեսնելով իր սիրելի երեսփոխի դրությունը, խորհուրդ տվեց՝ աղով շաղախած մոխիր դնել ատամների վրա:

— Իսկույն կանցնի,— ասավ,— անձամբ փորձել եմ, ինձ էլ պառավ աղախինս խորհուրդ տվեց: Դա լավ միջոց է, կարգս վկա: Փորձեցեք և կտեսնեք: Քահանայի գնալուց հետո կատարեցին և այդ խորհուրդը, բայց ցավը չմեղմացավ անգամ, առաջվա պես ներքին ծնոտը, ասես, ուզում էր պոկվել տեղից:

— Սպանե՛ց, Մարիա՛մ, սպանե՛ց,— ասում էր Դանիելյանը գլուխը տարուբերելով:— Այն ի՞նչ աղմուկ է բակում. Մարիամ, ի սեր աստծո, այն ի՞նչ աղմուկ է:

Տիկին Մարիամը ձեռները կրծքին, անձայն քայլերով դուրս եկավ տնից, սանդուղներով իջավ բակը և, հուղարկավորի նույն բեկված ձայնով, խնդրեց խաղացող դպրոցականներին աղմուկ չբարձրացնել:

— Այնպես, մի քիչ կամա՛ց խոսեք: Դավիթ քեռու ատամները ցավում են:

Երեխաները միաժամանակ խաղացին անձայն, բայց հետզհետե մոռանալով տանտիրուհու պատվերը, նորից աղմուկ բարձրացրին: Այդ պատճառով տիկին Մարիամը կրկին իջավ բակը և նորից խնդրեց երեխաներին, որ «կամաց խոսեն», ապա մտավ դռնապան Սիմոնի խուցը և պատվիրեց, որ թույլ չտա երեխաներին աղմկելու:

— Թող մի քիչ այնպես կամաց, կամաց խոսեն, պարոն Դավթի ատամները սաստիկ ցավում են:

***

Երեկոյան դեմ ցավն ավելի սաստկացավ, այնպես որ պարոն Դանիելյանը մի բաժակ թեյ անգամ չկարողացավ խմել: Տեսնելով բոլոր միջոցներն ապարդյուն անցան նա հուսահատված սկսեց մտածել մահվան մասին և այն մասին, որ մարդիկ չեն կարողանում մի միջոց գտնել ատամի ցավի դեմ:

— Ես զարմանում եմ,— ասում էր նա կնոջը՝ գլուխը բռնած քայլելով,— այդ գիտնականները մի գլուխ անօգուտ ու անպետք բաներ են հնարում: Ինչի են պետք, օրինակի համար, հեռախոսը, այերոպլանը, գրամաֆոնը: Մարդիկ առանց դրանց ապրել են, առանց դրանց կապրեն էլ: Նրանք այդ գիտնական կոչվածները մարդու ցավերի, մարդու առողջության հարկավոր բաների մասին չեն մտածում ամենևին, ո՛չ:

Խոսում էր պարոն Դանիելյանը և անցուդարձ անում սենյակում, իսկ տիկին Մարիամը ձեռները կրծքին, նույն հուդարկավորի դեմքով, լուռ լսում էր նրան և նիրհում թեթևակի: Նա այնքան նիրհեց, որ հենց նստած տեղն էլ քնեց: Որքան էր քնել՝ չգիտեր, մեկ էլ ականջն ընկավ մարդու ձայնը.

— Մարիամ, ա'յ Մարիամ, այն ո՞վ է այնպես գոռում: Ի սեր աստծո, գլուխս տրաքեց, մի տե՛ս:

Տիկին Մարիամը, երազի մեջ, աչքերը բաց արավ, մի քանի անգամ հորանջեց ու ականջ դրավ:

Հարևան բնակարանում մեկը բարձր ու զիլ ձայնով երգում էր և շուտ— շուտ կրկնում՝ «Հիմի՞ էլ լռենք, եղբայրք»:

— Լռի'ր, լռի'ր,— ասաց Դանիելյանը ինքն իրեն, անցուդարձը շարունակելով:

— Երգողը դերասանն է,— ասավ տիկին Մարիամը, կրկին հորանջելով:

— Ով ուզում է լինի, ի սեր աստծո, գլուխս տրաքեց:

Տիկին Մարիամը մութ միջանցքով, ձեռները պատերին քսելով, մոտեցավ դերասանի բնակարանին և դուռը թակեց:

— Ո՞վ է, մտե՛ք,— լսվեց դերասանի բարիտոնը:

— Ես եմ, պարոն,— ասավ տիկին Մարիամը ողորմություն խնդրելու եղանակով:— Ես, Մարիա Բոգդանովնան: Եթե կարելի է, պարոն մի քիչ կամա՛ց երգեցեք, պարոն Դավթի ատամները ցավում են:

***

Այսպես երեք օր ու երեք գիշեր շարունակվեց պարոն Դանիելյանի ատամների ցավը: Եվ երեք օր ու երեք գիշեր թե՛ տանը, թե՛ բակում, թե՛ հարևան բնակարաններում լսվում էր տիկին Մարիամի շշունջը.

— Սը՛ս, կամա'ց խոսեք, պարոն Դավթի ատամները ցավում են:

1915

Ճաշ

Ժամը չորսն է:

Սոլոլակ թաղը ճաշում է:

Օրվա այս պահին Թիֆլիսի այդ հարուստ թաղի արտաքին տեսքը խաղաղ է, ինչպես գյուղը հնձի ժամանակ: Փողոցների և գրասենյակների ծանրախոհ կյանքն ու շարժումն անցել է սեղանատները, ուր մարդկանց ձայներից բարձր հնչում է ափսեների, պատառաքաղների և դանակների զնգոց: Սպասավորները մեկը մյուսի ետևից էլ ու մուտ են անում խոհանոցից սեղանատուն, սեղանատնից խոհանոց: Տիրում է մաքրություն, լիություն ու ձևականություն: Մարդիկ ուտում են ծանր և խոսում անվրդով:

Տոհմական քաղաքացի այրիացած Լևոն Ազիզյանը նույնպես ճաշում է իր սեփական տան երկրորդ հարկում: Ընդարձակ ճաշասենյակի երկար սեղանի մոտ, որի վրա կարող է ճաշել քանից ավելի մարդ, նա նստած է մենակ՝ կուրծքը ծածկած սպիտակ անձեռոցիկով, որի մի տուտը խրել է օձիքի մեջ: Նրա ետևը, աջ ոտի վրա հենված, կանգնած է նրա սպասավորը, մոտ քառասուն տարեկան, ճերմակ գոգնոցով մի մարդ, որ միաժամանակ կատարում է և՛ խոհարարի պաշտոն, և՛ դռնապանի գործ:

Պարոն Լևոնը, դանակն ու պատառաքաղը ձեռքին, դանդաղ ճաշում է և միևնույն ժամանակ խոսում սպասավորի հետ: Զավակներ չունենալով և ծերության մոտեցող հասակում կնոջից զրկվելով, երկու տարի է ահա միշտ մենակ է ճաշում: Բամբասանքից ու կողապուտից ազատ մնալու համար, նա երբեք ճաշի չի հրավիրում ազգականների ու ծանոթների, և ամեն օր ճաշն սկսում ու վերջացնում է սպասավորի հետ խոսելով:

— Գրիգոր, որտեղի՞ց ես առնում այս միսը,— դառնում է հանկարծ սպասավորին:

— Սալդաթսկի բազարից,— պատասխանում է սպասավորը թեքվելով և այնպիսի ձևով, կարծես տերը ծանր է լսում:

— Ումնի՞ց:

— Դարչոյից:

— Ո՞վ է այդ Դարչոն:

— Միս ծախող:

— Հը՛մ,— գլուխը կախելով շարունակում է ուտել պարոն Լևոնը:— Ոչինչ, միսը լա'վ միս է, բայց մի քիչ յուղոտ է:

Սպասավորը զարմացած ուղղվում է կանգնած տեղը և նորից թեքվում դեպի տերը:

— Երեկ դուք ասիք, որ ժարկոյի համար յուղոտ միս առնեմ,— հիշեցնում է նա:

— Այո', ասացի', բայց ոչ այսքան յուղոտ: Յուղոտ միսն այնքան էլ լավ չէ ժարկոյի համար: Այս տեսակ միսը կարելի է գործածել չխրթմայի կամ սոուսի մեջ, բայց ոչ ժարկոյի, հասկանո՞ւմ ես, ո՛չ ժարկոյի:

Նա նորից շարունակում է ուտել:

— Մյուս անգամ էլ այսպիսի միս չառնես,— ասում է նա քիչ հետո,— Հանգուցյալն ամենևին չէր սիրում այսպիսի միս, Չե՞ս հիշում: Ասում էր, որ այս տեսակ միսը վնաս է: Եվ շատ ճիշտ էր ասում հանգուցյալը, երբ ժարկոյի միսը յուղոտ է լինում, մի տեսակ ծանր է մարսվում: Հասկանո՞ւմ ես:

Սպասավորն անշարժ կանգնած նայում է տիրոջ ալեխառն մազերով գլխին, շարժվող ծնոտներին և մտածում, որ հանգուցյալ տիրուհին, իրոք, միս քիչ էր սիրում:

— Հետո, Գրիգոր, գիտես ի՞նչ,— ձեռքը բարձրացնում է պարոն Լևոնը.— դու միսը շատ ես եփում, այնպես որ՝ գետնախնձորի պես փշրվում է, այնինչ այսպես չպետք է անել պետք է եփել այնպես, որ մսի համը վրեն մնա: Մի անգամ կլուբում ժարկո եմ կերել, շա՛տ լավն էր, թերը, բանն այնպես տեղը, համով, հետն էլ մի երկու կտոր սերկևիլ:

Պարոն Լևոնը մի պատառ միս կտրելով սկսում է հանդարտ ծամել:

— Մեր կլուբի խոհարարն առհասարակ շատ ընտիր կերակուր է եփում,— շարունակում է նա,— և դա հասկանալի է, մարդը ռուս է, աշխարհ տեսած, հո մեր հայերի պես չի, որ գոմից դուրս են գալիս խոհարարություն անում: Դու չնեղանաս, Գրիգոր, ես քեզ չեմ ասում: Եթե ուզում ես, ես նրան կասեմ, որ մի քանի բան սովորեցնի քեզ:

Գրիգորը մի ոտից հենվում է մյուսին և կոկորդը մաքրում:

— Դուք էն օրն էլ խոստացաք, որ կասեք, բայց մոռանում եք,— նկատում է նա ժպտալով:

— Կասե՛մ, Գրիգոր, կասե՛մ,— հանգստացնում է պարոն Լևոնը սպասավորին:— Կասե՛մ, հենց վաղը կասե՛մ, բայց դու էլ յուղոտ միս չառնես:

Գրիգորը նորից նայում է տիրոջ գլխին, շարժվող ծնոտներին ու մտածում, որ տերը միշտ խոստանում է «վաղը», բայց միշտ էլ մոռանում է: Նա նորից կոկորդը մաքրելով ուզում է մի բան ասել, բայց լռում է՝ տիրոջ ձեռքի շարժումը տեսնելով:

— Գրիգոր, մյուս անգամ այդ Դարչոյին ասա, որ ժարկոյի համար լավ միս տա, առանց ոսկորի: Իմ կողմից խնդրի թող սուկի տա:

— Սուկին ժարկո չի ըլի, պարոն,— ասում է Գրիգորն ամաչելով, որ նկատողություն է անում տիրոջը:

— Ինչո՞ւ չի լինի,— զարմանում է պարոնը սպասավորի խոսքի վրա,— ընդհակառակը, կլուբում միշտ եփում են, շատ լավն է լինում:

Այս ասելով՝ նա ձեռքով նշան է անում, որ սպասավորը վերցնի ամանը:

— Սա վերցրու, կատլետը բեր տեսնենք, — ասում է նա՝ մեջքը աթոռի թիկունքին հենելով ու հառաչելով: — Եթե կատլետն էլ սրա պես լինի, Գրիգոր, նշանակում է՝ այսօրվա ճաշդ լավ չի:

Գրիգորը վերցնում է տիրոջ թերմացքը և զնում խոհանոց: Մի քանի րոպեից նա վերադառնում է և կատլետը դնում տիրոջ առաջ ու երկյուղով մտածում, թե այս նոր բաժինը ինչպես դուր կգա:

Պարոն Լևոնը մի քանի րոպե լուռ ճաշում է: Սպասավորը, նրա ետևը կանգնած, դարձյալ նայում է նրա թիկունքին, գլխին ու ծնոտներին, որոնց շարժումից շարժվում են և նրա ականջները:

— Գրիգոր:

— Հրամմե՛:

— Կատլետն այս ի՞նչ յուղով ես պատրաստում,— հարցնում է պարոն Լևոնը վշտալի դեմքով:

— Կովի յուղով:

— Կովի՞, բայց ինչո՞ւ այսպիսի համ է գալիս: Կարծես երեք օրվա կերակուր լինի, այնպե՛ս ծանր է:

Սպասավորը զունատված նայում է տիրոջը և լռում: Նա չի ուզում պատասխանել, որովհետև նրան թվում է, որ եթե պատասխանի, պարոնը նոր հարցեր է տալու, ուստի և լռում է: Իսկ պարոն Լևոնը շարունակում է միառժամանակ հանդարտ ուտել:

— Գիտես ինչ, Գրիգոր,— ասում է նա քիչ հետո՝ գլուխը պնակից բարձրացնելով,— այսօրվա կատլետը այնքան էլ լավ չի, համ յուղն է կծված, համ էլ աղը շատ ես արել:

Գրիգորն զգուշությամբ հազում է:

— Էսօր երեկվանից քիչ եմ աղ զցել, — ասում է նա՝ ամբողջ իրանով առաջ թեքվելով: —Երեկ որ աւիք աղի է, դրա համար էսօր աղը շատ քիչ եմ զցել:

— Ընդհակառակը,— ասում է պարոն Լևոնը,— քեզ միայն թվացել է, թե քիչ ես զցել, եթե քիչ զցած լինեիր, այսպես չէր լինի:— Նա սրտի խորքից հառաչում է:— Է՛, հանգուցյալի մահից հետո դու կերակուրներն այնքան էլ լավ չես պատրաստում, Գրիգոր: Երբ հանգուցյալը կենդանի էր, հսկում էր, խորհուրդներ էր տալիս, և դրա համար կերակուրներն այնպես լավ էին դուրս գալիս: Իսկ հիմա... (նա նորից հառաչում է): Ես ասել եմ, էլի կասեմ, Գրիգոր, որ հայ խոհարարը կարգին կերակուր եփել չգիտի: Հայը, իսկապես, պետք է մնա ռանչպար և ոչ թե խոհարար դառնա: Հայը կարող է, ճիշտ է, առևտուր անել, միրգ ծախել, բայց խոհարարությունը նրա բանը չի, հայը քուֆթից բացի ուրիշ բան չի կարողանում եփել: Իսկ խոհարարը, Գրիգոր, ամեն բան պետք է իմանա, ամեն բան: Հասկանո՞ւմ ես: Խոհարարությունն էլ արհեստ է, ինչպես դերձակությունը, ինչպես ոսկերչությունը: Խոհարարը պետք է հասկացող լինի: Հասկանո՞ւմ ես:

Գրիգորի շրթունքները դողում են, հայտնի չէ երկյուղի՞ց, թե՞ հուզմունքից:

— Եթե չեք հավանում, պարոն,— ասում է նա կերկերուն ձայնով,— ես կերթամ, ուրիշին բռնեցեք: Հինգ տարի Միրզոնի տանն եմ եղել, միշտ գոհ են մնացել, հիմի...

— Ես հո քե'զ չեմ ասում, հիմար,— խնդում է պարոն Լևոնը:— Ես ընդհանրապես եմ ասում, որ հայը խոհարարություն չգիտի, նա կարող է միայն լավ բանվոր լինել երկաթուղու վրա կամ ոտնաման սրբող փողոցներում, իսկ խոհարար կամ սպասավոր, երբեք (նա մի փոքր լռում է): Ա'յ, դու էլ, ճիշտ է, խոհարարություն և սպասավորություն ես անում, բայց ձևը չգիտես, Գրիգոր: Չգիտես, օրինակ, թե որքան աղ պիտի գցել մի ֆունտ մսին, չգիտես, թե ինչ տեսակ յուղն է լավը, իսկ դա հասարակ բան չի: Եթե մի խորհուրդ տվող չլինի քեզ, դու միշտ կսխալվես, Գրիգոր: Ա՛յ, ինչ եմ ասել, ուրիշ բան են ռուսն ու վրացին: Նրանք ստեղծված են հենց խոհարարության համար՝ մաքուր, ժիր, հասկացող:

Գրիգորի շրթունքները նորից դողում են:

— Եթե չեք հավանում, վրացի բռնեցեք,— ասում է նա այս անգամ հուզված, դողացող ձայնով,— ես կերթամ:

Ու, խոսքի կեսը բերանում, ուղղվում է դեպի դուռը:

— Սպասի՛ր, Գրիգոր, սպասի՛ր,— կանչում է պարոն Լևոնը:

Բայց Գրիգորը չի կանգնում:

— Դուք ամեն օր ինձ չեք հավանում,— շարունակում է նա՝ նեղացած դեպի դուռը գնալով,— ես կարող եմ գնալ, ուզում եք ռուս բռնեցեք, ուզում եք վրացի, միևնույն է: Ես կերթամ:

Սակայն չի գնում: Վերջին խոսքերն արտասանելով՝ կանգնում է դռան մոտ անբավական ու դժգոհ դիրքով:

— Ի՜նչ հիմարություն,— ետ է դառնում պարոն Լևոնը,— ո՞ւր ես ուզում գնալ:

— Կերթամ ուրիշ տեղ:

— Ի՜նչ հիմարություն: Քեզ ի՞նչ են անում, ա՛յ տղա, որ այդպես նեղանում ես:

Գրիգորը հուզմունքից չի խոսում:

Պարոն Լևոնը շարունակում է.

— Որ ուզում եռ գնալ, բա այս բաներն ո՞վ պիտի հավաքի,— ցույց է տալիս սեղանի երեսի ամանները,— ես հո չեմ կարող:Լա՛վ, ասենք՝ գնացիր, բա փողդ ի՞նչ ես անելու, ես հո քո փողապահը չեմ:

Այս խոսքերի վրա Գրիգորն առաջ է գալիս: Նրա դեմքն արտահայտում է վախ ու անհանգստություն: Նա մտածում է, որ տարիներով հավաքած գումարը՝ հարյուր հիսուն մանեթ, որ պետք է կնոջն ուղարկի պարտքը տալու և մի կով առնելու համար, տիրոջ մոտ է, առանց այդ գումարն ստանալու ինչպե՞ս կարող է գնալ: Առաջ գալով՝ կանգնում է սեղանի քով:

— Փողը տվեք, պարոն,— խնդրում է նա,— տվեք, ավելի լավ է գնամ:

— Դե լա՛վ, լա՛վ,— ասում է պարոն Լևոնը:— Հիմարություններ մի անի: Արի սեղանը հավաքիր, հետո:

Գրիգորն անխոս հավաքում է սեղանի երեսը, ամանները տանում է խոհանոց, մրգերը դնում է պահարանը, սփռոցը թափ է տալիս պատշգամում, հետո գալիս կանգնում է տիրոջ առաջ, որ դրամն ստանա:— Ի՞նչ ես ուզում, Գրիգոր,— հարցնում է պարոն Լևոնը, ընդհատելով մտածմունքները հանգուցյալ կնոջ մասին:

— Փո՛ղը, փո՛ղը: Փող հիմա որտեղի՞ց: Սպասիր, երբ կլինի, էն ժամանակ կտամ: Ի՛նչ, չլինի՞ ուզում ես գնալ իսկապես: Հիմար մի լինի,— խնդում է պարոն Լևոնը:— Ո՞ւր ես գնում, քո տեղը մարդ կա՞, որ գնում ես: Հիմար մի լինի: Մի թեթև խոսքից ինչո՞ւ ես նեղանում: Արի՛ այստեղ, արի՛ ավելի լավ է քեզ ասեմ, թե ինչ պետք է առնես էգուցվա ճաշի համար, արի:

Եվ պարոն Լևոնը բազմոցի վրա պառկելով՝ թելադրում է Գրիգորին, թե ինչ պետք է գնել վաղվա ճաշի համար:

— Կառնես իշխան, —ասում է նա՝ ցուցամատը շարժելով,— տապակելիս վրան մի քանի ձու կկոտրես, բայց ձուն շատ չեփես: Շատ եփելուց համը կկորչի: Իշխանից հետո կառնես գառան միս կոտլետի համար, և տոլմացու: Տոլմեն կեփես տերևով, բայց բրինձ քիչ կգցես: Հետո կառնես մի երկու ճուտ իրիկվա համար: Կառնես կանաչի՝ թարխուն, բողկ: Եթե հնդկահավ պատահի, ա՛ռ, մյուս օրը պետք կգա, կարելի է տապակել:

Մի քանի րոպե անց պարոն Լևոնը սկսում է ննջել, իսկ Գրիգորը գնում է խոհանոց և մտածում տիրոջ մոտ մնացած հարյուր հիսուն մանեթի մասին և այն մասին, թե ինչպես անի, որ վաղվա ճաշը դուր գա տիրոջը:

Եվ այսպես ամեն օր:

1916

Փորձանք

Գյուղաքաղաքի հիվանդանոցի նախասենյակը լիքն է ամեն հասակի և ամեն տեսակի այցելուներով՝ կին, մարդ, աղջիկ, երեխա: Շատերը, տեղ չլինելու պատճառով, կանգնած են, իսկ ոմանք անհամբեր հերթի են սպասում բժշկի ընդունարանի դռների առջև:

Հլա տրեխներ էլ էր ուզում՝ չտվի: Հա՛, ախպերս որ դու ես, էդ լիրբ լրբի որդին իբր թե այգի է պահում: Ամեն օր գնում եմ տեսնում ծառերի խնձորները, տանձերը պակաս: Ասում եմ.

— Ա՛յ տղա, Դավիթ, էս ծառերի խնձորներն ո՞ւր են:

— Ես ինչ գիտեմ, աղա:

— Ո՛նց թե,— ասում եմ,— բա որ դու չգիտես, ո՞վ պիտի իմանա:

Ձեն չի հանում:

Դեռ էդ ոչինչ, որ մեծ ծառերի խնձորներն էին պակասում, ավելի վատ եղա, երբ մի օր էլ տեսա՝ Ռուսեթի մի թեթև ծառ կա, նրա խնձորներն էլ պակասեցին: Էդ ծառը առել եմ Վարդանի տղից: Մի օր դա եկավ, թե՝ «Պետրոս աղա, մի խորոմ խոտ տուր, խոտ չունեմ»: Ասի՝ «տար, համա քու այգու պատրուսներից մեկը կտաս»: Մարդը խոստացավ ու տվեց: Էս տարի էդ ծառը բո՛լ բռնել էր: Ինքը կարճ, թեթև բան է, բայց լավ բռնել էր: Կարկուտը շատ մասը թափեց, բայց մի քիչ էլի մնաց, էդ քիչը համբարեցի, դուրս եկավ հիսուն— հիսուներկու հատ: Էս քանի օրը որ գնացի այգի, ասենք, ամեն օր եմ գնում, համա էս վերջին անգամը որ գնացի, տեսա էդ ծառի խնձորը պակաս, համբարեցի՝ դուրս եկավ 48 հատ: Կանչեցի էդ անիծած Դավթին:

— Արի էստեղ,— ասում եմ:

Վազեվազ եկավ ու դիք դազանակի պես առաջիս տնկվեց:

— Ի՞նչ է, աղա:

— Աղեն աչքդ հանի: Ա՛յ տղա, ասում եմ, էս ծառի խնձորներն ո՞ւր են:

— Վրեն է, ուր են,— ասում է,— աղա:

— Ո՛նց թե վրեն են,— ասում եմ,— էստեղ հիսուն — հիսուներկու խնձոր կար, հիմի 48 հատ է, ո՞ր ջհանդամն են գնացել:

— Ես ինչ գիտեմ, աղա:

Ասում է ու ծառին է մտիկ անում, մթամ ,թե նոր է տեսնում:

— Բա որ դու չգիտես, էլ ո՞վ գիտի, ասում եմ,— էլ ինչի՞ այգի պահող ես, որ չգիտես:

— Չգիտեմ,— ասում է,— աղա:

Ասում է ու էլի ծառին է մտիկ անում, որ աչքերս չտեսնի:

— Ամո՛թ է,— ասում եմ,— ա՛յ տղա, հոգուդ մեղք մի անի, թե ուտում ես, ասա՝ ուտում եմ, հո ես բան չեմ ասում դրա համար:

— Չէ,— ասում է,— աղա, ուտում չեմ:

— Որ ուտում չես,— ասում եմ,— բա ո՞ւր են գնում: Կա՛մ գողանում են, կա՛մ ուտում ես, ուրիշ էլ ի՞նչ կա, հո երկինք չեն թռչում:

— Չէ,— ասում է,— աղա, ո՛չ ուտում եմ, ո՛չ գողանում են:

— Էդ ո՞նց կլինի,— ասում եմ:— Երկուսից մեկը՝ կա՛մ ուտում ես, կա՛մ գողանում են, դու չես տեսնում:

Չէ՛ որ չէ՛:

— Ո՛չ ուտում եմ, ո՛չ էլ գողանում են:

— Թ՛ող էդպես լինի,— ասի մտքումս, ու մտածում եմ, — գուցե չի ուտում, բայց ծախում է, կամ, շատ կարելի է, գողանում են, ինքը քնում է, չի տեսնում: Վերջապես, ասում եմ, պետք է իմանամ՝ այգիս գող է մտնո՞ւմ, թե՞ չէ:

Էսպես մտածելով հասա տեղ ու եղածը պատմեցի սանամորդ: Նա էլ ասավ, որ ծառան ուտիլ չի, բայց շատ կարելի է՝ գողանում են, ինքը քնած է լինում: Էդ էլ որ նա ասավ, մտածեցի՝ լավ մութը մթնելուց հետո թաքուն մտնեմ այգի, խնձոր քաղեմ, տեսնեմ էդ անիծածը ինձ նկատում է, թե՝ չէ, եթե նկատի, էն է՝ լավ է մտիկ տալի այգուն, թե՝ չէ, հո այգիս անտեր է, գողերը թալանում են:

Մտածեցի ու արի:

Հիմի, քավոր Ավետիս, դու կասես, թե ես մի քանի խնձորի համար դարդ եմ անում: Սկի էլ չէ: Իմ դարդը խնձորները չէին, թքած խնձորների վրա: Ես ուզում էի իմանալ՝ այգիս գո՞ղ է մտնում, թե՞ ոչ:

Հենց էդպես, երբ մութը լավ մթնեց, մի փետ վերկալա, դուրս եկա տանից ու ճամփա ընկա դեպի այգի:

Մութ, շա՛տ մութ գիշեր էր, էնպես մութ, որ աչք աչքի չի տեսնում:

Երբ այգուն մոտեցա, սիրտս տրպպաց, մի տեսակ վատ բան զգացի: Լավ կլիներ հենց էդ ժամանակ էլ ետ դառնայի, էլ ես բանը չէր պատահի: Բայց կարծես սատանան բոթեց, թե՝ գնա՛, գնա՛, գնա՛:

Ես էլ մտածեցի՝ քանի որ եկել եմ, մտնեմ մի փորձեմ էդ անիծածին, տեսնեմ նկատո՞ւմ է, թե՞ չէ: Եթե չնկատի, վա՛յն եկել է իրեն տարել, պոչը կկտրեմ, թող ուր ուզում է, գնա:

Էսպես մտածելով՝ մոտեցա այգու պատին: Մոտեցա ու լոք տվի վրովը, ու հենց լոք տվի թե չէ, երկու քար, վատ էին դրվա՞ծ, ի՞նչ էր , իրար հետ ընկան պատից: Ես մտա այգի ու կանգնած ականջ դրի: Ասում եմ՝ տեսնեմ մարդու ձեն_ձուն, ոտի ձեն լսվո՞ւմ է, թե՞ չէ:

Հենց մտել ու մտածում էի, մեկ էլ տեսնեմ ոտի ձեն լսվեց: Մինը դեպի ինձ էր գալիս: Ասի ով գիտի հենց գող է: Բայց չէ: Եկավ մթի մեջ մի քիչ հեռու կանգնեց ու ձեն տվեց:

— Ո՞վ է:

Ասողն էդ լիրբ լրբի որդին էր, ձենից էն րոպեին ճանաչեցի, բայց ձեն չհանեցի: Ասում եմ՝ ով գիտի հենց էնպես հավարի է գոռում, առանց բան տեսնելու:

— Ո՞վ ես,— ձեն տվեց նորից:

Ես էլի ձեն չեմ հանում:

Նա փնթփնթաց, հայհոյեց, հեր ու մեր քաշեց ու նորից.

— Ո՞վ ես,— ասում է,— դո՛ւրս արի:

Ես թարսվել, կողքի եմ ընկել ու ձեն չեմ հանում: Ասում եմ՝ իրանից դուրս է գոռում, քարերի ձենը լսել է, դրա համար:

— Դո՛ւրս ես գալի՞, թե՞ չէ,— մին էլ գոռաց նա:

Ու հենց էդ գոռալը տեսա: Մեկ էլ ֆռալով մի բան եկավ ու տրաքեց գլխիս:

— Վա՛յ, անիծվես դու,— ասի ու գլուխս բռնեցի: Գյադեն ձենիցս ճանաչեց ու մնաց սառած, էլ ձեն չհանեց: Քիչ հետո տեսնեմ՝ գլխիցս արուն է գալի:

— Վա՛յ,— ասի, — ես քու, էս ինչ փորձանք բերիր գլխիս:

Գյադի լեզուն կապ է ընկել, բան չի խոսում: Վերջը կմկմաց.

— Աղա,— ասում է,— ես ի՞նչ գիտեի դու ես:

— Աղեն աչքդ հանի,— ասում եմ,— լիրբ լրբի զավակ: Շատ էլ քեզ ասել եմ այգուն մտիկ անես, պետք է ուրեմն փետը քաշես, մարդ սպանե՞ս:

— Ի՛նչ ես ասում,— զարմանում է Ավետիսը՝ կապած ձեռով իր չինական քիթը տրորելով:

— Հապա՛,— հառաչում է Պետրոս աղան՝ գլխի փաթաթանը ուղղելով,— էսենց փորձանք բերեց իմ գլխին էն լիրբ լրբի գյադեն:

— Պետրոս Միրզոյան,— կարդում է հիվանդների ցուցակը սպիտակ շոր հագած երիտասարդ ֆելշերը և նայում է Պետրոս աղայի կողմը:— Հերթը ձերն է:

Պետրոս աղեն գլխարկը վերցնելով՝ դնում է կռնատակը և մտնում բժշկի մոտ:

1913

Հոգաբարձուն

I

Ուսուցչի նամակը հոգաբարձուին

Հարգելի պ. Աղաբեկյան,

Խնդրում եմ բարեհաճեք ռոճիկի մասին կարգադրություն անել, որովհետև խիստ կարիքի մեջ ենք։ Խնդրում եմ նաև վառարանը շինել տալ, որովհետև ծուխն առաջվա նման շարունակ ետ է տալիս, և դասարանների լուսամուտների ապակիները գցեք, որովհետև երեխաները մրսում են, այնպես որ՝ հետո հիվանդություններ կարող են պատահել։

Հարգանքով՝

Ավագ— ուսուցիչ Մամիկոն Ավայան։

II

Հոգաբարձուի պատասխանը

Պարոն Մամիկոն,

Երեկ ստացա ձեր նամակը և կարդացի։ Գրում եք, թե կարիք ունեք և ռոճիկ եք խնդրում։ Ոչինչ չունեմ։ Ռոճիկ տալը, իհարկե, մեր պարտքն է, կտանք, բայց բանն էն է, որ երեսփոխ Մինասը գնացել է քաղաք բուժվելու։ Ասում են՝ աղիքների հիվանդություն ունի։ Եթե աստծով մի բան չպատահի, էս երկու օրը շատ կարելի է գա, էն ժամանակ ամեն բան կանենք։

Ով գիտի տան համար բանե՞ր են հարկավոր, որ ասում եք կարիք ունեք։

Եթե, դրուստ որ, տան համար բաներ պետք են, կարող եք իմ խանութից վերցնել, հետո կհաշվենք, ոչի՞նչ։ Երկար ժամանակ է, պարոն Մամիկոն, որ էլ խանութ չեք գալի։ Ինչպես երևում է՝ նեղացել եք։ Բայց հավատացեք, պարոն Մամիկոն, բրինձը հենց այդպես էլ ստացել էինք։ Եթե իմանայի մեջը կեղտ կա, ձեզ կտայի՞, հարցնում եմ։ Իհարկե՝ չէ։ Որ լավ ապրանքը ձեզ նման պատվական մարդուն չտամ, բա էլ ո՞ւմ պետք է տամ, մեր դալլմուխի՞ն (ամբոխին)։ Մի խոսքով։

Հիմի նոր բրինձ ենք ստացել, եթե ուզում եք, համեցեք տարեք։ Ազալու լավ տեսակի բրինձ է։ Անցյալ օրը տերտերը մի փաթ տարավ։ Նա շատ էր հավանում։ Եթե դուք էլ տեսնեք, դուք էլ կհավանեք։ Բրինձից սավայի՝ ստացել ենք Օրդուբադու չիր, Բաղդադի խուրմա և Երևանի թուզ: Համեցեք, գներն էլ շատ էժան են:

Հետո գրում եք, թե դասարանների լուսամուտները կոտրված են: Էդ հո անցյալ անգամ էլ գրել էիք: Մի՞թե շուշա գցողը դեռ չի եկել գցել: Էն անպիտանին տասն անգամ ասել եմ, որ գա, և զարմանում եմ, թե ինչո՛ւ չի գալիս: Ով գիտի անցյալ տարվա հաշիվը չի ստացել, դրա համար է նազ անում: Ոչինչ, ես նրան կասեմ, հալբաթ կգա խանութ: Եթե, ոնց որ ասում եք, պարոն Մամիկոն, դասարաններում շատ ցուրտ է, առայժմ բաց տեղերը յուղած թուղթ կպցրեք, հետո կտեսնենք: Յուղած թուղթը լավ է, հա՛մ լիս կլինի, հա՛մ էլ քամի չի փչի:

Իսկ ինչ վերաբերում է վառարանին, որ ասում եք, թե լավ չի վառվում և միշտ ծուխը ետ է տալիս, էդ նրանից կարող է լինել, որ բուխարիկի մեջ շատ մուր կիտված կլինի: Դասից ետը, աշակերտներից մեկին բարձրացրեք կտուրը թող թոկով կապած մի քար, կամ փետի ծերը մի ավել կապի, կախ անի բուխարիկի մեջ ու մուրը մաքրի: Դրանից ետը, եթե ծուխը էլի ետ տա, նշանակում է բուխարիկի մեջ մի ուրիշ բան կա, կա՛մ քար ընկած կլինի, կա՛մ սատկած կատու: Հերու էլ էդպես մի բան էր պատահել: Վառարանի ծուխը միշտ ետ էր տալիս: Հերվա ավագ ուսուցիչ պարոն Տիգրանն էլ ձեզ նման շարունակ գանգատվում էր, թե՝ «Դասարանները ծխով լցվում են, չենք կարող պարապել, ֆլան— ֆստան, շինեցինք»: Ինչ արինք— չարինք ծուխը չէր կտրում: Վերջը, բանից դուրս եկավ, որ սատկած կատու էր ընկել բուխարիկի մեջ: Հիմի էլ, ո՞վ գիտի, էդպես մի բան է պատահել: Դուք ասածս փորձեցեք, նրանից ետը կտեսնենք:

Հետո նամակում գրում եք, թե երեխաները մրսում են դպրոցում:

Ես կարծում եմ, նրանք ոչ թե դպրոցում են մրսում, այլ հենց դրսևը: Եթե դուք չթողնեք, որ նրանք դուրսը այնքան խաղան, լրբություններ անեն, դժվար թե մրսեն: Եթե դպրոցում մրսում են, ձեզ եմ հարցնում, էլ դրսևը ինչի՞ են խաղում. չէ՞ որ դուրսը ներսից ավելի ցուրտ է: Նշանակում է նրանց մրսելու պատճառը կոտրած ապակիները չեն:

Էս էլ պետք է ասեմ ձեզ, պարոն Մամիկոն, որ ձեր աշակերտները իրենց շատ անկարգ են պահում դուրսը:

Պատահում է անցնում եմ փողոցով, տեսնում եմ ձեր աշակերտները դասները թողած, պարապ— սարապ մի տեղ հավաքված կա՛մ չանա են խփում, կա՛մ հռհռում, կա՛մ թե չէ ձնթոփ խաղում: Էն օրն էլ ձնթոփի մեկը եկել դիպել էր մեր հարսի (այսինքն՝ իմ նշանածի) գլխին: Էդ դեռ ոչինչ: Մի պատահմունք է: Համա բանն էս է, երբ էդպես խաղերի ժամանակ անցնում եմ կողքներից, չեն էլ ասում, թե ո՛վ է անցնողը: Մի խոսքով: Ամեն անգամ եկեղեցի գնալիս՝ նկատում եմ, որ ձեր աշակերտները մարդու ըսկի մարդատեղ չեն դնում: Ի՜նչ որ է:

Եկեղեցի ասի, միտս եկավ, պարոն Մամիկոն: Գիտեք ինչ: Էս քանի օր է տիրացու Խաչատուրը պատից վեր ընկնելու պատճառով հիվանդացել է, իսկ երեսփոխն էլ, ոնց որ ասի, գնացել է քաղաք բուժվելու, էնպես որ՝ խեղճ քահանան իր ծեր հալով մնացել է մենակ և իրար չի գցում, չգիտի դասո՞ւմ երգի, թե՞ փոխ ասի: Մեր հարսը, այսինքն՝ իմ նշանածը, ասում է, թե խեղճ քահանան, երբ դասումն է երգում, փոխն է մնում, իսկ երբ փոխն է ասում, դասի խոսքերն են մնում: Հիմի, էնպես որ, պարոն Մամիկոն, լավ կանեք, եթե կարող եք դուք, կամ ուսուցիչներից մեկը, գաք քահանային օգնելու, հետը փոխ ասեք, թե չէ՝ խեղճը մեղք է: Պարապ լինեի, ես ինքս կերթայի, բայց արի տես, որ թարսի պես, խառնված եմ, նոր ստացված ապրանքները տեղավորում եմ: Պարոն Սմբատի ձենը լավ է, լավ կանեք, հենց նրան ղրկեք:

Մի բան պետք է ասեմ պարոն Սմբատի մասին, որ իրան էլ հայտնեք, թե էդպես չի կարելի, ամոթ է: Գիտեք ինչ, էն օրը գիշերով մեր հարսի հետ անցնում եմ Վերի թաղի փողոցով, տեսնեմ մինը երգ է ասում: Ոտս կախ արի, ասի տեսնենք՝ էս ո՛վ է, որ էս գիշերին էսպես էրված երգ է ասում: Բանից դուրս եկավ, որ երգողը պարոն Սմբատն էր:

Գիտեք, դա մի քիչ լավ չէ, պարոն Մամիկոն: Լսողները վատ բաներ կկարծեն, հենց կիմանան, թե պարոն Սմբատը սիրահարված է, որ այդպես երգ է ասում մեջ գիշերին:

Ուսուցիչ մարդը պետք է մի քիչ իրեն պահի, որ չասեն, թե էսպես է, էնպես:

Օրինակի համար, պարոն Գարեգինը, օրիորդ Անահիտը, երբ իրար հետ անցնում են փողոցով, միշտ խոսում են ու ծիծաղում:

Դա լավ չէ, պարոն Մամիկոն, ընկի լավ չէ: Տեսնողները կկարծեն, թե սրանցում մի ինչ— որ բան կա, որ էդպես փսփսում են ու ծիծաղում:

Պ. Գարեգինը, փառք աստծու, աստված իրեն բաշխի, իրա համար կնիկ ունի, նրա հետ ինչքան ուզում է ման գա: Օչով էլ բան չի ասի, բայց, օրինակի համար, ես կնկա տեր մարդ եմ, եթե վեր կենամ ու մի ուրիշ կնկա հետ ման գամ, ի՞նչ կասեն: Չե՞ն ասի, թե՝ «Տեսեք, տեսեք անամոթին, ի՞նչ բան ու գործի է, իրա պսակովի կնիկը թողած, ուրիշի հետ է ման գալի»: Կասե՛ն ու հլա հետն էլ կթքեն: Հապա՛, էդպես, պարոն Գարեգինին մի քիչ զգուշացրեք, որ խալխը նրա մասին վատ բան չխոսեն: Մեր հարսը էն օրն ինձ մի քանի բան պատմեց, համա հավատալու չի գալի: Ինչ ո՛ր է: Եղածը ասում եմ ձեզ, հիմի դուք գիտեք:

Իսկ ռոճիկի մասին, ոնց որ ասի, երբ երեսփոխը, եթե աստծով մի բան չպատահի, քաղաքից գա, կտեսնենք:

Նորաշենի ծխական դպրոցի հոգաբարձու և տանուտերի օգնական՝
Աբաթեկ Աղաբեկյան:

Հա՛, պարոն Մամիկոն, մոռացա ասել, որ բրինձից, չրից ու խուրմից սավայի՝ ստացել ենք լավ զեյթուն, Թավրիզի քիշմիշ և թազա լիմոն:

Դուք լիմոն, կարծեմ, շատ եք սիրում:

1915

Երկաթուղին

Քա՜ղցր է հիշել երբեմն մանկության օրերը:

Երբ նստում ես ու մտաբերում, թե այսինչ տարին ա՛յս պատահեց, այնինչ օրը՝ ա՛յս, զգում ես մի անծայր սփոփանք: Մանկության ամեն մի դեպք, յուրաքանչյուր մի անցք, լինի դա չնչին, ուրախ թե տխուր, անուշ է թվում:

Մանկությունս հիշելով, չգիտեմ՝ ինչու, նրա բոլոր օրերն էլ ինձ երևում են լուսազարդ, երկինքը կապույտ, սրտերը սիրող, դեմքերը ժպտուն: Եվ մանկությունս հիշելով, դարձյալ չգիտեմ՝ ինչու, առաջին պահ տեսնում եմ միայն փոքրիկ, անհանգիստ մանուկներ, որ վազվզում են փայտե ձիեր հեծած, տեսնում եմ կաչաղակի բներ ծառերի վրա, որ հեռվից նմանում են ճղների արանքն ընկած հովվի փափախի, սարյակներ՝ բարդիների կատարին, որ ձագ տված մեղուների պես սնացրել են ճղները և նորածին հորթեր, որ պոչները ցցած վազում են փողոցներով: Տեսնում եմ սագերի դեղին ձագեր, որ անվախ լողում են ջրերի երեսին, և ես նրանց նայելով զարմանում եմ, որ այդքան փոքր են ու չեն խեղդվում, տեսնում եմ մեր ծեր շանը շեմքի մոտ նստած՝ դունչը թաթերին, աչքի տակով հսկում է անցուդարձողին: Սրանից անմիջապես հետո տեսնամ եմ մեր շեկ, երկար մազերով և հավաքնից շարունակ ձու գողացող կատվին, որ մռռոցով ննջում է տատիս ծնկանը, և, վերջապես, տեսնում եմ իմ ծեր, իմ բարի տատին, որ ձմռան երեկոյին, օջախի առջև նստած, իր սև տերողորմյան քաշելով, պատմում է ինձ դևերի, քաջքերի մասին, իսկ ես՝ մի փոքրիկ ու միամիտ տղա, հափշտակությունից ու երկյուղից բերանս բաց, ունկընդրում եմ նրան:

Բայց այս բոլորից հետո՝ տեսնում եմ անհայտության խավարից՝ վաղուց մոռացված գերեզմաններից, հանդես են գալի հարազատ ու ծանոթ դեմքեր և, իբրև մի հին, վաղեմի երգի կտոր, ականջիս հնչում է նրանց կենդանի զրույցը, ու ես, կարծես աշկարա, նրանց բերանից լսում եմ սիրելի խոսքեր, մոռացված խոսքեր:

Լսում եմ, թե ինչպես տանուտեր Արսենը հայհոյում է հորս, ծեր քահանա տեր Սարգիսը գանգատվում է իր եկամտի պակասությունից, քեռի Սիմոնը խոսում է անտառում թաքնված գանձի մասին, իսկ հարևան Պետրոսը հավան չի կենում երկաթուղուն:

Մանկությունս մտաբերելով՝ ես առանձնապես հիշում եմ հարևան Պետրոսին ու երկաթուղին, որի առաջին սուլոցը մեր գյուղում հնչեց

այնպես, ինչպես որ, ս. Գրքի ասելով, Գաբրիելյան փողը պիտի հնչի
ահեղ դատաստանի օրը՝ իրարանցում գցելով մարդկանց մեջ:

Հարևան Պետրոսին ես հիշում եմ մանավանդ այն ժամանակ, երբ երկաթուղով որևէ տեղ եմ գնում կամ դժգոհություն եմ լսում երկաթուղու մասին:

Այս երկուսին իրար հետ հիշելուս պատճառն այն է, որովհետև սրանք... Բայց այդ մասին ավելի լավ է սկզբից:

Ինչպես հայտնի է, առաջներում, նախքան ե րկաթուղին, մեր գյուղացիները ճանապարհորդում էին ձիերով, ճռռացող սայլերով և աղմկարար ու ճանապարհներից փոշու ամպեր բարձրացնող ֆուրգոններով: Ամենից շատ, իհարկե, ֆուրգոններով:

Ինչպես մեր շրջանի բոլոր ավաններում ու շեներում, այնպես էլ մեր գյուղում կային մի քանի ֆուրգոններ, որոնց գործն այն էր լինում, որ մարդ էին տեղափոխում գյուղից քաղաք, քաղաքից գյուղ, կամ գյուղացիներին տանում էին սուրբ Գևորգ ուխտի: Այդ ֆուրգոնատերերը բոլորն էլ իրար նման մարդիկ էին՝ երկար միրուքով և մալականի ձևով կտրած մազերով: Նրանք իրենց հագուստներով էլ մի քիչ նման էին մալականի և հեշտությամբ ջոկվում էին գյուղացիներից, ինչպես գարին ցորենից:

Այդ ֆուրգոնատերերից մեկն էլ մեր հարևան Պետրոսն էր: Նա էլ հագնվում էր մալականի պես, մազերը կտրում մալականի նման և եթե նրա փափախը, սև դեմքն ու սև մազերը չլինեին, կարելի էր կարծել, որ նա իսկապես մալական է:

Լա՛վ մարդ էր հարևան Պետրոսը:

Երբ իր քառաձի ֆուրգոնով վերադառնում էր քաղաքից, մենք՝ երեխաներս, աղմուկով ընդառաջ էինք գնում նրան և ծառս լինում, կախվում ֆուրգոնի ճաղերից: Մեր այդ խանդավառությունը նկատելով՝ նա գրպաններից հանում էր կանֆետ ու խնձոր և «ահա՛ ձեզ, լակոտներ» ասելով, ցրում գետնին: Մենք, իրար թակելով, հավաքում էինք կանֆետն ու խնձորը և գնում շրջապատում նրան իր դռանը՝ լսելու, թե ինչ լավ բաներ պիտի պատմի, կամ տեսնելու, թե ինչ է բերել քաղաքից:

Եվ այնպիսի՛ բաներ էր բերում նա քաղաքից իր տղաների համար, որ ես միշտ նախանձում էի նրանց: Իր տղաների համար նա բերում էր երբեմն ճտքավոր կոշիկներ, շվի, ծոպավոր գոտի, թուրքական ֆես և, վերջապես, այնպիսի բաներ, որ իմ հայրը երբեք չէր առնում ինձ համար: Մի խոսքով՝ հարևան Պետրոսը շատ էր սիրում իր երեխաներին: Բայց նա ավելի սիրում էր իր ֆուրգոնը և ձիերին, և ամեն անգամ պարծենում էր, որ իր ֆուրգոնի ու ձիերի նման չի գտնվի ողջ նահանգում:

— Հապա՛, մերը չմեռնի Պետրոսի ձիերի,— ասում էր նա,— նրանց նման ձի ո՞րտեղ կա: Սրանք հրեղեն են, ոչ թե ձիեր: Մի անգամ Երևանի ճամփին ամենքի ձիանքն էլ հոգնեցին, վեր թափվեցին, իսկ իմոնք, աչքով չտանք, էնպես էին գնում, ոնց որ թևավոր, ֆը՛ռռռ: Մալադե՛ց:

Ու այս ասելով, հարևան Պետրոսը գոհությամբ ծծում էր ծխամորճը և աչքերը ծոր տալի:

Նա, մոռացա ասել, մի սովորություն ուներ, միշտ մեր տուն կգար և ձմռան երկար երեկոներին հորս հետ կնստեր օջախի առջև ու զրույց կաներ զանազան բաների վրա և ամեն խոսքի վերջում կկրկներ.

— Էսպես բաներ, հարևան:

Մի անգամ, շատ լավ միտս է (և ինչպե՛ս միտս չլինի այդ արժանահիշատակ օրը), այսպիսի մի զրույցի ժամանակ հայրս ասաց նրան.

— Պետրոս, հիմի ձեր գործը վատ կլինի, ասում են, երկաթի ճամփա պետք է գա:

— Բարով, հազար բարի, — ասաց հարևան Պետրոսն անտարբեր,— գա էլ, գնա էլ: Ինձ ի՜նչ:

— Ո՛նց թե,— ասաց հայրս,— ախր էդ երկաթի ճամփեն որ գա, նրանից հետո ամեն բան՝ մարդ, ապրանք, մաշինով կտանեն— կբերեն, էնպես որ էլ ֆուրգոնի գործ քիչ կմնա:

Այս խոսքերի վրա հարևան Պետրոսը չիբուխը հանեց բերանից և զարմացած հորս նայեց.

— Ո՞նց թե,— ասաց նա, լսածը կարծես լավ չհասկանալով,— մաշինեն ֆուրգոնի բանը կարա՞ անի:

— Իհարկե,— պատասխանեց հայրս,— մաշինեն էսպես բաներ է անում, որ ֆուրգոնն ընկի չի կարող:

— Է՛հ, դու էլ բան ես ասում,— խնդաց հարևան Պետրոսը ու նորից չիբուխը կոխեց բերանը:

— Ես քեզ հաստատ բան եմ ասում,— պնդեց հայրս և սկսեց բացատրել, թե երկաթուղին ինչե՛ր է անում:

Նա ասում էր, թե լրագրում ինքը կարդացել է (հայրս լրագիր էր ստանում), որ այդ գնացքը մեր խոտի ամբողջ դեզը մի օրում կարող է տանել «մինչև Ֆրանգստան», իսկ մեր ամբողջ գյուղը իր տավարով ու մարդկանցով կտեղավորի իր մեջ: Նա ուրիշ շատ բաներ էլ պատմեց, բայց դրանցից միտս է այն, թե գնացքը կարող էր հարևան Պետրոսի ֆուրգոնն իր ձիերով, ջրի դույլով ու զարու խախալով մի քանի րոպեում թռցնել քաղաք:

Հորս խոսքերը լսելով, ես զարմանում էի, թե ինչպես կարելի է ֆուրգոնն իր ձիերով տանել այդպես, ապա այդ գնացքը չի՞ կոտրվի, կամ ձիերը նրան քացի չե՞ն տա: Մինչ ես զարմանում էի այսպես, հարևան Պետրոսը, ծխամորճը քաշելով, բեղի տակ ծիծաղում էր հորս խոսքերի վրա: Եվ երբ հայրս վերջացրեց իր բացատրությունը, նա ծխամորճը հանեց բերանից, մոխիրը թափ տվեց օջախի մեջ ու դարձավ հորս.

— Հը՛մ, մերը մեռնի՛ Պետրոսի ֆուրգոնի, որ մաշինեն նրա բանը պտի անի: Ախպեր, մի տեղ որ ձին չլծեն, մի տեղ որ լուծ ու ոժեր (երասաններ) չըլի, նրանով կարելի՞ է մարդ ու ապրանք տանել— բերել:

— Քեզ ասում եմ, որ կարելի է, — ասաց հայրս և նորից սկսեց բացատրել շոգետարի առավելությունները:

Նա աշխատում էր հարևան Պետրոսին համոզել, որ երկաթուղու գնացքը կարողանում է ամեն բան տանել, բայց հարևան Պետրոսը չէր հավատում և շարունակ կրկնում էր խնդալով.

— Հարևա՛ն, մի՛ հավատա: Հարևա՛ն, մի՛ հավատա:

Եվ դրանից հետո ով որ գյուղում խոսում էր երկաթուղու, և մանավանդ գնացքի առավելությունների մասին, հարևան Պետրոսը միշտ ասում էր ժպիտն երեսին.

— Հարևա՛ն, մի՛ հավատա: Նա ֆուրգոնի տեղն ըսկի չի բռնի:

***

Հորս և հարևան Պետրոսի խոսակցությունից հետո չեմ հիշում (չեմ հիշում, որովհետև մանկությունը սահման չի դնում ժամանակի և տարածության մեջ), թե որքան ժամանակ անցավ, երբ երկաթուղին եկավ:

Անցավ մի տարի, թե պակաս, միտս չի: Միտս է միայն, որ այդ զրույցից հետո մի օր մեր գյուղում երևացին պսպղուն կոճակներով ու երկարաճիտ կոշիկներով մեծավորներ, ապա հայտնվեցին ինչ— որ կացնավոր մարդիկ և սկսեցին կտրել մեր անտառի մի մասը՝ թրըխկ հա՝ թրա՛խկ, թրա՛խկ հա՛ թրը՛խկ: Եվ ինչպե՛ս էին կտրում մեր լավ— լավ ծառերը: Վաղ առավոտից մինչ ուշ երեկո օդը թնդում էր թրխկոցի ձայնից: Կտրում էին բոլոր կանաչ, ծաղկած ծառերը՝ լորին, բոխին, կաղնին ու կեչին, կտրում էին և այն տանձի ու խնձորի ծառերը, որոնց տակից մենք ամեն տարի տանձ ու խնձոր էինք հավաքում թթու դնելու համար: Այդպես՝ չանցավ մի քանի օր, մի առավոտ էլ տեսանք, որ մեր սիրուն անտառի կեսը չկա, և նրա սարը կանգնած է մերկ, տակից խուզած գլխի նման:

Անտառը կտրելուց հետո սկսեցին սարը ճղել: Ամեն օր լսում էինք դղրդոց, պայթյուն և ինչ— որ զարհուրելի ձայներ սարի կողմից, որ շատ ժամանակ ինձ թվում էր, թե ուզում են մեր գյուղը քանդել կամ մի աղետ բերել նրա գլխին: Միտս է նույնպես, որ սարը ճղելուց հետո կամուրջ շինեցին մեր գետի վրա, երկաթներ գցեցին և, այս բոլորի վերջում, մի օր էլ մեր գյուղում լսվեց մի այնպիսի սուր սուլոց, որ մեր լեռներում ու ձորերում չէր հնչել երբեք: Այդ շվոցը լսելուն պես գյուղում բոլորն իրար անցան, ինչպես մի մեծ հրդեհի ժամանակ:

— Մաշինեն եկա՛վ, մաշինեն եկա՛վ, — ասում էին միմյանց:

Եվ մարդ, կին, երեխա՝ տնից, հանդից, գործի վայրից, բանի տեղից, ո՛րը բոբիկ, ո՛րն անգդակ, վազում էին դեպքի երկաթուղին։

Նրանցից շատերը շտապելուց տանում էին իրենց հետ ձեռքի գործիքները՝ եղան, փոցխ, գերանդի, ջրի կուժ։ Մի կին, շատ լավ միտս է, շտապելուց ձեռքին տանում էր կերակրոտ շերեփը, մի ուրիշը՝ գոգնոցը լիքը գետնախնձոր։

Տեսնելով բոլորը գնում են, մենք էլ՝ մայրս ու եղբայրներս, հորս հետ գնացինք «մաշինեն տեսնելու»։ Ճանապարհին պատահեց հարևան Պետրոսը։ Նա կանգնել էր փողոցում և հեգնանքով նայում էր «մաշինեն տեսնելու» գնացողներին, նայում էր և ուզում էր ասել կարծես, թե «դուք բոլորդ էլ անասուններ եք, ի՞նչ կա, որ վազում եք էդպես»։

— Դո՞ւք էլ եք գնում,— հարցրեց նա, երբ մոտեցանք իրեն։

— Հա՛,— պատասխանեց հայրս,— չե՞ս գալի։

— Ինչպես երևում է, ձեր բանն էլ է հատել,— ասաց նա գլուխն օրորելով։

— Ի՞նչ կա որ,— նկատեց հայրս,— նոր բան է, երեխեքն ուզում են տեսնել, կուզես դու էլ արի։ Արի՛, գնանք, արի՛։

Հորս առաջարկի վրա հարևան Պետրոսը «չե՛մ ու չում» արավ, այս ու այն կողմը նայեց և վերջը ասաց.

— Գիտեմ, մի բան չի, համա որ ասում ես՝ գնանք։ Գնանք տեսնենք հլա է՛դ ինչ զատ է, որ էսքան խոսում են։ Տեսնենք բանի նման է, թե...

Երբ մոտեցանք երկաթուղուն, տեսանք մեր ամբողջ գյուղն այնտեղ։ Ահել, ջահել ու երեխա, ամեն տեսակ գործիքներով ու իրերով զինված, հավաքվել էին շոգեկառքի ու վագոնների շուրջը և դիտում էին զարմացած։

— Թափվել են ճանճերի պես,— ասաց հարևան Պետրոսն արհամարհանքով,— կարծես կաթողիկոս է եկել կամ նաչալնիկ, ո՛նց որ չտեսներ ըլեն։

Այս ասելով՝ նա մարդկանց հրեց այս ու այն կողմ և ինքը մոտեցավ շոգետարին։ Մենք հետևեցինք նրան։

Երկար ժամանակ անխոս դիտում էր նա շոգեմեքենան ամեն կողմից, ինչպես մսագործը մորթելու անասունը, ձեռքը քսում էր նրա կողերին, կարծես առջևը կանգնածն իր ձին լիներ, և շարունակ քիթը վեր էր քաշում։

Ու երբ ամեն բան դիտեց, վերջացրեց, դարձավ հորս.

— Սա՞ է, հարևան, սա՛ է, որ ֆուրգոնի բանը պտի անի։— Ու խնդաց հորս վրա։— Վա՛յ, վա՛յ, հարևան, էն ո՞ր սարսաղը գլխից ձեռ կվերցնի ու սրա վրա կնստի։ Սա ի՞նչ բան է։

— Մի՛ ասի, Պետրոս,— նկատեց հայրս,— երբ բանի, կտեսնես ինչ բան է։

— Է՜հ, ինչ ուզում է ըլի, — շարունակեց հարևան Պետրոսը,— հիմի որ բանի նման չի: Սրա վրեն նստողը պետք է ժամ ու պատարագ անի, նոր նստի, թե չէ, մին էլ տեսար տարավ սար ու ձոր զցեց, համ ինքը պտի փշրվի, համ վրեն նստողը:

Հարևան Պետրոսի այս խոսքերի վրա հայրս բացատրեց, թե, ճիշտ է, գնացքն էլ ընկնում է երբեմն, երբ ճանապարհը քանդված է լինում կամ երբ ռելսերը միացնող մեխերը հանում են, բայց դա միշտ հո չի պատահում:

Հորս բացատրությունը լսելուց հետո հարևան Պետրոսը ծիծաղեց փառ— փառ:

— Տեսնո՜ւմ ես,— ասաց:— Բա որ ասում եմ՝ ծիծաղում են վրես: Մի մեխ հանելով որ էս ահագին բանը պտի ընկնի— փշրվի, էլ ինչացո՞ւ է: Ի՞նչ եմ տվել ֆուրգոնին, մերը չմեռնի՜: Նստի, ոժերը ձեռդ առ ու յալլա՜, ֆը՜ռռ: Մալադե՜ց: Երբ ուզես կկանգնեցնես, երբ ուզես կքշես, թե չէ— սա ի՞նչ է...

Եվ նա, ձեռքը դեպի գնացքը մեկնելով, նորից ծիծաղեց փառ— փառ.

— Հա՜— հա՜, հա՜— հա՜:

***

Այդ օրվանից շոգետարն իր վագոններով սկսեց գնալ— գալ: Օրական մի քանի անգամ լսվում էր նրա սուլոցը, և նրա այս սուլոցը լսելիս մենք՝ երեխաներս, կտուրները ելնելով, նայում էինք, թե ինչպես է գնում նա ամպի նման ծուխ հանելով, որի բեկորները ընդունելով ուղտի, ձիու և վարդապետի կերպարանք՝ արագ վազում էին վագոնների ետևից, բայց նրանց չհասնելով, կես ճանապարհին, կարծես շատ հոգնելուց, հալվում էին շնչասպառ: Եվ ամեն անգամ վագոնների այդ երթը տեսնելով՝ երեխաներս, ուրախ աղմուկով, վագոնների նման շարվում էինք իրար ետևից և շվվոցով պտտվում կտուրներին այնքան ժամանակ, մինչև որ դուրս կգար մի տնատեր ու կբողոքեր, որ մենք կոտրում ենք օճորքները կամ հող ենք թափում երդիկից: Եվ, չգիտեմ ինչու, ում կտրանն էլ «մաշինա» էինք խաղում, միշտ հարևան Պետրոսն էր դուրս գալի բողոքելու. «Ի՞նչ եք ձեններդ զցել թաղ ու թառակ,— ասում էր նա ձեռքը գոտին խրած:— Կորե՜ք ձեր տները»: Ինձ մանավանդ զարմացնում էր այն, որ հարևան Պետրոսն այժմ շատ քիչ էր գնում քաղաք: Առաջ, ամեն շաբաթ նա ֆուրգոնը բեռ էր բարձում և ձիերի բոժոժների ուրախ զնգզնգոցով մեկնում քաղաք, այժմ, սակայն, շաբաթներով մնում էր տանը, երբեմն միայն աղբ ու փեին էր կրում իր արտերը կամ ճալաքար ու թուփ բերում՝ այգու ցանկապատերը կարգի բերելու:

Մի օր, շատ լավ հիշում եմ, երբ նա ֆուրգոնով մասրի թփեր էր բերել, հայրս հարցրեց նրան.

— Ինչպես երևում է քաղաք գնալու գործը պակաս է, հարևան:

— Չէ՛, ո՛վ է ասում,— պատասխանեց հարևան Պետրոսը:— Գործ՝ ինչքա՛ն ուզես, բայց ուզում եմ այգու պատերը շինել, ոչխար ու տավար մտնում են, պատրուսները ուտում:

Եվ այսպես ամեն անգամ, երբ հայրս հարցնում էր գործի մասին, նա միշտ ասում էր՝ գործ շատ կա, բայց ինքը չի ուզում գործի գնալ, որովհետև բան ունի, պետք է վերջացնի:

— Գիտես, հարևան,— ասում էր նա,— գործ շատ կա, բայց մարդ պետք է իր տան համար էլ մտածի՞, թե՝ չէ:

— Իհարկե,— ասում էր հայրս,— պետք է մտածի: Իսկ ես կարծում էի, թե մաշինեն պակասեցրել է գործդ:

— Չէ՛. ընկի էլ չէ՛,— ասում էր հարևան Պետրոսը: — Ի՛նչ պակասեցնել: Գործ, երբ ուզես, կա: Մաշինեն ֆուրգոնի բանը հո չի՞ կարող անել:

Ու շաբաթներն անցնում էին շաբաթների ետևից, բայց հարևան Պետրոսը, ի մեծ զարմանս իմ, շարունակ մնում էր տանը և քաղաք չէր գնում: Մինչդեռ ես ուզում էի, որ նա շուտ— շուտ քաղաք գնա և բոժոժների զնգզնգոցով վերադառնա այնտեղից, որպեսզի մեր դռնով անցնելու ժամանակ կանֆետ ու խնձոր տա ինձ: Բայց նա չէր գնում, այդ պատճառով ձիերին էլ գարի չէին տալիս ամեն օր, ոչ էլ թիմարում էին առաջվա նման, այդ տանում էին դաշտերը կամ անտառի բացատները արածեցնելու:

Այսօրվա պես հիշում եմ, թե ինչպես նրա տղաները (հարևան Պետրոսն ուներ չորս տղա) հեծնում էին ամեն մեկը մի ձի և քշում դեպի դաշտերը. իսկ նրա կինը, որ մարդու պես սիրում էր իրենց ֆուրգոնն ու ձիերին, ամեն անգամ գնացքի սուլոցը լսելիս, չգիտեմ ինչու, անիծում էր նրան: Եվ անիծելիս միշտ կրկնում այս խոսքերը.

— Ձենդ կտրվի՛, խնդրել եմ աստծուց:

Մինչ կինն անիծում էր այսպես, հարևան Պետրոսն անխոս շարունակում էր իր ֆուրգոնով քար, փայտ ու աղբ կրել: Այդ գործի մեջ նա, ըստ իր սովորության, էլ չէր երգում, մեզ՝ երեխաներիս հետ հանաքներ չէր անում, մի բան, որ ինձ շատ էր զարմացնում: Բացի դրանից, վերջերս մեր տունն էլ շատ սակավ էր գալիս և ընդհանրապես խուսափում էր հարևաններից, ինչպես խռոված կամ մինչև սրտի խորքը վիրավորված մի մարդ: Սակայն շուտով պատահեց մի դեպք, որ նրա տրամադրությունը փոխեց միանգամայն և վերադարձրեց նրան իր նախկին ուրախությունը:

Այդ դեպքը հարևան Պետրոսին պատճառեց նույնիսկ մեծ հրճվանք:

***

Ինչպես էր պատահել, չգիտեմ, մի օր մեր գյուղից մի կով էր ընկել գնացքի տակ և երկու կես եղել: Դեպքը մահվան բոթի պես իսկույն տարածվեց գյուղում. դա չլսված բան էր արդեն. ինչպե՛ս, գնացքը կով է սպանո՞ւմ... ա՜յ քեղ տարօրինակ բան... Ու բոլորը, ինչպես գնացքը գալու առաջին օրը, շտապեցին դեպքի տեղը: Այդ բանն իմացավ և հարևան Պետրոսը: Պատմությունը լսելուն պես նա բարձրաձայն խնդաց նստած տեղը:

— Հապա որ ձեզ ասում էի, ծիծաղում էիք վրես,— ասաց նա գլուխը հաղթական շարժելով: — Հիմի տեսա՞ք: Երեկ մին, էսօր երկու՝ ինչե՛ր արավ: Էս հլա մե՛կ, դեռ ո՛ւր է տասնումեկ: Սպասեցեք դեռ, սպասեցեք:

Եվ նորից գլուխը հաղթական շարժելով ու ծիծաղելով գյուղացիների անմտության վրա, որ թողին երկաթուղին գյուղը գալու, սկսեց թվել, թե դեռ ինչ ահավոր աղետներ պետք է բերի երկաթուղին մեր գլխին: Էսօր կովն ընկավ գնացքի տակ, էգուց եզը կընկնի, մյուս օրը տավարածը, մի ուրիշ օր երեխա, մի այլ օր մարդ, հետո կին, և այն ժամանակ ի՞նչ կլինի գյուղի վիճակը:

— Հը՛մ, վրես ծիծաղում էիք,— ավարտեց նա դառը խնդալով:— Տեսա՞ք հիմի:

Նրա ուրախությանը չափ չկար. նա իրեն համարում էր հաղթական:

Ու մի շաբաթից ավելի, գյուղի փողոցներում շրջելով, ամեն մի պատահողի պատմում էր կովի դեպքը և ավելացնում, որ գնացքը քանդելու է գյուղացիների տունը, կտրելու է նրանց հացը, և շատ արիշ բաներ. ու միշտ, որպես օրինակ, բերում էր կովը: «Ձեզ օրինակ էն օրվա կովը»: Ու այս ասելով՝ առաջարկում էր, թե լավ կլինի խնդիր տան տերության, որ «մաշինեն» ուրիշ տեղով բանեցնի:

— Գրեք, թե, ախպե՛ր, չե՛նք ուզում, քո վնասն էլ քեզ ըլի, քո օգուտն էլ, աշխարհը մեծ, դու միջին, քո մաշինեն տար, ո՛ր կողմով կուզես, բանեցրու, միայն թե մեր գյուղից հեռացրու:

— Սարսաղ բաներ ես խոսում,— նկատեց հայրս:

— Ո՛նց թե սարսաղ,— ծուլ եղավ հարևան Պետրոսը ցամաքը զցած ձկան նման:— Հապա լա՞վ կլինի, որ ամեն օր վնասվենք: Քեզ եմ հարցնում, լավ կլինի՞: Տեսար էսօր կովն սպանեց, էգուց ինձ կսպանի, գալ օրը քեղ: Հետո էս ո՞ւր կտանի:

Մինչ հարևան Պետրոսն աշխատում էր համոզել հորս, հայրս սակայն, չգիտեմ ինչու, բեղի տակ շարունակ ծիծաղում էր նրա վրա, իսկ նրա վերջին խոսքերը լսելով՝ այնպես քրքջաց, որ ինձ թվաց, թե մեր լավ հարևանը պիտի խռովի և այլևս մեր տուն չգա: Բայց սխալվում էի: Այս խոսակցությունից հետո էլ նա մեկ— մեկ գալիս էր մեր տուն բանի, կամ երբեմն հորս հետ զրույց անում առաջվա պես: Սակայն մի օր պատահեց մի բան, որից հետո նա այլևս խսկապես ոտք չդրեց մեր տուն:

Մի օր, երբ հայրս իր առած գարին քաղաք էր ուղարկել երկաթուղով, մեր տուն եկավ հարևան Պետրոսը և տխուր ու անխոս նստեց թախտին: Դեմքից երևում էր, որ եկել է մի կարևոր բան ասելու, բայց, ըստ երևույթին, չգիտեր կամ մտածում էր՝ ինչպես սկսի:

— Ի՞նչ կա, հարևան,— հարցրեց հայրս:

— Ոչի՛նչ,— պատասխանեց հարևան Պետրոսը և տնքաց:

— Ի՞նչ է պատահել, տխո՛ւր ես երևում:

— Ոչի՛նչ,— կրկնեց հարևան Պետրոսը և նորից տնքաց: — Է՜հ... էլ ո՛չ հարևանություն մնաց, ոչ բարեկամություն,— ասաց նա պատերին նայելով:— Աշխարհը խարաբ եղավ:

Եվ նորից լռեց:

— Ի՞նչ է եղել որ,— հետաքրքրվեց հայրս:

— Հեչ, ոչինչ,— ասաց հարևան Պետրոսը, նորից պատերին նայելով:— Ոչի՛նչ:

Եվ երկուսն է լռեցին: Հայրս նայում էր հարևան Պետրոսին, իսկ հարևան Պետրոսը՝ պատերին:

Կարճ լռությունից հետո հարևան Պետրոսը դարձավ հորս և մեղմ, շատ մեղմ ձայնով հարցրեց.

— Գարին ղրկեցի՞ր:

— Հա,— պատասխանեց հայրս՝ այս անգամ էլ ինքը պատերին նայելով:

— Հը՜մ,— շրթունքները սեղմեց հարևան Պետրոսը և լռեց, ու քիչ հետո ասաց,— Խի՛, ձիանքն էստեղ, ֆուրգոնն էստեղ, դու...

Էլ չշարունակեց, իսկ հայրս, չկարողանալով իսկույն պատասխանել, նախ գլուխը կախեց ամաչկոտ հարսի նման և ապա՝

— Գիտես, հարևան, —ասաց, — ես ուզում էի, որ շուտ տեղ հասնի, դրա համար մաշինով ղրկեցի, թե չէ միշտ էլ քու ֆուրգոնով չեմ ղրկե՞լ, էս անգամն էսպես եղավ, ի՞նչ արած:

Նորից երկուսն էլ լռեցին ու մնացին իրար դեմ նստած, մինչև որ մայրս կանչեց նրանց ճաշի: Հարևան Պետրոսը, որ դեպք եղած ժամանակ սիրով կճաշեր մեզ հետ, այդ օրը հրաժարվեց:

— Շնորհակալ եմ,— ասաց,— դուք անուշ արեք:

Ու նեղացած, տրտում քայլերով դուրս գնաց:

Եվ այդ օրվանից այլևս ոտք չդրեց մեր տուն, նույնիսկ դադարեց մեզ հետ խոսել, ոչ միայն չէր խոսում, այլև, երբ մեր շունը, հորթերը կամ հավերը գնում էին նրա դուռը, նա փետ ու քարով քշում էր նրանց, քթի տակ քրթմնջալով: Մանավանդ խեթ աչքերով էր նայում ինձ և չէր սիրում, երբ գնում էի նրանց տուն՝ տղաների հետ խաղալու:

Ու այս բանն ինձ վշտացնում էր սաստիկ, ինչո՞ւ հարևան Պետրոսը չի սիրում ինձ:

***

Այժմ իմ հիշողությունները պտտվում, պտտվում և կանգ են առնում հարևան Պետրոսի ձիերի վրա:

Տեսնում եմ ահա նրա ձիերը՝ նիհար, ոսկորները կաշվի տակ ցցված, պոչերնին ցանցառ ու կարճ, նրա տղաների հետ գալիս են դաշտից կամ առվից: Գալիս են նրանք տխուր ու դանդաղ քայլերով, ինչպես կռվում պարտված ամոթահար զինվորներ, որ զգում են, թե այլևս արժանի չեն իրենց կերին ու անվան:

Տեսնում եմ ահա, հարևան Պետրոսն իր այդ ձիերից երկուսը ցույց է տալիս երեք անծանոթ մարդու և ասում նրանց.

— Մի հատ ձիանք են, սաղ նահանգում չկա: Երևանի ճամփի՛ն...

Ու քիչ հետո այդ անծանոթ մարդիկ, որ երկար փափախ ունեն ու երկար շորեր, տանում են նրա ձիերը մեր տան առջևից, սանձերից բռնած:

Դրանից հետո տեսնում եմ՝ հարևան Պետրոսի ձիերից մեկը, մի սև, ճակատը սպիտակ ձի, պառկել է նրա դռանը, և այդ ձիու գլխին հավաքվել են դրացիները, ինքը հարևան Պետրոսը, նրա կինը, երեխաները և շունը: Ձին պառկել է երկար ու մեկ, ոտքերը մեկնել ու գլուխը դրել գետնի վրա: Երբեմն բարձրացնում է գլուխը ու խփում գետնին: Եվ երբ նա գլուխը բարձրացնում է ու զարկում գետնին, փոքրիկ շունը հաչոցով վրա է պրծնում նրան, իսկ հարևան Պետրոսի փոքրիկ տղան, որի անունը մոռացել եմ հիմա, հացի կտորը ձեռքին բռնած, խնդում է ուրախությունից:

Սրանից հետո էլ ոչինչ չեմ հիշում ո՛չ հարևան Պետրոսի և ո՛չ էլ նրա ձիերի մասին, որովհետև այդ ժամանակ կյանքը մի հարվածով կտրեց ինձ իմ սիրած տնից, իմ լավ ընկերներից և նետեց մի աղմկալի քաղաք, ուր ես սովորում էի անպիտան քերականություն և մեռած լատինական լեզու, ուր ինձ կերակուր էին տալիս աքաղաղի պատկերով զարդարված պնակով և մետաղի ժանգոտ գդալներով, ուր բոլորը քայլում էին պատերի տակով և ուր ամենքը օտար էին ինձ:

Մոտ վեց տարի տևեց այս տխուր պանդխտությունը, երբ վերջապես դարձա մեր տուն: Եվ երբ դարձա տուն, այնտեղ արդեն շատ բան էր փոխված: Մեռել էր իմ սիրելի տատը, չկար և մեր ծեր շունը, իսկ մեր Վանա կատուն գողացել էին ինչ— որ անցորդ բոշաներ: Վերադառնալով տուն՝ հետաքրքրվում էի, թե ի՛նչ է կատարվել ինձանից հետո, և հետաքրքրվելով հարցուփորձ էի անում ամեն բանի մասին ու դիտում ամեն ինչ: Ի միջի այլոց, հետաքրքրվեցի և հարևան Պետրոսի, նրա կնոջ և նրա տղաների վիճակով։ Ամենից շատ ինձ հետաքրքրում էր, իհարկե, նրա տղաների վիճակը, թե ո՞ւր, որտե՞ղ են նրանք և որքա՞ն են արդյոք մեծացել։

Ու կանգնած մեր լուսամուտի առջև, նայում էի դեպի նրանց տանը, մեկն ու մեկին տեսնելու հուսով։ Բայց ոչ ոք չէր երևում։ Եվ առաջին բանը, որի բացակայությունն իսկույն զարկեց իմ աչքին, դա հարևան Պետրոսի ֆուրգոնն էր։ Մի րոպե ենթադրեցի, թե հարևան Պետրոսը գուցե քաղաք է գնացել, բայց երբ իմ հետաքրքիր հայացքը թափառեց նրա տան բակում, տեսա, որ նրա ֆուրգոնի կեռ ծածկն ընկած էր պատի տակ մի անկյունում և հավերը, նրա վրա թառած, արևի դիմաց քրքրում էին իրենց փետուրները։ Քիչ հետո, տնից դուրս եկավ հարևան Պետրոսի կինը՝ տարիքին անհամապատասխան պառաված, գզգզված փեշերը հավաքած— բռնած, և կուտ տվեց հավերին։ Այդ տեսնելով՝ ես մորս հարցրի, թե ինչ են անում հիմա հարևան Պետրոսն ու նրա տղաները։

Մայրս չգիտեր որտե՛ղ են իսկապես նրա տղաները, բայց հարևան Պետրոսի մասին հայտնեց, թե նա ծառայում է մեր գյուղի կայարանում։

Այո, պարոններ, նա մինչև այսօր էլ ծառայում է մեր գյուղի կայարանում։

Երբ դուք ճամփորդեք դեպի Կարս, ձեզ կհանդիպի մի փոքրիկ կայարան, որի առջև, հսկայական կերոնների նման, կանգնած են երեք բարդի ծառ, և որն ունի մի հարբեցող կայարանապետ, մի հեռագրիչ, պեպենոտ դեմքով մի տոմսավաճառուհի և մի ջրի տակառ, որի ջուր խմելու ամանը շաքարի թելով կապված է նրան։

Այդ կայարանում դուք կտեսնեք սպիտակ միրուքով, կիսամուշտակով և ավելը կռան տակին մի ծերունի։ Դուք կտեսնեք նրան կայարանի լապտերի սյունի մոտ կանգնած և ձեռքերը կրծքին խաչած։

Նա ամեն օր, օրը երկու անգամ, կանգնում է այդտեղ և սպասում, որ գնացքը հեռանա։ Իսկ երբ գնացքը շվվոցով շարժվում է տեղից, և մարդիկ ցրվում են իրենց տները, նա վերցնում է ավելը կռան տակից և սկսում սրբել պլատֆորմը մարդկանց թողած կեղտից, որի մեծ մասը լինում է արևածաղկի սերմ և ընկույզի կճեպ։ Դա ինքը մեր հարևան Պետրոսն է։

1915

Տնօրհնեք

Ձյուն է, ցո՜ւրտ:

Փոքրիկ գյուղը, ուր խոտի դեզերը տներից ավելի բարձր են, կարծես ցրտահար կուչ է եկել սարի տակ և տաքանալու համար շնչում, շնչում է անվերջ, միացող չիբուխների նման ծիրանի ծուխ է բարձրանում բոլոր երդիկներից: Եվ տանիքներին նստած, ծառերի ճյուղերին կախված, դեզերի գլխին թափված ու փողոցներում փռված շաքարավազի պես սոսուռ ձյունը շողշողում է արևի տակ, ասես ապակիների անհամար մանր կտորտանքով ցանված: Բայց, չնայած պայծառ արևին, ցուրտ է, սառնամանիքը կծում է քիթ ու ականջ:

Տեր Ներսեսը տնօրհնեք է ման գալիս: Ծննդյան տոնն է, և նա շտապում է ավետիք տանել իր բոլոր ծխականներին: Պատահող գյուղացիներին արագ ողջունելով՝ նա փարաջայի փեշերը հավաքած և ձյունը ճռճռացնելով, շտապ անցնում է առաջ: Նրան հետևում է փոքրիկ տիրացուն՝ ռուսական թաղիքե վալենկաները ոտներին, ծխացող բուրվառը աջ ձեռին և ուռե մի մեծ կողով ձախ թևը գցած, որի մեջ շարժվում են երկու խոշոր բողկ: Փոքրիկ տիրացուն տեր հոր որդին է, որ տների արձակուրդով տուն է եկել թեմական դպրոցից և այժմ օգնում է հորը: Որպեսզի որդին չմրսի, իրիցկինը հագցրել է նրան իր հանգուցյալ տագեր *վալենկաները*, ականջները փաթաթել է փնջավոր բաշլուղով, իսկ ձեռներն անցրել է տեր հոր հին դֆտիկի ձեռնոցները: Բայց, այնուամենայնիվ, ջահել տիրացուի մատները մրսում են, և նա դժվարությամբ է քայլում, վալենկաները ծանր են: Հորը հասնել չկարողանալով՝ նա շուտ— շուտ վազում է, և երբ սկսում է իր վազքը՝ բուրվառը շրխկոցով դիպչում է վալենկաներին, իսկ կողովի բողկերը, ետ ու առաջ գնալով, զարկվում են իրար:

Դեռ առավոտ է. տեր հայրը նոր է սկսել և երեք տուն է օրհնել միայն: Երեկ ճրագալույցին նա հազիվ կարողացավ ունևորների տներն օրհնել, իսկ այսօր, վաղը, գուցե և մյուս օրը, նա պիտի օրհնի մնացած ծխերի տները: Ի՜նչ անի տեր հայրը, օրը կարճացել է, շուտ չի կարող վերջացնել. առաջվա մի տունը հիմա դարձել է երեք, չորս տուն: Դա, ասենք, վնաս չի, բայց չէ՞ որ պետք է մտնել ամեն մեկը ջոկ— ջոկ օրհնելու: Եվ տեր հայրն շտապում է... Բայց ավելի անհանգիստ է որդին. վալենկաները մեծ են, սրունքները ցավեցնում են, և նա չի իմանում, թե ե՞րբ պիտի վերջանա այս տների շարքը, ինչո՞ւ համար է այս տնօրհնեքը այս սառին ու ցրտին, ու հիշում է դպրոցը, ընկերներին, որոնք իրենց տներում հիմա տաք վառարանների մոտ տաքանում են երևի... Սակայն մտածելու ժամանակ չի. տերտերն շտապում է, պետք է ետնից հասնել...

Բայց տեր հայրը ահա նորից կանգ է առնում չարդախավոր մի տան առջև ու, որդուն մի նայվածք ուղղելով, փոքր— ինչ էլ գլխով անելով, որ նշանակում է «շուտ արի»,մտնում է ներս:

Գյուղական սովորական խրճիթ է, որը միաժամանակ և՛ ննջարան է, և՛ սեղանատուն, և՛ խոհանոց, մրոտ գերանների արանքից երևում են եղան, փոցխ, թի և երկրագործական ուրիշ գործիքներ, սյուներից կախված են հորթի թոկեր, մաղեր, պատերի վրա տեղ— տեղ փայլում են պապիրոսի պատկերներ՝ պարսից շահը՝ երկար բեղերով, ականջօղերով արաբ, ծխող աղջիկներ, իսկ պատի վրա շինված ամանների դարակից նայում են սրբած ափսեներ ու գդալներ: Զգացվում է աթարի և այրվող փլավի հոտ:

Տերտերին տեսնելուն պես, տանտիրուհին՝ մի դեռատի կին, նրա հետ և նոր շորեր հագած երկու երեխա ելնում են բոցավառ օջախի կողքից և պատկառանքով նայում տեր հորը:

— Շնորհավոր Ծնունդ և Մկրտություն,— ասում է քահանան հանդիսավոր:

Տանտիրուհին, ձեռները սրտին, անխոս գլուխ է տալիս:

— «Ա՛յսօր... տոն է՛»,— սկսում է տեր հայրը «Ավետիսը», առանց որդուն սպասելու, միաժամանակ տան անկյուններին, օճորքին, պատերին ու սյուներին նայելով, — «է՛... է...՛ է՛... Ծննդյան, ա...՛վետիս...»: Հարս, Պետին մերին է գնացել, հա՞...

Տանտիրուհին նորից անխոս գլխով է անում:

— «Տյառըն մերո՛...», էս ցրտո՛վը... «և՛... հայտնությա՛ն»,— շարունակում է տեր հայրը և մեկեն դառնում դեպի դուռը քրթմնջալով, — էն լակոտը չեկավ... «ա՛... վետի՛ս»:

Սառած դուռը ճռռում է հանկարծ և որդին կողովով, բուրվառով, վալենկաներով մտնում է ներս ու ձայնակցում հորը՝ հնքից ընդհատվող ձայնով:

— «Ա՛յսօր ա՛րե... վրն...»: Աղջի Վարդիշաղ, էդ ավելուկը դո՞ւ ես քաղել,— աչքերով ցույց է տալիս տեր հայրը սյունից կախած ավելուկի կապոցը,— «ա՛ա...բդարությա՛ն»:

Վարդիշաղը կրկին գլխով է անում, թե՝ այո՛, ավելուկն ինքն է քաղել:

— «Ա՛...վետի՛ս»... լավն է երևում... «Ե...բե...վեցա՛վ».... Հարս, դրանից մի կապուկ տուր Միխայելին, իրիցկինը հիվանդ ա... «ի՛ մեջ մարդկա՛ն...», երկու օր է ծմրում է, գիտըմ չեմ, մրսել ա, ի՛նչ ա: «Ա՛...վետի՛ս»...

Տանտիրուհին գնում է դեպի ավելուկը, իսկ տեր հայրը շարունակում է երգել: Միխայելը նայում է տանտիրուհու գոտկատեղը հասնող մազերին, հիշում է դարձյալ քաղաքը, այնտեղի կանանց, և երբ տանտիրուհին ավելուկը դնում է կողովը՝ բողկերի վրա, նա, չգիտես ինչու, կարմրում է մինչև ականջները և աչքերը գցում գետին:

Եվ մի առ վայրկյան հայր ու որդի շարունակում են ձայնակցել իրար, իսկ երեխաները հաճույքով ու զարմանքով նայում են նրանց շարժվող ծնոտներին:

— «Ա...՛վետի՛ս»... Աղջի, Վարդիշադ, էս շերեփները Պետին ա շինե՞լ,— հարցնում է տեր հայրը՝ ժամագիրքը մեկնելով դեպի ամանների դարեկը, ուր կարգով շարված են մի խումբ նոր, սպիտակ շերեփներ ու գդալներ:

Չխոսկան տանտիրուհին այս անգամ երեխայի միջոցով հայտնում է, որ շերեփները տագրն է շինել:

— Էդքան շնորհք ունի հա՛,— ասում է տեր— հայրը, երգը շարունակելով և շերեփներին նայելով, — «Մե՛լ...քո՛ն, Գա՛ս...պա՛ր»... Լավ բաներ են երևում... Մինը տուր Միխայելին, հարս, մերը կոտրել է... «Բա՛ղ... դա՛... սա՛ր», քանի օր է՝ մնացել ենք անշերեփ... «Ա՛... վետի՛ս»...

Տանտիրուհին ամենայն հարգանքով շերեփը բերում է և դնում նորից Միխայելի կողովը, և Միխայելը նորից, հայտնի չէ՝ ինչու, կարմրում է, բայց իր հուզումը տանտիրուհուն ցույց չտալու համար՝ փչում է բուրվառի կրակը և ապա մռռոցով ձայնակցում հորը: Նա ամաչում էր իր մեծ ձեռնոցների ու վալենկաների համար և նրան թվում է, թե երեխաները զարմանում են իր վրա, որ այդպիսի ձեռնոցներ ու ոտնամաններ է հագել:

Մինչ այդ տեր հայրը, «Ավետիսը» վերջացնելով, արագությամբ երգում է.

— «Խորհուրդ մեծ և սքանչելի, որ հայսմ ավուր հայտնեցավ»: Հարս, ասվիլ չի, հոն չունե՞ս. ասում եմ իրիցկնոջ համար եփենք: «Հովիվքն երգեն ընդ հրեշտակս»: Ասում են՝ հոնը լավ է:

Տանտիրուհին հարգալիր ժպիտով գլուխը շարժում է մի երկու անգամ և գնում դեպի պատից կախված տոպրակը, իսկ տեր հայրը շարունակում է երգը նույն արագ, աշխույժ եղանակով:

— «Հովիվք երգեն ընդ հրեշտակս, տան ավետիս»... Ապրիս, զորանաս... «աշխարհի՛»... Մենք էս տարի չկարացինք հավաքել... «Ծնավ նոր արքա՛ն»... Աղջիկ չունենք, իրիցկինն էլ մենակ... «Ի Բեթղեհեմ քաղաքի»... Միխայել, ջեբդ ածա... «Որդիք մարդկան, օրհնեցե՛ք»... կթոցից կթափի... «Ջի վասն մեր մարմնացավ»...

Միխայելը կարմրելով վերարկուի գրպանը դեմ է անում տանտիրուհուն, սա չորացած հոնը բռով լցնում է Միխայելի գրպանը և փափուում նրա ականջին.

— Չնեղանաս, մատաղ, էս անգամ ձու չունենք, երբ Զատկին գաս, էն վախտը կտամ:

Այս անգամ Միխայելն ավելի է կարմրում և աչքերը զցում առաջը:

Տան օրհնությունը վերջացնելով՝ տեր հայրը Ավետարանը մոտեցնում է տանտիրուհուն: Սա համբուրում է՝ ձեռքի մեկը կրծքին դրած, իսկ մյուսը գոգնոցի տակից հանելով՝ թղթադրամ է դնում գրքի վրա: Տեր հայրն այնուհետև Ավետարանը մոտեցնում է երեխաներին: Տերտերի երեսին նայելով՝ նրանք վախով համբուրում են գիրքը ու իրար նայում գոհությամբ:

— Դե, Միխայել, արի,— ասում է տեր հայրը դրամը բռան մեջ սեղմելով ու գնում դեպի դուռը: Բայց դեռ դռանը չհասած՝ կանգնում է երեսը տանտիրուհու կողմը շրջելով.

— Վարդիշաղ, ասվիլ չի, իծի ճրագու չե՞ս ունենալ, մեր հոտաղի ձեռները ճաքճքոտել են, ասում եմ... Հը՞, թե ունես մի կտոր տուր...

Վարդիշաղը երեխայի միջոցով ներողություն է խնդրում, որ չունի, եթե ոչ՝ ուրախությամբ:

— Ափսո՛ս,— ասում է տեր հայրը,— խեղճ տղի ձեռներից, գիտես, արյուն է գնում շատ վախտ... Դե, չկա— չկա: Գնանք, Միխայել, տեսնենք Սաքանենց Սիմոնը կունենա՞:

Միխայելը չի ուզում շարժվել. նա կուզեր մի քիչ էլ հանգստանալ, բայց տեսնելով հայրը ոտը դուրս է դրել շեմքից և ինքը կարող է դարձյալ ետ ընկնել, նորից շտապով հետևում է հորը... Եվ մի րոպե անց՝ հայր ու որդի մտնում են հարևան տունը, ապա մյուսը, երրորդը, չորրորդը...

Չի անցնում երկու ժամ, Միխայելը՝ կողովը լիքը, վալենկաները ձյունոտ, տնքալով, կռնատակերին եղան, փոցխ ու ավել գնում է տուն՝ բեռը դատարկելու, ու քիչ հետո կողովը նորից թևը զցած, վերադառնում է տնօրհնեքը շարունակելու:

— Լավ տես հա՛, Միխայել,— ասում է տեր հայրը որդու առջևից քայլելով,— քեզ համար եմ աշխատում, է, քե՛զ համար, որ թեմականումը կարդաս, մարդ դառնաս:

Միխայելը մեղավորի պես լսում է և անտրտունջ հետևում հորը՝ իրանը կիսով չափ առաջ թեքած, վալենկաները քաշ տալով: Նորից հիշում է քաղաքը, դպրոցը, ընկերներին, որ հիմա իրենց տներում տաք վառարանների մոտ տաքանում են երևի...

Ու տնօրհնեքը շարունակվում է այսպես մինչև երեկոյան ժամի զանգերը, երբ արևը ծածկվում է սարի ետևը, ցուրտը սաստկանում է և երդիկներից բարձրացող ծուխն սկսում է ավելի հորդանալ...

1916

Գանձ

Մեր քեռի Սիմոնը մի շատ չքավոր մարդ էր, այնքան չքավոր, որ շատ օր հաց չէր ունենում տանը և կինն ստիպված գարի էր խաշում երեխաներին կերակրելու, իսկ աղջիկներն իրենց գլուխը պահելու համար գնում էին հարևանների մարգերը քաղհանելու կամ ունևորների բարձերի համար փետուր էին քաշում ձմեռները։

Ես այս բոլորը լավ հիշում եմ, որովհետև այդ ժամանակները տասը տարեկան էի և շուտ— շուտ գնում էի նրանց տուն։ Չնայած իր այս չքավորության, քեռի Սիմոնը, սակայն, տարվա մեծ մասն անգործ էր մնում և առհասարակ այն կարծիքին էր, որ աստված իր ստեղծածին «չի կորցնի»։ Լինելով տատիս եղբայրը՝ նա գրեթե ամեն օր գալիս էր մեր տուն զրուցելու, մանավանդ ձմռան երկար երեկոներին։ Դա մի բարձրահասակ մարդ էր՝ երկար ձեռներով ու երկարուն ոտքերով և կոկորդից դուրս ցցված մի ոսկորով, որ բկում մնացած հավի գլուխ լիներ կարծես։ Իսկ երեսի ու գլխի ալեխառն մազերն ինձ միշտ հիշեցնում էին նապաստակի մորթի. այնպե՛ս դժվար էր ջոկել նրանց սևն ու սպիտակն իրարից։ Եվ, ընդհանրապես, մեր քեռի Սիմոնը մի իսկական գյուղացի էր՝ նահապետականորեն ավանդապահ ու սրտաբաց։ Կարծես հիմա էլ տեսնում եմ, թե ինչպես սև մորթենին գլխին, սև չիբուխն ատամների արանքին, բանում է մեր տան դուռը և շեմքում կանգնում։

— Բարի օր ձեզ,— ասում է հանդիսավոր ձայնով և, միառժամանակ կանգ առնելով, հայացքը պտտում է տան մեջ։

— Աստծու բարին, քեռի Սիմոն։

— Ի՞նչ ունեք ուտելու։

Մերոնք տալիս են կերակրի անունը՝ թանով ապուր կամ բրնձով շորվա։

— Դե, մի աման բերեք տենամ։

— Համեցի՛ր, քեռի Սիմոն։

Եվ քեռի Սիմոնն, ինչպես իր տանը, նստում է եղած կերակուրն ուտելու, վրան չկաթեցնելու համար գդալի տակ հացի մի կտոր բռնելով։ Ու կշտանալուց հետո սկսում է պատմել, թե ինչ երազ է տեսել գիշերը։

Այսպես էր քեռի Սիմոնը, նա գրեթե ամեն գիշեր երազ էր տեսնում և առավոտը գալիս մեր տանը պատմում։ Թեև շատ տարիներ են անցել այդ օրերից, բայց երբեք չեմ մոռանում քեռի Սիմոնի երազները։ Դրանք լինում էին առավելապես այն մասին, թե ինչպե՛ս աստված, սրբերը ներկայանում են իրեն՝ քեռի Սիմոնին և ասում, թե անտառի այսինչ տեղում թաքնված գանձ կա, մի պղինձ ոսկի՝ խուփին երեսին, ու խորհուրդ են տալիս հանել. «Ե՜լ, Սիմոն, գնա՛ հանիր,— — ասում է աստված,— գնա՛, բավական է խեղճ ապրես»:

— Էսպես է հրամայում տերը,— վերջացնում էր ամեն անգամ քեռի Սիմոնն աստվածավախ ձայնով, երեսը խաչակնքելով:

Տատս, որ մի բարի, միաժամանակ և շատ համառ կին էր, երբեք չէր հավատում եղբոր երազներին, կշտամբելով, որ նա երեխա ժամանակն էլ փողոցներում պտտում էր փող գտնելու հույսով, բայց բնավ չէր գտնում: Ու բոլորից վերջը տատս հիշեցնում էր նրան յոթ ռուբլի պարտքը, որ տալու էր իրեն: Իսկ ինչ վերաբերում է մորս, նա, ամենայն բարեպաշտությամբ ունկնդրելով քեռի Սիմոնին, երկյուղով խաչ էր քաշում երեսը ու հետաքրքրվում, թե ի՞նչ տեսակ մարդ է աստված, ինչպե՞ս են երևում սրբերը և ի՞նչ կա առհասարակ նրանց վրան ու հագին:

— Սրբե՛րը,— խաչակնքում էր երեսը քեռի Սիմոնը, —մեռնեմ նրանց զորքին, երևում են ալ կարմիր հագած, շատ ժամանակ ձի նստած: Իսկ աստված, երեսս ոտի տակը, գալիս էր սպիտակ շորերով: Ծե՛ր, ալևոր մարդ է,— ասում էր նա երկյուղալից խանդաղատանքով:— Բամբակի պես սպիտակ մազեր ունի: Էնքա՛ն բարի է, էնքան քա՛ղցր ձեն ունի, որ երբ խոսում է, ուզում ես միշտ լսել: Ասում է. «Որդի՛ս, գնա՛ ու հանիր: Հերիք է խեղճ ապրես»:

— Հեչ բան էլ չես հանի,— նկատում էր տատս՝ ձեռն անհուսալի թափ տալով և երեսը եղբորից շրջելով:

— Կհանե՛մ, Հերիքնազ, կհանե՛մ. կհանեմ ու քու օխտը մանեթը կտամ, աղջկերանցս էլ մարդու կտամ, տուն էլ կշինեմ, — հայտարարում էր քեռի Սիմոնը հանդիսավորապես և մի առ մի օրինակներ թվում, թե որտեղ ինչ թաքնված գանձեր են հանվել:— Լորուտում, ասում են, մինը մի կճուճ ոսկի է գտել արտը վարելիս ու հիմի հայտնի հարուստ է: Դսեղում մի ռանչպար մարդ, ասում են, արծաթե ամաններ է գտել հողում, մի ուրիշը՝ գութանի սարք: Իսկ ես ինչո՞ւ չեմ կարող գտնել, ուրեմն սո՞ւտ է ասում աստված: Կհանե՛մ, Հերիքնազ, կհանե՛մ: Կնիկս էլ չի հավատում քեզ պես, բայց կհանեմ, կտեսնե՛ս,— կրկնում էր քեռի Սիմոնը,— միայն թե մի հավատարիմ օգնական ունենամ:

Ու այս ասելով՝ նայում էր հորս, իսկապես նա ուզում էր, որ այդ օգնականը լինի հայրս, որին և շարունակ առաջարկում էր գնալ միասին գանձը հանելու: Մենակ չէր ուզում, որովհետև, իր ասելով, միայնակ դժվար կլիներ, ուրիշին էլ չէր կամենում ընկերացնել, որովհետև՝ ո՞ւմ կարելի է վստահել հիմա: Հայրս թեև, իբրև հին գյուղացի, մասամբ հավատում էր քեռի Սիմոնի երազներին, բայց չգիտեմ՝ ինչու, միշտ խուսափում էր նրա առաջարկից, ասելով, թե դժվար է գտնել, տեղը հաստատ հայտնի չէ և այսպես ուրիշ բաներ: Եվ քեռի Սիմոնը, նրա մերժումներից դժգոհ, հեռանում էր ամեն անգամ միևնույն խոսքերը կրկնելով.

— Դե, դու գիտես: Ասում եմ՝ մի բանի տեր էլ դու դառնաս:

Բայց հորս համառությունը, վերջապես, կոտրվեց մի օր, երբ քեռի Սիմոնն անչափ ուրախ, խնդությունից ասես խելագար, նետվեց մեր տուն և հայտարարեց, թե գանձի իսկական տեղը գտել է արդեն: Դա անտառի մեջ է, ավերակ եկեղեցու մոտ, մի մեծ հաճարենու տակ:

— Գիտե՞ք,— սկսեց նա խանդաղատալից եղանակով, երկար ձեռները գլխից վեր բռնած.— շանց տվեց տերն ինքը, տերն ինքը իրա ձեռով: Եկավ ու ասում է բարկացած. «Ինչի՞ չես գնում ասածս հանում: Դու ինձ չես ուզում լսե՞լ: Ես քու աչքերը կհանեմ»,— ասում է: Բայց իրա աչքերը բարի, բարի են: «Տե՛ր, ասում եմ, տեղը չգիտեմ»: «Չգիտես, — ասում է, — արի՝ ցույց տամ...»: Ու ձեռս բռնած տարավ, կանգնեցրեց մի մեծ հաճարի ծառի տակ ու ասում է. «Հենց սրա տակ է, որ կա»: Ու ինքը գնաց: Էլ չտեսա՝ ուր գնաց:

Եվ միաժամանակ քեռի Սիմոնը մնաց գոհության լուսաշող ժպիտը դեմքին, ապա դարձավ հորս.

— Հը՛, հիմի ի՞նչ կասես, քվոր տղա:

Հայրս լուռ էր:

— Ես, ասենք, մենակ էլ կերթամ, բայց լավ կլի, որ դու էլ ըլես,— շարունակեց քեռի Սիմոնը,— երեխի տեր ես, ասում եմ, թող մի բան էլ քեզ ընկնի: Դրա համար, հույս ունեմ, տերն ինձ չի պատժի, շատ— շատ «իմ քրոջ տղեն է» կասեմ:

Հայրս ծիծաղեց: Դա նշան էր լավ տրամադրության: Եվ, իսկապես, չգիտեմ, քեռի Սիմոնի հանդիսավոր պատմության ազդեցության տակ, թե մորս հորդորների հետևանքով, նա համաձայնություն տվեց քեռի Սիմոնին ընկերանալու: Որոշվեց՝ հետևյալ օրն իսկ մի զույգ աղավնի զոհաբերել մեծ հաճարենու տակ և երեկոյան, երբ լավ կմթնի, գնալ հանելու:

***

Ի՛նչ երջանիկ երեկո էր այդ երեկոն:

Ի՛նչ հույսեր, ի՛նչ երազներ էին սավառնում մեր փոքրիկ խրճիթում: Ինչե՛ր չպիտի անենք, եթե մեր ձեռն ընկնի այդ մի կաթսա ոսկին, էլ նոր տո՛ւն, էլ նոր շորե՛ր... ցո՛ւյց կտանք այն ժամանակ բոլոր հարուստներին: Քեռի Սիմոնն ուրախությունից շարունակ կատակում էր տատիս հետ. «Ճակատիդ ոսկի պտի շարեմ, Հերիքնազ, ոսկի՛», իսկ տատս կրկնում էր միալար. «Քու ոսկին ինձ պետքը չի, իմ օխտը մանեթը տուր»:

Վերջապես, երբ մութը լավ մթնեց և ոտքը խաղաղվեց գյուղում, քեռի Սիմոնն ու հայրս, բահ ու քլունգ վերցրած, դուրս եկան տնից: Քեռի Սիմոնը ոսկու համար տանում էր յուղի մի տիկ, կաթսան ծանր լինելու դեպքում կեսը նրա մեջ լցնելու նպատակով:

Մենք արթուն մնացինք սպասելու:

Երկա՜ր, շատ երկա՜ր տևեց այդ սպասումը: Եվ որքան երկարում էր ժամանակը, այնքան ավելի հույսերով լցվում էր մեր սիրտը:

Ուրեմն մի բան գտել են, որ ուշանում են:

Երևի շատ խորն է թաղված:

Անպայման մի բան գտել են:

Չգիտեմ, քանիերորդ անգամն էինք կրկնում այդ մտքերը, երբ դուռը թակեցին հանկարծ: Հայրս էր, բայց դատարկ ձեռներով: Ինչո՞ւ, մի՞թե ոչինչ չկար, քեռին ո՞ւր է, հապա հարցերի տարափ էր, որ տեղում էին հորս գլխին: Իսկ տատս, հորս տեսնելով այդպես դատարկաձեռն, գլուխը շարժեց քմծիծաղ:

— Էդպես էլ գիտեի, որ ոչինչ չի ըլի,— հայտարարեց նա:

Բայց տատս զուր էր շտապում: Հայրս եկել էր լինգի: Նրա պատմածից երևաց, որ քանդել հասել էին մի սալաքարի, որը սակայն չեն կարողանում շրջել, դրա համար եկել էր լինգը տանելու, որ քարը շրջեն, և ինձ վերցնելու, որ պահակի դեր կատարեմ: Ո՛վ գիտի, կարող է պատահել մարդիկ գան և իրենք զբաղված՝ չնկատեն: Լավ կլինի, որ ես էլ գնամ:

— Որ սալաքար կա, ուրեմն պղինձը դրա տակ կլինի, —ասավ մայրս:

Հայրս էլ այդպես էր կարծում, և ամբողջ ճանապարհին շշուկով ասում էր ինձ, թե այդ սալի տակ անպատճառ մի բան պիտի լինի:

Ժամանակը գիշերվա կեսից անց էր, աշնանային խոնավ մութը սարսափ էր բերում իմ մանուկ հոգուն, ճանապարհի շուրջը երևացող թփերը թվում էին ինձ դարան մտած գազաններ, ծառերը՝ սպառազեն ավազակներ, իսկ մասրենիները՝ պար բռնած սատանաներ: Չնայած այս բոլորին, մի բան, այնուամենայնիվ, ինձ դյութում, քաշում էր դեպի մութ, խշշացող անտառը, ուր, թվում էր, քեռի Սիմոնն արդեն հանած պիտի լինի ոսկին:

Բայց մենք նրան գտանք տակավին փոսի մեջ, նա սաստիկ հևում էր և քրտինքը սրբում շուտ— շուտ: Մեզ տեսնելով՝ գլուխը բարձրացրեց փոսից:

— Եկե՛ք, եկե՛ք. սալը ժաժ եմ զգել,— գրեթե բացականչեց նա հրճվանքով:

Փոսը բավական խոր էր: Անտառային փխրուն հողը կիտվել էր նրա երկու կողմը և սևին էր տալիս գորշ շրջապատի մեջ: Հայրս իսկույն, լինգը ձեռին, մտավ փոսը, և այնուհետև սկսվեց մի ծանր աշխատանք տնքոցով ու մկանների լարումով: Աստծուն օգնության կանչելով՝ ուսերնին դնում էին նրանք լինգի տակ և աշխատում սալը շրջել, երբեմն լռդությունները լարած՝ ականջ էին դնում, թե հեռվից, մոտից չի լսվում արդյոք մի ձայն, ոտնաձայն: Ոչինչ չկար: Ես ամենայն աչալրջությամբ կատարում էի իմ պաշտոնը, և ոչինչ չէի նկատում: Տերևներն էին թափվում աշնան անտառում, որ ահի մի դողով բռնված, ասես, ինչ— որ շշնջում էր շարունակ խուլ ու խոր մի ձայնով, որ ավելի նման էր հառաչանքի: Թվում էր երբեմն, թե անթիվ մարդիկ, աչքերնին չորս արած, գաղտագողի նայում են մեզ ծառերի ետևից, որ ոսկին դուրս գալուն պես հարձակվեն հափշտակելու:

Երկա՜ր, շատ երկա՜ր տևեց աշխատանքը փոսում: Սալը չէր շրջվում: Սա շարժվում էր, բայց չէր շրջվում: Բազմաթիվ փորձերից հետո, վերջապես, հաջողվեց սալը շուռ տալ: Բայց այն, ինչ սպասում էին, չկար, ավա՜ղ: Ոսկու փոխարեն դուրս եկան ինչ— որ ոսկորներ: Հայրս վրդովված դուրս եկավ փոսից, իսկ քեռի Սիմոնը միառժամանակ լուռ, արձանացած մնաց այնտեղ:

— Է՜, ինչպես երևում է, սխալվել ենք,— ասաց նա քիչ հետո:— Հաճարի էն կողքը քանդելու տեղակ՝ էս կողքն ենք քանդել. հիմի եմ հիշում, որ էն կողքը պտի քանդեինք:

Հայրս ավելի վրդովված վերցրեց բահն ու լինգը և կանչեց ինձ:

— Ո՞ւր,— զարմացած հարցրեց քեռի Սիմոնը:

— Տո՜ւն,— եղավ հորս պատասխանը:

— Կաց հլա՜, ա՜յ մարդ, կա՜ց մի էն կողքը քանդենք:

— Դու քանդի քեզ բլի,— ասաց հայրս վերջին անգամ, և մենք ճանապարհ ընկանք:

Մեր ետևից քեռի Սիմոնը մի քանի անգամ ցածր ձայնով կանչեց, խնդրեց դառնալ, բայց հայրս մնաց անդրդվելի, նա ետ անգամ չնայեց:

Տուն հասանք երկրորդ աքլորականչին՝ սաստիկ հոգնած ու հիասթափված:

***

Հետևյալ օրն առավոտյան հենց նոր նստել էինք թեյի, քեռի Սիմոնն եկավ՝ դարձյալ ուրախ տրամադրության մեջ:

— Չէի ասո՜ւմ,— սկսեց նա շեմքից,— էդպես էլ կա. մենք սխալվել ենք, քվոր տղա: Գիշերն աչքս կպցրի, թե չէ, նորից երևաց նա (քեռի Սիմոնը խաչակնքեց երեսը): Ասում է՝ «Ինչո՞ւ ծառի աջ կողքը քանդեցիր. գնա՜, ասում է, ձախ կողքը քանդիր»:

— Բա ինչո՞ւ չես գնում,— ասաց հայրս:

— Խի՜. բա դու գալիս չե՞ս:

— Չէ՛:

— Խի՞ որ:

— Էնպես:

Երկու օրից հետո, սակայն, նա դարձյալ եկավ և հայտնեց, թե էլի շշկլվել է, պետք էր քանդել ոչ թե մեծ հաճարենու տակ, այլ նրա կողքի հաճարենու, ուր հենց նշաններ էլ նկատվում են, հողը նստած է մի քիչ: Այնտեղ անպատճառ մի բան կա: Եվ, վերջապես, չի կարող պատահել, որ չլինի. չէ՞ որ առաջ, մեզանից շատ առաջ, այդտեղ գյուղ է եղել, եկեղեցի կա, և շատ բնական է, որ մարդիկ թշնամու երեսից փախչելու ժամանակ իրենց գանձերը թաքցրած լինեն այդտեղ: Իզուր չէ, վերջապես, որ երազում միշտ ցույց են տալիս իրեն:

Հայրս սովորաբար լսում էր. տատս, սակայն, առաջվա պես շարունակում էր կասկածանքն ու կշտամբանքը: Բայց քեռի Սիմոնն ամեն անգամ ասում էր հպարտ արժանապատվությամբ.

— Կտեսնես հիմի, Հերիքնազ, կգտնեմ, թե չէ: Կտեսնեք:

Անցավ մի ամիս, քեռի Սիմոնը բան չէր գտնում, և կինը շարունակ գալիս էր տատիս գանգատ, որ մարդը գիշերները տանը չի մնում ու խնդրում էր նրան եղբորը բան հասկացներ: Իսկ մինչ այդ ձմեռը եկավ, ձյունը ծածկեց գյուղ ու անտառ, և գետինը սառավ քարի պես: Երբեմն այնպես ցրտեր էին լինում, որ ծտերը երամով մտնում էին գոմերը և գայլերը գիշերները ոռնում էին գյուղի մոտ: Քեռի Սիմոնն այժմ ման էր գալիս իր հին, մաշված քուրքն ուսերին, երեկոները անց էր կացնում օդաներում կամ գալիս էր մեր տուն զրուցելու: Եվ ամեն անգամ, երբ խոսք էր լինում գանձի մասին, նա տխրությամբ նայում էր վառարանին և ասում.

— Սպասեք, սպասեք մի գարունը բացվի՛: Կտեսնեք էն ժամանակ: Մի բան, որ տեղը գիտեմ արդեն:

Եվ, իսկապես, մարտին, երբ ձյուները կամաց— կամաց հալ ընկան և գետինը փափկեց, քեռի Սիմոնն ավելի մեծ եռանդով վերսկսեց իր աշխատանքները: Այժմ նա ասում էր ոգևորված. «Ըհը՛, յա էսօր, յա էգուց»: Բայց օրերն անցնում էին օրերի ետևից և ոչինչ չէր լսվում, թե քեռի Սիմոնը մի բան է գտել, ու մի օր էլ հանկարծ լսեցինք, թե հիվանդացել է, սաստիկ հազում է ու տնքում: Կնոջ ասելով՝ մի գիշեր անտառից եկել էր ու անկողին մտել: Տատս իսկույն գնաց եղբորը տես:

Չանցավ սակայն մի երկու օր, քեռի Սիմոնը վախճանվեց: Մեռնելուց մի ժամ առաջ նա հայտնել էր կնոջը գանձի տեղը և հանձնարարել՝ գտնել մի հավատարիմ մարդ՝ հողի տակից այդ «պահուստը» հանելու:

— Խոստացիր, որ կկատարես,— ասել էր քեռի Սիմոնը:

Կինը խոստացել էր, և նա հանգիստ փակել էր աչքերը: Այժմ հայտնի չէ ինձ՝ կինը կատարե՞լ է նրա կամքը, թե՞ ոչ, բայց ես այսքանը միայն կարող եմ ասել, որ քեռի Սիմոնի ընտանիքը մինչև այսօր էլ ապրում է առաջվա պես չքավոր, իսկ անտառում, ավերակ եկեղեցու շուրջը կան բազմաթիվ փոսեր՝ պատատուկներով ծածկված ու հին տերևներով լիքը, և ամեն անգամ, երբ տավարն արածելու ժամանակ, անզգույշ մոզիները և նույնիսկ զգույշ կովերն ընկնում են նրանց մեջ՝ տավարածներն անլուր հայհոյանքներ են ուղղում փոսեր կտրողի հասցեին:

Եվ այդ բոլորը մեր քեռի Սիմոնի կտրած փոսերն են:

1916

Ցանկապատ

Վաղուց, շատ վաղուց, գուցե դեռ պապերի օրից Մինասի ու Թնոսի այգիները գտնվում էին իրար կողքի: Իրանք իսկապես այգիներ չէին, այլ փոքրիկ պարտեզներ՝ ծուռումուռ պտղատու և անպտուղ ծառերով, որոնք իրանց անկարգ շարքերով հիշեցնում էին իրար խառնված զորք, երևում էր, որ տերերն այնքան էլ հոգածություն չունեն նրանց վրա, ծառերից շատերն արմատից ու բներից շնակալել էին ու փրչոտել, ինչպես սանր ու մկրատի երես չտեսած որբի գլուխ. շատ տեղ ծեր, խլխլոտած ծառերի կողքին անձնապաստանի պես իրենց գլուխն էին բարձրացրել ջահել ծառեր, որ կարծես ծերերին արհամարհելով աշխատում էին տեղ անել իրենց և երկինք պարզել դալար, աճող կատարները: Տեղ— տեղ էլ վայրի պատատուկը, օձի նման այս կամ այն ծառին փաթաթված, ձգնում էր սարդի պես իր շոշափուկներր մեկնել դեպի հարևան ծառը: Թեև այսպես անխնամ էին փոքրիկ պարտեզները, բայց արժեր զարնանը նայել նրանց: Երբ կեռասենիներն ու խնձորենիները փթթում էին ծաղիկներով և կանաչը թավիշի նման փայլում էր նրանց տակ, իսկ մեղուներն անվերջ աղմկում էին նրանց ծաղկեբաժակների մեջ, մի կատարյալ հարսանիք էր լինում այդ փո՛քրիկ պարտեզներում, ծառերը նմանում էին պճնած նորահարսերի, իսկ մեղուների անլռելի երգը հիշեցնում էր հարսանեկան հանդիսավոր նվագածություն: Եվ այդ ժամանակ, իսկապես, արժեր նայել նրանց:

Ինչպես պարտեզները, այնպես էլ տները հարևանների, գտնվում էին իրար կողքի, հենց նույն պարտեզների ծայրում, և այնքան մոտ էին իրար, որ երբ մեկի ներսը խոսվում էր, լսվում էր մյուսի բակում, որովհետև թե՛ պարտեզները և թե՛ տների բակն իրարից բաժանողը մի հասարակ ցանկապատ էր, փշոտ թփերից ու մացառներից շինված մի հին ցանկապատ:

Օ՜, այդ ցանկապատը: Որքա՜ն վեճ, կռիվ ու գանգատ էր տեսել դա, քանի՜ դատավոր, հաշտարար ու միջնորդ էր եկել դրա մոտ:

Ցանկապատի այդ վեճը, պետք է ասած, հին էր: Սկզբում հայրերն էին վիճում, ապա վեճն անցավ որդիներին՝ Մինասին ու Թնոսին, որոնք արդեն սպիտակախառն մորուքով, հիսունն անց մարդիկ էին, հարսների ու թոռների տեր:

Վեճն, իսկապես, վերաբերում էր ցանկապատի այն մասին, որ մի սաժեն տարածության վրա երկու տեղ աղեղի ձևով ծռվում էր աջ ու ձախ և, սալորի մի ծառ գրկելով, դնում էր դեպի փողոց: Վեճը հենց այդ ծուռ տեղերի մասին էր: Հարևաններից յուրաքանչյուրը գտնում էր, որ ծուռ տեղը պետք է ուղղվի հարևանի հաշվին, ուստի և ոչ մեկը չէր զիջում: Վեճն, իհարկե, տարեն տասներկու ամիս չէր շարունակվում, բայց ամեն անգամ, գարունը բացվելուն պես, երբ անհրաժեշտ է լինում պարտեզները մաքրել անցած տարվա աղշպանքից և ցանկապատը նորոգել նոր թփերով ու ծառաճյուղերով, նորոգվում էր և հին վեճը հարևանների միջև:

— Պետք է մի ոտը դպա քեզ դնես չափարը,— ասում էր նրանցից մեկը, երբ տեսնում էր հարևանը կամենում է ցանկապատը կարգի բերել:

Մյուսը, խռով լեզուն բանալով, խուսափուկ հայացքով պատասխանում էր.

— Ընչի՞ որ. հազիր դու պտի մի ոտը քեզ քաշես. քու կողմից է ծուռը:

— Ներեղություն կանես, ծռողը քո հերն է եղել, դու էլ պըտի...

— Իմ հե՞րը...

— Հա, հենց քո ազահ հերը:

— Ազահը դու ես...

Ու երկուսն էլ վիրավորվում էին և ավելորդ խոսքեր ասում իրար: Նրանց ձայնի վրա տներից իսկույն դուրս էին թափվում որդիները, կանայք. հարսները գլուխները հանում էին դռներից կամ լուսամուտներից, երեխաները վազում էին խաղի տեղից, ու սկսվում էր լեզվակռիվ. բոլորն էլ խոսում էին միասին և աշխատում միանգամից մի քանի խոսք ասել: Մի երկու րոպեում իրար գլխով էին տալիս հին ու նոր, կրկնում էին այն բոլորը, ինչ ասել էին անցյալ տարի, և ասում էին բաներ, որ երբեք չէին ասել, կամ ծաղրում էին իրար պակասություն ու խոսելու ձև: Թևոսը հեգնում էր Մինասի բարձր հասակն ու «սարսաղ» մտքերը, Մինասը զարմանում էր նրա կարճ բոյի ու մեծ— մեծ խոսքերի վրա: Հաճախ դիմում էին հայհոյանքի կամ շոշափում ոսկորները վաղուց մեռած ծնողների. — «Քո հերն ի՞նչ էր, մեր գութանի խոփը կերավ»... Երբեմն էլ փորձում էին հարձակվել իրար վրա, բայց հարևանները միջամտում էին, համոզում, խնդրում հանգիստ լինել: Մեծերին նայելով՝ հայհոյում էին միմյանց և երեխաները, իսկ կանայք քիթները վեր քաշելով, ցանկապատի երկու կողմից չանչում էին իրար.

— Ի՜հ՜, հողեմ ձեր գլուխը...

Շատ ժամանակ վեճը վերջանում էր նրանով, որ կամ դրացիների միջամտությամբ ցրվում էին իրանց տները, կամ երկուսն էլ ջոկ— ջոկ գնում էին դատարան:

***

Վերջին անգամ նրանց վեճը տեղի ունեցավ պատերազմի ժամանակ, այն օրերին, երբ թշնամին գրավել էր Կարսը և առաջ էր խաղում, և հենց այն օրը, երբ գյուղը պիտի գաղթեր: Չնայած, որ շարունակ վատ լուրեր էին գալիս, տեղացիներն այնուամենայնիվ, աստծուն ապավինած, մխիթարվում էին նրանով, որ թշնամին դեռևս չի մոտեցել իրենց գյուղին, որ գուցե ետ դառնա, ուստի և այդ օրն ամեն մեկը շարունակում էր իր սովորական աշխատանքը:

Գարնան արևկա օր էր. օդը վետվետում էր արձակ դաշտերում և գյուղի կտուրների վրա, զգացվում էր ծաղկող ծառերի և նոր կանաչի հոտ, հավերն աչքերը խուփ տաքանում էին արեգընդդեմ պատերի տակ, փողոցների եզերքին և ցանկապատերի արանքում աճում էր եղինջը:

Մինասը չուխեն հանած, ուրագը ձեռին չթի մաճ էր շինում իր թակում և միաժամանակ նայում պարտեզն արած նորածին հորթերին, որ վախվխելով դունչները մոտեցնում էին ծառերի բներին, թփերին, հողին և միշտ դողահար ծուլ լինում (գոմից նրանց առաջին անգամն էին դուրս բերել): Մեկ էլ հանկարծ նրանք խրտնեցին և փախան դեպի այգու խորքը: Եվ երբ Մինասը ելավ տեղից իմանալու, թե ինչի՞ց արդյոք նրանք խրտնեցին, նա նկատեց հարևան Թևոսին, որ, չուխի փեշերը ետ ծալած՝ ինչ— որ բան էր անում ցանկապատի մոտ:

Հարևանին տեսնելով՝ Մինասը թողեց ձեռքի մաճը. ի՞նչ է անում Թևոսն այնտեղ... Նա ուրագը խրեց գոտին մեջքի կողմից և գնաց դեպի ցանկապատը: Թևոսը ծառերից կտրած չոր ճղափայտեր էր խրում ցանկապատի մեջ, երևի ցանցառ տեղերը խտացնելու համար: Մինասը կանգ առավ, կուրծքը դուրս գցեց և ձեռները կանթեց մեջքին: Իր այդ կեցվածքով և համառ նայվածքով նա, կարծես, հարևանին հասկացնել էր կամենում, թե ինքը քնած չէ: Թևոսը սակայն սրա ներկայությունը նկատելով՝ ձևացնում էր, իբր թե ոչինչ չի տեսնում և, գլուխը կախ, շարունակում էր իր գործը՝ հանդարտ ու անխոս արհամարհանքով: Այսպես շարունակվեց մի քանի րոպե: Հարևանի անտարբերությունը վերջապես վրդովեց Մինասին. նրա սափրած ներքին ծնոտը դողաց մալոռուսական բեղերի տակ:

— Ի՞նչ ես անում,— հարցրեց նա զուսպ զայրույթով և մի այնպիսի չոր եղանակով, որ հատուկ է խռով մարդկանց, երբ նրանք, հարկադրված, խուսափող հայացքներով դիմում են միմյանց: Անցած տարվա վեճից հետո նրանք առաջին անգամ էին կանգնում դեմ առ դեմ:

Թևոսը չպատասխանեց: Նույն անտարբերությամբ նա շարունակում էր ճյուղերը խրել ցանկապատի մեջ:

Մինասն ավելի վրդովվեց:

— Քեզ եմ ասում է՛, էդ ի՞նչ ես անում:

— Աչքերդ տեսնո՞ւմ չեն,— պատասխանեց Թևոսը հանդարտ:

— Կույր չեմ, բայց քեզ ո՞վ է իրավունք տվել որ...

— Ումի՞ց պետք է իրավունք խնդրեմ իմ բանի համար:

Մինասն ավելի վիրավորվեց հարևանի արհամարհական պատասխանից: Այդ արդեն չափազանց էր: Ինչպե՛ս թե ումի՞ց պետք է իրավունք խնդրի, իհարկե իրենից:

— Ձեռ մի՛ տալ էս չափարին,— գոչեց նա հանկարծ:

— Ձեռ մի՛ տալ:

— Ի՞նչ. չափարը քո՞նն է...

— Ո՞ւմն է բա... Քո՞նն է: Հերիք չի ծռել ես դեսը, հիմի էլ ճղներ ես կոխում, որ զավթե՛ս, հա՞... Թո՛ղ, ասում եմ, ձեռ մի՛ տալ...

Եվ Մինասը ձեռը թափ տվեց սպառնալից:

Բայց հարևանը նրան չէր լսում և նույն հանդարտությամբ շարունակում էր իր գործը:

Մինասն իր սպառնալիքը կրկնեց:

Հարևանը պատասխանեց միայն.

— Գլուխ մի տանիլ: Հերի՛ք, հա...

— Շունը դո՛ւ ես...

Ու կանգնեցին դեմ— դիմաց և սկսեցին ծանր խոսքերով վիրավորել իրար. նորից հիշեցին մեռելներին, ծաղրեցին միմյանց պակասություն, հանդիմանեցին իրար ագահության համար:

Նրանց աղմուկի վրա անցորդները կանգ առան փողոցում և, վիզները երկարած, ցանկապատից նայեցին կռվողներին, երեխաները ավելի լավ տեսնելու համար մագլցեցին դիմացի կիսապատի վրա. հավաքվեցին հարևանները աշխատանքի գործիքներով՝ բահ, փոցխ, ջրի կուժ ձեռներին: Վրա հասան և կռվողների տնեցիները, մանուկներն ատելությամբ նայեցին իրար, հարսները գլուխնին օրորեցին տրտմությամբ, իսկ կանայք սկսեցին քաշքշել ամեն մեկն իր ամուսնու փեշը՝ անեծքներ ուղղելով հակառակորդի անձին ու ցեղին: Այդ քաշքշուկը սակայն հակառակորդների զայրույթն ավելի գրգռեց: Մինասը հարևանին սպառնաց գոտկից հանած ուրագով, իսկ Թևոսը ցանկապատից վերցրած փշոտ ճյուղով:

— Մի թող հլա՛,— ասում էր Մինասը դեպի հարևանը գնալով:

— Մի թո՛ղ, թո՛ղ մի,— ասում էր Թևոսը նույնպես դեպի հարևանը գնալով:

Բայց կանայք չէին թողնում, նրանք ամբողջ ուժով ձգում էին ամուսինների փեշերը, և նրանք ցանկապատի շնորհիվ իրար մոտենալ չէին կարողանում:

Կռիվը կարող էր մեծանալ, եթե որդիները տանը լինեին, բայց նրանք, բարեբախտաբար, բանակումն էին, ուստի և դրացիներին հաջողվեց շուտով դադարեցնել հարևանների ընդհարումը:

Մինասը սակայն իրան վիրավորված զգալով, չուխան վերցրեց և, թևերը փողոցում հագնելով, գնաց դատարան:

Թնոսը կամենում էր հետևել նրան, բայց կինը չթողեց:

***

Չանցավ քսան րոպե, Մինասը վերադարձավ՝ հետը բերելով տանուտերին և գյուղական դատավորներին: Տանուտերը, որ մի շատ նիհար, բարձրահասակ և ուղիղ մեջքից սկսվող ոտքերով չոր— չոր մարդ էր՝ երկարաձիտ ու սրաքիթ մույկերով, անբաժան ճիպոտը ձեռին, դատավորներին բերել էր հարևանների վեճին միանգամ ընդմիշտ վերջ տալու մտքով, որովհետև իր տանուտերության օրերում նա չորս անգամ զբաղվել էր այդ վեճով և միշտ ապարդյուն: Այսօր առանձնապես նրա տրամադրությունը վատ էր, որովհետև կինը նորից աղջիկ էր բերել:

Կանչեցին Թնոսին: Լսեցին կողմերի բացատրությունը, ապա չորսն էլ ջոկ— ջոկ զննեցին ցանկապատի աղեղնաձև մասերը, առանձին խորհրդակցեցին իրարու հետ և վճիռ կտրեցին. — ծուռ տեղերը շտկել և ցանկապատին ուղիղ շարունակություն տալ: Ի՞նչ կասեն սրա հարևանները: Դատավորների կարծիքով՝ այս վճիռը պետք է երկուսին էլ բավարարի:

Հարևանները դժգոհության նշաններ ցույց տվին:

Առաջինը խոսեց Մինասը:

Իհարկե, դատավորների վճիռն իր համար օրենք է, բայց նա դատավորներին բերել է արդար գործ տեսնելու և ոչ թե նրա համար, որ իր հողը վերցնեն ուրիշի տան:

— Ծուռը նրա կողմից է, նա էլ պետք է մի երկու ոտը իրան քաշի, որ...

Թնոսը ցնցվեց և աղմուկով շունչ քաշեց քթածակերով:

Ո՛նց չէ: Այդպես բան չկա: Դատավորների վճիռը իր համար էլ, իհարկե, օրենք է, բայց քանի որ ծռողը եղել է Մինասի հայրը, Մինասն էլ պետք է ուղղի: Այդպես մարդուն նա մի թիզ էլ հող չի տա մեկնվելու:

— Էդ էլ էն չդառա՛վ, որ...

Նրանք ուզում էին նորից վիճել, բայց տանուտերն իր չոր ձայնով սաստեց և, ապա, դատավորների վճիռն ի կատար ածելու համար, ձեռի ճիպոտի նշանով կանչեց այդտեղ՝ մոտիկ փողոցում կանգնած վեճի վախճանին սպասող գյուղացիներից երկուսին: Առաջ եկան երկու առույգ երիտասարդ: Տանուտերը կարգադրեց՝ քանդել ցանկապատի ծուռ տեղերը մի սաժեն երկարությամբ և ուղիղ գծով միացնել իրար: Հարևանները փորձեցին ընդդիմանալ: Թնոսը բռնեց քանդողներից մեկի բահն ու բազուկը.

— Տունս մի՛ քանդեք...

Բայց տանուտերն անողոք մնաց: Հարևաններին լռեցնելու համար նա այս անգամ ստիպված եղավ փակել նրանց իրենց տներում: Կես ժամ հետո, սակայն, երբ ցանկապատը բոլորովին կարգի բերվեց, նրանց արձակեցին:

Երբ տանուտերն ու դատավորները գնացին, հարևաններն առանձին— առանձին վազեցին ցանկապատի մոտ: Օ՜, այդ ի՜նչ էին արել... Յուրաքանչյուրն զգում էր, որ կատարվել է մի մեծ անարդարություն, որ ինքը բռնադատված է, որ դատավորներն ահագին վնաս են հասցրել իրեն: Թնոսը մտքում մեղադրում էր Մինասին. եթե նա դատավորներին չկանչեր, բանն այդպես չէր լինի: Մինասը կարծում էր, որ հանցանքը Թնոսինն է, եթե նա ցանկապատին ձեռ չտար, ինքը դատարան չէր գնա: Իսկ երկուսը միասին մտածում էին, թե մի՞թե կարելի է հորից ժառանգություն ստացած հողը մի օրվա մեջ այսպես հեշտությամբ կորցնել:

— Չէ՜, իսկապես չի կարելի, էս բանն էսպես չպիտի մնա...

Եվ, իսկապես, բանը դրանով չվերջացավ:

***

Այդ միջոցին էր ահա, որ պատահեց այն, ինչից բոլորը դողում էին, բայց չէին սպասում:

Հազիվ տանուտերը դատարան էր հասել, երբ լուր տարածվեց, թե թշնամին մոտենում է և թե մոտակա Կաղնուտ գյուղը տեղահան եղած գալիս է: Լուրն ստուգելու համար տղամարդիկ ելան կտուրները, երեխաները վազեցին դեպի խճուղին: Շատ չանցավ՝ երևացին իսկապես ձիավոր կաղնուտցիներ՝ հրացանով և վախվորած դեմքերով, ապա հեռվում նկատվեցին բեռնավորված սայլերի շարաններ: Կաղնուտցիները գաղթում էին տնով— տեղով: Գյուղն իրարով անցավ: Սարսափն ավելի մեծացավ, երբ ժամհարն ու գզիրը միասին ահազանգ տվին. —Թշնամին գալիս է՜, թշնամին մոտ է՜, ով կարող է թո՛ղ հեռանա... Բոլորը տներում գաղթի պատրաստություն տեսան, պղնձեղենն ու երկաթեղենը թաղեցին, հոքթերը խառնեցին կովերին և բառաչոցով քշեցին գյուղից դուրս ու, վանդակավոր սայլերը լծելով, սկսեցին բարձել նրանց ինչ կարող էին:

Մինասն ու Թնոսը նույնպես պատրաստություն տեսան գաղթելու: Նրանք էլ արին այն բոլորը, ինչ որ ուրիշներն էին անում, սայլերին բարձեցին անկողին, թխած հաց, տոպրակներով ալյուր և շորերի կապոցներ. հարսները վազեցին հավերը բռնելու, երեխաները պատերի ծակից հանեցին իրենց վեգերը... Մի խոսքով՝ ամեն մեկն աշխատում էր փրկել իրեն համար թանկագին և կարևոր բաներ...

Բոլոր ժամանակ, սակայն, ինչ էլ անում էին Մինասն ու Թնոսը՝ սայլ էին բարձում, գործիքներ էին պահում, թե հորի բերան էին ծածկում, իրար զլուխ տեսնելու պես կամ որևէ հարկավոր բանի համար դեպի պարտեզը թեքվելու դեպքում ցանկապատն իսկույն նրանց միտքն էր ընկնում, և նրանցից յուրաքանչյուրն զգում էր, որ ինքն անարդարության զոհ է, որ իր պատիվը անարգված է: Ու ցանկապատի դեպքը, բանտարկությունը դրացիների աչքի առջև,գաղթի կսկիծի հետ, կրկնակի ցավով ճնշում էր նրանց սիրտը: Այդ ցավն ավելի էր զգում Մինասը, քանի որ կանչած արդարադատությունը դատաստան տեսավ հակառակ իր ցանկության: Այնուհանդերձ նրանք շարունակում էին սայլերը բեռնել:

Երբ Մինասն ամեն ինչ պատրաստեց՝ սայլը կապեց— կապկպեց թոկերով, նայեց հանկարծ Թևոսի կողմը, և զարմանքից մնաց կանգնած: Հարևանը, կարծես, բոլորովին չէր շտապում. կինն ու հարսները ձեռք ու ոտք ընկած՝ տնից շարունակ կապոցներ էին դուրս բերում, սայլին բառնում, վլվլում էին երկյուղից և ուշանալու համար, բայց ինքը՝ Թևոսը, կարծես ոչի՛նչ չէր զգում. նա նույնիսկ ինչ— որ բան էր խոսում հանդարտ ձայնով: Ի՞նչ է ասում: Մինասն ականջ դրեց. Թևոսն իր տնեցիներին խորհուրդ էր տալիս շատ էլ չշտապել, իրար գլխով չդիպչել, ով գիտե, ոչ մի թշնամի էլ գուցե չի գալու... Մինասն այս անգամ բոլորովին զարմացավ. ի՛նչ, ուրեմն Թևոսն ուզում է մնա՞լ... Նրա մտածմունքը խանգարեց կինը, որ այդ ժամանակ եզան ականջը բռնած մոտեցնում էր լծին:

— Լծի՛ր, լծի՛ր, ա՛յ մարդ. շուտ լծի՛ր, խալխը գնացին,— ասավ նա իրեն ուտելով:

Մինասը, աչքը հարևանի բակը գցած, եզները լծեց: Թևոսն էլի չի շտապում, ինչպես երևում է, նա ուզում է մնալ, բայց եթե մնալու ցանկություն ունի, ինչո՞ւ է սայլը բարձում: Չէ՛, Թևոսի մտքում մի բան կա: Մինասը կասկածների մեջ իր սայլը բակից հանեց ճանապարհը, ճիպոտը տվեց փոքրիկ տղին՝ քշելու, իսկ ինքը շտապով վերադարձավ «մի անգամ էլ» նայելու փակ դռներին և տեսնելու, թե դուրսը չի՞ մնացել արդյոք մի այնպիսի բան, որ եկող թշնամին կարող է տանել... Թևոսը դարձյալ կանգնած էր իր սայլի մոտ՝ հանդարտ, անվրդով: Այդ մարդն ինչպես երևում է փոշմանել է և ուզում է մնալ: Այո՛, այո՛, կարծես գնալու ցանկություն չունի, այնպես հանգիստ է: Նայելով հարևանին և մտածելով նրա դիտավորությունների մասին՝ Մինասը լուսամուտներին մեխած տախտակներն ավելի ամրացրեց, դռան կողպեքը մի քանի անգամ փորձեց, դրսի կողմից դռանը դեմ արավ մի հաստ քոթուկ, մարագի դուռը շղթայով կապեց, իսկ գոմի դուռը դիտմամբ ավելի բաց արավ, որ թշնամին միայն դատարկություն տեսնի: Այս բոլորից հետո, նա մի վերջին նայվածք գցեց դեպի պարտեզը, արդյոք որևէ բան չկա՞ այնտեղ մոռացված: Ծաղկած կեռասենիները հսկայական ծաղկեփնջերի պես կանգնած էին կարմրած, բայց դեռևս չբացված ծառերի արանքում դեղին գոմշածաղիկներն աստղերի նման փայլում էին կանաչների մեջ:

Ցանկապատը նորից ընկավ Մինասի աչքով:

Ա՜խ, այդ տանուտերը:Մինասը նրան կանչեց, որ արդար դատաստան անի և մեղավորին պատժի, իսկ նա եկավ ամեն ինչ իրար գլխով տվեց: Նայելով ցանկապատին՝ Մինասն ուզեց մի անգամ ևս, մի վերջին անգամ ևս մոտից դիտել այն, իմանալու հաստատապես, թե արդյոք քանի՞ ոտն է իր կողմը դրված... Տակավին ժամանակ կա և նա կարող է սայլին հասնել: Ու նա քայլերն ուղղեց դեպի ցանկապատը: Դեռ հեռվից աչքի էր ընկնում նրա նորոգված մասը՝ ուղիղ, խիտ դարսված ցախերով ու նրանց արմատին վրա տված թարմ հողով՝ ինչպես նոր կարկատան հին՝ հագուստի վրա:

Մինասը կանգ առավ: Առավոտյան անարգանքը՝ բանտարկությունը թարմ վերքի պես կրկին ցավեցրեց նրան: «Ուրեմն սա հիմա պիտի մնա՞ Թնոսին»,— մտածեց նա ցանկապատին նայելով: Իհարկե, քանի որ ինքը գնում է, իսկ Թնոսն ուզում է մնալ. իհարկե, նրան կմնա:

Զննելով նորոգված մասը, նա նորից համոզվեց, որ իր կողմից երկու ոտն է անցել Թնոսին: Եվ ինչո՞ւ, ինչո՞ւ համար, նա Թնոսին պարտակա՞ն է: Ծանր մտքերը մի րոպե պաշարեցին նրան՝ իսկ ի՞նչ կասեն իր որդիները, եթե վաղը, մյուս օրը բանակից վերադառնան: Մի՞թե ամեն մի հոր պարտականությունը չէ՝ հորական ժառանգությունը անվնաս փոխանցել որդիներին: Իսկ ինքը, եղածի վրա մի բան չավելացրած, աչքը բաց թույլ է տվել, որ հոր թողած հողը խլեն: Եվ Մինասը դառը խնդաց ինքն իր թուլության վրա: Այդ րոպեին նա նույնիսկ ցանկություն ունեցավ քանդել ցանկապատը, բայց հիշելով, որ դատավորների և օրենքի սահմանած գործ է դա, զսպեց իրեն և գնաց դեպի բակը:

Կես ճանապարհից սակայն նա նորից վերադարձավ: Թնոսը դարձյալ հանդարտ կանգնած էր իր բակում. նշանակում է նա բոլորովին թողել է հեռանալու միտքը: Թո՛ղ մնա, թո՛ղ որքան ուզում է մնա, բայց Մինասը չի թողնի, որ նա իր ետևից ծիծաղի:

Եվ Մինասը շրթունքներն ամուր սեղմած, նորից մոտեցավ ցանկապատին:

Մի րոպե ևս և նա արդեն քանդում էր այն:

Քանդում էր հուզված, զգոված, ինչպես մի մարդ, որ աշխատում է հանգցնել բռնկված մի հրդեհ: Քանդում էր և ինքն իրեն կրկնում շարունակ.

— Ա՛յ քեզ, ա՛յ քեզ...

Երբ նա հանեց վերջացրեց դեպի իրեն դրված մասի ճղափայտերն ու ցախերը, սկսեց այնուհետև հողը ոտքերով լցնել գոյացած փոսի մեջ:

— Ա՛յ քեզ, դե հիմա գնա՛...
Լսվեց բարակ հազի ձայն:
Մինասը ետ ցատկեց: Դա Թևոսի իծահազն էր: Որպեսզի հարևանն իրեն չնկատի, Մինասը կռացավ և ցանկապատի կողքով կուզեկուզ գնաց դեպի տուն:
Տասը րոպե անց՝ նա արդեն իր սայլի մոտ էր:
Նրա սիրտն այժմ հանգիստ էր, որ Թևոսն այլևս իր ետևից չի ծաղրի իրեն:
Կես ժամ հետո, սակայն, գաղթի ճանապարհը բռնեց և Թևոսն իր սայլով ու ընտանիքով:

1918

Սպիտակ տան բնակիչները

Կան մենավոր, մենակ սրտեր
անհայտ, անտես հեռուներում,
խոր ու մթին անտառներում. —
— Ո՞վ է նրանց ողջույն բերում:

Մոլդովական երգից

Այդ տունը վաղուց, շա՜տ վաղուց է կանգնած անտառի մեջ: Ես նրան հիշում եմ դեռ մանկությունից:

Այնտեղ, ուր փոշոտ խճուղին, ինչպես մի գորշ ժապավեն, օձապտույտ ոլորումներով, իմ ծննդավայրից վազում է դեպի Սեան, այնտեղից միշտ երևում է նա՝ անտառապատ սարի գլխին բազմած: Ծառերի միապաղաղ կանչի մեջ այդ սպիտակ շենքը անցորդներին թվում է ինչ— որ խորհրդավոր բան: Աղոթասեր օտարականին թվում է մատուռ կամ վանք, իսկ Ռուսաստանից նոր եկած պետական պաշտոնյայի սրտում զարթեցնում է հազար ու մի կասկած, թե արդյոք հակապետական գործերի մի որջ չէ դա, արդյոք կեղծ դրամներ չե՞ն կտրում այնտեղ: Բայց թե՛ օտարականը և թե՛ պետական պաշտոնյան սխալվում են միշտ: Այդ սպիտակ տունը, որ գոռոզ կերպով բազմել է անտառի գլխին, հանրակացարանն է ծծումբի հանքի բանվորների, որոնցից սակայն դատարկ է հիմա: Կար ժամանակ, որ նա այդ վայրի տեղում իրենից ներկայացնում էր մարդկային մի փեթակ, որի մեջ բազմաթիվ ձեռքեր էին աշխատում առավոտից մինչև երեկո և բազմաթիվ գլուխներ էին ննջում երեկոյից մինչև առավոտ: Բայց այժմ դատարկ է նա, ինչպես ծառի վրա հյուսված թռչունի մի բույն, որի մեջ եղած ձագերը իրենց մոր հետ թռել են վաղուց. նրա տերերը, թղթախաղում սնանկանալով, փակեցին հանքը, փակեցին հանրակացարանը և գնացին հանգստանալու քաղաքում: Բայց նրանք այնքան բարի եղան, որ չհեռացրին իրենց ծեր ծառային և թողին նրան այդ տանը պահապան:

Այդ ծառան քեռի Վարոսն է, սպիտակ միրուքով մի փոքրիկ

ծերունի, որ շաբաթը մի քանի անգամ, երկաթածայր գավազանը ձեռին, ռուս զինվորի հաստ կոշիկներով, իջնում է գյուղ և կեսօրին վերադառնում մի փոքրիկ կապոց կամ մի տոպրակ թևը զցած:

Նա և իր պառավը վաղուց էին ապրում այդտեղ՝ իրենց հավերի և ծեր շան հետ միասին:

Ծեր ամուսիններն իրենց կնճռոտ դեմքերով, խոսելու եղանակով, շարժուձևով այնքան նման էին իրար, որ կարելի էր կարծել, թե խստապահ կրոնավորից դաստիարակված քույր ու եղբայր են: Երկուսն էլ խոսում էին ծոր տալով, զգույշ և իրարից ակնածելով, ինչպես նոր պսակված ժամանակ: Ինչպես պսակի առաջին օրերին, այնպես էլ հիմա, քաշվում էին իրար անուն տալ, և միմյանց կանչում էին «ա՛յ տո»: «Էսօր հավերին կուտ տվե՞լ ես, ա՛յ տո»,— հարցնում էր ծերունին: «Իհարկե, ա՛յ տո, իհարկե, տվել եմ»,— պատասխանում էր պառավը: Եվ այդ «այ տո»— և նրանք արտասանում էին այնպես, ինչպես արտասանում են «հոգիս» , «սիրելիս»: Զավակներ չունենալով՝ ծերերն այդ անտառի մեջ իրենց հոգատարությունն ու խնամքը նվիրում էին հավերին,պառավ շանը,այդ տանը և նրա մեջ եղած իրերին:

Առավոտները զարթնելով պառավը նախ և առաջ կուտ էր տալիս հավերին, մաքրում էր նրանց բույնը, երբեմն հանդիմանում նրանց, ապա օջախի վրա լափ էր պատրաստում շան համար: Իսկ ծերունին նախ պտտվում էր տան շուրջը, հետո մտնում ներս և սենյակները մեկ— մեկ դիտում, տեսնելու՝ հո բան չի՞ պատահել:

Տունը և նրա մեջ եղած իրերն առհասարակ մեծ անհանգստություն էին պատճառում ծերերին: Ավելի անհանգստանում էր պառավը:

— Ա՛յ տո, մի բան չպատահի տանը,— երբեմն ասում էր նա խորհրդավոր, կարծես՝ մի բան գուշակելով:

— Ի՞նչ, ա՛յ տո,— հարցնում էր ծերունին թաքուն երկյուղով:

— Ո՛վ է իմանում, այ տո, հարամին շա՛տ,— ավելացնում էր պառավը՝ նոր կասկած զցելով իր ծերունու սիրտը:— Բան չգողանա՞ն:

— Ո՛վ կհամարձակվի,— ասում էր ծերունին՝ աշխատելով հանգստացնել թե՛ պառավին, թե՛ իրեն:— Եթե մի բան ըլի, Բողարր կիմացնի:

Բողարը ծեր շունն էր, նա իսկապես զգաստ և աչքաբաց էր, հարկ եղած դեպքում հնչեցնում էր իր խռպոտ ձայնը անտառի լռության մեջ:

— Որ իմացնի, ի՛նչ պիտի անես,— առաջ էր տանում խոսքը պառավը՝ ակնարկելով ամուսնու ծերությունը:

— Ա՛յ,— ասում էր ծերունին՝ աչքերը հառելով պատից կախված հրացանին:

— Հիսուս ու Քրիստոս,— խաչակնքում էր երեսը պառավը տագնապով:— Ինչե՞ր ես ասում, ա՛յ տո:

Նրանց անհանգստությունն ավելանում էր մանավանդ այն ժամանակ, երբ գիշերը փոթորիկ էր լինում անտառում: Երբ տունը շրջապատող վիթխարի ծառերը խուլ, անվերջ շառաչում էին քամուց և խոր անտառը դրնգում էր խավարի մեջ, ու դրա հետ միաժամանակ քամին ծղրտում հալածական դևի նման. ծերերին թվում էր, թե՛ ծառերի արանքում և թե՛ պատերի տակ վխտում են հազար չար, հազար ավազակ: Անկողնի մեջ, համակ լսողություն դարձած, ականջ էին դնում փոթորկի ձայնին, և մինչև լույս քուն չէր գալիս նրանց աչքերին: Նրանց անհանգստությունն աճում էր ավելի ձմեռ ժամանակ: Երբ ձյունն սպիտակ շուրջառ էր գցում ծառերի վրա, և հավքերը, նույնիսկ ագռավները հեռանում էին նրանց բնակարանի մոտից, ծեր ամուսինները փակվում էին իրենց սենյակում: Պառավը նստում և բրդե գուլպա էր գործում, իսկ ծերունին շուտ— շուտ փայտ էր ավելացնում վառարանի կրակին: Ախորժելի ջերմությունը ձմեռ ժամանակ զարթեցնում է հին— հին հուշեր, և նրանք պատմում էին իրար անցած դեպքեր, մոռացված զրույցներ. երբեմն պառավը երանի էր տալիս գյուղում ապրողներին, որ տեղյակ են մնում աշխարհի բանին և շուտ— շուտ ժամ են գնում:

— Ոչինչ, ա՛յ տո, Զատիկը գա, ճամփեն բացվի, դու էլ կերթաս,— մխիթարում էր ծերունին այդպիսի դեպքերում:

Բայց հաճախ պառավին պաշարում էր մի անորոշ տխրություն և նա դառնում էր ծերունուն.

— Ա՛յ տո, ի՞նչ պիտի անենք, եթե հանկարծ էստեղ մի բան պատահի մեզ:

— Ի՞նչ կարող է պատահել,— միամիտ հարցնում էր ծերունին:

— Ո՛վ է իմանում, ա՛յ տո, հանկարծ հիվանդացա՛նք, ո՞նց պիտի տերտեր կանչենք ճաշակելու:

— Էհ,— խնդում էր ծերունին,— տերտերն ի՛նչ ենք անում, ա՛յ տո, առանց տերտերի էլ յոլա կերթանք:

— Ո՛նց թե, առանց ճաշակելու մեռնե՛լ,— զարմանում էր պառավը, և փոքր— ինչ լռելուց հետո ավելացնում,— չէ, ա՛յ տո, ես առանց ճաշակի չեմ կարող մեռնել: Էսօրվանից ասում եմ՝ հենց որ ծանր հիվանդանամ, տերտեր կկանչես:

— Է՛հ, ա՛յ տո, ինչի՞ ես տխուր բաներ ասում, — նկատում էր ծերունին ակնհայտ դժգոհությամբ:— Ուրախ բաներից խոսի:

Պառավը լռում էր մի փոքր, մտքի ետևից ընկած, և կրկին դառնում ծերունուն.

— Ի՞նչ լավ կլիներ, ա՛յ տո, եթե գեղում ապրեինք:

— Իհարկե,— պատասխանում էր ծերունին,— իհարկե, լավ կլիներ. իսկ եթե մի զավակ էլ ունենայինք, որ մեզ պահեր:

Եվ նրանք, երկուսը միասին, հառաչում էին առանց իրար երեսի նայելու:

Հառաչում էին ու լռում:

Երևի այսպես երկար կշարունակվեր նրանց կյանքը, եթե չպատահեր մի տխուր դեպք:

***

Ծերունին ազատ ժամերին սիրում էր պտտել անտառում: Ամառվա և աշնան օրերին նա երկար տարածություններ էր անցնում չոր փայտ ու պտուղներ հավաքելու: Այդպիսի դեպքերում ծեր, բրդոտ շունը զառամ քայլերով միշտ հետևում էր տիրոջը, իսկ պառավը շեմքում՝ ձեռը ճակատին, նայում էր նրանց ետևից:

Մի անգամ՝ գարնանը, այդպիսի շրջագայությունների ժամանակ, ծերունին շան շնորհիվ գտավ եղնիկի մի փոքրիկ ձագ՝ սուր— սուր ականջներով, որն այնուհետև դարձավ ծերերի հոգատարության ամենասիրելի առարկան: Սկզբում փոքրիկ կենդանուն նրանք կերակրում էին գյուղից բերած կաթով, ապա երբ նա սկսեց իրեն հավաքել, նրան ուտեցնում էին թրջած հաց, սառը կերակուր, կանաչ խոտ և ծառի տերև:

Պետք էր տեսնել, թե ինչպես ծերերը խնամքով, փոխեփոխ խոտ էին մոտեցնում փոքրիկ եղնիկի դնչին, ինչպես էին գուրգուրում նրան և սովորեցնում ման գալու եղանակը: Պառավը նրա համար փափուկ խոտերից շինել էր մի անկողին, ուր միշտ հանգիստ մշշոցով հանգստանում էր փոքրիկ կենդանին: Քնած տեղը նա այնքան անօգնական ու թույլ էր երևում, որ պառավը երկյուղով մտածում էր, թե չլինի մի բան պատահի նրան:

— Ա՛յ տո, վախենում եմ, թե մի բան պատահի սրան,— երբեմն կասկած էր հայտնում պառավը:— Ի՞նչ ուտեցնենք, որ լավ ըլի:

Ծերունին մի փոքր միտք էր անում և ասում.

— Ինչ որ իրա մերն է ուտում. խո՛տ, տերև, ջո՛ւր:

Բայց պառավը դրանով չէր գոհանում. պահանջում էր, որ ծերունին շուտ— շուտ կաթ բերի գյուղից: Եղնիկի ձագը նրան թվում էր իբրև մի որբ երեխա, որին պետք է լավ ուտեցնել, խնամել, գուրգուրել, և նա շա՛տ ափսոսում էր, որ չի կարող իմանալ փոքրիկ կենդանու սրտի ուզածը, ուստի հաճախ գրկում էր նրան ու հարցնում.

— Ի՞նչ կուզես, բիժո ջան:

Փոքրիկ անասունը միամիտ, մոլոր հայացքով նայում էր պառավին և տրտում խոնարհում թախծոտ աչքերը: Այդ տեսնելով՝ պառավը սեղմում էր նրան գրկին և համբուրում նրա գլուխը, աչքերը, ականջները:

— Բիժո ջա՛ն, բիժո ջա՛ն:

Կարճ ժամանակում ծերերը, մանավանդ պառավը, այնպես ընտելացան եղնիկի ձագին, որ երբ նա մի րոպե չէր երևում, երկյուղով հարցնում էին իրար:

— Բիժոն ու՞ր է, ա՛յ տո: Չըլի թե...

Ու տագնապով այս ու այն կողմն էին ընկնում «բիժոյին» որոնելու: Հաճախ գտնում էին շան մոտ նստած կամ նրա հետ խաղալիս: Ինչպես որդին կորցրած ծնողը գտնի զավակին, այդպիսի դեպքերում մե՛ծ էր լինում ծերերի ուրախությունը, փոխեփոխ համբուրում էին եղնիկին և գրկած տանում տուն՝ ժպտալով, հանդիսավոր, ինչպես մի նորակնունքի: Մի անգամ, սակայն, աշնան առաջին օրերին, փոքրիկ եղնիկն անհայտացավ հանկարծ:

Այդ օրը ծերունին տանը չէր. գնացել էր գյուղն ալյուրի: Ուստի պառավը մենակ դուրս ելավ որոնելու: Երկար փնտրեց եղնիկին տան շուրջը, պատերի տակ, հավանոցում, շան մոտ, ու ոչ մի տեղ չգտավ:

— Բիժո՛, բիժո՛,— կանչում էր նա և ինքն իր հետ խոսում. «Տեսնես ի՞նչ եղավ, տեսնես ո՞ւր գնաց»:

Ինքն իրեն խոսելով՝ մի առ մի նայեց մասրի թփերը, մտավ մացառների մեջ, կանչեց, որոնեց, բայց եղնիկը չերևաց:

Այդ տեսնելով՝ նա տան դուռը կողպեց, շանը վերցրեց և մտավ անտառ: Նրան թվում էր, թե եղնիկը տեսել է իր նման մեկին ու հետևել նրան, թե չէ, մտածում էր նա, ի՞նչ պետք է պատահած լիներ:

Մի չոր ճղափայտ ձեռին, շունն ետևից, քայլում էր պառավը նեղ արահետով և շուտ— շուտ կանչում.

— Բիժո՛, բիժո...

Նրա ձայնը կորչում էր շառաչող ծառերի աղմուկի մեջ:

Բարձրացած խուլ փոթորիկն ալեկոծում էր անտառը, և հողմահար տերևները, ինչպես դեղնագույն թիթեռների անհամար խմբեր, պտտվում էին ծառերի արանքում, ասես մի չար ձեռքից հալածված:

Չնայելով վատ եղանակին՝ պառավը շարունակում էր առաջ գնալ և խրախուսել շանը: Անցնելով սայթաքուն— սարի տեղերից, չոր ճղափայտերի կույտերի վրայից, անելով անսովոր վերելք ու վայրէջք՝ նա թեև սաստիկ հոգնել էր, քրտինքը թափվում էր քունքերից, բայց և այնպես չէր դադարում որոնել ու կանչել: Շունը լեզուն հանած, հոտոտելով վազում էր այս ու այն արահետով և շուտ— շուտ տիրուհուն նայում, ըստ երևույթին իմանալու, թե բավական չէ՞ արդյոք, որքան փնտրեցին:

Երբ հասան մի փոքրիկ բացատի, շունը հանկարծ կանգ առավ և ականջները սրեց: Մոտիկից, շատ մոտիկից լսեց ինչ— որ մնչոց, որ նման էր անասունի ձայնի:

— Բողա՛ր, նա՛ է, բիժո՛ն,— ճչաց պառավն ուրախացած:

Շունն իսկույն հասկացավ տիրուհու միտքը և առաջ վազեց: Պառավն ուրախությունից դողացող քայլերով հետևեց նրան:

— Նա՛ է, նա՛։ Բիժո՛, բիժո՛...

Նրանք անցան բացատը և նորից մտան ծառերի մեջ, դիմելով ձայնի կողմը։ Սակայն այնտեղ, ուսկից լսվեց մնչոցը, ոչինչ չերևաց, վերևից միայն՝ մի ծառի կատարից, ինչ— որ թռչուն թռավ՝ թևերը թափահարելով։

Մի քանի րոպե պառավը մնաց կանգնած՝ խաբվածի պես շուրջը նայելով։ Ապա դարձավ շանը.

— Չէ, Բողար, բիժոն չէր, բիժոն չէր։

Իրիկնաժամ էր արդեն, երբ պառավը ձեռնունայն ու հուսահատ տուն վերադարձավ։ Փոքրիկ եղնիկը չերևաց ոչ մի տեղ։ Տուն դառնալով, նա զգաց մի խոր դատարկություն տան մեջ ու իր սրտում։ Նրան թվում էր, որ մի հարազատ բան պակաս է, և ամեն բան այնպես չէ, ինչպես կարգն է։ Եվ նրան վշտացնում էր ոչ այնքան կորուստը, որքան անօգնական վիճակը փոքրիկ կենդանու։ Ու մտածում էր, թե ինչ պիտի պատահած լիներ նրան՝ «Տեսնես գե՞լ պատահեց, թե մի ուրիշ գազան, իմ խեղճ բիժո»։

Ծերունին գյուղից եկավ մի փոքրիկ տոպրակ ալյուրով։ Պառավի տխրությունը տեսնելով՝ նա անհանգստացավ.

— Ի՞նչ է պատահել, ա՛յ տո։

Պառավն իր մոլոր հայացքը հառեց ծերունու դեմքին։

— Բիժոն չկա, ա՛յ տո։ Ման եկա, չկա... չգտա։

Ծերունին զարմացավ։

Պառավը մանրամասն պատմեց եղելությունը։

Այդ գիշեր նրանց քունը չտարավ։ Երկար մտածում էին, խոսում, թե արդյոք ի՞նչ պատահած կլինի փոքրիկ կենդանուն, արդյոք ո՞ղջ է։

— Ա՛յ տո, տեսնես որտե՞ղ կլինի հիմի,— շուտ— շուտ հարցնում էր պառավը։

— Եսիմ, ա՛յ տո, ո՛վ է իմանում։

— Չըլի՞ որսկան մարդիկ բռնեցին։

— Դժվար թե։ Շատ կարելի է մոլորվել է մի տեղ։

— Կամ ո՛վ գիտի ոտքերն ընկել է պատատուկների մեջ, չի կարում դուրս գա։

— Էդ էլ կպատահի, ա՛յ տո։

— Առավոտը գնամ ման գալու։

— Հա՛, ա՛յ տո, հա, գնանք, ես էլ կգամ։ Իմ խե՛ղճ բիժո, իմ խե՛ղճ բիժո։

***

Առավոտյան վաղ ծերերը ելան կորած եղնիկին որոնելու։ Ծերությունից կքած ուսերով՝ նախ անցան տան շուրջը, նայեցին բոլոր անկյունները, փոսերը, խոռոչները, և ոչինչ չգտնելով, տունը փակեցին ու մի— մի փայտ ձեռներին մտան անտառ։ Շունը հետևեց նրանց։

Արևը նոր ծագում էր։ Խոտերի և ծառերի վրա փայլում էր ցողը, աշնանային այն առատ ցողը, որ երբեմն հիշեցնում է գիշերը տեղացած անձրև։ Հազիվ մի քանի քայլ էին արել, բայց նրանց ոտքերն ու փեշերը շաղից թրջվել էին արդեն։ Նրանք այժմ գնում էին այն կողմը, ուր պառավը չէր եղել առաջին օրը։ Ծառերի կախ ընկած ճղները թաց տերևներով շուտ— շուտ դիպչում էին նրանց գլխին, երեսին, երբեմն էլ ճյուղերին հյուսված ոստայնը կպչում էր նրանց դեմքին, բայց այդ ամենին անուշադիր առաջ էին գնում նրանք՝ չորս կողմն աչք ածելով։

— Ա՛յ տո, ով գիտի մի տեղ քնել է,— կասկած հայտնեց պառավը։

— Շատ կարելի է, գիտես, այ տո,— կանգ առավ ծերունին։— Լավ կանեմ մի կանչեմ։

Եվ նա մի քանի անգամ իրար վրա կանչեց.

— Բիժո՛, բիժո՛, բիժո՛...

Ձայն չկար։ Անտառի մեջ շարժում չէր լսվում։ Միայն ծառերից կաթում էր ցողը՝ հատ— հատ, ծանր կաթիլներով։

Մի փոքր տեղ գնալուց հետո ծերերը բաժանվեցին իրարից՝ առանձին որոնելու։ Շունը գնաց պառավի հետ, իսկ ծերունին մնաց մենակ։ Նա գիտեր, որ եղնիկները սովորաբար նստում են ծառերի բների մոտ ու թփերի մեջ, ուստի և շուտ— շուտ նայում էր ծառերի բներին ու թփերին։ Իսկ պառավը հետևում էր միայն շան գնացած ուղղություններին։

Ցողը շարունակում էր կաթել անտառում, ինչպես խախուտ տանիք ունեցող բնակարանը անձրև ժամանակ։

Առանձին— առանձին որոնում էին նրանք և շուտ— շուտ ծառերի խորքից կանչում իրար.

— Ա՛յ տո, հե՛յ... գտա՞ր։

— Չէ՛, ա՛յ տո, չէ՛։ Դու գտա՞ր։

— Չէ՛,չէ՛։

Եվ արձագանքը, կարծես նրանց ծաղրելու համար, կրկնում էր. «Չէ՛, չէ՛...»։

Երկար ու ապարդյուն որոնելուց հետո նրանք, վերջապես, նորից գտան իրար և վերադարձան տուն։ Պառավը չէր ուզում դատարկ ձեռքով տուն դառնալ և կամենում էր շարունակել որոնումը, բայց ծերունին համոզեց նրան, որ դա զուր է։ Այժմ պառավի ուսերն ավելի էին կքել, քրտինքը ծածկել էր նրա դեմքը, և նա դժվարանում էր խոսել։ Ծերունին նույնպես լուռ էր։

— Ես ախր երազը տեսա, ա՛յ տո։ Տեսա, որ էսպես բան պտի պատահի,— ասաց պառավը խորհրդավոր, հազիվհազ շնչելով։— Հիմի դու ինձանից վախեցիր, ա՛յ տո,— ավելացրեց նա ավելի խորհրդավոր։

— Ինչե՞ր ես ասում, ա՛յ տոռ:

— Է՜հ,— հառաչեց պառավը և լռեց:

Երբեք նա այնքան հուզված չէր եղել, որքան այդ երկու օրը, մանավանդ այդ րոպեին: Փոքրիկ եղնիկի անհետացումը վրդովել էր նրա հանգիստը և նա մի վայրկյան չէր կարողանում մոռանալ նրան:

Հետևյալ ամբողջ օրը պառավն անցրեց տխուր: Մի օրվա մեջ կարծես նիհարեց, իսկ երկրորդ օրը մնաց անկողնում պառկած: Նա թեթև հազում էր:

— Ի՞նչդ է ցավում, ա՛յ տոռ,— ասում էր ծերունին, նայելով պառավի պղտոր աչքերին:— Դու բիժոյի համար իսկի մի մտածի, եկող տարի մի ուրիշը կգտնեմ: Փառք աստծու, անտառում շատ կան:

Պատասխանի փոխարեն՝ պառավը խզզացնում էր միայն և թաց աչքերով նայում ամուսնուն: Մյուս օրը նա ծերունուն կանչեց իր մոտ և ասաց.

— Ա՛յ տոռ, լավ կլիներ, որ ես ճաշակվեի:

Ծերունին լուռ նրան նայեց:

— Տխուր բաներ մի խոսա, ա՛յ տոռ,— ասաց նա:

— Չէ, ա՛յ տոռ, չէ՛: Տեսնում եմ, որ չէ՛:

Պառավի աչքերում փայլեցին արցունքներ: Քիչ լռելուց հետո, նա շարունակեց.

— Դու քեզ լավ կպահես, այ տոռ: Շորերդ չթողես կեղտոտ, շանը սոված չպահես, խեղճ կենդանի է: Հավերին էլ լավ մտիկ արա:

Ծերունին ջանում էր արցունքները զսպել:

— Ինչի՞ ես տխուր բաներ ասում, ա՛յ տոռ:

— Չէ՛, ա՛յ տոռ,— շարունակեց պառավը,— Լավ կըլի, որ ճաշակվեմ: Բայց ամենից լավ կլիներ, այ տոռ, եթե մի անգամ էլ ժամ գնայի, խորանը համբուրեի՛, էլ բան հարկավոր չէր: Կամ թե չէ՝ մին էլ տեսնեի իմ հերանց տունը:

— Դու կտեսնե՛ս, այ տոռ, կտեսնե՛ս,— հույս տվեց ծերունին:— Օրերը չհատան: Եթե կուզես, մի շաբթից հետո կերթանք:

Պատասխանի փոխարեն՝ պառավի բերանից մի խոր հառաչանք թռավ, և նա լռեց:

Ծերունին կռացավ դեպի նա:

— Ա՛յ տոռ, ի՞նչ եղավ քեզ: Ա՛յ տոռ,— կանչեց ծերունին: — Ա՛յ տոռ, կուզե՞ս գնամ տերտեր կանչեմ:

Պառավը չէր պատասխանում:

Նա արդեն մեռել էր:

Հաջորդ օրը ծերունին իջավ գյուղ և մի սայլ տարավ սպիտակ տուն՝ պառավի մարմինը փոխադրելու:

Թաղեցին նրան գյուղի գերեզմանատան ծայրում: Թաղումից առաջ ծերունին խնդրեց տերտերին, որ նա պառավին ճաշակի: Եվ երբ քահանան կատարեց նրա խնդիրքը, նշխարքի մի փոքրիկ կտոր դնելով մեռելի սառած շրթունքների արանքը, ծերունին շատ գոհ մնաց, որ անկատար չթողեց իր պառավի փափագը:

***

Այժմ սպիտակ տան մեջ ծերունին ապրում է մենակ՝ իր շան հետ միասին: Շուտ— շուտ նա իջնում է գյուղ և այցելում պառավի գերեզմանը: Առաջվա պես դարձյալ հսկում է իրեն պահպանությանը հանձնված տունը և նրա մեջ եղած իրերին, սպասելով կրկին, թե տերերը կգան մի օր և հանքը նորից կսկսի գործել: Հաճախ նստում է նա իր կացարանի շեմքին և, հայացքը հեռուն նետած, հիշում իր պառավին ու ինչ— որ լուռ դնդնում ինքն իրեն: Երբեմն էլ, այս լինում է առանձնապես երեկոները, երբ մութն իջնում է անտառի վրա, նա դառնում է ոտքերի մոտ պառկած շանը և խոսում նրա հետ.

— Էդպես, Բողար, այ տոն էլ չկա՛,— ասում է նա մեղմ, մտերիմ ձայնով:— Նա մեզ մենակ թողեց ու գնա՛ց: Նա էլ չի՛ գա, Բողար, էլ չի գա: Անխի՛ղճ այ տո, խե՛ղճ այ տո:

Շունը, դունչը թաթերի վրա դրած, լուռ նայում է տիրոջ դեմքին ու աչքերը խոնարհում: Նա հասկանում է, թե խոսքն այն պառավի մասին է, ո՛րն իր համար լափ էր պատրաստում և ո՛րը հիմա գնացել է ուր որ:

Տեսնելով շան կարեկից լռությունը՝ ծերունին ոգևորվում է ավելի և շարունակում է իր զրույցը:

Մինչ այդ մութն ավելի ու ավելի թանձրանում է անտառում, և նրանք երկա՛ր— երկա՛ր մնում են միևնույն տեղը նստած:

1916

Պապն ու թոռը (իդիլիա)

Եփրեմ պապը շա՜տ ծեր էր:

Վաղուց նրա աչքերը չէին տեսնում, ականջները ծանր էին լսում, իսկ գլուխը շարունակ դողում էր հասած արևածաղկի պես: Դողում էին և նրա սառը, չոր ձեռները. այնպես որ, երբ նա թանով ապուր էր ուտում կամ շորվա, կերակուրը միշտ կաթկթում էր նրա սպիտակ, մի քիչ էլ կանաչած միրուքի վրա:

Բացի դրանից, Եփրեմ պապը չէր կարողանում երկար ման գալ, հեռու տեղ չէր գնում և միայն արև օրերին, երբ սիրտն ուզում էր զբոսնել տան առաջի պարտիզում, կանչում էր թոռանը՝ Աստղիկին, և նրա առաջնորդությամբ, ձեռնափայտը ձեռին, կամաց— կամաց ման էր գալիս ծառերի տակ: Հետո Եփրեմ պապի ատամներից շատերը թափվել էին, դրա համար էլ ո՛չ միս էր կարողանում ուտել, ո՛չ չոր հաց:

Շա՜տ ծեր էր Եփրեմ պապը: Տանը նրան այնքան էլ չէին սիրում և ամեն բան չէին տալիս ուտելու: Բայց նա սիրում էր ամենքին և ամենից շատ փոքրիկ Աստղիկին, պատմում էր նրան հեքիաթներ, առակներ, պատմում էր ուրիշ աղաների, աղջիկների մասին և այն մասին, թե ինչու են ընկնում աստղերը երկնքից: Երբեմն կոպեկներ էր նվիրում նրան, որ կոնֆետ առնի: Եվ դրա համար Աստղիկը պապին շատ էր սիրում, ամեն անգամ բռնում էր պապի ձեռից և առաջն ընկած ման ածում ծառերի արանքում ու բացատրում, թե որ ծառը որքան է բռնել և թե ինչպես է ծաղկել մասրի թուփը: Բայց Աստղիկը շատ էր ափսոսում, որ պապը չի տեսնում այդ բոլորը, և որովհետև պապը չէր տեսնում, Աստղիկը խղճում էր նրան և ավելի սիրում:

Մի բան սակայն դուր չէր գալիս Աստղիկին, այն, որ պապը հիվանդանում էր շուտ— շուտ:

Այժմ էլ՝ երեք շաբաթ էր ահա պապը հիվանդ էր: Երբ նա հազում էր, Աստղիկին թվում էր, թե չոր տերևներ են խշխշում նրա կրծքի տակ, իսկ քնած տեղը այնպես էր խռխռացնում, մեկը կարծես խեղդում էր նրան: Քանի օր էր պապն ուզում էր դուրս գալ արևի տակ զբոսնելու, բայց տատը չէր թողնում, ասում էր՝ կմրսի: Եվ Աստղիկը զարմանում էր տատի վրա, թե ինչու է նա այդպես անխիղճ մերժում պապին: Ինչ կա որ,— մտածում էր նա,— թո՛ղ պապը դուրս գա, էլի տուն կգա: Բայց տատը և մայրիկը չէին թողնում: Եվ քանի նրանք չէին թողնում, պապն ավելի էր ցանկանում դուրս գալ:

Եվ ահա մի օր պապն անսպասելի վեր կացավ անկողնից: Աստղիկն այդ օրը շատ լավ է հիշում: Կիրակի էր, տատն ու մայրրկը գնացել էին ժամ, իսկ հայրիկը քաղաքումն էր: Երբ ինքը՝ Աստղիկը, փողոցից եկավ տուն, տեսավ պապը նստել է անկողնում և ձեռքերով բան է փնտրում կողքին:

— Ի՞նչ ես ուզում, պապի,— հարցրեց Աստղիկը:

— Շորերս,— ասաց պապը դողալով:

Աստղիկը տվեց նրան կապան, չուխան, ոտնամանները և գդակը: Պապը դողդողալով հագնվեց և փայտը ձեռին դուրս եկավ պատշգամբ ու նստեց այնտեղ՝ թախտի վրա, արևի դիմաց:

Այդ օրը պապի դեմքը շատ տարօրինակ էր: Աստղիկը նայում էր նրան և զարմանում, թե ինչու այդպես մտամոլոր է պապը և ինչի է ականջ դնում նա:

Պապն իսկապես ինչ— որ բանի ականջ էր դնում, գլուխը բարձր բռնած, աչքերը խուփ, նա կարծես կամենում էր լսել, թե ինչ է կատարվում գյուղում և գյուղից դուրս: Քանի ժամանակ էր դուրս չէր եկել տնից և դրա համար, խորը շունչ քաշելով, ուզում էր լսել կարծես դրսի կյանքը: Մի քանի տարվա կուրությունը սրել էր նրա լսողությունը, ուստի և նա պարզ լսում էր մեղուների երգը օդի մեջ, բարդիների տերևների ուրախ ճքճքոցը և երեխաների զվարթ աղմուկը մի հեռավոր տան բակից: Նրա ականջին էր հասնում և եկեղեցու տոնական զանգահարությունը, որը կարծես թրթռում, խաղում էր օդի մեջ, և, շունչը կտրած, ընկնում գետին:

Զանգերի ղողանջը Եփրեմ պապի հոգում զարթեցնում էր անցած գնացած հուշեր, և նա իրեն տեսնում էր երեխա, որ Զատկին հոր հետ գնում էր եկեղեցի, ու զանգերը ղողանջում էին այդպես հանգիստ ու միալար: Հետո նա իրեն տեսնում էր ջահել ու առողջ, որ նույնպես ջահել մի աղջկա հետ, թև թևի տված պսակի է գնում, ու զանգերն էլ ղողանջում էին այդպես թրթռալով: Վերջապես, նա տեսնում էր իրեն հասակն առած տղամարդ, որ գերանդին ձեռքին խոտ էր հնձում դաշտի մեջ: Զնգում էր գերանդին, լորերը թռչում էին խոտի միջից, խոտը լաս— լաս դարսվում էր շարքով և այսօրվա պես դարձյալ ղողանջում էին ժամի զանգերը:

Այս բոլորը հիշելով՝ Եփրեմ պապը հանկարծ զգաց հնձած խոտի հոտ և, բերանը բանալով, խորը շունչ քաշեց:

Աստղիկը, որ ամբողջ ժամանակ նայում էր հիվանդ պապին, հանկարծ զարմացավ, տեսնելով պապի դեմքը պայծառացած:

Պապը նորից խորը, երկար շունչ քաշեց:

— Աստղիկ:

— Ի՞նչ է, պապի:

— Ինձ տար բաղը:

— Բա որ մրսե՞ս, պապի,— ասաց Աստղիկը՝ տարակուսանքով նայելով պապի կույր աչքերին:

— Չեմ մրսի, աղջիկս, գնա՛նք:

Եվ պապ ու թոռ ձեռք ձեռքի տված մտան պարտեզ: Ծերունին, ձեռքը թոռանը տված, քայլում էր նրա ետևից և հարցնում, թե ինչպե՞ս են ծառերը, բոլորն էլ ծաղկե՞լ են արդյոք, ծաղիկները թափվե՞լ են, թե՞ ոչ:

— Թափվել են, պապի, թափվել են,— պատասխանեց Աստղիկը:

— Պտուղներ երևո՞ւմ են ծառերի վրա:

— Այո՛, պապի, շա՜տ:

— Էդ լավ է,— ասաց պապը,— էդ լավ է:

Խոսելով հասան փոքրիկ պարտեզի ծայրը, որտեղից մի փոքրիկ դռնակ էր բացվում փողոցի վրա: Պապն այդտեղ կանգ առավ և նորից շունչ քաշեց:

— Գնանք տուն, պապի,— ասաց Աստղիկը,— կմրսես, տատը կբարկանա:

— Չէ՛, բալիկս, չեմ մրսի,— հանգստացրեց պապը և շարունակեց շունչ քաշել:

Մի փոքր այսպես կանգնելուց հետո պապը հարցրեց.

— Հանդն էստեղից մոտիկ է, չէ՞, Աստղիկ:

— Հա, պապի, իհարկե, մոտիկ է:

— Դե որ մոտիկ է, աղջիկս,— ասաց պապը,— ինձ տար հանդը: Դու էլ քեզ համար ծաղիկ կքաղես:

Աստղիկն ուրախացավ.

— Հա՛, պապի, էնքա՜ն ծաղիկ կա հանդում:

Մի քանի րոպե անց արդեն գյուղացիները զարմանքով տեսան իրանց բակերից, թե ինչպես հիվանդ Եփրեմ պապը թոռան ձեռից բռնած գնում էր դեպի դաշտը: Նրանք գնում էին դաշտ և մոռացել էին, որ տանը մարդ չկա և դռները բաց են հավերի ու շների առջև:

Փոքր հետո նրանք դուրս եկան դաշտը և երկար ժամանակ գնում էին խոտերի միջով: Պապը քայլում էր կռացած և հևում ամեն մի քայլ անելիս, բայց կարծես չէր հոգնում. իսկ Աստղիկը պապի ձեռը բռնած առաջնորդում էր նրան և շարունակ խոսում. «պապի, դեսն արի՛», «պապի, առաջիդ քար կա», «պապի, լոք տո՛ւր...»: Եվ ծեր պապը թոռան ձայնին հնազանդ, կատարում էր նրա բոլոր պահանջները, լոք էր տալիս ջրի վրայից, թեքվում էր այն կողմը, ուր քաշում էր իրեն փոքրիկ աղջիկը:

Բավական տեղ գնալով՝ պապը կանգնեց, շունչ քաշեց բարձրահն ու հարցրեց Աստղիկին, թե ինչ տեղ են գտնվում իրենք:

— Լավ տեղ ենք, պապի,— պատասխանեց Աստղիկը: — Էնքան ծաղիկ կա՜:

Պապը շունչ քաշեց դարձյալ և հարցրեց.

— Անտառը մոտիկ է, հա՞:

— Հա, պապի, հրես մոտիկ: Դու տեսնո՞ւմ ես որ:

Պապը, առանց պատասխանելու, կույր աչքերը բարձրացրեց և ականջ դրեց: Այս անգամ նա ուզում էր լսել անտառի ձայնը: Եվ ահա պարզ նրա ականջին էր հասնում հինավուրց անտառի խշշոցը, որ նման էր գետի տնական շառաչի: Անտառը խշշում էր այնպես, կարծես բոլոր ծառերը միասին երգ էին ասում: Ի՜նչ լավ է խշշում անտառը,— մտածեց պապը: Այդ խշշոցը նույնն էր, ինչ որ շատ— շատ տարիներ առաջ: Այդպես էր խշշում նա, երբ ինքը երիտասարդ էր, այդպես էր խշշում մերին, երբ նա հասակն առած տղամարդ է: Այդ խշշոցը նույնն է, առաջվանը, նույնը կլինի և միշտ:

Ու Եփրեմ պապը տխուր հառաչանքով նստեց կանաչների վրա հանգստանալու, իսկ Աստղիկն սկսեց ծաղիկներ քաղել և վազել թիթեռների ետևից:

Նստած տեղը, բոլոր ժամանակ, Եփրեմ պապը շարունակում էր ականջ դնել:

Այժմ անտառի խշշոցի հետ նրա ականջին էր հասնում առվի քչքչոցը: Նա ճանաչում էր այդ առուն, ինձի ժամանակ քանի՜ անգամ էր հաց կերել նրա մոտ: Առվի քչքչոցի հետ Եփրեմ պապի ականջին էին հասնում և՛ թռչունների երգը, այդ արտույտներն էին երգում, և՛ խոտերի շրշյունը, և՛ հովից օրորվող թփերի շշունջը, իսկ հեռվից գալիս էր դարձյալ եկեղեցու զանգերի ձայնը ու խառնվում անտառի խշշոցին:

Ի՜նչ լավ է խշշում անտառը:

Այսպես էր մտածում պապն իր սրտի խորքում, և նրա շրթունքները դողում էին հուզմունքից, ուզում էր աղոթել, բայց միտքն աղոթքի խոսքեր չէին գալիս: Մի փոքր էլ ականջ դնելով այդ ծանոթ, հարազատ ձայներին, պապը հանկարծ կռացավ և գլուխը խոնարհեց գետնին:

Երկար համբուրում էր նա կանաչով ծածկված հողը և անզուսպ արցունքներն առատորեն թափվում էին նրա աչքերից: Մի փոքր էլ, մի փոքր էլ, և նա ուժասպառ ընկավ կանաչների վրա:

Քիչ հետո, երբ Աստղիկը ծաղիկներ գրկած վերադարձավ պապի մոտ, զարմացավ, որ պապը պառկել է:

«Պապն ինչո՞ւ է քնել էսպես»,— մտածեց նա և ձայն տվեց:

Բայց պապը նրան չպատասխանեց:

Այդ ժամանակ Աստղիկն ավելի մոտեցավ նրան և շարժեց ձեռը.

— Պապի, ա՛յ պապի,— կրկնում էր ձեռքը քսելով պապի երեսին, գլխին:— Վե՛ր կաց, գնանք: Դե, պապի, վե՛ր կաց, տատը կբարկանա:

Պապը դարձյալ չէր զարթնում: Իսկ Աստղիկը շարունակում էր շարժել նրա ձեռը, գլուխը, աղերսում էր, որ զարթնի: Բայց պապը ժամ չէր գալիս:

Այդ տեսնելով, վերջապես, Աստղիկը որոշեց և վազեց տուն, հայտնելու, որ պապը քնել է դաշտում ու չի զարթնում:

Բայց պապը չէր քնել:

Գնացին տեսան՝ պապը մեռել էր դաշտում:

Երբ Աստղիկն այդ իմացավ, նա չէր կարողանում հավատալ, որ պապը մեռած լինի. նա չէր հավատում և նրան, թե պապին կտանեն իրենց տնից, և նա էլ ետ չի գա:

«Հապա էլ ո՞վ կպառկի նրա անկողնում,— մտածում էր նա,— ո՞վ կհագնի նրա չուխան...»:

Եվ երբ մյուս օրը տերտերները պապին տարան ժամ, Աստղիկն սպասում էր, թե պապը կվերադառնա, բայց մութն էլ ընկավ, նա չեկավ: Իսկ երբ տան դռները փակեցին, որ քնեն, Աստղիկը սաստիկ տխրեց ու լաց եղավ վերմակի տակ:

Նա լաց էր լինում ու մտածում, թե ինչո՞ւ տան դռները փակեցին, չէ՞ որ պապը կարող է գալ, գուցե հենց հիմա էլ եկել ու կանգնել է դռան առաջ:

Լաց լինելով մտածում էր, թե ով պետք է այնտեղ ման ածի պապին, չէ՞ որ նա չի տեսնում, կարող է քարի դեմ առնել կամ ոտը ջուրը գցել:

— Ա՜խ, տեսնես կլինի մեկը, —մտածում էր Աստղիկը, — մի բարի տղա կամ մի բարի աղջիկ, որ խեղճ պապին ման ածի այնտեղ:

1916

Անհայտ թելեր

Սկսվել էին տխուր, ձանձրալի եղանակներ։

Թեև օգոստոսը նոր էր, բայց լեռնային այդ գյուղում աշունն արդեն ցույց էր տալիս իր բոլոր գույները, անտառը պարուրող կաթնագույն մշուշը երեկոյից իջնում էր գյուղի վրա և մինչև առավոտ ծածկում նրան իր պաղ, թափանցիկ քողով, հաճախ տեղում էր մանրահատ անձրև, մի այնպիսի անձրև, որ ծակծկում է մարդու երեսի մաշկը, սարսուռ է ազդում մարմնին և թվում է, թե ո՛չ վերջ է ունենալու, ո՛չ վախճան։

Տխո՛ւր էր. արևածաղիկները գլխակոր նայում էին գետին, ծառերն այգիներում թրջված հսկաների պես մնացել էին համր ու անշարժ, իսկ հավերն անգործ ընկած սայլերի կամ այլ ծածկույթների տակ հավաքված շարունակ քրքրում էին իրենց փետուրները, որ գյուղացիների համար նշան էր նոր անձրևի։ Գյուղն ամառելու եկած մարդիկ ման էին գալիս վերարկուներով, կրկնակոշիկներով և անձրևանոցով։ Նախկին գրավիչ ամառանոցն այժմ թվում էր անհրապույր, թարմությունը կորցրած։ Ձանձրույթից շատերը պատրաստվում էին հեռանալ տխուր ամառանոցից։

Գյուղացի Երեմի կենվորները նույնպես պատրաստվում էին քաղաք մեկնել։ Դրանք սպիտակահեր, անզավակ ամուսիններ էին, բայց իրար սիրում էին ինչպես նորապսակներ, դողում էին մեկը մյուսի առողջության համար, ճաշին միմյանց մեկնում էին յուղոտ պատառներ, իսկ թեյի ժամանակ միշտ մի ավելորդ կտոր շաքար էին գցում միմյանց բաժակ՝ «թող քաղցր լինի» ասելով։ Նրանք երևանցի էին, իրենց ասելով ունեին սեփական տուն, խանութներ և խաղողի այգի։ Վատ եղանակի պատճառով նրանք էլ շտապում էին շուտով հեռանալ։ Սակայն երկու օր էր արդեն, որ նրանք իրենց իրերը կապկպած, սրտատրոփ սպասում էին, թե Երեմն ու իր կինը ինչ պատասխան պիտի տան իրենց առաջարկին։ Բանը նրանումն էր, որ այդ անզավակ ամուսինները ցանկություն էին հայտնել Երեմին ու իր կնոջը՝ որդեգրել նրանց հինգ աղջիկներից մեկին, ամուսնացնել նրան և իրենց ամբողջ կարողությունը «կտակել նրա գլխին»։ Բայց ահա երկու օր էր գյուղացի ամուսինները չէին կարողանում նրանց պատասխան տալ։ Եվ ծեր ամուսինները, անխուսափելի շալերն ուսերին, շարունակ դուրս ու ներս էին անում պատասխան ստանալու հույսով։ Իսկ գյուղացի ամուսինները պատասխան տալ չէին կարողանում, որովհետև դժվարանում էին վճռել իրենց համար այդ անսովոր խնդիրը: Քաղաքացիների առաջարկն սկզբում նրանց ուրախացրեց, բայց հետո թվաց անբնական, նույնիսկ անգութ, սակայն երկար մտածելով՝ գտան, որ այդ բանը կարող է և բախտավորեցնել իրենց զավակներից մեկին և թեթևացնել իրենց հոգսը, չէ՞ որ իրենք ծայրը ծայրին չեն հասցնում, թեև մարդը, երկրագործական աշխատանքներից դուրս, սայլով միշտ ապրանքի բեռներ է կրում կայարանից գյուղ և գյուղից կայարան, իսկ կինը գրեթե ամեն օր մանած է անում գյուղի ունևորների համար, բայց շատ բան դարձյալ պակաս է մնում: Չի օգնում և այն, որ ամառները, երբ տավարը դուրսն է կապվում, նրանք, գոմում տեղավորվելով, ունեցած երկու սենյակը տալիս են քրեհով: Ոչ, այդ քրեհը նույնպես չի օգնում և էլի շատ բան պակաս է մնում: Եվ ծեր ամուսինների առաջարկը ամեն կողմից քննելով՝ նրանք այն գտնում էին իրենց համար օգտակար: Վատ կլինի մի՞թե, որ իրենց զավակներից մեկը դառնա այդ ունևոր մարդկանց ժառանգը, իհարկե, ոչ: Բայց երբ խնդիրը դառնում է աղջիկներից որ մեկին հանձնելուն, նրանք չէին կարողանում ընտրություն անել:

Այդ երեկո էլ մարդ ու կին գոմում նստած դարձյալ խոսում էին նույն այդ բանի մասին: Մարդը նստել էր մեջքը սյանը դեմ տված, իսկ կինը թախտի վրա իլիկ էր մանում: Սյունից կախված լամպը լուսավորում էր նրանց արևառ դեմքերը և գոմի կեսը: Որովհետև երեխաներն այդտեղ՝ գոմում էին, ամուսինները խոսում էին կամաց, ակնարկներով և դարձյալ դժվարանում էին մի բան որոշել: Երեմը, ձանձրացած գործի այս ընթացքից, դարձավ, վերջապես, կնոջը.

— Արի, Սանամ, Աշխենին տանք:

Կինը ցնցվեց միջնակ աղջկա անունը լսելով:

— Գժվե՛լ ես, ի՛նչ է, այ մարդ,— ասաց նա մեղմ հանդիմանանքով,— բա դազերն ո՞վ արածեցնի:

— Սաթոն:

— Սաթո՛ն, բան մտածեց, Նա ի՞նչ է, որ ինչ դազեր պահի, դեռ օխտը տարեկան չկա:

— Դե որ էդպես է — Սաթոյին տանք, չէ՞ որ մարդիկ ասում են՝ որին կուզեք:

— Չէ՛ մի, Սաթո՛ն: Նա դեռ երեխա է ա՛յ մարդ, իրա շորերը հանել չի կարում:

— Էհ: Բա ո՞նց անենք հիմի,— հարցրեց Երեմը տարակուսած:

Կինն ուսերը վեր քաշեց: Մեծ աղջկան ու նրանից փոքրին տալ չէր կարելի, որովհետև նրանք մորն օգնում էին տնային գործերում, իսկ ամենից փոքրը դեռ օրորոցի ծծկեր էր, մնում էր ուրեմն ընտրություն անել Աշխենի և Սաթոյի միջև:

— Հը՛, հիմի ի՞նչ ես ասում,— նորից հարցրեց Երեմը կնոջը։— Մարդիկ երկու օր է սպասում են, պետք է կամ «հա՛» ասել, կամ՝ «չէ՛»։ Մտածիր, բախտիդ քացի մի տալ։

Սանամը, մարդուն պատասխանելու փոխարեն, դարձավ այդ միջոցին մյուս թախտի վրա քույրերի հետ խաղացող յոթ տարեկան աղջկան.

— Սաթո՛, կուզե՞ս մայրիկի աղջիկը դառնալ։

«Մայրիկ» կոչում էին իրենց կենվորուհուն։

Փոքրիկ աղջիկը ելավ նստած տեղից, մերկ ոտները բանալով։

— Խի ցեմ ուզիլ,— պատասխանեց նա՝ աչքերին թափած մազերն ետ տանելով և հիշելով այն կոնֆետներն ու մրգերը, որ «մայրիկը» տալիս էր իրեն, երբ ինքը լսում էր նրան։

— Նրա հետ քաղաք կերթա՞ս,— հարցրեց մայրը նորից։ — Խի ցեմ գնալ։

— Ինձ կթողնես, կերթա՞ս։

— Հա՛։

— Բա որ քեզ ծեծե՞ն։

— Խի են ծեծում, շաքար հո ցեմ գողանա, որ ծեծեն։

Ամուսինները ժպտացին և նշանակալից նայեցին իրար։ Նրանց այդ հայացքն ասում էր՝ «թեև դժվար է, բայց, ինչ արած, սրան կարելի է»։

Եվ հարցն այսպիսով լուծվեց, որոշվեց Սաթոյին որդեգիր տալ քաղքցոց։

***

Երբ երևանցի ծեր ամուսիններն այդ որոշումն իմացան, ուրախությունից արտասվեցին իրենց արված շնորհի համար. ա՛յն, ինչ զլացել էր աստված, տալիս էին մարդիկ, հասարակ գյուղացի մարդիկ։ Հիմա վերջապես իրենք կունենան մի ժառանգ, որ մահից հետո գոնե կհիշի իրենց։ Ուրախությունից նրանք չգիտեին՝ ինչպես շնորհակալ լինեն իրենց շնորհատուներից, կանայք, արտասվակալած աչքերով, մի քանի անգամ հուզված համբուրվեցին, տղամարդիկ սեղմեցին իրարու ձեռք։ Եվ ապա իրենց մեկնումը մի օրով հետաձգելով՝ ծեր ամուսինները երեխայի մոր համար ձմեռվա մի փափուկ շալ առան ընծա, իսկ իրա՝ Սաթոյի համար գնեցին հագուստ ու ոտնամաններ, հագցրին, կապցրին նրան, ձեռքերն ու երեսը լվացին սապոնով, մազերը սանրեցին, ժապավենով կապեցին, զուգեցին, դարձրին քաղաքացու աղջիկ, այնպես, որ տեսնողի նախանձն էր շարժում։ Նախանձում էին մանավանդ իր ոտաբոբիկ քույրերը, որոնցից ամեն մեկը սրտանց կամենում էր նրա տեղը լինել։ Սանամն այս բոլորին նայում էր առանձին հպարտությամբ, որ իր երեխայով բախտավորեց անզավակ մարդկանց, իսկ փոքրիկ աղջիկն իր նոր հագուստներում իրեն պահում էր ծանր ու մեծ և շորերը չկեղտոտելու համար պատշգամբից չէր իջնում քույրերի մոտ: Այդ օրը գյուղացի ամուսինները, ծերերի հրավերով, ճաշեցին նրանց մոտ, կերակուրը բրդեցին, ինչպես իրենց բոլոր կերակուրները, միսը կերան մատներով, ձեռք չմեկնելով անգամ առաջները դրված պատառաքաղին ու դանակին: Իսկ հետնյալ օրն առավոտյան Երեմն իր սայլով նրանց՝ իրերով, Սաթոյի հետ, տարավ երկաթուղու կայարանը: Ծեր ամուսինները շալն ուսերնին տեղավորվեցին կապոցների մոտ, իսկ Սաթոյին նստացրին իրենց արանքում: Անձրևի պատճառով Սանամը նրանց ճանապարհ գցեց մինչև գյուղի ծայրը: Հրաժեշտի ժամանակ նա մի քանի անգամ համբուրեց աղջկա թշերը և գոգնոցը տարավ աչքերին: Մինչև այդ նրան այնպես էր թվում, թե Սաթոյին տանում են ժամանակավորապես և շուտով պիտի վերադարձնեն, բայց այդ րոպեին նա զգաց, որ գուցե իր երեխային այլևս չտեսնի, և արցունքը զսպելու համար՝ աչքերը ծածկեց գոգնոցով:

Վերադարձի ամբողջ ճանապարհին ամեն ինչ նրան թվում էր ավելի տխուր և ավելի մռայլ, թրջված այգիները, տները թվում էին որբ, անօգնական, մոռացված, բոլորը միասին տխրած արտասվում էին կարծես:

Տան մոտ նա հանդիպեց իր գյումրեցի հարևանուհուն՝ պայտարի կին Մարուշին, որ թեշիկ ոլորելով ու մաստակ ծամելով կտրեց նրա առաջը:

— Քա, աղջի, Սանա՛մ, երեխեն տարա՛ա՞ն,— հարցրեց նա հետաքրքիր աչքերը հառելով իր հարևանուհու դեմքին:

Սանամն անխոս գլխով արավ:

— Շատ էլ լավ էրիք, թեթևնաք կը քիչըմ,— շարունակեց աբլան ցավակցելով և, ապա խոսքը փոխելով, ավելացրեց,— է՛հ, ինչըղ էրիք, փարա— մարա տվի՞ն, թե՞...

— Մենք երեխա ծախող չենք, — աղջի ջան, վրդոված պատասխանեց Սանամը և, երեսը շուռ տալով, մտավ տուն: «Էդ էր պակաս, երեխա ծախեինք,— մտածեց նա:— Հիմի կսկսեն բամբասանքը»:

Տանն ու դռանը ամեն բան հիշեցնում էր Սաթոյին: Ահա այստեղ էր, որ նստում էր Սաթոն ու երեխին օրորում, այստեղ էր ահա, որ քնում էր նա, ահա էս ավազի վրա էր, որ խաղում ու տնակներ էր շինում: Եվ հանկարծ Սանամը մի այնպիսի դատարկություն զգաց տան մեջ ու իր սրտում, որ ինքն իրենից սարսափեց: Ո՞վ է տեսել ծնողն իր ձեռքով երեխան ուրիշի տա, — մտածեց նա: Մի փոքրիկ երեխա օտար, հեռու քաղաքում, եթե քնած տեղը բաց լինի, ո՞վ պիտի ծածկի նրան, եթե գիշերը ջուր ուզի, ո՞վ պիտի ջուր տա: «Է՛ն ես չեմ, որ գիշերը մի քանի անգամ վեր կենամ,— մտածեց նա:— Նրանք՝ ծեր, Սաթոն՝ երեխա , ի՞նչ կարող են անել, մինը պիտի նրանց ծառայի: Իսկ եթե հանկարծ հիվանդանա, կարմրուկ կամ ծաղիկ հանի, ո՞նց պիտի պահեն նրան...»: «Դեղով ու դոխտուրով կպահենեն երեխիս», — նորից մտածեց Սանամը՝ երևակայելով իր Սաթոյին մենակ, անօգնական մի մեծ քաղաքում:

Եվ պատկերացան նրան մե՜ծ— մե՜ծ տներ (այն ձևով, ինչպես տեսել էր թղթերի վրա նկարված), օտար, անծանոթ, սառը մարդիկ, կանայք և լավ հագնված երեխաներ: Դրանք բոլորը անցնում և հրում են Սաթոյին: Իսկ Սաթոն մոլորված՝ ճանապարհ չի գտնում և լաց է լինում փողոցի մեջ, լաց է լինում ու կանչում՝ «նանի՜, նանի՜»: Իսկ նանը չկա, նանը հեռո՜ւ է, շուրջը խորթ, անծանոթ մարդիկ: Եվ Սանամը սարսափած մտածեց, եթե հանկարծ մի բան պատահի Սաթոյին, ի՞նչ կասեն գեղացիք, հարևանները: «Մի շալի համար երեխա է տվել, երեխան ծախել է մի շալի»: Ահա՝ ինչ կասեն: Իսկ աստված այս բանը կների՞: Իհարկե ո՛չ, իհարկե չի ների: Տեսնելով՝ տված երեխաներին չի պահում, մյուսներն էլ կխլի իրենից: Այո՛, կբարկանա ու կխլի:

Այս միտքն այնպես վախեցրեց խեղճ կնոջը, որ նա կանգնած տեղը դողաց, թե միգուցե աստված հենց հիմա իրագործի իր պատիժը, ու բնազդաբար նայեց օրորոցին: Ո՛չ, նա իր երեխեն ուրիշի չի տա: Ջրս աղջիկ պահողը՝ հնգին էլ կպահի, չորսի համար հաց գտնողը՝ հնգի համար էլ կգտնի: Եթե չորսը սոված պիտի մնան, թող Սաթոն էլ նրանց հետ սոված մնա: Դա ավելի լավ է: Ու ահեղ պատժից և Սաթոյին կորցնելու մտքից սարսափած՝ նա չկարողացավ այլևս կանգնել, նստել մի տեղ: Մի ներքին թաքուն բան շարունակ անհանգստացնում էր նրան:

***

Փոքր անց Սանամն արդեն գնում էր դեպի կայարան: Ընծա ստացած շալը կռնատակին՝ նա գրեթե վազում էր ցեխոտ փողոցներով, չնայած ոտնամանները խրվում էին ցեխի մեջ, շրջազգեստը փաթաթվում էր ոտներին, բայց նա ավելի էր արագացնում իր քայլերը՝ հույս ունենալով դեռ ճանապարհին հասնել սայլին:

Երեք վերստ տարածությունն անցավ մի ժամում: Եվ ամբողջ ճամփին շարունակ մտածում էր՝ իսկ եթե հանկարծ գնացած լինեն, երեխին տարած: Օ՜, եթե տարած լինեն, նա մինչև քաղաք կերթա նրանց ետևից, նա թույլ չի տա. Նա իր երեխին պիտի ետ բերի:

Նրա սիրտը հանդարտեց այն ժամանակ միայն, երբ հեռվից նկատեց իրենց սայլը կայարանի շենքի մոտ: Լծարձակ եզները, թոկով իրար կապված, որոճում էին հանգիստ: Ուրեմն դեռ չեն գնացել:

Նա քայլերն արագացրեց:

Հասնելով կայարան՝ նա գլխապատառ մտավ նրա միակ դահլիճը

և, առանց որևէ խոսք ասելու, խելագարի պես սկսեց համբուրել երեխային, որ կանգնած էր ծեր ամուսինների և Երեմի մոտ։

— Ես քեզ ուրիշի չեմ տա, չէ՛: Չեմ տա, չեմ տա,—ասում էր նա երեխային ու համբուրում։

Ծեր ամուսինները, որ շալերն ուսներին նստած էին իրար կողքի, զարմացած նայում էին Սանամին և կարծես հարցնում էին իրար՝ «Ի՞նչ է պատահել սրան»: Պակաս զարմացած չէր և Երեմը, նա մորթե փափախի տակից ամոթահար նայում էր մե՛րթ կնոջը, մե՛րթ կենվորներին և չգիտեր՝ ինչ անել։

Աղջկան երկար համբուրելուց հետո, վերջապես, Սանամը դարձավ պառավին.

— Է՛ս ձեր շալը, մայրիկ ջան,— ասաց նա ընծան պառավի ծնկանը դնելով։— Առեք։ Ես իմ երեխին կարալ չեմ, կարալ չեմ։ Ներողութին կանեք, կարալ չեմ։

Ներողության էլի մի քանի խոսքեր քրթմնջալով՝ նա երեխային ամուր գրկած շտապ— շտապ դուրս եկավ կայարանի շենքից, այնպես, կարծես՝ մեկը հետապնդում էր նրան՝ երեխան խլելու։

Թե՛ ծեր ամուսինները, թե՛ Երեմը և թե՛ կայարանում հավաքված մարդիկ տարակուսած, զարմացած էին Սանամի վարմունքից։

Պառավ «մայրիկն» այդ տեսնելով՝ երկար չկարողացավ համբերել և լաց եղավ։

— Երեխին տարա՛վ, Գոքոր,— ասաց նա մարդուն՝ թաշկինակն աչքերին սեղմելով։

Ծեր ամուսինն սկսեց մխիթարել նրան։

— Ոչի՛նչ, ոչի՛նչ, երևի աստված էդպես է կամեցել, մեր ճակատին երևի երեխա չի գրված։

Շուտով գնացքը եկավ։ Ծերունիները դողդոջուն քայլերով, սգավորի նման դուրս եկան դահլիճից։ Երեմը նրանց վագոն նստեցնելուց հետո նույնպես տխուր և միևնույն ժամանակ ամոթահար, ասես հանցանքի մեջ բռնված, սայլը լծեց ու շտապեց տուն։

Կինը ճանապարհին սպասում էր նրան։

— Չէ, Երեմ, չէ, ինձ բան չասես, բարկանաս ոչ, ես իմ երեխին կարալ չեմ ուրիշի տալ,— ասաց նա սայլ նստելով։— Կարալ չեմ։ Հասկացիր ու բան մի խոսալ, թե արևդ կսիրես։

Մարդն ամոթից բան չէր գտնում ասելու։

— Աստված դրա համար չի ինձ երեխա տվել, որ ես բաժանեմ։ Չէ՛, Երեմ, վրես բարկանաս ոչ։ Երեխա տվողը՝ ապրուստ էլ կտա, ես գիշերներն էլ կաշխատեմ, իմ երեխին ուրիշին չեմ տա։

Եվ նա կրկին ու կրկին համբուրեց աղջկա ճակատը, այտերը, մազերը։ Համբուրում, ժպտում էր ինքն իրեն, և ամեն բան այժմ պայծառ, ուրախ էր թվում նրան. թրջված այգիները կարծես լիացած, զոհությամբ նայում էին երկինք, ծառերը շողշողում էին ցողակալած տերևներով, իսկ արևածաղիկները ժպտում էին իրենց դեղին աչքերով և գլխով անում:

1916

Ծովանը

1

Եղբայրների մեջ կռիվ էր ընկեր։

Երկու ամիս առաջ, այսինքն՝ հոր մահից անմիջապես հետո, երբ նրանք իրենց ունեցածը բաժանեցին երկու հավասար մասի, ավելացավ մի կով՝ հորթը հետը։ Մեծ եղբայրը գտնում էր, որ կովն իրեն կհասնի, որպես ավագի, որ ավելի աշխատանք ու երախտիք ունի տան վրա, փոքրն, ընդհակառակը, պնդում էր, որ կովը պիտի մնա իրեն իբրև կրտսերի, որ ավելի քիչ է օգտվել հայրենական տնից։

— Էդպես ես հարգում մեծիդ հա՞,— ասում էր ավագը։

— Բա դո՛ւ,— պատասխանում էր կրտսերը։

Մեծը զարմանում էր փոքրի ագահության վրա, փոքրը՝ մեծի աչքածակության։ Ու վեճը շարունակվում էր այսպես երկու ամիս, և երկու ամիս շարունակ նրանք կովը խլում էին իրար ձեռքից ու փախցնում ամեն մեկն իր գոմը։ Բայց քանի որ ժամանակը գարուն էր և չէր կարելի կովն օրերով տանը փակել, ուստի մի կամ երկու օր հետո նորից խառնում էին նրան դաշտ գնացող նախրին։ Երեկոյան դեմ, սակայն, երբ կովը դառնում էր հանդից, ամեն մեկն աշխատում էր փախցնել նրան իր դուռը։ Այս բանը կրկնվում էր գրեթե ամեն երեկո թե՛ եղբայրների և թե՛ նրանց կանանց կողմից։ Իսկ շատ հաճախ փախցնում էին հորթին, որ անկարելի լինի մորը կթել։ Բայց որովհետև այդ կովը, ավելի լավ է տանք նրա անունը, Ծովանը շատ համեստ կովերից էր՝ թույլ էր տալիս կթեն իրեն և առանց հորթի։ Նա առանձնապես համակրում էր մեծ եղբոր կնոջը, կթելու ժամանակ սա կուրծը չէր սեղմում, ինչպես փոքր տիրոջ կինը, այլ երկու մատով խնամքով հուպ էր տալիս պտուկները և շուտ— շուտ կաթ քսում նրանց։ Այս բանը Ծովանին շատ էր դուր գալիս, ու ամեն անգամ հանդից դարձին, գնում էր ուղիղ մեծ եղբոր դուռը՝ դեպի հին գոմը, նա, ասենք, անհորթ կթել թույլ էր տալիս և փոքր տիրոջ կնոջը, բայց մեծ դժվարությամբ։ Երբ այդ բարձրահասակ կինն իր չոր մատներով ճիգ էր տալիս պտուկները՝ Ծովանը ցավից բարձրացնում էր մեջքը, աչքերը խփում էր և ոտները վեր ու վար անում։ Եվ կովի այս արարմունքը, որ ով քշում՝ գնում էր, ով կթում՝ կթվում էր, ջոկ— ջոկ բարկացնում էր թե՛ եղբայրներին և թե՛ նրանց կանանց։

— Սատկելու անասուն է, սատկելու,— ասում էին նրանք հուզված,

և ծեծում էին կովին, երբեմն մեկի բակում կթվելու միջոցին մյուս բակից քարով, փայտի կտորտանքով խփում էին նրա կողերին, մեջքին, գլխին: Եվ կովը տարակուսած չէր հասկանում՝ ինչու համար է այս բոլորը, ինչ գարունը բացվել է, ինքը ո՛չ մի այգի, ո՛չ մի բանջարանոց չի մտել, երեխայի հարու չի տվել, որևէ խոտի դեզից չի կերել: Մտածում էր, մտածում և ոչինչ չէր հասկանում: Ու տերերի բարկությունը մեղմելու համար՝ աշխատում էր որքան կարելի է հնազանդել նրանց, ոտ չշարժել կթելու ժամանակ, որքան էլ պտուկները ձիգ տան:

Բայց որքա՛ն ավելի էր հնազանդում, այնքան ավելի էին բարկանում տերերը: Եվ Ծովանը մնում էր մոլորված:

Դա մի կարմիր կով էր՝ եղջյուրների ծայրերը ետ գնացած: Մեջքն ուղիղ էր, ետնի մասը փոքր— ինչ տափակ թամբի նման, վիզը հաստ էր, բոխախը կախ, գլուխը դիք, ձախ ականջի ծայրը կտրած էր նշանի համար, իսկ աջ ազդրը խարանած «Ա» տառով, որ առաջին հայացքից պարզ չէր երևում և թվում էր շան կծածի հետք: Եվ որովհետև ջահել էր՝ մազերը կոկ էին ու փայլուն օծած վարսերի նման: Կուրծը մեծ էր ու սպիտակ, երբ քայլում էր ավելի էր մեծանում և աչքի ընկնում կարմիր փորի տակ: Մաքրասեր ու սակավապետ էր, աղբոտ տեղեր երբեք չէր նստի, անձրևների ժամանակ սիրում էր կանգնել բաց տեղ ու թախծոտ աչքերով նայել այդ զարմանալի ջրին, որ թափվում էր վերևից, հայտնի չէ՝ ում ձեռքով և ինչու համար: Առաջ նա շատ ուրախ և աշխույժ էր, կպատահեր, օրինակ, պոզերով ցելերը քանդելով և գլուխը թեքած կկռվեր հասակակիցների հետ, կհաղթեր, կհաղթվեր, բայց երբեք չէր կորցնի իր զվարթությունը: Վերջին երկու ամիսը, սակայն տխրությամբ խուսափում էր այդպիսի կռիվներից: Այժմ նրա խոշոր աչքերը լի էին անհուն թախիծով ու տխրությամբ: Արոտի ժամանակ նրա աչքերը հաճախ արցունքոտում էին և նա մոլորված՝ կանգնում էր մտածումների մեջ: Մտածում էր տերերի վերաբերմունքի մասին և խոր հառաչում քթածակերով: Հառաչում էր ու հիշում իր ջահել օրերը, երբ բոլոր տնեցիներն այնպես փայփայում էին իրեն: Հիշում էր, երբ հորթ էր, ուրախ թռչկոտում էր, մտնում տերերի տուն, շոր էր ծամում, ջուր էր խմում ամաններից... և տերերը երբեք չէին ծեծում իրեն: Ի՜նչ լավ էր: Հիշում էր Ծովանը և այն օրերը, երբ առաջին հորթն էր ծնվել: Օ, ի՜նչ օրեր էին: Ինչպե՜ս էին խնամում իրեն մինչև հորթի ծնելը: Տերերը խմբով, ջոկ— ջոկ, գալիս կանգնում էին կողքին և մեղմությամբ, քնքշանքով շփում իր մեջքը, գլուխը, կողերը, երբեմն ձեռ էին տալիս կրծին, որ զարմանալի կերպով ուռչում— մեծանում էր օրեցօր: Օ՜, երբ ձեռ էին տալիս կրծին, ինչպե՜ս էր խուտուտ գալիս, ցավում: Բայց ի՜նչ քաղցր էր այդ ցավը: Հապա առաջին կիթը: Դա զարմանալի բան էր: Տերերը՝ մեծ, փոքր, հավաքվել էին իր շուրջը: Մեծ տերը քորում էր իր մեջքը, իսկ նրա կինը կթում էր կուրծը շփելով: Ա՜խ, այդ օրը, ի՜նչ լավ էր: Կուրծը թեև ցավում էր, բայց ցավը քաղցր էր նոր կանաչի նման: Այդ օրերը երեխաները հաց էին տալիս իրեն, իսկ մեծերը բերում էին մի շատ համեղ ուտելիք, որ ջուր էր, ջուր չէր, բայց ջրի պես էր և մեջը հացի կտորներ էին լինում: Հապա երբ հանդից գալիս էր տուն, ի՜նչ խնդությամբ, ուրախության ի՜նչ աղմուկով էին դիմավորում իրեն:

Իսկ ինչո՞ւ հիմա բոլորը փոխվել են այսպես: Ինչո՞ւ նրանք էլ թշնամի են դարձել:

Ծովանը տերերից բացի մյուս մարդկանց համարում էր թշնամի: Տերերը պաշտպանում էին իրան, քույրերին, մորը, մորաքույրերին, խոտ են տալիս, ձմեռը ջրում են, սրբում են գոմը և քորում իրենց, իսկ թշնամիները չեն թողնի դունչդ մեկնես մի դեզի, անցնես արտերի, բանջարանոցների միջով կամ կողքով, եթե անցար, քարով, փետով կխփեն, կծեծեն, տուն կանեն: Ահա թե ինչ են թշնամիները, Բայց թե ինչու տերերն էլ թշնամիների պես են դարձել՝ Ծովանը չէր հասկանում: Նա զտնում էր, օրինակ, որ ինքը հին գոմում պիտի մնա, բայց թե ինչու հին գոմի կողմը գնալու ժամանակ փոքր տերը բարկանում էր, չէր հասկանում, չէ՞ որ կովը միշտ իր հորթի մոտ կերթա, բայց թե ինչու, իրեն ծեծում են հորթի մոտ գնալու համար, էլի չէր հասկանում:

Մտածելով տերերի փոխված վերաբերմունքի մասին՝ Ծովանը հաճախ մտադրվում էր տուն չդառնալ, սակայն հորթին հիշելով, նրա կուրծը տաքանում էր և նա մտածում էր, որ անկիթ մնալով կուրծը կարող է ուռչել այն անգամվա նման, երբ արտն ընկնելու պատճառով «տուն արին» իրեն և երկու օր փակեցին մի փլեկ մարագում: Օ՜, ինչպես էր ցավում այդ օրն իր կուրծը:

Նման մտածումներով տարված՝ նա երբեմն չէր նկատում, որ նախիրն արդեն առաջ է անցել: Սթափվելով՝ ինքն էլ պոչը խփում էր մեջքին և հետևում կովերին:

Բայց մի օր ահա ինչ պատահեց:

2

Երեկո էր: Անձրև: Ծովանը մոր, մորաքույրերի և ընկերուհիների հետ հանդից վերադառնում էր տուն: Բոլորն էլ թրջված էին, հոգնած, շտապում էին կթվել և հանգստանալ: Նախրի առջևից գնում էր Ծովանի մայրը իր ահագին կուրծը փորի տակ օրորելով: Սիրում էր նա գնալ այդպես բոլորի առջևից և գյուղի ծայրը հասնելուն պես բառաչել՝ «Բա՜ա՜» , «մենք գալի՜ս ենք»: Այդպես բառաչում էր մեկ էլ տանը մոտենալիս: Եվ նրա ձայնի վրա տերերը դուրս էին գալիս կովերին դիմավորելու: Այս անգամ ամենից շուտ նրանց առաջ ելավ ջահել տերը: Երբ հասան տուն Ծովանը, ինչպես միշտ, այս անգամ էլ մոր հետ թեքվեց դեպի մեծ տիրոջ բակը, դեպի հին գոմը, ուր գտնվում էր հորթն այդ օրը, գոնե առավոտն այնտեղ էր թողել: Հազիվ մի երկու քայլ էր արել, փոքր տերը ճիպոտը ձեռին առաջը կտրեց: Ծովանը կանգ առավ և փորձեց անցնել մյուս կողմից: Զահել տերը կրկին առաջը կտրեց և ձեռի ճիպոտը վրա բերեց: Ծովանը գլուխը փախցրեց, բայց ճիպոտը հանկարծ իջավ գլխին: Նա, եղջյուրների մեջտեղը սաստիկ ցավ զգալով, կանգ առավ աչքերը խփած: Մի րոպե թվաց, թե հողը շարժվում է և ինքն ընկնելու է տեղը: Սակայն ուշքի եկավ անմիջապես մեջքին ու կողերին դիպչող հարվածներից, հասկացավ, որ հին գոմը գնալը դուր չի գալիս տիրոջը և հնազանդեց: Շուռ եկավ և բեկված սրտով քայլեց տիրոջ առջևից:

Այդ երեկո նրան կթեց փոքր տիրոջ կինը, կթեց առանց հորթի, էլի պտուկներն ու կրծի մազերը ձիգ տալով: Իսկ կթելուց հետո նրան զատեցին բակի տավարից և գոմն արին:

Ամբողջ գիշեր նա չկարողացավ հանգստանալ, գլխի մեջտեղը և պտուկների արմատներում խուլ ցավեր էր զգում:

Առավոտը նույնպես կթեցին առանց հորթի, դարձյալ մեծ ցավեր պատճառելով: Սակայն կթի ամբողջ ընթացքում Ծովանն իրեն պահեց և մի անգամ իսկ ոտք չշարժեց: Բայց երբ կիթն ավարտվեց և տանտիրուհին կովկիթը ձեռին մտավ տուն, նա թափ տվեց կապը, կտրեց և շտապեց հին գոմի կողմը:

Հո՛րթը... այնտե՞ղ է արդյոք, թե մի բան է պատահել:

Գոմի դուռն ամուր դրված էր:

Նա մզզաց՝ ը՛մմ:

— Ը՛մմ,— պատասխանեց հորթը ներսից:

Այդ ժամանակ Ծովանը գլխով հրեց դուռը և մտավ ներս: Հորթն ընդառաջ վազեց և մտավ մոր փորի տակ: Թեև կրծում կաթ չկար, բայց նա թույլ տվեց, որ հորթը ծծի: Իսկ մինչ այդ ինքը, հորթերի մսուրում խոտ նկատելով, մոտեցավ համն առնելու: Հազիվ մի բերան էր արել, երբ ներս մտավ մեծ տանտիրուհին, նա, որ այնպես լավ կթում էր իրեն:

— Ա՛յ կով, ա՛յ կով,— կանչեց:

Ծովանը բոստան ընկածի պես զգաց իրեն, արածից ամաչելով՝ ուզեց դուրս գալ, բայց տանտիրուհին չթողեց:

— Ի՛, հողեմ գլուխդ,— բարկացավ,— իմ խոտն ուտում ես, որ ուրիշին կաթ տա՛ս:

Ու ձեռի թոկով խփեց Ծովանին:

Թոկի ծայրը, որ երկաթե օղակ ուներ, դիպավ նրա կողքի ոսկորին, և դրանից Ծովանն այնպես վատ, այնպես ծանր ցավ զգաց, ինչպես ազդրը խարանելու ժամանակ: Այնուամենայնիվ, կրկին փորձեց դուրս գալ, բայց տիրուհին դարձյալ չթողեց: Նա դուռը փակեց, հորթին արավ հորթանոցը, իսկ իրեն՝ Ծովանին, կապեց մսուրից: Եվ ամբողջ օրը նա մնաց գոմում փակված: Կողի ոսկորը շարունակ ցավում էր: Սովը մի կողմից, ցավը մյուս՝ սաստիկ անհանգստացնում էր նրան, և նա մտածում էր դարձյալ տերերի վերաբերմունքի մասին, ինչո՞ւ հենց միայն իր հետ են վատ վարվում, ինչո՞ւ հապա մյուս կովերին չեն ծեծում և գոմում փակում: Դուրսն այնքան կանաչ կա, իսկ իրեն չոր խոտ են տալիս: Մայրը, քույրերը և ընկերուհիները հիմա արածում են անտառում, իսկ ինքը...

Քաղցած լինելով՝ նա մի քիչ չոր խոտ կերավ և նորից մի քանի անգամ բառաչեց բարձր, մզզաց, մզզաց, որ մեկը գա դուռը բաց անի, բայց ոչ ոք տերերից չմոտեցավ գոմի դռան և ոչ մի տավար չպատասխանեց նրա բառաչին:

Նա, հուսահատված, գլուխը թափահարելով, ձիգ տվեց կապը, կտրեց (ինչպես առավոտը՝ մյուս տիրոջ գոմում) և, կապը վզին, կանգնեց գոմի մեջտեղը՝ աչքերը փոքրիկ լուսամուտին ու նորից մզզաց:

Ոչ ոք չպատասխանեց, ոչ ոք չերևաց:

«Չէ, այստեղ մնալ չարժե, պետք է դաշտ գնալ», մտածեց նա:

Եվահա նույն օրը երեկոյան, երբ տանտիրուհին արձակեց նրան, տարավ բակում կթեց ու խառնեց կովերին, Ծովանը քաշվեց մի կողմ և սկսեց հարևան ցանկապատի եղինջները կրծել:

Ու այդպես եղինջները կրծելով՝ դուրս եկավ փողոց: Այդտեղ էլ փողոցի եզերքին բուսած կանաչները պոկելով՝ թեքվեց մյուս փողոցը: Իսկ երբ արդեն աննկատելի էր դարձել, քայլերն արագացրեց:

Հորթը, ետ ու առաջ ընկնելով, հետևեց մորը:

Եվ մի քանի րոպեից նրանք դուրս եկան դաշտը:

3

Մութն հետզհետե թանձրանում էր դաշտի վրա, հեռվում անտառն երևում էր սև, մեծ— մեծ դեղի նման: Քամին այնտեղից բերում էր մի քաղցր հոտ՝ կանաչների և տերևների բուրմունք, որ գրգռում էր Ծովանի ախորժակը: Եվ նա արագ— արագ գնում էր՝ գլուխը բարձր բռնած, ականջները խլշած: Թվում էր՝ շտապում է հասնել առաջ անցած նախրին: Իսկ հորթը շարունակ ետ ու առաջ ընկնելով, ոստոստալով՝ հետևում էր մորը ու երբեմն դունչը մոտեցնում նրա կրծին: Մայրը, սակայն, կանգ չէր առնում նրան կաթ տալու: Նա կանգ չէր առնում և դաշտում արածելու: Ի՞նչ կար այնտեղ՝ դաշտում, անհամ խոտեր ու անհամ գետնախնձոր, որ ձին էլ չի ուտում: Ուրիշ բան է անտառը: Ու Ծովանը գնում էր դեպի անտառ և իր մզզոցով շարունակ խրախուսում հորթին՝ հետևել իրեն: Եվ հորթը սկզբում եռանդով հետևում էր նրան, սակայն դաշտի կիսում սկսեց մորից ետ ընկնել: Նրան հաճելի, շատ հաճելի էր մոր հետ ճամփորդել, բայց դժվար էր: Այդքան երկար ճանապարհի երբեք չէր գնացած: Տեղ— տեղ քարերը ցավեցնում էին կճղակները, ու մայրն էլ այնպես արագ էր գնում: Մի երկու անգամ նա հոգնած կանգ առավ: Եվ Ծովանն ամեն անգամ ետ էր դառնում, դունչը մոտեցնում հորթի դնչին, մզզում, խրախուսում հետևելու: Մի տեղ, տեսնելով հորթը դժվարանում է, ետ դարձավ և սկսեց լիզել նրա գլուխը, երեսը: Դրանից հետո հորթը շարունակեց ճանապարհը՝ երբեմն նույնիսկ մոր հետ հավասար քայլելով:

Ու մինչև անտառ գնացին առանց կանգ առնելու: Իսկ անտառի մոտ Ծովանը կանգնեց, խոր շնչեց քթածակերով ու սկսեց բուրջ անել— քշտել ծառերի տերևները: Դրա հետ միաժամանակ նա ականջները խլշած, շուտ— շուտ նայում էր շուրջը՝ արդյոք տերերը չե՞ն հետևում իրեն: Ոչ ոք չկար: Ներքևից ձայն, ոտնաձայն չէր լսվում: Անտառն էր խշշում միայն՝ խուլ ու համատարած խշշոցով: Եվ այդ խշշոցի մեջ լսվում էին երբեմն քնած թռչունների հանկարծական ճիչ, չոր ճյուղերի կոտրվելու ձայն և մայիսյան բոռի բզզոցը: Ծովանը ցերեկ թե գիշեր անտառում շատ էր եղած և այդպիսի ձայներ շատ էր լսած, բայց այդ բոլորն այժմ թվում էին թշնամի մարդկանց ձայներ: Նա անհանգստանում էր ավելի հորթի համար և վախենում էր չլինի հանկարծ տերերը գան և ետ տանեն իրեն:

Փոքր-ինչ արածելով՝ նա շարունակեց ճանապարհը անտառի միջով: Երկու օր առաջ մի բացատում շատ համեղ խոտ էր կերել: Շտապում էր այնտեղ:

Նրա շուրջն ու գլխավերևը անտառը խշշում էր շարունակ: Ծառերի արանքում տարածված էր մի քաղցր բուրմունք, դա լորիներն ու թեղիներն էին արձակում իրենց հոտը: Ճանապարհին զուգահեռ ներքև էր վազում լեռնային վտակը՝ անտառի խորքը աղմկելով: Ջրի ձայնի վրա Ծովանը հաճախ կանգնում էր և երկյուղով նայում դեպի ձորակը: Թշշոց էր ու ակնակիր խավար: Ոչինչ չէր երևում: Հավաստիանալով, որ դա ջուրն է շառաչում և թշնամի չկա, նա փոքր— ինչ հանգստացած շարունակում էր ճանապարհը, երբեմն— երբեմն ճյուղեր ու տերևներ պոկելով:

Վերջապես հասավ ուզած բացատին և կանգ առավ:

Հորթը դարձյալ ետ էր ընկել, սպասեց մինչև մոտեցավ, լիզեց մի քանի անգամ գլուխը, երեսը և ապա սկսեց արածել: Խոտն այնքան համեղ էր, որ քանի արածում, ախորժակն այնքան բացվում էր և այնքան ավելի քաղցած էր զգում իրեն, Նա արածում էր, իսկ հորթը հոգնածությունից նստել և նայում էր մորը: Նա և մրսում էր և վախենում մութից, անտառի ձայներից: Ծովանը նույնպես վախենում էր, բայց նրա վախն էլի հորթի համար էր, և այդ պատճառով արածում էր հորթի շուրջը: Արածում էր և շուտ— շուտ նայում նրան, այնպես, ինչպես նոր ծնած ժամանակը, երբ ամեն րոպե վախենում էր, թե ահա հորթը կփախցնեն իրենից:

Այսպես արածեց բավական, արածեց ագահաբար, փնչոցով, և դեռ երկար, շատ երկար պիտի արածեր, եթե հոգնածությունը չհաղթեր նրան: Զգալով՝ ոտները ցավում են, նստեց հորթի մոտ և սկսեց որոճալ:

Դեռ մութն էր, անտառը շարունակում էր խշշալ: Մերթ այդ խշշոցը դառնում էր աղմկալից, ժխորային, մերթ փոխվում էր խաղաղ սլլոցի, որ թվում էր, թե ահաբեկված, հուզված անտառը հանգստանում էր կարծես և ունկնդրում ինչ— որ մեկի հեռավոր, խուլ քայլերին:

Ծովանը որոճում էր և հաճախ, ականջները խլշած, նայում շուրջը:

Այդպես մնաց մինչև լուսաբաց:

Առավոտը ցուրտ էր, խոնավ: Գիշերը կարծես անձրև էր եկել, խոտերը, թփերը, ծառերը թաց էին: Ծառերի արանքով արևի շողերն ընկել էին կանաչների վրա և ցողի կաթիլներն ամեն տեղ փայլում էին, պսպղում: Օդի մեջ կար մի դուրեկան սառնություն: Երբ Ծովանն որոճում էր, նրա շնչառությունը քթածակերից դուրս էր գալիս գոլորշու պես: Թե նրա և թե հորթի մեջքից բարակ գոլորշի էր բարձրանում: Այդ սառնությունը դուր էր գալիս Ծովանին, բայց հորթը մրսում էր, նրա մազերը փշաքաղվել էին: Մոր կողքին կանգնած աշխատում էր կպչել նրան կամ մտնել փորի տակ: Իսկ մայրը, կարծելով հորթը սոված է, շարունակ կուրծն էր դեմ անում նրան: Հորթը սակայն մռութը մի քիչ մոտեցնում էր մոր պտուկներին և նորից կանգնում անշարժ: Արևի բարձրանալու հետ նա էլ կամաց— կամաց զվարթացավ, և այն ժամանակ, երբ Ծովանն սկսեց արածել, նա էլ, ամեն մի քայլը դողդողալով փոխելով, հետևում էր նրան: Երբ ոտները թրջվում էին, վախեցած կանգ էր առնում՝ մի կում մյուս ոտը բարձրացնելով:

Արածելով՝ Ծովանն ու հորթը բացատից նորից անտառ մտան և սկսեցին ծառերի արանքով առաջանալ: Ցողը կաթում էր ծառերից: Ծովանը ծարավ էր զգում, որ արահետն ընկած գնում էր ջուր գտնելու հույսով: Անտառի այդ մասը նրան ծանոթ չէր, բայց կարծում էր, որ այդ ուղին գնում է դեպի ջուրը: Փորձով գիտեր, որ ամեն մի ճանապարհ վերջանում է ջրի մոտ: Ու հանգիստ, պոչը մեջքին խփելով, ընթանում էր առաջ, և հորթը հետևում էր նրան՝ երբեմն սահելով ու սայթաքելով:

Ճանապարհը երկար էր, գնում էր դա շարունակ ծառերի տակով և աննկատելի ձգվում դեպի վեր, միշտ դեպի վեր:

Կես ճանապարհին սկսեց անձրևել: Սկզբում հատ— հատ կաթկթեց տերևների վրա, հետո ամբողջ անտառը շրխկաց հանկարծ: Ու ջուրն սկսեց թափվել տերևներից: Ծովանը կանգնեց մի փոքր, ապա ճամփան շարունակեց անձրևի տակ: Հետզհետե անձրևը բարակեց, և ճանապարհը վերջացավ մի փոքրիկ ձորակում, աղբյուրի մոտ: Ջուրը հոսում էր ավազների վրայով մի քանի քայլ և այնուհետև կորչում կանաչ ճահիճների մեջ:

Հասնելուն պես Ծովանն ընկավ աղբյուրի վրա ու սկսեց խմել,

ավելի շուտ՝ ծծել։ Այնքան խմեց՝ փորն ուռավ։ Ապա նստեց և սկսեց հորթին լիզել։

4

Մնաց Ծովանն այնտեղ երկու օր։ Շատ զոհ էր. տեղը լավ էր, թե՛ խոտն էր առատ և թե՛ ջուրը համեղ, մանավանդ ո՛չ տեր կար, ո՛չ թշնամի։ Ոչ ոք չէր անհանգստացնում։ Կուրծը, պտուկները այլևս չէին ցավում։ Ընդհակառակը, նրանք հիմա շատ լավ էին, երբ միայն հորթն էր ծծում։ Իսկ հորթը նրան այժմ ծծում էր օրը մի քանի անգամ և մնացած բաներում օրինակում մորը։ Նրա նման ոտներն զգուշությամբ կոխում էր ջուրը, պոչը փոքր— ինչ բարձրացնում և խմում ակից, կամ գլուխը կախ արածում կանաչը։ Երեկոները, երբ ցրտում էր, մտնում էր մոր փորի տակ կամ նստում նրա կրծին կպած. իսկ մայրը նրան տաքացնելու համար գլուխն ու վիզը մեկնում էր նրա մեջքի վրայով։

Այսպես անցավ երկու օր։ Երրորդ օրը, սակայն, երբ արևը նոր ծածկվել էր անտառի այն կողմը, պատահեց անսպասելի մի բան։

Սկզբում հեռվից, ապա հետզհետե մոտիկից Ծովանը լսեց ինչ— որ խշխշոց ծառերի մեջ։ Խշխշոցը լսվում էր երկար, բայց խշխշացնողը ինքը չէր երևում։ Եվ նա շարունակ ականջները խլշած նայում էր այդ խշխշոցի կողմը։ Գազա՞ն է, թշնամի՞։Երբ խշխշոցն ուժեղացավ նա մոտեցավ հորթին և պատրաստ կանգնեց։

Երևաց վերջապես մի մարդ։

Կովը վախից ետ— ետ գնաց։ Թվաց նրան, թե տերերից մեկն է։ Բայց ոչ, տերերից չէր։ Սա միրուքավոր էր, կարճահասակ ու սև փափախով։ Այնուամենայնիվ թշնամի էր, պետք էր զգույշ լինել։ Եվ գլուխը բարձր բռնած՝ Ծովանն անհանգիստ նայում էր այդ անծանոթ մարդուն, որ ինչ— որ փայտ էր քաշում թոկով։ Երբ քիչ առաջ եկավ, նա կանգնեց և Ծովանին նայեց։ Նայեց նրան, նայեց հորթին, նայեց, նայեց և նստեց ու սկսեց շվշվացնել։ Հետո, ձեռը մեկնելով, կանչեց «բիժի, բիժի, բիժի»։ Ծովանն, իհարկե, մոտ չգնաց, նա չէր հավատում, որ անծանոթն իր ձեռին աղ ունենա։

Բավական նստեց անծանոթն այստեղ, և երբ մութն ընկավ, փայտը թողեց և Ծովանին ու հորթին առաջ արավ ու քշեց դեպի վեր։ Ծովանը չէր ուզում գնալ, բայց մարդը մի երկու անգամ խփեց նրան ու բարկացավ խեղդված ձայնով.

— Դե, շան որդու անտեր։

Ճանապարհը դարձյալ գնում էր անտառի միջով, և Ծովանը չէր հասկանում, թե ուր է քշում անծանոթն իրեն այս անծանոթ ճանապարհներով։ Նա քշում և խոսում էր առանց գոռալու, ոչ այնպես, ինչպես իր տերերը կամ ինչպես ուրիշ թշնամիներ։ Մթան մեջ երկար գնում էին և նա ասում էր միայն՝ «Հե, շան որդու անտեր»։

Երբ անտառից դուրս եկան, հեռվից լսվեց շների հաչոց. Ծովանը հասկացավ, որ նոր գյուղ են մտնում, թե՛ շների հաչոցն էր ուրիշ, թե՛ ճամփան։

Եվ, իսկապես, նոր գյուղ էր։ Տները մթան մեջ չէին երևում, բայց ուրիշ հոտեր էին գալիս և ճամփի վրա բոստաններ կային։ Անծանոթը հենց գյուղի ծայրին տարավ նրան մի մութ գոմ, որից հավերի և յավշանի հոտ էր գալիս։ Երբ անծանոթը նրան գոմն արավ ու գնաց, Ծովանը մտածեց, որ թշնամու ձեռք է ընկել, բայց մի՞թե արգելված արոտ է արածել...

Ծովանը մտածմունքի մեջ էր, երբ քիչ հետո ներս մտավ նույն անծանոթը՝ նրա հետ մի կին՝ ճրագը ձեռին։

— Էս է,— ասաց կինը՝ ճրագը Ծովանին մոտեցնելով։ — Որտե՞ղ գտար։

Անծանոթն ինչ— որ բան ասաց, որ Ծովանը լավ չլսեց, հետո երկուսով՝ մարդ ու կին, թոկով կապեցին իրեն առանձին, հորթին առանձին, ապա միասին դուրս գնացին։

Գոմը նորից մթնեց։ Դարձյալ հավերի և յավշանի հոտ էր գալիս։ Հոգնածությունից Ծովանը շուտով քնեց և երբ զարթնեց, լույս էր արդեն։ Քիչ հետո անծանոթն ու կինը նորից մտան գոմը, կինը՝ մի կովկիթ ձեռին, մարդը՝ մի գիրկ խոտ։ Հորթին ծծեցրին, ոտները կապեցին և սկսեցին կթել։ Մարդը քորում էր Ծովանի մեջքը, իսկ կինը կթում և հետն էլ գովում.

— Լա՛վ պտուկներ ունի։

Այս խոսքերը Ծովանին շատ դուր եկան և նա հասկացավ, որ թշնամու ձեռ չի ընկել։

Այդ միջոցին հանկարծ դուռը բացվեց և ներս վազեցին երկու երեխա, երկուսն էլ փոքրիկ, բոբիկ ու փորներն ուռած։ Ամեն մեկը մի կտոր հաց կրծելով՝ կանգնեցին ու նայեցին Ծովանին։

— Էյ, երեխեք, մարդու բան չասեք հա՞, թե ապին կով է գտել,— ասաց կինը կթելով։ Նրանից ավելուկի հոտ էր դալիս։ Ծովանը հոտոտում էր և կաթը թողնում։

Երբ կիթը վերջացավ՝ անծանոթը բերած խոտը դրեց Ծովանի առաջ, իսկ կինը նորից երեխաներին՝ «Լսո՞ւմ եք, ասավ, մարդու բան չասեք հա՞»։ Եվ հետո կովկիթից կաթ խմացրեց նրանց։

— Լա՞վն է,— հարցրեց։

— Հա,— ասին երեխաները գոհ։

Ծովանն ուրախացավ, որ իր կաթը հավանեցին։

«Ուրեմն թշնամու ձեռ չի ընկել»,— մտածեց կրկին։

Չորս օր մնաց անծանոթի տանը և չորս օրն էլ դուրս չտարան նրան։ Ամեն օր գալիս էին կանաչ խոտ տալիս, տակը սրբում, կթում ու գնում։ Իսկ երեխաները, ծնողներից ծածուկ, մտնում էին գոմը, հորթի մեջքին նստում, իր՝ Ծովանի պտուկները քաշում, պոչը ձիգ տալիս ու փախչում: Այդ պատճառով Ծովանն սկսեց ատել երեխաներին: Չորրորդ օրվա գիշերը անծանոթն անճրագ մտավ գոմը, արձակեց նրան ու հորթի հետ դուրս տարավ:

Մութն էր. ոչինչ չէր երևում: «Ո՞ւր է տանում», —մտածում էր Ծովանը՝ գիշերվա խավարին նայելով, և ամբողջ ճանապարհին այդ միտքը չէր անցնում նրա գլխից: Երկու օր ու գիշեր ճանապարհ էին գնում սարերով ու ձորերով: Ցերեկները անծանոթը նրան թողնում էր անտառում, թփուտների մեջ արածելու, իսկ գիշերը քշում էր ինչ— որ վատ, անծանոթ ճանապարհներով: Մեկ— մեկ հանդիպում էին տավարի, բայց անծանոթը ոչ մի տեղ չէր թողնում նրանց խառնվելու: Մարդիկ էլ քիչ էին պատահում: Մի անգամ միայն հանդիպեցին երկու գյուղացու, նրանք հարցրին անծանոթին իր՝ Ծովանի մասին.

«Ո՞ւր ես տանում էս կովը»:

Անծանոթը պատասխանեց.

«Ծախելու»:

«Ծախելո՛ւ, ուրեմն իրեն ուրիշի են տալու»,— մտածեց Ծովանը:

Նա գիտեր, որ երբ ծախում են՝ տալիս են ուրիշի:

5

Այդպես էլ եղավ: Երբ հասան մի մեծ գյուղ, անծանոթը Ծովանին ծախեց մի երկար մարդու, նրանից ինչ— որ թղթեր առավ ու էլ չերևաց: Իսկ մարդը նույն օրը առաջ արավ Ծովանին ու նորից քշեց գյուղից դուրս: Ճանապարհը քարոտ էր ու երկա՛ր— երկա՛ր: Որովհետև հորթը չէր կարողանում քայլել, մարդը տեղ— տեղ կանգնեցնում էր նրան և գլուխը նրա ետևի ու առաջի ոտների արանքը կոխելով՝ դնում էր ուսերին: Ծովանը վախեցած շուտ— շուտ ետ էր դառնում և մզզում, թե չլինի հորթին մի բան պատահի: Բայց մարդը ամեն անգամ հանգստացնում էր նրան.

— Գնա, անխելք, գնա, չեմ սպանում:

Իսկ երբ հորթը մոր ձայնի վրա խլրտում էր և ոտները թափ տալիս, նա խրատում էր.

— Խելո՛ք կաց, սարսաղ, խելո՛ք: Գլխիդ պատիվը հասկացիր:

Նոր տիրոջ գյուղը փոքր էր, տները ցածր էին, և բոլոր տների առաջ կիտված էր գոմերից դուրս թափված աղբը, երեխաները խաղում էին նրանց մեջ, իսկ շները նրանց վրա նստած՝ մռռում էին: Այս բոլորը Ծովանին հիշեցրեց իրենց սարի գոմերը, ուր այնքան համով խոտ կար և լավ ջուր: Նոր տիրոջ տունը սակայն բոլորից մեծ էր, բոլորից բարձր: Ծովանին կապեցին այդ տան առաջ մի ծառից և շուտով ամեն կողմից մարդիկ եկան նրան տեսնելու: Մոտեցան, նայեցին, քիչ հեռացան ու էլի նայեցին, կրկին մոտեցան, ձեռք տվին կրծին, պտուկներին, ապա գովեցին իր հասակը, ոտները, կուրծը, պտուկները։

— Լա՛վն է, լավը, շնորհավո՛ր ըլի,— ասում էին նրանք։

Հետո նայեցին հորթին։

Բոլոր խոսքերից ու շարժումներից Ծովանն զգում էր, որ թշնամի մարդկանց ձեռ չի ընկել, բայց նրա սրտում դեռ կասկածներ կային, բոլորին նայում էր վախով և չգիտեր՝ ով է իսկապես իր բարեկամը։ Սակայն ով փայփայում էր հորթին, նրան էլ նայում էր համակրանքով։

— Կովը լավն է, բայց հորթը հիվանդի պես է,— ասաց մեկը։

Մարդիկ կրկին մոտեցան հորթին, նայեցին և ասին՝ «բեզարած է»։

Ծովանն ականջները խլշած՝ ուշադիր նայում էր մարդկանց և, նրանց հոգատար վերաբերմունքը տեսնելով, մտածում էր, որ իրեն այստեղ երևի չեն նեղացնի և հանգիստ կթողնեն։

Բայց հենց առաջին գիշերը նա անհանգիստ անցրեց։

Թեև դուրսը տաք էր, բայց նրան կապեցին գոմում, ուր կար մի թառ հավ, մի քանի ոչխար և մի այծ, որը Ծովանին տեսնելուն պես փախավ գոմի անկյունը։

Նոր տերը Ծովանին կապեց մսուրին, իսկ հորթը ոչխարների մոտ մի սյունից։

Մթնում էր և մութը կամաց— կամաց լցվում էր գոմը։

Կապելուց հետո Ծովանը մի փոքր կանգնեց, շուրջը նայեց, նայեց ոչխարներին, այծին, հավերին և ապա փնչոցով նստեց և գլուխը դրեց փորին։ Բայց քնել չկարողացավ. աչքերի առջևից շարունակ անցնում էին ճանապարհներ, թփեր, շներ, որ պոչները ցցած վազում էին, մարդիկ, մարդիկ և երեխաներ, որ քար էին զցում իրեն կամ պոչը ձիգ տալիս փախչում։ Իսկ հետո, երբ քունն եկել էր արդեն, մի ուժեղ տնքոց և դրա հետ ինչ— որ ձայներ զարթեցրին նրան։

Հորթն էր։ Նա տնքում էր խոր ու երկար մի տնքոցով, վրան ասես մի ծանր բան էր ընկել։

— Ը՜հ, ը՜հ,— լսվում էր նրա ձայնը գոմի մի ծայրից։

Իսկ այծը շարունակ մկկում էր, մկկում, չգիտես՝ ինչու և ինչի համար։ Մկկում էր այնպես, կարծես կանչում էր մեկին. «Մակկըկա՛ր, Մակկա՛ր»...

Ոչխարները նույնպես անհանգիստ էին, նրանք փռնգտում, փնչացնում էին շուտ— շուտ և, ինչ— որ բանից խրտնած, իրար գլխով դիպչում։ Հավերը, թառժաժ եղած, կչկչում էին դարձյալ ինչ— որ բանից վախեցած, իսկ աքաղաղը կրկնում էր խրոխտ. «կը՛կը՛կը՛կը՛», որ թվում էր՝ սիրտ է տալիս հավերին՝ «Մի՛ վախեք, մի՛ վախեք»։

Ծովանը ոտքի ելավ ու մզզաց։

Հորթը նրան չպատասխանեց։

Նա շարունակում էր տնքալ։

Ի՞նչ էր պատահել, ինչո՞ւ էր հորթը տնքում, Ծովանը չէր հասկանում: Ուզում էր մոտենալ, բայց կապը չէր թողնում, մթան մեջ էլ ոչինչ չէր երևում:

— Ը՛հ, ը՛հ,— լսվում էր դարձյալ հորթի ձայնը գոմի մի ծայրից:

Ծովանը նորից մի քանի անգամ մզզաց, և հորթը դարձյալ չպատասխանեց նրան:

Եվ այսպես շարունակվեց երկար:

Գիշերվա կիսին հորթի տնքոցն ավելացավ և այծն ավելի անհանգիստ դարձավ:

— Մակկա՛ր, Մակկա՛ր,— կրկնում էր նա ահաբեկված և արագ— արագ քայլում գոմում:

Ծովանը կանգնած ականջ էր դնում հորթի ձայնին և սպասում, որ հիմա տերն ուր որ է ներս կմտնի և ամեն բան կարգի կընկնի:

Բայց տերը չկար ու չկար:

Աքաղաղը կանչեց, Ծովանը համոզված էր, որ հիմա նա անկասկած կգա, դարձյալ չեկավ:

Ու երկա՛ր, մինչև լուսաբաց բոլորն անհանգիստ էին գոմում: Իսկ լուսաբացին հորթի տնքոցը նվազեց ու կամաց— կամաց կտրվեց, և շուտով, լույսը բացվելուն պես, Ծովանը տեսավ, որ հորթը պառկել է մի կողքի և ոտները մեկնել: Ոչխարները մոտիկ կանգնած պիշ— պիշ նայում էին նրան, իսկ այծը, միրուքը թափ տալով, մկկում էր էլի.

— «Մակկա՛ր, Մակկա՛ր»...

Ծովանն իսկույն հասկացավ, որ դժբախտություն է պատահել, և այս անգամ արդեն, որքան ուժ ուներ, ձիգ տվեց կապը՝ կտրեց ու մզզալով մոտեցավ հորթին: Մոտեցավ, դնչով հրեց նրան ու մզզաց:

Հորթը չշարժվեց:

Նա սկսեց լիզել հորթի գլուխը, աչքերը:

Հորթը դարձյալ անշարժ մնաց:

Այդ ժամանակ Ծովանը դունչը մոտեցրեց հորթի դնչին և բարձր բառաչեց ու քիչ հետո նրա մեծ, սև աչքերը լցվեցին արցունքով:

Հորթը մեռել էր:

Երբ լույսը բոլորովին բացվեց՝ տերը և կինը եկան:

Հորթին տեսնելով՝ երկուսն հայհոյեցին ում որ:

— Բա հիմի ո՞նց պիտի կթենք,— ասաց կինը:

— Կփորձենք:

Վշտից Ծովանը երկու ժամ թույլ չտվեց կթելու, բայց հետևյալ օրը, տեսնելով կուրծն ուռչում է, թողեց: Սակայն այդ օրվանից սկսած նա թշնամացավ երեխաների և ոչխարների հետ: Նրան թվում էր, որ դրանք էին, անծանոթի երեխաները և նոր տիրոջ ոչխարները, որ չարչարեցին իր հորթին: Ուստի և որտեղ ոչխար կամ երեխա էր տեսնում, վրա էր պրծնում հարու տալու:

6

Նոր տերերը Ծովանի անունը դրին Ծաղիկ պոչի սպիտակի պատճառով: Սկզբում այդ անունը շատ խորթ էր թվում նրան, բայց հետզհետե ընտելացավ, ինչպես ուրիշ շատ բաների: Օրերն անցնում էին իրար նման: Առավոտը տանում էին հանդը, երեկոյան բերում կիթ: Նոր տերը մի հոտաղ ուներ՝ անունը Մոսո, սա առաջ իրեն տանում էր ոչխարների և այծի հետ, բայց մի քանի օրից հետո դրանց ծախեցին և այնուհետև տանում էր ուրիշ կովերի հետ: Նախրի մեջ շատ կով կար— բոլորն էլ հպարտ, ամբարտավան ու անհաշտ: Ծովանին տեսնելուն պես՝ մեկը կամ մյուսը վրա էր պրծնում նրան հարու տալու, կամ որևէ մի երինջ հաճույքի համար նրան առաջ էր գնում ու քշում, հետո կանգնում ու հողը քանդում պոզերով: Այդ պատճառով Ծովանը միշտ նախրի վերջումն էր գնում: Ամբողջ նախրի մեջ կար մեկը միայն, որին Ծովանը համակրում էր սրտով, դա մի պառավ կով էր՝ ծանրաշարժ ու հանդարտաբարո բնավորության տեր, որ երբեք չէր մասնակցի ջահելների չարության: Նա Ծովանին իր հովանավորության տակ առավ, երբ մեկը մոտենում էր Ծովանին խփելու, նա իսկույն բարկացած վրա էր գնում և սաստում համարձակին: Այս բոլորից ոգի առած Ծովանը մի օր ճաշվա շոգին մոտեցավ Ջեյրանին (այսպես էր պառավ կովի անունը) և վիզը երկարեց նրա առաջ: Պառավ Ջեյրանը հասկացավ նրա միտքը և լիզեց նրան: Այդ օրվանից նրանք բարեկամացան և այնուհետև անբաժան էին:

Միաժամանակ ամեն ինչ լավ էր գնում: Ծովանին դուր չէր գալիս միայն մի բան, որ Մոսոն հանդում կթում էր իրեն: Դուր չէր գալիս այն պատճառով, որ երեկո առավոտ տանը կթում էին քիչ էր , ճաշին էլ դա էր կթում: Գլխարկի երեսը փոս զցելով՝ կթում էր նրա մեջ, խմում և գլխարկը չորացնում արևի տակ: Տանտիրուհին սակայն հասկանում էր ամեն ինչ, ու ամեն երեկո կթելիս ասում էր. «էս կովը կաթը քաշել է, ինչ է, առավոտը ավելի շատ է տալի, քանց իրիկունը: Զարմանք բան է», — զարմանում էր նա:

Մի օր էլ, երբ նա խոսում էր այսպես, տերը կանչեց Մոսոյին.

— Ա՛յ զյադա:

— Համմե՛,— լսվեց Մոսոյի ձայնը գոմից, և քիչ հետո, Մոսոն եկավ ու կանգնեց տիրոջ առաջ:

— Էս կովին ի՞նչ է պատահել:

— Ինչ պիտի պատահի որ:

— Լավ արածո՞ւմ է:

— Խի չի:

— Բա ինչո՞ւ կաթ չի տալիս:

Մոսոն ուսերը վեր քաշեց.

— Ես ինչ գիտեմ:

Տերը մատը թափ տվեց նրա վրա:

— Հը՛ը, քթիցդ կհանեմ՝ մին էլ կթել ես: Հասկանո՞ւմ ես: Էլ չլսեմ—չիմանում:

Այդ խոսքերը Ծովանին շատ դուր եկան, ուրեմն Մոսոն էլ չի կթի իրեն, մտածում էր նա: Բայց հազիվ տերն ու կինը տուն մտան, Մոսոն մոտեցավ իրեն՝ Ծովանին և «Քո տիրոջ էն...» ասավ ու քացով փորին, հետո ճիպոտով ոտներին ու մեջքին:

— Կաթն ու մածունը լափում են մենակ, ինձ ցամաք հաց են տալիս:

Ծովանը տեսնում էր այդ, տեսնում էր, որ Մոսոն իսկապես ամեն օր միայն հաց է ուտում, բայց թե ինչու դրա համար իրեն էր ծեծում, չէր հասկանում:

Այնուամենայնիվ այդ օրվանից Մոսոն էլ չկթեց իրեն, բայց ամեն օր հայհոյում էր, քար շպրտում ետ տալու կամ քշելու ժամանակ, և Ծովանը դարձյալ չէր հասկանում, թե ինչու նա այդպես է վարվում իր հետ: Եվ առհասարակ այս նոր տիրոջ տանը անհասկանալի բաներ շատ կային:Օրինակ՝ տիրոջ կինը միշտ հարու էր տալիս իրա երեխաներին, և երեխաները բարձր, երկար բղավում էին մորը կորցրած հորթերի պես: Իսկ եթե այդ ժամանակ վրա էր պրծնում տերը, նա էլ էր հարու տալիս նրանց: Ծովանը, որ հորթի մեռնելուց հետո ատում էր երեխաներին, չէր սիրում, որ նրանք բղավում էին կամ, երկար բղավելուց հետո, գալիս էին գոմի մսուրում քնում: Նրանց ներկայությունը միշտ անհանգստացնում էր Ծովանին: Բայց ավելի անհանգստանում էր, երբ երեկոյան քնելու ժամանակ, ճրագով գալիս էին երեխաներին գտնում և նորից հարու տալով՝ բղավեցնում: Գոմը լցվում էր աղմուկով: Երբեմն էլ տանտիկինն էր գալիս գոմում նստում ու աչքերը տրորելով՝ ձայներ հանում: Ճիշտ է, նա երեխաների պես չէր բղավում, բայց մի այնպիսի ձայն էր հանում, որից Ծովանը քնել չէր կարողանում: Այդպես շարունակվում էր երկար, մինչև որ տերը ճրագով գալիս էր նրան տանելու: Կինը չէր ուզում գնալ:

— Քեզ ասում եմ՝ վե՛ր կաց:

Կինը վեր չէր կենում: «Տես, էլի կջարդեմ», ասում էր տերը ձեռները շարժելով: Այդ ժամանակ կինը վեր էր կենում և երկուսը միասին դուրս էին գնում:

Չնայած այս բոլորին՝ Ծովանն իրեն լավ էր զգում: Նոր տերերն, այնուամենայնիվ, առաջվա տերերի պես չէին ծեծում, սոված չէին պահում: Ընդհակառակը, լավ նայում էին, կերակրում և ուրախանում, երբ ինքը հանդից գալիս էր տուն: Իսկ երեխաները, միշտ առաջը վազելով, կանչում էին.

— Արի, Ծաղիկ ջան, արի:

Այսպես անցավ մի տարի. Ծովանը նոր տիրոջ տանը նոր

հորթ ծնեց, մեծացրեց, որից հետո նրան մի նոր դժբախտություն պատահեց։

7

Գարնան պայծառ օր էր։ Նախիրն արածում էր դաշտի մեջ ցրված։ Երկու տավարած մեկնվել էին խոտերի վրա և ծույլ— ծույլ զրուցում էին, մեկը մեջքին պառկած նայում էր կապույտ, խոր երկնքին, մյուսը փորի վրա ընկած՝ ոտները խաղացնում էր օդի մեջ։ Դուրեկան օր էր։ Երինջները խնդմնդում էին հաճույքից։ Մի քանիսը նրանցից թփերի արանքը մտած՝ քաղում էին նրանց միջի խոտերը, իսկ տարիքով կովերը, իրենց կրծերը չվնասելու համար, փշոտ թփերից հեռու, արածում էին բաց տեղերում։ Ծովանն արածում էր պառավ Ջեյրանի կողքին և երբեմն— երբեմն, պոչը գավակին ու կողերին խփելով, բարձրացնում էր ծանր գլուխը և իր խոր, վճիտ աչքերով նայում էր հեռո՜ւ— հեռո՜ւ՝ մշուշապատ հորիզոններին, ապա, աչքերը փակելով, դունչը թեթևակի բարձրացնում էր դեպի արևը, կարծես նրան իր սրտի գոհունակությունը հայտնելու ջերմության և առատ կանաչի համար։ Հետո, մի քանի րոպե անց, նորից շարունակում էր արոտը նախկին եռանդով։

Արածելով՝ նախիրն աննկատելի մոտենում էր գետակին, որ խշխշում էր մի քանի քայլի վրա։ Ջրի ձայնը լսելով՝ կովերն ընդհատեցին արոտը և շտապեցին ջուր խմելու։ Մի քանի րոպեից ամբողջ նախիրն արդեն գետակի մոտ էր։

Ջուր խմելուց հետո, ջրի այն կողմը կանաչ նկատելով, կովերն անցան մյուս ափը։ Առատ, անարատ կանաչ էր։ Ծովանը հոտից զգաց, որ տավարի ոտ չի դիպել։ Ուրախացած վրա պրծան և սկսեցին արածել աշխուժով։

Մի քանի րոպե անց հանկարծ մոտիկ աղմուկ բարձրացավ։ Կովերը խլշեցին։ Երևացին մի խումբ անծանոթ տղաներ շների հետ։ Ծովանին թվաց, որ նրանք վազում են թռչունների ետևից, բայց զարմանքով նկատեց, որ մոտենում են իրենց։ Գալիս էին աղմուկով ու փայտեր շարժելով։ Երբ մոտեցան, շները հաչոցով առաջ անցան։ Երինջները խրտնեցին ու փախս առան, մի տարեկան մոզիները մոտեցան մայրերին, իսկ մայրերը, գլուխները դիք բռնած, կանգ առան։ Աղմուկի վրա վազեցին և կանաչների վրա պառկած տավարածները ու մոտեցան անծանոթներին։

Ծովանը նայում էր, թե ինչ է լինելու։

Անծանոթներն ուզում էին քշել տանել իրենց, բայց տավարածները չէին թողնում։

— Աստված վկա, նոր են ընկել,— ասում էին նրանք,— մենք տեսել չէինք։

Բայց անծանոթները չէին ուզում լսել և դարձյալ ուզեցին իրենց

քշել: Տավարածները դարձյալ չթողին: Այսպես մի քանի անգամ նրանք փորձեցին քշել իրենց, տավարածները չթողին: Հետո սկսեցին բոլորը միասին բարձր խոսել, գոռալ, ձեռք շարժել իրար վրա, ապա հետզհետե մոտենալով, սկսեցին խփել միմյանց փայտերով, քարերով: Խփում էին, ճչում ու բղավում: Մոսոն նույնպես կռվում էր: Ծովանն ավելի հետևում էր նրան, քան մյուսներին, նա էլ բղավում էր և ձեռքի մահակը վրա բերում սրան— նրան: Միաժամանակ նրա դրությունը լավ էր, կանգնած կռվում էր, բայց քիչ հետո քարերով փախցրին նրան:

Բոլոր ժամանակ Ծովանը, նրա հետ և ամբողջ նախիրը, խլշած հետևում էր այդ կռվին ու զարմանում, թե ինչու են կռվում: Տավարածների խոսքերից Ծովանը հասկացավ, որ իրենք անցել են մյուս գյուղի սահմանը և կերել նրանց խոտը: Դա առաջին անգամն էր պատահում Ծովանին: Դեռ նախկին տիրոջ մոտ նրան թվում էր, թե աշխարհը վերջանում է անտառի գլխին և այդ աշխարհում մենակ իրենց գյուղն է, բայց հետո տեսավ ուրիշ գյուղեր էլ, իսկ թե ի՞նչ բան էր սահմանը, չէր լսեր: Հետո նրան զարմացնում էր այն, որ մարդիկ կռվում էին խոտի համար: Չէ՞ որ խոտը բսնում է իրենց՝ կովերի համար, իրենք էլ կերել են, էլ ի՞նչ կարիք կա կռվելու: Զարմանալի են այս մարդիկ,— մտածում էր նա,— միշտ կռվում են: Կռվում են իրենց տեղն էլ, մեր տեղն էլ, կռվում են և մեզ հետ և իրար հետ: Արածում ես, խփում են քարով, անցնում ես ճամփով, խփում են քարով: Է՜հ, մարդկանց դժվա՜ր է հասկանալ:

Մտածում էր Ծովանը և նայում կռվող տղաներին: Իրար կպած միմյանց հարու էին տալիս նրանք և բղավում, գոռում:

Կռվեցին այնքան, մինչև որ իրենց տավարածները թողին փախան, իսկ անծանոթ տղաները քշեցին նախիրը դեպի մոտիկ գյուղը:

Անծանոթ տղաները և՛ քշում էին, և՛ ծեծում: Ծովանը, որ բոլորից ետ էր, երկու անգամ իր մեջքին զգաց փայտի հարվածներ: Հետո մի հարված էլ իջավ կողքին, այնտեղ, ուր մի անգամ հին տերերի մոտ խփել էին երկաթե օղակ ունեցող թոկով: Հարվածից նրա աչքերը մթնեցին, այնքա՜ն սաստիկ էր ցավը: Այդ պատճառով էլ չիմացավ, չզգաց, թե ինչպե՜ս անցավ երկար ճանապարհը ու մեկ էլ իրեն տեսավ մի գոմում իրենց նախրի հետ: Գոմը նեղ էր, նստելու տեղ չկար, բոլորը կանգնել էին կողք կողքի: Այդ քիչ էր, մի հիմար կով էլ շուտ— շուտ հարու էր տալիս սրան— նրան: Բոլորը՝ թե՛ կովերը, թե՛ երինջները տնքտնքում էին: Ամենից վատ սակայն ցավում էր իր կողը: Օ, ինչպե՜ս էր ցավում, քիչ էր մնում պոկ գա:

Երկու օր նրանք մնացին գոմում, և երկու օր շարունակ Ծովանի կողը ցավում էր: Երկու օր շարունակ մարդիկ էին գալիս ու գոմի դռանը հավաքվում, խոսում. թվում էր պիտի բաց անեն, բայց թողնում էին, գնում: Մի երկու անգամ էլ Ծովանը լսեց տիրոջ ձայնը, բայց նա ներս չմտավ: Տերն եկել էր իրեն տանելու և ասում էր, որ հորթը սոված է: Նրա հետ եկել էին և մյուս կովերի տերերը. նրանք էլ խնդրում էին իրենց կովերը, բայց անծանոթները չէին տալիս:

— Մեր արտերը կերել են,— ասում էին,— վնասը տվե՛ք, տարե՛ք:

Թե՛ տիրոջ խոսքերը հորթի մասին, թե՛ «տուն անողների» պատասխանը՝ արտերն ուտելու մասին, զարմացրին Ծովանին: Ո՛չ տիրոջ ասածն էր ճիշտ, ո՛չ «տուն անողների»: Ո՛չ ինքը հորթ ուներ տանը և ո՛չ էլ նախիրն էր արտ արածել, նա քանիերորդ անգամն էր տեսնում ահա, որ մարդիկ ավելի չեղածի մասին են խոսում, քան եղածի: Եվ զարմանում էր:

Այդ երկու օրվա մեջ Ծովանի կուրծքը ուռել էր անկիթ մնալուց և, կուրծքը մի կողմից, կողի ցավը մյուս կողմից սաստիկ անհանգստացնում էին նրան: Վերջապես, երբ երկրորդ օրվա երեկոյան մյուս կովերի հետ նրան էլ բաց թողին, Ծովանն իրեն շատ վատ էր զգում: Մի կերպ հասավ տուն և նույն գիշերը մեռած հորթ ծնեց:

— Էլ ինչի՛ս ես պետք,— ասաց տերը առավոտը գոմը մտնելով, մեռած հորթը տեսնելուց հետո:— Թո՛ւ,— և թքեց Ծովանի երեսին:

Ծովանը գլուխը կախ գցեց: Նա չէր հասկանում տերն ինչո՛ւ համար է հանդիմանում իրեն:

Խոսելով, թքոտելով տերը դուրս գնաց նորից և քիչ հետո կրկին եկավ, նրա հետ և կինը, երեխաները, Մոսոն, հարևաններ ու, ինչպես նոր եկած օրը, շրջապատեցին իրեն, մեռած հորթին և սկսեցին խոսել ու իրենց ձեռներին, ծնկներին խփել:

— Սրանից հետո սա էլ ինչի՞ է պետք,— ասում էր մեկը:

— Հեչ, ուտող բերան է մնալու միայն,— ասում էր տերը:

Ու երկար խոսում էին, և Ծովանն զգում էր, որ այդ խոսակցությունը վերաբերում է իրեն, ու նա իր ցավերը մոռացած՝ երկյուղով մտածում էր, թե երևի տերն այլևս չի ուզում իրեն պահել այս դեպքից հետո: «Բայց ինչո՞ւ, ինքն ինչո՞վ է մեղավոր»,— մտածում էր նա և իր տխուր, թախծոտ աչքերով նայում շուրջը հավաքված մարդկանց:

Մի քանի տարվա փորձառությունն ու դիտողությունը Ծովանին բերել էին այն եզրակացության, որ մարդկանց համար սիրելի բանը միայն այն է, ինչ ստանում են— ուտում, և սիրում են միայն նրան, ով մի բան տալիս է իրենց: Եթե կաթ ես տալիս, սիրելի ես, եթե շատ ես տալիս, ավելի սիրելի ես: Իսկ եթե կաթ չունես, ցամաքել ես, վա՛յ քեզ:

Օ՛, տխուր է մարդկանց աշխարհը, մտածում էր Ծովանը և նորից նայում շուրջը հավաքված մարդկանց:

8

Ծովանի նախազգացումն իրեն չէր խաբում: Հորթատելուց հետո տիրոջ վերաբերմունքը միանգամայն փոխվեց դեպի ինքը: Առաջվա պես տերն այլևս ձեռները չէր քսում իր մեջքին, գլուխը չէր քորում, երեկոները խոտ չէր դնում առաջը: Իսկ մի քանի օր հետո սկսեց մարդիկ բերել և իրեն՝ Տովանին ցույց տալ նրանց: Մարդիկ շոշափում էին իր մսերը, փորը, կուրծը, քաշում էին պտուկները փորձելու համար՝ կաթը գալիս է, թե՝ ոչ: Մի օր էլ, հանկարծ, տերը ծախեց նրան, և Տովանը, կարճ ժամանակում, ձեռքից ձեռք անցավ: Սկզբում նրան գնեց մի ծեր գյուղացի, որի հարսը, կթելուց հետո կաթը մեկ— մեկ քաշում էր գլխին: Մի օր էլ խմում էր այդպես՝ դուռը ճռռաց, վախից կովկիթն ընկավ նրա ձեռքից և կաթն ամբողջ թափվեց գետնին: Երբ ներս մտնող տեգրը հարցրեց պատճառը, հարսը պատասխանեց. «Կթեցի, վերջը քացով տվեց»: Այդ խոսքերի վրա տեգրը բարկացավ և Տովանին ծեծեց, թե ինչու կաթը թափել էր:

Այստեղ էլ նրան երկար չպահեցին: Չպահեցին նրա համար, որովհետև նրանք Տովանին գնել էին այն հաշվով, որ նա ձմեռը հորթ պետք է բերեր (այդպես էր հավատացրել նախկին տերը), բայց երբ համոզվեցին, որ իրենք խաբված են, Տովանը հորթ չի բերելու, նրան վաճառեցին մի տերտերի և հավատացրին, թե Զատկին պիտի ծնի:

Տերտերի մոտ Տովանն իրեն շատ լավ էր զգում. խոտը, դարմանը միշտ առատ էր, տերտերն ինքը ձեռքի մեջ աղ էր տալիս, շոյում էր, քորում, մի խոսքով՝ շատ սիրում էր Տովանին: Եվ Տովանը գոհ էր: Մի անգամ նույնիսկ, երբ ինքը հիվանդացավ,նա իր գլխին գիր կարդաց: Կարդացածից Տովանը թեև ոչինչ չէր ըմբռնում, բայց զգում էր, որ իր համար լավ բան է անում:

Սակայն այստեղ էլ նա երկար չմնաց:

Շուտով, երբ տերտերն էլ, նախկին տիրոջ պես, համոզվեց, որ կովը չի ծնելու, ծախեց չարվադարի: Եվ Տովանն ընկավ մի նախրի մեջ, որ մի ամբողջ գյուղի տավարից շատ էր և որի մեջ եզներն ավելի էին, քան կովերը, իսկ կովերը, բոլորն էլ չկթվող, անհորթ կովեր էին: Հետո կային շատ մոզիներ ու արջառներ: Բոլորն էլ տխուր, տխուր էին, բոլորն էլ խորթ էին զգում իրենց և չէին մոտենում միմյանց՝ խաղալու կամ լիզ տալու: Տխուր էր: Մի քանի հասակավոր տավարած գիշեր— ցերեկ արածեցնում էին իրենց սարերում, մի օր էլ դրանք նախիրն առաջ արին ու քշեցին չոր, փոշոտ և երկար մի ճանապարհի, որ ձգվում, գնում էր դաշտերի, անտառների միջով: Եվ ամբողջ ճանապարհը փոշի՛, փոշի՛ էր, բարձրացած փոշին նստում էր բոլորի գլխին, մեջքին, մտնում էր աչքերն ու քթածակերը: Ո՞ւր էին գնում, ո՞ւր էին քշում իրենց՝ Տովանը չէր իմանում, բայց որովհետև նա գնում էր բոլորի վերջում, մի օր, վերջապես, լսեց, որ իրենց տանում են քաղաք:

Ի՞նչ բան էր քաղաքը, Տովանը դարձյալ չէր հասկանում, արդյոք դա հա՞նդ էր, սա՞ր, մի նոր գյո՞ւղ, թե՞ գոմեր, չգիտեր: Ու գնում, գնում էին անվերջ: Ցերեկը գնում էին, գիշերը հանգստանում բաց երկնքի տակ: Աշուն էր, արտերը հնձած, դաշտերն ամայի, ճանապարհը երկա՛ր ու փոշոտ: Ո՛չ կանաչ կար, ո՛չ լավ ջուր, և տավարածները շարունակ քշում, քշում էին իրենց՝ «Հո՛յ, հե՛յ, հո— հո— հո— հո՛»: Ու հոգնածությունից գլուխները կախ գցած, իրար հրհրելով, իրար դիպչելով, միմյանց առաջելով, քայլում էին նրանք փոշոտ, ուղիղ ճանապարհով, որ չէր վերջանամ, չէր վերջանում:

Երեք օր ու գիշեր ճանապարհ կտրելուց հետո, վերջապես, հասան նրանք ծառերով շրջապատված ճերմակ տների: Նրանց արան մի ինչ— որ տեղ, որ ամեն կողմից փակված էր փայտերով: Տավարի հոտ էր գալիս, երևում էր, որ մի քանի օր առաջ այդտեղ տավար է եղել: Հազիվ նրանք ուզում էին հանգստանալ, մեկ էլ տեսան, որ մի ինչ— որ սև, սև, վիթխարի կենդանի ֆշշոցով եկավ վերևից և մռնչալով կանգնեց տների առաջ: Բոլոր կովերը, եզները խրտնած՝ ուզեցին փախչել, շրջափակի փայտերը չթողին: Քիչ հետո երևաց նրա նման մի ուրիշը, որ գազազած վազում էր դեպի առաջ, հետը քաշ տալով բազմաթիվ տներ, որոնց լուսամուտներից նայում էին մարդիկ՝ կանայք, երեխաներ: Դրանից հետո եկավ մի ուրիշը, և էլի, էլի:

Ծովանը վախեցած, զարմացած նայում էր դրանց՝ ականջները խլշած.

— Սա ի՞նչ բաներ են, ինչի՞ համար են, և իրենց ինչո՞ւ են բերել այստեղ,— մտածում էր նա և, ինչպես շատ բան մարդկանց արարքից, այդ էլ հասկանալ չէր կարողանում:

Այդ բանը հասկացավ նա նույն օրը երեկոյան, երբ իրենց բոլորին քշեցին տների մեջ և փակեցին: Ծովանը վախից դողում էր: Մտածելու շատ բան կար, բայց, լուսամուտից նայելով, սպասում էր, թե ինչ են անելու իրենց, որովհետև բազմաթիվ անծանոթ թշնամիներ՝ մարդիկ տների մոտ կանգնած խոսում էին, աղմկում: Չրխկացնում, թրխկացնում էին ինչ— որ բաներ, որ կարծես ուզում էին շուռ տալ բոլորին: Բայց քիչ հետո իրենց տունը շարժվեց հանկարծ, կովերից և եզներից մի քանիսն ընկան կողքի, ուզեցին վեր կենալ ,նորից ընկան, դարձյալ լսվեց ուժեղ, վայրենի մի սուլոց, և իրենց գոմը շարժվեց չխկչխկալով:

Ու գնում էին այսպես չխկչխկոցով, թրխկոցով ու գոռգոռալով: Գնում էին երկա՛ր— երկա՛ր: Տեղ— տեղ կանգնում էին, լուսամուտներից մեկ ճրագի լույս էր ներս ընկնում, մեկ ցերեկվա լույս: Տեղ— տեղ խոտ էին բերում իրենց և նորից շրխկոցով քշում առաջ:

Վերջապես հասան այն տեղը, որ կոչվում էր քաղաք:

9

Օ՛, ինչ բան էր դա, այդ քաղաքը, թե՛ մարդիկ, թե՛ տները, թե՛ սայլերը, բոլորն ուրիշ տեսակ էին, բոլորն էլ զարմանալի: Ծովանին զարմացնում էր մարդկանց առատությունն ու պարապությունը, տների մեծությունը, որոնց մեջ ոչ մի գոմ չէր երևում, լայն փողոցները, որոնց եզերքին ո՛չ կանաչ կար, ո՛չ ցանկապատ, ո՛չ առու: Զարմանալի էր: Չկային և շներ, խոտի դեզեր, մանավանդ դեզեր: Չէ՛, այդ քաղաք ասվածը մի բանի նման չի:

Նախիրը քաղաքի միջով տարան քաղաքի ծայրը և արին մի մեծ բակ: Այդտեղից էլ տավարի հոտ էր գալիս, ինչպես ճերմակ տների մոտ եղած բակից:

Գիշերը հանգստացան այդտեղ, իսկ առավոտը օտար մարդիկ եկան նայեցին իրենց, համրեցին: «Քանի՞ հատ է», հարցրեց մեկը: «Չորս հարյուր»,— պատասխանեց մյուսը և գնացին: Հետնյալ օրը նորից նոր մարդիկ եկան: Եվ այսպես՝ օրը մի քանի անգամ մարդիկ էին գալիս, նրանց նայում, խոտ տալիս և տանում մոտիկ գետը ջրելու: Իսկ ամեն առավոտ գալիս էր քիչ խոսող մի մարդ, որին բժիշկ էին ասում, և մի երկու ուրիշ մարդ, որ լսում էին նրան, մի քանի կով, երինջ, եզ ջոկում ու տանում: Այդ մարդը, որին բժիշկ էին ասում, ձեռք էր տալիս այս ու այն կովին, եզին, երինջին, մեկ— մեկ նայում էր նրանց բերանները, և ում որ ձեռք էր տալիս՝ նրան տանում էին կամ նույն օրը, կամ հետնյալ օրը:

Այսպես տարան շատերին: Այդպես մի օր էլ տարան Ծովանի մտերիմ ընկերուհուն, որից նա չէր հեռացել ամբողջ ճանապարհին: Երբ նրան տանում էին, նա ետ դարձավ, նայեց Ծովանին և տխուր բառաչեց՝ բա՛՛: Ծովանի սիրտը մղկտաց: Նա պատասխանեց նույն բառաչով և նրա աչքերը լցվեցին արցունքներով: Ո՞ւր տարան արդյոք ընկերուհուն, ինչո՞ւ տարան: Ո՞ւր են տանում արդյոք այդ եզներին, կովերին ու երինջներին, ո՞ւր են տանում այսպես ամեն օր, և ինչո՞ւ տարածը ետ չեն բերում,— միտք էր անում Ծովանը միևնույն տեղը կանգնած, նայելով դարպասին, որի ետևը ծածկվեց ընկերուհին: Միտք էր անում տխուր, միտք էր անում տարակուսած և, ինչպես մեծ մասը մարդկանց խորհրդավոր արարքների, այդ էլ չէր հասկանում: Նրա տխրությունն ավելացավ մանավանդ գիշերը, երբ մնաց անընկեր: Ու չկարողացավ քնել, շարունակ մտածում էր, թե իրեն ո՞ւր են տանելու, արդյո՞ք ինչ անհայտ ու խորհրդավոր տեղ: Մյուս կովերը, եզները քնել էին հանգիստ, բայց Ծովանը երկար չէր կարողանում քնել, գլուխը դնում էր փորին, մի փոքր մնում այդպես, նորից վերցնում և դիք ննջում:

Լուսադեմին միայն նրա քունը տարավ և նա իրեն տեսավ մի մեծ, ընդարձակ, կանաչավետ դաշտում: Պայծառ օր է, կանաչը փայլում է արևի տակ, մոտիկ ձորակում շառաչում է ջուրը, հեռվում մեծ ճանապարհով շարան— շարան սայլեր են անցնում, իսկ ավելի հեռվում մշուշ է, մուժ, ու սարերն ասես հալվում են կապույտ մուժի մեջ: Եվ դաշտում այնպես լավ է. մոզիները խաղում են իրարու հետ, կովերը կանգնած արոճ են անում հանդարտ՝ պոչերը մեջքներին զցած: Ու իր մայրը, ինչպես միշտ, սպիտակ կուրծը փորի տակ կախած, տաք արևի տակ լիզ է տալիս իրեն՝ Ծովանին:Մայրը լիզում է, իսկ ինքը վիզը հետզհետե երկարում է նրա առաջ ու աչքերը փակում հաճույքից:

Մեկ էլ հանկարծ նա սաստիկ ցավ զգաց կողքին, նա աչքերը բացեց և իր առջև տեսավ այն մարդուն, որին բժիշկ էին ասում: Նրան մոտ կանգնած էին և այն երկու մարդը, որ ամեն օր գալիս էին նրա հետ:

«Եկել են ինձ տանելու»,— մտածեց Ծովանը և, տնքալով, ակամա ելավ տեղից:

Բժիշկը մոտեցավ և ձեռք տվեց նրա փորին: Ծովանը դժգոհ ոտքը վերցրեց և մի քայլ արավ:

— Կանգնի՛ր, կանգնի՛ր, հիմար,— ասաց բժիշկը և նորից նայեց նրան:

Ծովանն անշարժ կանգնեց և սպասեց, թե ինչ են անելու:

Բժիշկը երկար նայելուց ու շոշափելուց հետո, վերջապես, գլուխը բարձրացրեց:

— Սա հորթ ունի:

— Հորթ ունի՞,— զարմացան մյուս երկուսը և ուշադիր նայեցին Ծովանին:

Հետո, նրանք էլ, բժշկի նման, մոտեցան և շոշափեցին իր աջ փորը: Նրանցից մեկը, որին կառավարչի օգնական էին ասում, հարցրեց բժշկին.

— Հորթը մե՞ծ է, փո՞քր:

— Երեք— չորս ամսական,— պատասխանեց բժիշկը:

— Ուրեմն հինգ ամիս հետո պիտի ծնի,— խոսեց նորից կառավարչի օգնականը:

— Բնական է,— պատասխանեց բժիշկը:

— Կովն ինչպե՞ս է. լա՞վն է...

— Այո,— ասաց բժիշկը: —Այս տեսակ կովերը շատ կաթնատու են լինում: Բացի դրանից՝ ջահել է:

Ու խոսելով երեքը միասին հեռացան:

Ծովանը երկյուղով նայեց նրանց ետևից, արդյոք ի՞նչ են անելու իրեն, ո՞ւր են տանելու: Քիչ հետո սակայն նրանց բոլորին, որոնց բժիշկը ձեռք էր տվել, տարան, իսկ իրեն՝ Ծովանին թողին:

Այս հանգամանքը զարմացրեց Ծովանին, ուրեմն կարո՞ղ է պատահել, որ բժշկի նայելուց հետո չտանեն: Այ զարմանալի բան:

Այդ օրը ոչ ոք չեկավ Ծովանի ետևից, բայց հետևյալ օրը նրան ջոկեցին բակի տավարից, պոզերը թոկ կապեցին և մեն— մենակ դուրս տարան փողոց: Եվ այդտեղ մի ծեր մարդ առաջ արավ նրան ու քշեց:

10

Ու քշեց մի օր, երկու օր: Քշում էր էլի ինչ— որ մեծ, երկար ճանապարհով, քշում էր հանդարտ, տեղ— տեղ հանգստանալով, տեղ—

տեղ իրեն՝ Ծովանի հետ խոսելով: Երկու օրում նրանք անցան շատ գյուղեր, իսկ երրորդ օրը մտան մի դաշտ, ուր ամեն ինչ ծանոթ էր թվում Ծովանին, նեղ դաշտը, որ ընկած էր երկու սարի արանքում, անտառը, որ սարն ի վեր բարձրանում էր դեպի երկինք, գետը, որ հոսում էր ճանապարհի երկարությամբ, բոլորը, բոլորը կարծես ծանոթ էին: Ճանապարհի եզերքին արածում էր կովերի մի մեծ խումբ: Դրանք էլ կարծես ծանոթ էին: Ծովանը նայեց կովերին, մզզաց և հանկարծ բառաչեց բարձր ու զիլ ձայնով՝ Բա՜ա՜: Կովերից մի քանիսը գլուխները բարձրացրին և նրան նայեցին, ապա նրանցից մեկը Ծովանին պատասխանեց նույն բարձր ու զիլ բառաչով: Ծովանը, պոչը թափ տալով, քայլերն արագացրեց դեպի կովերը գնալու, բայց ծերունին չթողեց:

— Ո՞ւր ես գնում, հիմար, ո՞ւր,— ասաց ու առաջ քշեց:

Նրանք շարունակեցին ճանապարհը և շուտով մտան գյուղը: Դա էլ ծանոթ էր թվում Ծովանին՝ ճամփան, տները, ծառերը, բոլորը ծանոթ էին կարծես:

Ճանապարհի երկու կողմը մարդիկ հավաքված խոսում էին, երեխաները վեգ էին խաղում: Երբ Ծովանը զգույշ քայլերով մոտեցավ նրանց, հանկարծ լսեց իր անունը, ու փափախով մի մարդ առաջը կտրեց.

— Արա՜, էս մեր կովն է, մեր Ծովանը:

Ծերունին ինչ— որ բան ասաց և ուզեց քշել, բայց ամեն կողմից մարդիկ թափվեցին և չթողին քշի:

Եվ խմբով առաջ արին իրեն ու տարան:

— Ծովանը եկա՜վ, Ծովանը եկա՜վ,— կանչում էին երեխաներն առաջ վազելով:

Մի քանի րոպեից Ծովանն արդեն իր նախկին տերերի հին գոմի դռանն էր: Նրան շրջապատել էին ծանոթ դեմքեր՝ մեծ տերը, որ կանգնեցրեց իրեն ճամփին, նրա կինը, երեխաները, հարևանները: Քիչ հետո եկավ նախկին փոքր տերը, նրա կինը: Բոլորն էլ նայում էին զարմացած և ուրախ— ուրախ խոսում իրար հետ, իսկ փոքր տերը և նրա կինը նայում էին պատի մյուս կողմից, նայում էին և մյուսների հետ չէին խոսում:

— Ծովանն է էլի,— ասաց փոքր տերը կնոջը:

— Դրուստ որ,— խոսեց կինը պատի գլխից ձեռը կովին մեկնելով:— Ծովա՜ն, Ծովա՜ն, Ծովա՜ն:

Կովը գլուխը բարձրացրեց, նայեց նրան և մզզաց.

— Ը՜մմ:

— Ջա՜ն:

— «Ջա՜ն»,— առաջ եկավ մեծ եղբոր կինը:— Էլ ի՞նչ է: Ձեզ համար են գտել, եկեք, տեր դառեք: Ո՜նց էլ «ջան» է ասում:

— Դե՛, շատ մի խոսի,— վրա բերեց պատի Գլխից փոքր եղբայրը։— Հենց մի տե՛ր է դառել, որ...

— Չէ՛, տերը դո՛ւ ես,— շարունակեց մեծ եղբոր կինը։

— Հիմա կերևա ո՛վ է,— ասաց փոքր եղբայրը և հեռացավ պատից։ Նրա հետ և կինը։

Մեծ եղբայրը մի քանի անգամ ուզեց միջամտել խոսակցությանը, բայց ատամները սեղմեց իրար և լռեց։

Եղբայրներն իրար հետ չէին խոսում։ Հին վեճը նրանց մեջ տակավին շարունակվում էր։ Կովի անհետանալուց հետո նրանք մեղադրում էին իրար՝ կովը թաքուն ծախելու մեջ։ Բայց որովհետև վկաներ չկային՝ գործը միշտ հետաձգվում էր դատարանում, և թե եղբայրները ու թե նրանց կանայք իրար հետ կռվելու ժամանակ միմյանց անվանում էին «կովի գող»։

— Վա՛յ կովի գող գլխիդ,— ասում էր մեծը փոքրին։

— Գողի ձենն է գալիս,— պատասխանում էր փոքրը։ Իսկ այժմ, երբ Ծովանը գտնվեց, փոքրը գանգատվեց, որ իր կովը, երկու տարի առաջ կորած կովը գտնվել է, բայց մեծ եղբայրն ուզում է անիրավաբար սեփականել, ուստի խնդրում է արդարություն՝ կովն առնել եղբորից և տալ իրեն։ Իսկ ծերունին, կովը քաղաքից բերող ծերունին նույնպես, իրեն հերթին, գանգատ տվեց, թե այդ կովը, իրենից խլված կովը, գնել է քաղաքի սպանդանոցում ծառայող իր որդին, որ կառավարչի օգնական է այնտեղ, գնել է այն ժամանակ, երբ ուզում էին մորթել։

Բայց նրան ոչ ոք չէր հավատում։

Այնուամենայնիվ գործին ընթացք տվին։

Եվ Ծովանն առայժմ երեք տեր ուներ։

1918

Խնձորի այգին

1

Մեծ և հարուստ է Օրան ավանը. ունի լավ տներ, շատ խանութներ, որ եռուն առևտուր են անում շրջանի գյուղերի հետ, ունի հին, ընդարձակ մի եկեղեցի և երեք տերտեր, որ միշտ կռվում են ծխերի համար, իսկ ժամերգության միջոցին աշխատում են շփոթել կամ սխալեցնել իրար: Իբրև շրջանի կենտրոն՝ Օրանն ունի և դպրոցներ և հիվանդանոց և բանտ: Բայց դրսից եկած մարդու համար ամենից հետաքրքրականն այն խնձորի այգին է, որ ընկած է Օրանի արևելյան կողմը: Ասենք տեղացիներն էլ պակաս չեն հետաքրքրվում այդ այգով և տեղն ընկած ժամանակ նույնիսկ պարծենում են նրանով: Երբ ուղևորն արևելյան կողմից գալիս է Օրան, ամենից առաջ նրան հանդիպում է այդ ցածրապարիսպ այգին, մի իսկական այգի, որի ծառերը կանոնավոր շարքեր կազմած, հավասար հեռավորության վրա, գրեթե հավասար բարձրությամբ կանգնած են ինչպես պարի պատրաստ, ձեռք ձեռքի տված, գարնանը՝ կրով ճերմակած բներով, ամառը՝ ժպտուն ու լուրջ խնձորներով բեռնված, իսկ աշնանը՝ տերևաթափ ու հոգնած, քաղից ասես վիրավոր: Այգու մի ծայրին էլ երևում է փոքրիկ սպիտակ մի տուն կղմինդրե տանիքով, նույնպես ծառերով շրջապատված:

Դա Օրանում և շրջանում հայտնի Մարտին ապոր այգին է: Ծերունի Մարտինն ինքն էր տնկել այդ այգին երիտասարդ ժամանակ և ինքն էլ պահում, խնամում էր այն ու դրանով ապրում: Ամբողջ շրջանը համարյա նրանից էր խնձոր գնում, մինչև իսկ մոտիկ քաղաքից գալիս էին արկղներով խնձոր տանելու, մանավանդ «ձմեռվա խնձոր», որոնց տեղացիք, «անպորտ» և «անտոնկա» էին անվանում: Իսկ շրջանի գյուղացիները խնձոր գնում էին ոչ թե փողով, այլ ցորեն, ձավար, պանիր կամ յուղ էին բերում փոխանակելու: Ու Մարտին ապերը խնձորի եկամուտով ոչ միայն ապրում, այլև պահակ էր պահում, խնձոր հավաքողներ էր վարձում, որ միշտ կանայք էին լինում, կանայք այդ աշխատանքն ավելի լավ են անում, քան տղամարդիկ: Խնձորի եկամուտով նա շինեց և իր ճերմակ տունը, գնեց մի երկու փեթակ մեղու, որ մի քանի տարվա մեջ այնքան բազմացան, որ նա արկղներ չէր հասցնում և պատահում էր մեղուների պարսը թռչում, գնում էր անտառ և ապաստանում այնտեղ։ Բայց Մարտին ապոր հոգսն ավելի այգին էր, և նա զարմանալի հասկանում էր ծառերի լեզուն, մասամբ փորձից, մասամբ ծանոթ գյուղատնտեսից նա բավականաչափ գիտելիքներ ուներ, գարնանը միշտ կրով ճերմակացնում էր ծառերի բները, որ, ինչպես ինքն էր ասում, «լապաստրակներն» անտառից չգան կրծեն և, մյուս կողմից, որդերը չբարձրանան վերև։ Երբ ծառերի նոր կոկոնած կամ ծաղկած ժամանակը պարզկա, սառը գիշերներ էին լինում և ցրտահարության վտանգ, նա այգու զանազան կողմերում աթար ու անցյալ տարվա խոնավ տերևների կույտեր էր վառում և այգին լցնում թանձր ծխի մլարով, ու այդպես քանի անգամ ծառերը փրկել էր ցրտահար լինելուց։ Հետո, գարունը բացվելուն պես, նա ուշադիր դիտում էր ամեն մի ծառ և որոշում, թե որ ճյուղն է հիվանդ, որն ավելորդ երկարած, որն պիտի կտրել բոլորովին, որպեսզի ծառն առողջ մնա։ Այդ ժամանակ նա աhագին մկրատը ձեռքին շրջում էր ծառերի արանքում, ինչպես ոչխար խուզողը հոտի մեջ։ Մարտին ապերը լավ գիտեր նաև, թե երբ ու ինչպես պետք է ջրել ծառերը, որ «ծաղիկները չթափվեն», և դա կոչվում էր «ծաղկաջուր», նա, կարելի է ասել, մասնագետի հեղինակություն ուներ, գյուղացիները նրան համարում էին «ծառի բժիշկ», և գյուղում ում ծառը վատ էր լինում, խորհուրդ էին տալիս դիմել Մարտին ապորը.

— Մարտին ապորը կանչիր, տես՝ ինչ է ասում։

Առաջ նա այգին ու տունը կառավարում էր կնոջ՝ Սաբեթ նանի հետ, սակայն մի տարի առաջ, քաղից հետո, պառավը մեռավ՝ թողնելով Մարտին ապորը մեն— մենակ։ Ճիշտ է, նրա պահակը՝ Սահակը, ինչպես տիրուհու կենդանության օրով, այնպես էլ հիմա թե՛ տան բան էր անում և թե՛ գնումներ էր կատարում, կամ աղջիկներն էին շուտ— շուտ գալիս տունը կարգի բերում, բայց Մարտին ապորը թվում էր միշտ, թե բանն առաջ չէր գնում, ինչպես պառավի օրով։ Ձմեռն ու գարունն անցան մի կերպ, բայց հիմա, երբ խնձորները հասել էին, հարկավոր էր ժամանակին քաղել, հավաքել, ծախել։ Ճիշտ է առաջվա պես խնձոր հավաքողներ ուներ, բայց մնացած գործը ինքն ու Սահակը չէին հասցնի։ Աղջիկներին էլ ծերունին համարում էր հյուրեր և ոչ օգնող։ Ինչ վերաբերում է փեսաներին, նրանք էլ իրենց գործն ունեին, մեկը դերձակ էր գյուղում, մյուսը՝ ավագ փեսան, գյուղի կենտրոնում մեծ խանութ ուներ, շատերի ասելով «ամենալավ» խանութը, ուր գաստրոնոմիչեսկի ապրանքի հետ ծախում էր գինիներ և ուրիշ խմիչքներ։ Դերձակ Վանեսն աներոջն այցելում էր միայն կիրակի օրերը, իսկ խանութպանը՝ Արտուշը, գալիս էր մեկ— մեկ, նա ազատ ժամ քիչ էր ունենում, իսկ կիրակի օրերն ավելի քիչ, այդ պատճառով կառքով գալիս էր, կառքով վերադառնում, բայց ամեն գալիս հետը բերում էր խանութից մի կամ երկու շիշ գինի կամ օղի։

— Հը, պապաշա՛, ինչպե՞ս ես,— ասում էր նա ձեռը աներոջ ուսին կամ մեջքին խփելով։

Ապա հետաքրքրվում էր, թե ինչ կարիքներ ունի աները, ինչ ցանկություններ, որ ինքը պատրաստ է կատարել, և որովհետև «պապաշան» ոչ մի ցանկության ու կարիքի մասին չէր խոսում, նա շարունակում էր խնամատարի հոգածությամբ.

— Մի քաշվի, պապաշա՛, եթե մի բան կա, ասա՛: Ես կանեմ, կաջողացնեմ: Ինքը պրիստավը, գիտես, ինձանից է առուտուր անում: Տանուտեր, բան, բոլորը: Եթե մի բան լինի, ասա, եթե խնձոր մնա, իմացրու, իսկույն մուշտարի գտնեմ:

Ու դարձյալ խոսում էր իր կապերի, իր ծանոթությունների ու ազդեցության մասին, ապա, հրաժեշտի պահին, գինու կամ օղու շշերի փաթեթները բանում էր և շշերը հանդիսավոր ձևով, ինչպես թանկարժեք նվերը կմատուցեն, դնում էր աներոջ առաջ.

— Առավոտ, ճաշին խմի, պապաշա: Լավ, իսկապես նատուրալնիյ գինի է, պապաշա: Պրիստավն էլ սրանից է տանում: Եթե հավանեցիր, էլի կբերեմ:

Մարտին ապերը հավանում էր, թե չէր հավանում, խանութպանը շարունակում էր բերել իր սովորական նվերը՝ գինի կամ օղի, նրան մանավանդ ուրախացնում էր այն, որ տեսնում էր նախորդ բերածները չկան, «ուրեմն հալիվորը խմում է», մտածում էր նա. «Սա լավ նշան է»: Բայց նա չէր իմանում, որ Մարտին ապերն ինքը չի խմում, այլ դրանցով հյուրասիրում է ծանոթ— բարեկամի, ինչպես օրինակ, ջրբաշխ Մեսրոպին և իր քավոր Ամբակումին (որին տեղացիք կրճատ Ամբակ էին ասում), որ մեկ— մեկ, իբրև հին ծանոթներ, գալիս էին այգին՝ զրուցելու: Խանութպանը, իբրև ավագ փեսա, իրեն համարում էր ծերունու առաջին ժառանգը և, ինչպես ինքն էր ասում, աշխատում էր նրա «աչքը մտնել», որ մյուս փեսան՝ դերձակ Վանեսը, ախոյան չդառնա: Բայց ծերունի Մարտինը, փեսայի նվերն անխոս ընդունելով, նրան լսում էր անտարբեր, ինչ— որ մտքերով տարված, այգու ծառերով կամ պտուղներով զբաղված, և երբ փեսան գնում էր, իր սուր աչքերի հայացքով մի վայրկյան նայում էր նրա ետևից և գլուխը տարուբերում ծանրորեն.

— Չաչանա՜կ: Ինձ հիվանդի՞ տեղ է դնում, թե՞ հալիվորի:

Իսկ փեսան մտածում էր, որ ինքը շատ լավ, շատ խելոք բան է անում, մտածում էր, որ ծերունին մի երկու տարի հազիվ ապրի, այգին թողնելու է իրեն, ուրեմն մի քանի շիշ գինին կորած չէ: Եվ նա ուրախ էր, որ քենակալը՝ դերձակ Վանեսը, երևի չի էլ հասկանում, թե պետք է ծերունու սիրտը շահել: Եվ որովհետև խանութի առևտուրը նրան հնարավորություն չէր տալիս երկար բացակայելու— շուտով վերադառնամ էր կառքով, և որովհետև հաճախ էլ այցելել չէր կարող, ուղարկում էր կնոջը՝ Նոյեմին.

— Գնա, շուտ— շուտ երևացիր, բան կըլնի՝ արա՛, գլուխը լվա, շորերը լվա:

Ամուսնու այդ սրտացավությունը դեպի իր հայրը նոր էր և ուրախացնում էր Նոյեմին, բայց նա չէր հասկանում, թե ինչու է մարդն շտապեցնում, հորդորում ամեն օր գնալ, տեսնել նրան:

— Ինչ կա, ա՛յ մարդ, ամեն օր: Անգինը գնում է, հերիք է, նա թեթև է երեխից,— նկատեց Նոյեմը մի օր:

Անգինը Նոյեմի փոքր քույրն է, դերձակ Վանեսի կինը:

Կնոջ պատասխանը դուր չեկավ խանութպանին, նա գլուխն օրորեց զարմացած.

— Ուզո՞ւմ ես ուրեմն դերձակ Վանեսը դառնա հորդ ժառանգը:

Կինը լավ չըմբռնեց մարդու ասածը, և ամուսինը քմծիծաղ տվեց.

— Կերթա հորդ աչքը կմտնի, ու մի օր էլ տեսար հերդ բաղը գրել է գլխին:

Այդ օրվանից Նոյեմն օրումեջ գնում էր այգի՝ հոր մոտ, մանկահասակ երեխաներին տանը մենակ թողնելով: Գնում անում էր ամեն բան, ինչ անհրաժեշտ էր լինում տանը և հորը: Բայց երբեմն գնում— տեսնում էր քույրը՝ Անգինը, ամեն ինչ արել է, տունը մաքրել, հոր հագուստները լվացել, նույնիսկ, պատահում էր՝ եփած ճաշ էր բերած լինում հոր համար կամ ճաշ էր եփում: Այդ ժամանակ Նոյեմը, քրոջից ետ չմնալու համար, անելու որևէ բան էր գտնում.

— Էս դռներն ի՞նչ կեղտոտ են: Ով գիտի նանից հետո չեն լվացվել,— ասում էր նա հոր ու քրոջ ներկայությամբ, և անմիջապես ձեռները քշտում էր ու սկսում սենյակի դռները սրբել կամ լվալ:— Ուրիշ էլ ի՞նչ ունես անելու, հայրիկ,— հարցնում էր նա նորից քրոջ ներկայությամբ, ձեռի գործը վերջացնելուց հետո:

— Էլ ի՞նչ պիտի ըլի,— ասում էր հայրը, չիբուխը կպցնելով:— Անգինն ապրի, արել է արդեն:

Հոր պատասխանը վշտացնում էր Նոյեմին, նրան դուր չէր գալիս, որ քույրն իրենից առաջ է գալիս հոր տուն և ամեն բան անում, դրա համար և արժանացել է արդեն հոր լավ վերաբերմունքին: Ու աշխատում էր ետ չմնալ քրոջից, ինքը նույնպես եփած ճաշ էր տանում հորը, առաջարկում էր գլուխը լվանալ կամ որևէ ուրիշ բան, բայց Անգինն արդեն արած էր լինում: Դարձյալ այդ Անգի՛նը: Նոյեմին թվում էր, թե քույրն արդեն շահել է հոր համակրանքը, ու ինքը նույնպես նրա համակրանքը գրավելու համար նորից որևէ կարևոր բան էր գտնում անելու, սրտացավ խորհուրդներ էր տալիս հորը կամ մեկ— մեկ երեխաներին տանում էր պապին, որ հայրը կապվի նրանց, սովորեցնում էր, որ պապին բարևելիս ձեռը համբուրեն, կամ ասել էր տալիս. «Կուզե՞ս, պապի, մնամ քեզ մոտ, մենակ ես»: «Չէ, բալիկս,— ասում էր պապը:— Մենակ կտխրես, խաղի ընկեր չկա էստեղ»:

Մյուս փեսան՝ դերձակ Վանեսը, աներոջն այցելում էր միայն կիրակի օրերը:Ածիլվում էր, մաքուր հագնվում, բեղերը սրում այտերի վրա, միակ փոքրիկ աղջկան գրկում և կնոջ հետ ճանապարհ ընկնում «բաղը»՝ ամեն անգամ հետները ոչխարի թարմ միս տանելով: Կինը՝ Անգինը, զբաղվում էր հոր տունը կարգի բերելով, անկողինները հանում էր՝ «զգում արևը», թափ տալիս, սենյակները մաքրում, ապա սկսում ճաշ եփել: Իսկ դերձակը երեխայի հետ ման էր գալիս ծառերի տակ կամ աներոջը օգնում որևէ բանում: Դերձակը լռակյաց մարդ էր, նա գինեվաճառի պես ոչ մխիթարանքի խոսքեր էր ասում աներոջը, ոչ պատրաստակամություն էր հայտնում այս կամ այն բանն անելու, ոչ էլ խորհուրդներ էր տալիս, լավ իմանալով, որ ծերունին ինքը գիտի իր անելիքը: Եթե մի բան անում էր դերձակը, անում էր անխոս, և այդ դուր էր գալիս Մարտին ապորը: Մի օր տեսնելով աներոջ շալվարը մաշված—պատռված՝ դերձակը հենց հագին կարկատեց այն և հետևյալ կիրակի բերեց մի նոր շալվար, որ ինքն էր կարել. «Քեզ համար է, հայրիկ»: Ու էլ ոչ մի խոսք: Ծերունին գոհ էր նրա վարմունքից, գոհ մնաց և այդ ուշադրությունից, ու իր գոհունակությունը չթաքցրեց նաև աղջկանից:

— Վանեսն ապրի, շալվարս մաշվել էր, մի նոր շալվար բերեց:

Նոյեմն իրեն վատ զգաց, ոչինչ չասավ հոր մոտ, բայց երեկոյան ամուսնուն հայտնեց, թե որքան հայրը գոհ էր մնացել Վանեսից:

— Տեսնո՞ւմ ես, քոսոտ դերձակն ուզում է հորդ աչքը մտնի,— գլուխը տարուբերեց գինեվաճառը ու միաժամ գնաց— եկավ սենյակում, ապա մեկեն կանգ առավ կնոջ առաջ:— Մենք ի՞նչ կարող ենք առնել:

Եվ ամուսիններն սկսեցին խորհրդակցել, թե ինչ հարմար բան կարելի է գնել ծերունու համար, բայց մինչ կորոշեին առնելիք նվերը, Նոյեմը բացատրեց, որ բացի շալվարը, հոր համակրանքի պատճառը կարող է լինել և այն, որ դերձակն ամեն կիրակի կնոջ, երեխի հետ գնում է այգի և ամբողջ օրը մնում այնտեղ, օգնում նրան:

— Ախր, իմ լավ առուտուրն էլ թարսի պես կիրակի օրն է,— մտահոգվեց խանութպանը:— Դու շուտ— շուտ գնա, բաղը ձեռից չընկնի,— շարունակեց նա, բայց իսկույն կանգ առավ:— Ասենք կիրակի օրերը ես էլ կգամ մի երկու ժամով, առավոտները, բայց հետո չեմ կարող:

— Թեկուզ էդպես,— ուրախացավ կինը:— Էդ ավելի լավ:

Եվ նրանք էլ սկսեցին կիրակի օրերը միասին գնալ հոր մոտ: Գնում էին միշտ վաղ: Երբ տեսնում էին՝ դերձակը չի եկել, ուրախանում էին, սկսում էին հետաքրքրվել այգու աշխատանքով, հոր վիճակով, առողջությամբ, պատմում էին գյուղի նորություններից, իսկ երբ դերձակը գալիս էր ընտանիքով, կիրակնօրյա հագուստներով, սովորականի պես մաքուր ածիլված, սև թավ բեղերը այտերի վրա ոլորած, գինեվաճառի ու Նոյեմի դեմքով տխրության ամպ էր անցնում, թվում էր՝ նա թույլ չի տալու ուրախանան, ինչպես իրենք են ուզում: Բայց դերձակը ոչնչով չէր խանգարում նրանց, սովորական հարց ու բարևից հետո երեխայի հետ անցնում էր ծառերի տակ, աղջկանը պտուղներ ու ծաղիկներ տալու, զբոսնելու: Այնպես հանդարտ, ինքնամփոփ ու լռակյաց բնավորություն ուներ այդ դերձակը:

— Տե՛ս ինչպես էլ անմեղ է ձևանում,— արմունկով հրում էր կնոջը խանութպանը:— Տեսնում է՝ էստեղ ենք, չի մոտենում:

Մի կամ երկու ժամ մնալուց հետո՝ նա շտապում էր խանութ: «Դե, Նոյեմ, ես գնացի, ուշդ վրադ պահիր»: Դա նշանակում էր՝ հետևիր դերձակին, որ նա «պոր աչքը չմտնի»:

Հետո մոտենում էր աներոջը և խփում նրա մեջքին կամ թիկունքին:

— Դե, պապաշա, դոչաղ կաց, ես էլի կգամ: Էն օրվա գինուց բերել եմ: Խմի՛ր, դարդ մի անի: Բան հարկավոր լինի, ասա՛: Դու գիտես, որ...

Մարտին ապերը միշտ աշխատանքով զբաղված, առանց գլուխը բարձրացնելու, քաղաքավարության համար մի «լավ» էր ասում կամ «ոչինչ», ու շարունակում գործը, մտքում կամ կիսաձայն կրկնելով.

— Չաչանա՛կ: Էնպես էլ բարձր է խոսում, կարծես խուլ եմ:

Իսկ դերձակը մինչ այդ, երեխայի հետ պտտելուց հետո, օգնում էր ծերունուն ծառերի ճղները կտրելու կամ պահակ Սահակի հետ կտրած ճղներր քաշում էր մի կողմ դարսելու, իբրև ձմեռվա վառելիք, կամ՝ պտուղներից կռացած ճղները բարձրացնում էր, որ աները նեցուկներ դնի նրանց տակ, մինչև որ կանայք, ճաշը պատրաստելով, կանչում էին ճաշի: Ճաշը, ըստ սովորության, ուտում էին շատ քիչ խոսքեր փոխանակելով: Նոյեմը փեսայի ու քրոջ լռության մեջ տեսնում էր ծածկամտություն՝ մտքներում ինչ— ո՛ր բան կա, չեն ասում: Եվ ոռայլվում էր, երբ հայրը դերձակից մի խորհուրդ էր հարցնում կամ թութուն էր խնդրում: Նոյեմն իսկույն միջամտում էր խոսակցության.

— Թութո՞ւն: Ես Արտուշին կասեմ քեզ համար լավ թութուն բերի, հայրի՛կ:

— Ոչինչ, նրան նեղություն մի տա, Վանեսը կբերի, — վրա էր բերում հայրը:

Բայց Նոյեմը հոր պատասխանի մեջ նկատում էր ուրիշ բան և շարունակում էր.

— Վանեսը, հայրի՛կ, եկող կիրակի պիտի գա, գուցե՞ քեզ ավելի շուտ է հարկավոր:

— Չէ, մինչև կիրակի ունեմ,— քիսան հանելով՝ չիբուխը լցնել էր սկսում Մարտին ապերը:

Ճաշից հետո ծերունին պառկում էր կամ, ինչպես ինքն էր ասում, «թեք» էր ընկնում պատշգամի թախտին՝ գորգի վրա և ծխում մտախոհ: Իսկ աղջիկները, երբ սեղանը հավաքում էին, ամանները լվանում ու պատրաստվում գնալ, հայտարարում էին ամեն անգամ, ինչպես հիվանդին սիրտ տան:

— Մենք էլի կգանք, հայրի՛կ:

Մարտին ապերն անխոս գլխով էր անում՝ Լավ: Ամեն անգամ, երբ փեսաները գալիս էին ու գնում, նրանց թվում էր, թե իրենց այցելությամբ իսկ մխիթարում են մենակ ծերունուն, կատարում են իրենց պարտքը, և նա պետք է գոհ լինի իրենցից այդ ուշադրության համար. այնինչ Մարտին ապերը, նրանց մխիթարանքի ճիգը տեսնելով, հիշում էր իր պառավին և ավելի տխրում, դրանց շրջապատում նա ավելի խորն էր զգում իր մենակությունը, անգամ ունենում էր զգացումներ, որ նման էին նախանձի, նախանձում էր, ինչպես շատ տղամարդկանց, այնպես էլ փեսաներին, մենակ չեն իր նման, որ սրտակից ունեն, տնտեսությունը վարող ու հսկող, իսկ ինքը՝ ոչ: Հիշելով քառասուն տարիների իր կենակցին՝ հանգուցյալ պառավին, երբեմն նրա սիրտը փուլ էր գալիս և Մարտին ապորը համակում էր մի խոր թախիծ, որ ստիպում էր նրան դնդնալ անխոս:

Ինչպես ամեն տարի, այդ ամառ էլ Մարտին ապերը երկու— երեք կին էր վարձել, որ մարգերը քաղհանեն, թափված խնձորը հավաքեն, քաղեն, տեսակավորեն: Երկուսը գյուղի չքավոր կանայք էին՝ տարեց ու խեղճ և այնքան իրար նման, ասես քույրեր լինեին, երրորդը՝ գաղթական կին էր, անունը՝ Նունուֆար: Նա համեմատաբար շատ ջահել էր և գործի մեջ ավելի ժիր, քան մյուս երկուսը, սակայն խնձորի գործը լավ չէր իմանում, մյուսները վարժ էին, գիտեին՝ ինչպես պետք է ծառը թափ տալ, որ խնձորը քաղել, ինչպես տեսակավորել ու դարսել կողովներում: Նունուֆարն այդ ամենը չգիտեր, և Մարտին ապերը մի քանի անգամ հասկացրեց նրան, թե ինչպես պիտի անել, ու մի քանի անգամ «վրա գցելուց» հետո , Մարտին ապոր համար էլ անսպասելի, Նունուֆարը շուտով ցույց տվեց զարմանալի շնորհք ու ճարպկություն: Այնպես արագ ու խնամքով էր անում ամեն բան, որ կյանքը կարծես խնձորի այգում էր անցրել, հետո այնպես շուտ սովորեց տեսակների գները ու կշեռքի «լեզուն», որ Մարտին ապերը շուտով կշռելը հանձնեց նրան, որովհետև պահակ Սահակը, շատ զբաղված, հաճախ շփոթում էր կշռաքարերը, երկու ֆունտանոցի փոխարեն երեք ֆունտանոց էր դնում, կամ՝ ընդհակառակը: Հաշվելու մեջ էլ Նունուֆարի միտքն արագ էր գործում, մինչ Մարտին ապերը ծառի տակ, նստարանին նստած, համրիչի հատիկները կշրխկացներ,Նունուֆարն ասում էր՝ որքան է:

— Ապրե՛ս, Նունուֆար, դու ինձանից շուտ հաշվեցիր:

Եվ այնուհետև, երբ խնձորը կշռում էին, նա հաճախ Նունուֆարին էր հարցնում, թե որքան է անում, և Նունուֆարի ասածները միշտ անսխալ էին լինում: Մյուս կողմից, տեսնելով նաև մաքուր աշխատանք է անում, Մարտին ապերն սկսեց մեկ— մեկ էլ տան գործեր հանձնել նրան, երբ աղջիկները չէին լինում, չէ՞ որ Մարտին ապորն ամեն օր ճաշ էր հարկավոր: Ճիշտ է, խնձոր հավաքող կանայք իրենց հացով էին աշխատում, բայց Մարտին ապերն ու պահակ Սահակը պիտի լավ ճաշեին, որ կարողանան գիշեր ու ցերեկ հսկել այգին: Սահակին խղճալով՝ ծերունին գիշերվա մի պահը նրան ուղարկում էր քնելու, հանգստանալու, այգու պահպանությունը կատարում էր ինքը: Չնայած այգու չորս անկյունում էլ մի— մի շուն կար կապած, որ գող մտնելիս իմացնեին, բայց և այնպես Մարտին ապերը՝ իր բարձր հասակով, զգույշ, հաճախ կռանալով, անցնում էր ծառերի տակով, մոտենում պարիսպներին կամ կանգնում, ականջ դնում գիշերվա ձայներին, որ գալիս էին գյուղից ու անտառից, մե՛րթ կովի մի բառաչ, մե՛րթ ուշացած սայլի ճռինչ կամ սուր մի ծվոց անտառում: Ցերեկն էլ արդեն հանգիստ չկար, պետք էր մեղուներին նայել, շներին ու հավերին կերակրել, գնորդներին ճանապարհ դնել և դարձյալ հսկել, որ գող չմտնի որևէ կողմից, որովհետև երբ իրենք զբաղվում էին խնձորի հավաքով կամ վաճառքով, կալվոր կամ տավարած տղաները հաճախ բարձրանում էին պարիսպները և ոչ այնքան քաղում, որքան ջարդում,կոտրտում էին ծառերի ճղները: Այսքան աշխատանքից հետո նրանք կարիք էին զգում լավ ճաշելու: Ձմեռն ու գարնանը ինքն ու Սահակը մի կերպ ճաշ էին եփում, բայց հիմա, երբ, ինչպես Մարտին ապերն ինքն էր ասում՝ «գլուխ քորելու» ժամանակ չկար, տանը պետք էր մի անող ձեռք, և ծերունին մի օր էլ, տնային մի քանի աշխատանքում փորձելուց հետո, Նունուֆարին առաջարկեց ճաշ եփել: Ու անսպասելի, այդ գաղթական կնոջ պատրաստած ճաշը դուր եկավ Մարտին ապորը: Ի՞նքն էր շատ քաղցած, թե՞ համեմունք էր տեղը, նա ախորժակով կերավ այդ օրվա կերակուրը և գովեց եփողին.

— Ապրե՛ս, Նունուֆար, լա՜վ ճաշ ես եփել: Նունուֆարը շիկնեց և, ուսերը թոթվելով, նայեց հատակին:

— Ճաշ եփելը որտե՞ղ ես սովորել, Նունուֆար,— հարցրեց Մարտին ապերը:

Նունուֆարը, գլուխը բարձրացնելով, հոնքերի տակից նայեց ապորը.

— Երկիր:

— Իսկ դու որտեղացի՞ ես, Նունուֆար:

— Էրզրումի թարաֆեն, հայրի՛կ:

— Էրզրումի թարաֆե՛ն: Ըհը՛: Անունդ էլ լավ անուն է՝ Նունուֆար:Ապրես, Նունուֆար, էգուց էլ կեփես:

Նունուֆարը նորից գլուխը կախեց:

— Եթե լավ այանք ըլլա նե, հայրիկ, ես ավելի լավ կերակուրներ կռնամ եփել:

— Շատ լավ: Էգուց էլ եփի:

Եվ Մարտին ապերը հենց այդտեղ՝ ճաշի վրա պահակ Սահակին պատվիրեց՝ վաղը ոչխարի միս առնել կերակուրի համար: Սահակն ուրախացավ, որ վաղը նորից ոչխարի միս է ուտելու և ճաշն ինքը չի եփելու, որի համար անհանգստանում էր այնքան և Մարտին ապորն էլ չէր գոհացնում:

— Շատ լավ,— սրտանց պատրաստակամություն հայտնեց նա: — Ենպես միս բերեմ որ...

Եվ Նունուֆարն, այգու աշխատանքի հետ միասին, սկսեց նաև ճաշ եփել, ու պահակ Սահակը ամեն անգամ նրա պատրաստած ճաշն ուտելիս հանգուցյալ պառավի ճաշերի համն էր առնում: Իսկ Մարտին ապերը, սեղանից ետ նստելով ու բեղերը սրբելով, ասում էր միննույն գովասանքը.

— Ապրե՛ս, Նունուֆար, էսօր էլ լավ էր:

Պակաս գոհ չէին և Մարտին ապոր աղջիկները՝ Նոյեմն ու Անգինը, որ հոր համար ճաշ պատրաստող է գտնվել, դա իրենց ազատում էր ծանր հոգսից: Ու առաջին օրերը փորձեցին Նունուֆարին սովորեցնել՝ ինչ ճաշեր եփի և ինչպես: Սակայն Նունուֆարը, ճիշտն ասած, նրանցից սովորելու բան չուներ, նա ավելի բազմատեսակ կերակուրներ գիտեր եփել, քան քույրերը: Թերևս մասամբ այդ էր պատճառը, որ քույրերն այնուհետև սկսեցին ուշ— ուշ երևալ, շաբաթը մի— երկու անգամ, առանձնապես կիրակի օրերը: Նրանք հորն զգուշացնում էին, թե գաղթական կին է, կարող է հանկարծ մի օր էլ բան գողանալ ու չքանալ: Պետք է զգույշ լինել: Բայց Մարտին ապերն առայժմ վատ բան չէր նկատում Նունուֆարի վարքի մեջ, նա տեսնում էր, որ Նունուֆարը տան բանն այնպես արագ ու թեթև է անում, որ խնձոր հավաքելը, կշռելը չէր խանգարվում բնավ, նա մենակ, տան գործերի հետ նույնքան բան էր անում, որքան պառավ ընկերուհիները: Պառավներին, սակայն, բոլորովին դուր չէր գալիս Նունուֆարի հաջողությունը, ամեն բանի «մեջ ընկնելը»: Եվ երբ նա մատերի վրա հաշվում էր ծախված խնձորի արժեքը կամ փեշը գոտին խրած վազում էր կերակուրին նայելու, պառավները գլուխները մոտեցնում էին իրար:

— Աներես կնիկ ա: Ուզում ա ցույց տա, որ ամեն բան ձեռիցը գալիս ա: Հողեմ գաղթական գլուխդ:

Նունուֆարը հաճախ զգում էր նրանց սառը, երբեմն թշնամական վերաբերմունքը, զգում էր, որ քիթ— քիթ փսփսում են իր մասին, բայց կարևորություն չէր տալիս և երկուսին էլ սիրով «մայրիկ» էր ասում, երկուսին էլ օգնում էր լիքը կողովները, սալակները տեղափոխելու, և ամեն օր, իրիկնամուտին, աշխատանքից հետո, նրանց հետ ճանապարհ էր ընկնում դեպի գյուղ, նախապես Մարտին ապորը հարցնելով.

— Հայրիկ, դահա բան չկա՞ անելու:

Եվ ամեն օր Մարտին ապոր պատասխանը լինում էր նույնը.

— Չէ, Նունուֆար, գնա:

Պառավները նայում էին միմյանց և գլուխները մոտեցնում իրար:

— Էլի՛: Ի՛նչ աներես ա: Հո՛ղս գաղթական գլխուդ:

Բայց ահա մի օր էլ, երբ Նունուֆարը գնալու ժամանակ տվեց այդ սովորական հարցը՝ «հայրիկ, դաիա բան չկա՞», Մարտին ապերը կանգնեցրեց նրան.

— Հա, Նունուֆար: Թող դրանք գնան, դու արի: Գործ կա,— և Մարտին ապերն առաջ ընկավ, գնաց դեպի տուն:

Նունուֆարը բաժանվեց պառավներից և, գլխաշորն ուղղելով, հետևեց այգետիրոջը, որ գնում էր, ինչպես միշտ, հանդարտ քայլերով, բարձր հասակը երբեմն կռացնելով՝ ծառերի ճյուղերին չդիպչելու համար:

Երբ հասան տուն՝ ծերունին կանգ առավ բանալին գրպանից հանելու:

— Վաղուց է գլուխս չեմ լվացել, Նունուֆար, ասում եմ՝ լվանաս,— խոսեց Մարտին ապերը դուռը բանալով և մի ձայնով, որի մեջ և՛ մտերմություն կար, և՛ կարծես խնդրանք:— Կարո՞ղ ես:

— Կոնամ: Ինչո՞ւ չեմ կոնա,— եղավ Նունուֆարի համեստ, բայց ինքնավստահ պատասխանը:

Ու մի քանի րոպե անց՝ նա արդեն փեշերը գոտին խրած, թևերը քշտած, կաթսայով ջուր էր եռացնում կրակի վրա և տաշտ ու ցամքիչներ պատրաստում, իսկ երբ ջուրը տաքացավ, նա ձեռք առավ ծերունու կիսից ավելի ճերմակած կարճ մազերով գլուխը, մե՛րթ կորցնում էր այն սապնաջրի փրփուրների մեջ ու տրորում թափով, կարծես իր հաստ բազուկներով ուզում էր խեղդել նրան, մե՛րթ զգուշությամբ ջուր լցնելով՝ լիքը ձեռքով շփում էր նրա գլուխն ու երեսը, թվում էր՝ շոյում էր և ներողության խնդրում կոպիտ վարվելու համար: Մինչդեռ Մարտին ապերը ոչ թե նեղվում, այլ հաճույք էր զգում, և կրկնում էր մեկ— մեկ՝ «էլի՛, էլի՛»: Երբ Նունուֆարը վերջացրեց, Մարտին ապերը շատ գոհ մնաց.

— Ապրե՛ս,Նունուֆար ապրե՛ս:

Նունուֆարը շիկնեց գովասանքից, գլխի յազման ուղղեց թաց մատներով և ապա, սապնաջրով լիքը տաշտը վերցնելիս, հարցրեց, թե «լաթեր չկա՞ն լվալու»: Ու մինչ մի քանի լաթեր ու գուլպաներ կլվար— կփռեր պատշգամի սյուներին կապած պարանին, մութն ընկավ:

— Ես գնամ, հայրիկ,— մոտեցավ Նունուֆարը սենյակի դռան, ուր ծերունին բարձերին թիկնած չիբուխ էր ծխում, ծուխն օղակ— օղակ դեպ առաստաղը թողնելով, հանգստության մի հաճույք, որ վայելում է մարդ բաղնիսից կամ ծանր աշխատանքից հետո:

Նունուֆարի ձայնի վրա Մարտին ապերը երեսը դարձրեց նրան.

— Մութն է, Նունուֆար, ավելի լավ է մնաս,— ասաց նա մի ձայնով, որը Նունուֆարին շատ հյուրընկալ ու սիրալիր թվաց, ինչ- որ սակայն նա վերագրեց գլուխ լվալու երախտագիտության:

— Չէ, շնորհակալ եմ, հայրիկ, տանը կսպասեն,— հրաժարվեց Նունուֆարը:

— Տա՛նը... ո՞վ ունես տանդ:

— Հեչ մեկը. մինակս եմ: Կապրիմ իրիցանց օդեն:

Մարտին ապերը չիբուխը հանեց բերանից:

— Որ էդպես է՝ մնա, մութն է: Ճանապարհին ո՛վ գիտի ինչ կպատահի: Գնա էն օդեն քնի: Առավոտը մեկ էլ չես քաշ գա էնտեղից— էստեղ...

Նունուֆարը ուսը ցնցեց:

— Կվախնամ, հայրիկ:

— Ինչի՞ց կվախնաս:

— Սա տեղ մնալ: Ուրիշ տեղ մնալ սովոր չիմ: Գնա՛մ...

— Սարսա՛ղ,— ժպտաց Մարտին ապերը:— Սովո՛ր չիմ...— Մարտին ապերը մտերմորեն ծաղրեց նրա խոսելու ձևը ու ոտերն իջեցրեց թախտից:— Լա՛վ, սպասի՛ր,— և նա, չուստերը հագնելով ու քստացնելով, գնաց դեպի հնաձև կամոդը, որը տարիներ առաջ գնել էր քաղաքում:— Որ չես ուզում մնալ՝ սպասի՛ր:

Նունուֆարն, աչքը ծերունուն, սպասեց շեմքին, ամաչելով առաջ գնալ: Մինչ այդ Մարտին ապերը կամոդից վերցրեց ծալած մի բան՝ մոռագույն մի շալ գլխաշոր և տվեց նունուֆարին:

— Քու յազման մաշվել է, սա կգցես գլխիդ,— ասաց նա հոգածու ձայնով և կանչեց պահակ Սահակին, որ Նունուֆարին ուղեկցի մինչև իրենց տուն:— Մութն է, Նունուֆարը վախենում է...

Մյուս օրը, երբ խնձոր հավաքող պառավներն եկան — զարմացան, երբ նունուֆարի գլխին հին յազմայի փոխարեն նոր գլխաշոր տեսան, իսկ պահակ Սահակը, որ դուռը բանալով, առաջնորդում էր նրանց, աչքով արավ ինքն իրեն, Նունուֆարին նայելով: Նոր շալ գլխաշորը բոլորովին թարմացրել և կարծես փոխել էր Նունուֆարի դեմքը: Պառավները ճանաչեցին Մարտին ապոր կնոջ՝ հանգուցյալ Սաբեթ նանի «շալովնին» և գլուխնին մոտեցրին իրար:

— Չլինի՞ գողացել է էդ գլխամեռը,— կասկած հայտնեց մեկը:

— Գողանար՝ չէր գցի,— նկատեց մյուսը:— Ուրիշ բան կըլնի...

Փոքր անց նրանց կասկածը փարատեց պահակ Սահակը, որին պառավները հարցրին, թե «գաղթականի» գլխինը Սաբեթ նանի «շալովնին» չի՞ արդյոք: Պահակ Սահակը նորից աչքով արավ ինքն իրեն, Նունուֆարին նայելով:

— Նրա՛նն ա: Երեկ ապերը տվեց՝ գլուխը լվանալու համար:

Պառավները գլուխները մոտեցրին իրար...

— Աներե՛ւ,— ասին նրանք միասին:

2

Նունուֆարն իսկապես մենակ կին էր. նա ոչ մի հարազատ չուներ Օրանում, գուցե և ամբողջ աշխարհում. վաղուց՝ արհավիրքի օրերին կորցրել էր ամուսնուն ու երեխաներին և, զանազան տեղեր դեգերելուց հետո, երկու տարի առաջ եկել ապաստանել էր Օրանում, ուր նրա մասին խոսելիս ասում էին «անտեր կնիկ»: Նա ապրում էր հարուստ օրանցիների տանը բան անելով. քաղհան, լվացք, բուրդ զզել— ամեն բան գալիս էր ձեռից: Զրկանքներ տեսած և նեղություններ կրած՝ ինչ վերցնում— անում էր խնամքով ու լավ: Չնայած երեսունն անց կին էր, բայց նորահարսի ամաչկոտություն ուներ, և գործի մեջ էլ նորահարսի պես ուշիմ էր ու ժիր. կուրծքն այնպես լիքն էր և դեմքն այնպես թարմ. երբ, լարված աշխատանքից հետո, կռացած մեջքն ուղղում էր շունչ առնելու՝ կուրծքը բարձրանում— իջնում էր, երեսը կարմրում էր ավելի խունացած յազմայի մեջ: Բայց հիմա, երբ կապել էր Մարտին ապոր նվիրած շալ գլխաշորը՝ նա շատ էր փոխվել. դեմքն ավելի փայլ էր ստացել այդ մուգ շալից և դարձել ավելի վայելչատես: Առաջինն այդ նկատեց պահակ Սահակը:

— Օհո՛, փոխվել ես, Նունուֆար, քիչ մնաց չճանաչեի՛,— ասաց նա այգու փակ դուռն առավոտյան բանալով ամենից շուտ եկող Նունուֆարի առաջ:

Նույնը նկատեցին և խնձոր հավաքող պառավները, և Մարտին ապերն ինքը, որ գոհ մնաց արած նվերից և մի երկու անգամ ուշադիր նայեց Նունուֆարին, կարծես զարմանալով, որ գլխաշորն այդպես փոխել էր նրան: Իսկ երբ այդ օրը եկած Նոյեմը՝ Մարտին ապոր մեծ աղջիկը, Նունուֆարին տեսավ այդ գլխաշորով, նա մի վայրկյան զարմացած կանգ առավ, ապա աչքերը խեթեց նրա վրա, փնչացրեց ու հուզված գնաց հորը գտնելու: Ծերունին այգու մի կողմը, ծանրությունից կռացած— ջարդվող մի խնձորենու ճղների տակ նեցուկներ էր դնում կենտրոնացած, հոգածու եռանդով: Երբ աղջիկը փութկոտ քայլվածքով ու հուզված մոտեցավ, նա ինչ— որ բան ենթադրելով, հարցրեց հեգնանքով.

— Հը, ի՞նչ կա:

— Մայրիկի շալովնին որտեղի՞ց է վերցրել էն գաղթականը...

Նրա ձայնը բեկբեկվում էր հուզումից:

— Ես եմ տվել,— ասաց հայրը հանդարտ և հանդարտ ու անտարբեր շարունակեց իր գործը:

Հոր պատասխանը և անտարբեր եղանակը զինաթափ արին Նոյեմին:

— Իսկ ես կարծեցի գողացել է,— ասաց նա, շուրջը նայելով:

— Ինչո՞ւ պիտի գողանա,— առանց տոնը փոխելու շա. բունակեց հայրը, միշտ ուշն իր աշխատանքի վրա:

— Ինչո՞ւ չէ. անտեր, գաղթական կնիկ է:

— Նա մաքուր կնիկ է երևում:

— Մաքո՞ւր:— Նոյեմի կանաչ աչքերը խաղացին բներում և նրա նիհար դեմքը կարծես ծամածռվեց հոր կողմից մեղմ արտասանված այդ խոսքից:— Որտեղից գիտես մաքուր է. հրե՛ Պետրենց տան ծառայողը պանիր է գողացել, դուրս են արել:

— Ամենքը մեկ չեն,— նույն անտարբերությամբ շարունակեց հայրը և թիկունքը դարձրեց նեցուկն ամրացնելու. և Նոյեմն այդ շարժումից զգաց, որ հայրն այլևս տրամադիր չէ խոսելու, ու էլ ոչինչ չասաց. նույն հուզված, փութկոտ քայլերով գնաց դեպի տուն, ուր պահակ Սահակից իմացավ, թե ինչո՞ւ համար է «գաղթականը» նվեր ստացել մոր գլխաշորը: Լվացել է հոր գլուխը ու մի երկու շոր... Նոյեմը սկսեց մտովի հանդիմանել իրեն ու քրոջը, որ մի շաբաթ չեն եկել և հայրը, երևի, ստիպված նրան է դիմել և, արածը մի բանով վարձատրելու համար, մոր շալովնին նվիրել է նրան: Մոր շալովնի՜ն... Մի տարի չկա մայրը մեռել է — հայրը հեշտությամբ նրա գլխաշորը նվիրում է... մի գաղթականի՛: Այս միտքը վրդովում էր Նոյեմին. նրան հուզում էր և այն, որ հայրը դրա համար իր կամ քրոջ կարծիքը չի հարցրել: Նոյեմին թվում էր, որ հայրը բանի տեղ չի դնում իրենց, ու վրդովվում էր: Սակայն, երբ երեկոյան այդ ամենը հուզված պատմեց ամուսնուն, գինեվաճառը ձեռը թափ տվեց.

— Մի շալովնի է, մեծ բան չի: Դու բազի՜ մասին մտածի:

— Բայց վախենում եմ մի օր էլ էդ գաղթականը մորս շորերը, զուքը, բանը գողանա ու փախչի: Անտեր կնիկ, արի՛ ու գտի:

— Դու էլ շուտ— շուտ գնա,— խորհուրդ տվեց խանութպանը:— Թող իմանան տեր կա: Ծեր մարդ է, ամեն բան չի կարող պահել, փակել:

Բայց մի օր էլ— մի շաբաթ անց— երբ Նոյեմը եկավ— այս անգամ տեսավ Նունուֆարը հագել է մոր մուգ կապույտ շրջազգեստը և անկրունկ կիսակոշիկները, ու այդպես հագնված պատշգամում բարձեր է թափ տալիս ձեռները քշտած... Նոյեմը զարմանքից կարմրեց, ապա գունատվեց և մի այնպիսի հայացք նետեց Նունուֆարի վրա, որով ուզում էր կարծես շորերը հանել նրա հագից: Նունուֆարն ընկճվեց այդ տիրական ու ազդու նայվածքից, բայց իրեն բոլորովին չկորցրեց. նա շարունակեց բարձերը թափ տալ նախկին եռանդով ու հոգածությամբ:

Նրա ջանասիրությունը սակայն չմեղմեց կարծես Նոյեմի հայացքի խստությունը: Նայեց Նոյեմը նրան վրդով, զարմացած, հետո մեկեն պոկվեց տեղից ու բռնկված ետ դարձավ, գնաց այգի: «Էս ի՞նչ է անում իմ հերը,— ասում էր նա մտքում.— էսպե՞ս է հարգում մորս հիշատակը: Ի՞նչ կասեն հիմա հարևան, ճանաչ մարդիկ»... Նոյեմը հոր այդ վարմունքից այնքան վիրավորված զգաց իրեն, որ աչքերն արցունք եկան, և այդպես արտասվակալած աչքերով գնաց հորը գտավ մեղուների մոտ ու,առանց բարևի, հարձակվեց գրեթե.

— Էդ նանի շորերը դո՞ւ ես տվել զաղթականին...

Մարտին ապերը զգուշությամբ նայում էր փեթակներից մեկին, թե ինչպես են նրա արկանոցով էլ ու մուտ անում մեղուները. նախքան պատասխանելը՝ կես զարմացած նայեց աղջկան— Նոյեմի ձայնն այնպես անսովոր թվաց նրան:

— Ես: Ի՞նչ է որ...

— Դո՞ւ,— տաքացավ Նոյեմը:— Բա իմ խանում— խաթուն մերն էնքան պատիվ չունի, որ դեռ տարին չթամամած՝ շորերը զաղթականը հագնի՞: Բա էդպես բան կլինի՞, ա՛ հեր:

— Ի՞նչ կա որ: Մինը պըտի հագնի, հո չեն մնալու...

Հոր անտարբեր ձայնը այնպես ազդեց Նոյեմին, որ նրա աչքերը նորից արտասվակալեցին:

— Ախր հարևաններն ի՞նչ կասեն: Մի տարվա մեռած՝ շորերը սրան— նրան տա՜լ...

— Որ մնացին՝ ի՞նչ պիտի անենք,— ասաց հայրը զարմանալի հանդարտ ու անտարբեր:— Տան կնիկ է, բան է անում, թող հագնի:

Տան կնի՛կ... Նոյեմը խոսք չգտավ անմիջապես, սակայն կարմրեց, գունատվեց: Տան կնի՛կ... մի երկու օր է տան բան է անում պատահաբար— տան կնիկ դառավ «սևամեռը»: Քո՞ւյր է, մա՞յր է, աղջի՞կ է, որ հայրը նրան տան կնիկ է համարում: Չէ՛, հայրը բոլորովին կորցրել է իրեն: Գոնե իրեն հարցներ, քրոջը՝ Անգինին հարցներ...

Նոյեմն այնքան հուզված էր, որ չէր կարողանում խոսել և չգիտեր էլ ինչ ասի. հոր արածը սարսափելի, աններելի մի սրբապղծություն էր թվում նրան, բայց չէր ուզում հորը հանդիմանել. գիտեր, լավ գիտեր հոր բնավորությունը, որ եթե հիմա իր այդ հուզված վիճակում խոսեր— կարող էր ավելորդ բաներ ասել, հորը վրդովել: Այդ պատճառով նա իրեն զսպեց և հեռացավ վիրավորված:

Ճանապարհին՝ այգու ծայրում պահակ Սահակը պատահեց և, մեծ բերանը բանալով, ժպտաց:

— Նունուֆարին տեսա՞ր. նանի շորերը հագել է,— և նա աչքով արավ, չգիտես ո՛ւմ:

Նոյեմը նրան էլ չպատասխանեց— այնքա՛ն հուզված էր. բայց մտածեց, որ Սահակն էլ ահա իր պահակ տեղով հասկանում է այդ անհարմարությունը, հայրը չի հասկանում: Եվ այդ միտքն ավելի հուզեց նրան. նրա քայլվածքը դարձավ ավելի փութկոտ ու նյարդային: Ու այդպես վրդով նա գնաց ոչ թե իր տուն, այլ քրոջ՝ Անգինի մոտ, տեսածը նրան հայտնելու, նրա կարծիքն իմանալու, և, թերևս, միասին մտածեն, թե ի՛նչ անեն, որ հայրն առանց իրենց խորհրդի բան չանի: Թե չէ այսպես նա կարող է ունեցած— չունեցածը նվիրել սրան— նրան, առաջին պատահածին: Այսօր մոր հագուստներն է նվիրում զաղթական կնկան, վաղը ուրիշ բաներ կարող է նվիրել ուրիշներին, հենց խնձոր հավաքող պառավներին կամ հենց պահակ Սահակին: Եվ հոր այդ վարմունքը Նոյեմը բացատրում էր նրա խոր վշտով: Երնի նանի մահից հետո էլ ոչ մի բան աչքին չի գալիս: Ծերացել է, վիշտը երնի խախտել է հավասարակշռությունը, պետք է հետևել նրան և ձեռքի մեջ պահել,— մտածում էր Նոյեմը տխրությամբ: Եվ երբ, քրոջ տուն հասնելով, այդ ամենը նա հայտնեց նրան՝ Անգինը լաց եղավ:

— Իհարկե, մենք ենք մեղավոր, որ նա էդպես է անում: Չենք հետևում, առաջվա պես շուտ— շուտ չենք գնում. դե, նա էլ մարդ է, տանը բան անող չկա. անողին պետք է մի բան տա, չէ...

— Դրուստ է, մենք ենք մեղավոր,— համաձայնեց Նոյեմը,— պետք է շուտ— շուտ գնանք, թե չէ էսօր շորեր տվեց, էգուց կարող է ուրիշ բան էլ տա:

Քրոջ տանը Նոյեմը փոքր— ինչ հանգստացավ, իսկ երեկոյան, երբ մարդու առաջ նկարագրեց հոր արածը, զինեվաճառն իր ենթադրություններով նորից հուզեց նրան:

— Չլինի՞ հալիվորը սիրահարվել է էդ գաղթականի վրա,— ծիծաղեց նա:

Ամուսնու ծիծաղը դուր չեկավ Նոյեմին:

— Է՛դ էր պակաս,— խեթեց նա մարդու վրա:— Խայտառակվե՛նք:

— Բայց քո ասածից էդպես է երևում,— շարունակեց զինեվաճառը լրջացած:— Ասում ես՝ օրը մի բան է նվիրում. դա ի՞նչ է նշանակում. աշխատանքի համար կարող է խնձոր տալ, փող տալ, ինչպես տալիս է խնձոր հավաքողներին, քաղհանողներին. բայց որ նանի շորերն է տալիս, դա...— և զինեվաճառը գլուխն օրորեց:— Չէ՛, սիրահարվե՛լ է,— կրկնեց նա:— Աստված վկա սիրահարվել է...

Նոյեմի սիրտը կասկած ընկավ: Ամուսնու կատակը նա լուրջ ընդունեց:

— Ինչե՛ր ես ասում: Կարո՞ղ է էդպես բան պատահել:

— Ինչո՛ւ չէ: Պապանենց հալիվորը յոթանասուն տարեկան չէ՞ր, որ նոր կնիկ բերեց: Պատահում է:

— Իմ հերն էդպես բան չի անի,— կտրեց Նոյեմը:— Իմ հերը...

— Քո հերն ի՞նչ է. վարդապե՞տ է, եպիսկոպոս: Եպիսկոպոսները սիրահարվում են, նա չի սիրահարվի՞,— շարունակում էր կատակել զինեվաճառը: Այդ օրը նրա առևտուրը լավ էր եղել, պրիստավն ինքը եկել գոհունակություն էր հայտնել Արտաշատի գինու համար և խնդրել նորից ուղարկել:

— Սիրահարվել. էն էլ էդ տարիքին,— զարմանում էր կինը:

— Տարիքը ի՞նչ է,— շատ— շատ վաթսուն— վաթսուներկու: Մեծ բան չի...— Եվ նա սկսեց գնալ— գալ սենյակում, ապա, նկատելով կնոջ հուսահատությունը մի այդպիսի հնարավորությունից, կանգ առավ կնոջ առաջ և ասավ, կարծես նրան մխիթարելու համար։— Ես մի էգուց գնամ տեսնեմ դա ի՜նչ կնիկ է, էնտեղ կպարզվի...

Նույն այդ երեկո լույս խաղաղություն էր տիրում խնձորի այգում. այդ գուցե նրանից էր, որ լիալուսինը փայլում էր պարզ երկնքում և կաթնագույն լույս էր թափում դաշտի, գյուղի և այգու վրա. դրանից էր գուցե, որ գորտերը մոտիկ ճահճում ու գետափին կռկռում էին խմբով իրենց թախծալի երգը, շները չէին հաչում, խնձորենիները կանգնել էին անշարժ, ասես լուսնով հմայված, իսկ առուն կարծես երազում ծիծաղում էր խոտերի մեջ և մեկ— մեկ ժպտում լուսնին։ Պահակ Սահակը, որ ուրիշ ժամանակ քայլելիս էլ ուզում էր ննջել, այսօր պառկած էլ քունը չէր տանում. ձեռնափայտը ձեռին անցավ այգու պատերի մոտով, տեսնելու նրանց վրա գողեր չե՞ն բարձրացել, ինչպես անում էին կալերից ու տավարից եկած տղաները, բայց ոչ մի շունչ չնկատեց։ Այդպես էր լինում լուսնյակ գիշերները։ Սովորական շրջանը կատարելուց հետո Սահակը նորից եկավ իր տեղը— տան հակառակ կողմը— այգու մեջտեղը իր թախտի վրա քնելու։ Նա սովորաբար իրիկնուց քնում էր մի փոքր, որ գիշերը լավ հսկի։ Բայց քունը դարձյալ չտարավ։ Ավելի շուտ լուսինը չթողեց. ծառերի արանքից նա նայում էր Սահակին և կարծես աչքով անում. թաքնվում էր հանկարծ և նորից աչքով անում Սահակին։ Սա կրկին վեր կացավ և այս անգամ գնաց դեպի տուն՝ տեսնելու Նունուֆարը տոպրակները կարկատո՞ւմ է դեռ, թե վերջացրել է արդեն։ Այդ երեկո ապերը Նունուֆարին պահեց՝ ցորենի պարկերը կարկատելու, որ առավոտը պատրաստ լինեն։ Կարելի էր և առավոտը կարկատել, բայց ապերը չէր սիրում անելիքը հետաձգել, չէր սիրում անհանգիստ ու մի կերպ արած գործ, ինչ որ պետք էր անել — անել էր տալիս վաղօրոք։ Կնոջ կենդանության օրով նա այդ պարկերը կարկատել էր տալիս դեռ ամառվա սկզբին, խնձորը չհասած ժամանակ, այնինչ վաղը ցորեն էին սպասում, որ գյուղերից պիտի բերեին խնձորի հետ փոխանակելու։

Երբ Սահակը դանդաղ քայլերով մոտեցավ տանը՝ զգուշությամբ մտավ պատուհանի և լուսամուտից նայեց ներս։ — Նունուֆարը նանի շորերը հագած նստել էր հատակին փռած կարպետին և դեռ շարունակում էր պարկերը տնտղել, լույսի դեմ բռնել, տեսնելու ի՜նչ տեղեր են ծակված, ու ապա կարում— կարկատում էր ծնկանը դրած։ Մարտին ապերը կողքի թախտին նստած, գլխաբաց չիբուխ էր քաշում ու ինչ— որ բան էր ասում Նունուֆարին՝ ժպտալով, գլուխը պտտելով։ Վաղուց, նանի մահից հետո, Սահակն այդպես ժպիտ չէր տեսել Մարտին ապոր դեմքին, և դա այնքան տարօրինակ էր, որ Սահակը կուզեր իմանալ, թե ինչ է ասում։ Նունուֆարը, ամաչելուց, ապորը չէր նայում, բայց գլխով «այո» կամ «ոչ» էր ասում։ Սահակը ոչինչ չէր լսում, բայց նրանց խոսելու ձևը, մանավանդ այն, որ ապերը ժպտում էր— հետաքրքրեց Սահակին, և նա, չնկատվելու համար, բնազդաբար կռացավ լուսամուտի առաջ, աչքը սակայն չհեռացնելով նրանից: Ուզում էր իմանալ ինչ են խոսում, բայց սկզբում ոչինչ չէր լսում, չնայած շուրջը խաղաղ էր, կատարյալ լռություն: Երևի կամաց են խոսում,— եզրակացրեց Սահակը, թե չէ կարող էր լսվել: Առաջ, երբ ապերը ներսը խոսում էր նանի հետ, նրանց ձայնը միշտ լսվում էր պատշգամում. քանի՜ անգամ, ականջ դնելով, լսել էր, թե ինչ են ասում իր մասին ապերն ու նանը: Բայց այս անգամ ապոր ձայնը լավ չէր լսվում: Այս հանգամանքն ավելի հետաքրքրեց Սահակին. մերթ կռանում էր մինչև լուսամուտի գոգը, աչքը ծերպ անում, մերթ կանգնում էր ոտի ծայրերի վրա՝ ականջը դեմ անում լուսամուտի եզրին:— Միևնույն է՝ խոսոցը պարզ չէր լսվում:

Մինչ այդ Նունուֆարն աշխատանքն ավարտեց, պարկերը ծալեց դրեց մի կողմ ու վեր կացավ, և այդ ժամանակ միայն— զարմանալի բան— Սահակը լսեց Նունուֆարի ձայնը.

— Ես պրծա, հայրիկ:

— Լավ,— ասաց Մարտին ապերը լսելի ձայնով, ու ինչ- որ բան ասաց դարձյալ, որ Սահակը չլսեց, բայց Նունուֆարը խպնեց ու գլուխն իջեցրեց:

— Ինչի՞ ես ամաչում,— լսվեց նորից ապոր ձայնը:— Հետո, ես քեզ ինչ «հայրիկ» եմ, աղջի, որ շարունակ «հայրիկ» ես ասում: Արի նստի էստեղ,— և ապերը ցույց տվեց թախտը, ուր նստած էր ինքը:

Բայց Նունուֆարը չմոտեցավ. նա ամաչում էր, աջ ուսը թոթվեց ու մնաց տեղը կանգնած: Ապերը նորից ինչ— որ բան ասաց կամաց ու ձեռը նորից դրեց թախտին. ըստ երևույթին՝ Նունուֆարին դարձյալ հրավիրում էր նստել: Բայց, տեսնելով Նունուֆարը քաշվում է, ապերն ինքը առաջ թեքվեց մի փոքր և նրա փեշը քաշեց դեպ իրեն: Եվ Նունուֆարն ամաչելով, ակամա նստեց: Բայց հազիվ նստել էր՝ ապերը հանկարծ, ջահել մարդու թեթևությամբ, որ Սահակին շատ զարմացրեց, վեր կացավ տեղից ու նստեց Նունուֆարի կողքին: Նունուֆարն ամաչելուց թե ինչից, թեքվեց մի կողմ, բայց Մարտին ապերը նորից մի զարմանալի թեթևությամբ ձեռը գցեց Նունուֆարի վզով և նրա գլուխը մոտեցրեց իրեն...

Սահակի համար կարծես կայծակ տրաքեց. նախ վեր թռավ, հետո հանկարծ կուչ եկավ, ինքն իր ձեռը կծեց ու, աստղերին թե լուսնին աչքով անելով, փախավ դեպ իր քնելու տեղը: Բայց մեկ էլ, երբ ուզեց ճանապարհի կիսից ետ դառնալ, տան լույսը հանգած էր արդեն:

Առավոտը Նունուֆարը, տան գործով զբաղված, չեկավ պառավների մոտ՝ խնձոր հավաքելու: Եվ պառավներն այդ նկատելով գլուխները մոտեցրին իրար.

— էսօր աներեսը խանըմությո՜ւն է անում:

— Խանըմի շորերը հագել է, որ խանըմություն անի, բա ինչ...

Հետո, երբ գյուղացիներ եկան ցորենով խնձոր առնելու, Նունուֆարն զբաղվեց նրանցով. Մարտին ապոր հետ կշռում էր երեկվա հավաքած խնձորը՝ լցնում գյուղացիների տոպրակները. կշռում էր նրանց բերած ցորենը՝ լցնում իրենց մեշոկները կամ մատերով հաշվում, թե ո՛ր տեսակից ինչքան կշռեց և ի՛նչ արժե՝ փունտն այսքանով հաշված: Մինչև Մարտին ապերը համրիչի հատիկները տանում էր բերում— Նունուֆարն արդեն հաշված էր լինում:

«Կրակ է, կրակ», ասում էր Մարտին ապերը մտքում, երբ նա հաշիվն իրենից շուտ էր տեսնում:

Գյուղացիներից հետո եկան տեղացիներ, խանութպաններ, և բոլորի համար էլ Նունուֆարը կշռեց, բոլորին բավարարեց, միշտ արագ, թափով ու թևքերը քշտած, մատերի վրա հաշիվ տեսնելով:

Այդ օրը շատ գործ եղավ և շատ էլ անհանգիստ անցավ. շները շարունակ հաչում էին իրենց անկյուններում—մի կողմից այգին մտնող անծանոթների վրա, մյուս կողմից, երևի, գողերի: Լավ առևտրի օրը շատ էլ գող էր գալիս այգու վրա. գյուղի տղաները, կալերից ու տավարից տեսնելով խնձոր առնողը շատ է, մտածում էին, երևի, որ տերերն զբաղված են ներքև— իրենք այգու վերին մասում բարձրանում էին պատերը, երբեմն շներին հացի կտորներ գցելով, որ չհաչեն, ու պատամոտ ճղները քաշում կամ հեռու ճղները կեռ փայտով կռացնում էին դեպի իրենց՝ խնձորները քաղում: Պահակ Սահակը ամբողջ այդ օրը մի տեսակ էր, կարծես վեր քաշված. նա մի քանի անգամ, գործը թողած, վրա հասավ ու քշեց գող տղաներին. խնձորով մեկի ճակատին խփելով՝ փախցրեց պատից, մյուսը փախավ գլխարկը թողնելով: Հետո բարկացավ վերևի ծայրում կապած շան վրա, որ չէր հաչում: Եվ ի՛նչ էլ անում էր Սահակն այդ օրը՝ հանկարծ հիշում էր իրիկվա դեպքը և աչքով անում ծառերին կամ ինքն իրեն:

Այդ օրը, կարելի է ասել, բոլորը հոգնեցին, որովհետև գնացող— եկող շատ եղան: Եվ այն է՝ պատրաստվում էին իրիկնահաց ուտել ու հանգստանալ, երբ երեկոյան դեմ կառքով այգի եկավ Մարտին ապոր մեծ փեսան՝ զինեվաճառ Արտուշը: Իր որոշման համաձայն՝ նա եկել էր զաղթական կնոջը տեսնելու և իր ենթադրություններն անելու: Բացի դրանից երկու շաբաթ էր աներոջը չէր այցելել. այդ պատճառով թերևս մեղքը քավելու համար, հետը երկու շշի փոխարեն բերել էր չորս շիշ— երկու գինի, երկու օղի և Տրապիզոնի թութուն: Ինչպես երևում է Նոյեմը չէր մոռացել ամուսնուն հիշեցնել այդ մասին:

— Տանն ո՞վ կա, Սահակ,— հարցրեց նա այգու դուռը բացող պահակին:

— Ապերը, մեկ էլ...— Սահակը աչքով արավ:— Նունուֆարը:

Կիսամութի պատճառով զինեվաճառը չնկատեց Սահակի աչքով անելը, բայց մտքում «Նունուֆար, Նունուֆար» կրկնելով մոտեցավ տանը: Աները, ոտերը հանած, ծալապատիկ թեյ էր խմում պատշգամում, թախտին նստած, իսկ վառ աչքերով մի կին լաթի կտորով եռանդով սրբում էր սեղանի ծայրին եռացող ինքնաեռը: Խանութպանը հասկացավ, որ Նունուֆարը դա պիտի լիներ, և առանձին ուշադրությամբ զննեց նրան. նրա սպիտակ ու կարմիր դեմքը՝ կրակոտ աչքերով, և լիքը կուրծքն ու գիրկ թևերը դուր եկան գինեվաճառին, և նա մտածեց, որ եթե աները հավանել է դրան և հագուստ է նվիրել— վատ բան չի արել: Խանութպանը հիշում էր, որ առաջ էլ տեսած պիտի լինի այդ կնոջը այգում, բայց ուշ չի դարձրել, կամ լավ չի նայել... Այդպես Նունուֆարին նայելով նա ձեռի շշերը հանդիսավորապես դրեց սեղանին և մոտեցավ աներոջը:

— Հը՛, պապաշա, ո՞նց ես,— և ըստ սովորության՝ ձեռը մտերմաբար խփեց աներոջ մեջքին:— Լա՛վ կաց, լա՛վ... էս քույրիկս ո՞վ է, պապաշա, որ էսպես շախով բան է անում,— խանութպանը նստեց, երկարաճիտ փայլուն կոշիկներով ոտները դրեց իրար վրա և, պատասխանի չսպասելով, շարունակեց:— Լա՛վ է, պապաշա, լա՛վ է. գործի ժամանակ մեկը պետք է լինի տանը. քաղ է, քաղհան է, բան է... Լա՛վ է: Անունդ ի՞նչ է, քույրիկ ջան... Նունուֆա՞ր: Լա՛վ անուն է...

Նա խոսում էր ու հետն էլ զննող աչքերով դարձյալ նայում Նունուֆարին, բայց հանկարծ նկատեց, որ իր նայվածքներն ու խոսքերը Նունուֆարի նկատմամբ դուր չեն գալիս ծերունուն: Եվ խանութպանը խոսքը փոխեց.

— Վաղուց, երկու շաբաթ կլինի չեմ եկել. ասի՝ պապաշան կնեղանա, գնամ տեսնեմ ինչպե՛ս է, ինչի՛ կարիք ունի: Է, խնձորը լավ ծախվո՞ւմ է, պապաշա: Եթե չի ծախվում՝ մուշտարի ղրկեմ:

Նա խոսում էր հարազատի սրտացավությամբ, բարակ բեղերը շուտ— շուտ ոլորելով կամ ժամացույցի շղթան խաղացնելով: Կես ժամում նա ահագին նորություններ պատմեց, չմոռացավ խոսել և իր առևտրի, իր կապերի մասին, որ ուներ գյուղի մեծամեծների հետ և, երբ վեր կացավ գնալու, նորից սիրտ տվեց աներոջը:

— Էհ, դոշաղ կաց, պապաշա: Ես գնամ, տղան մենակ է խանութում, էլի կգամ, Նոյեմին կղրկեմ: Դու դոշաղ կաց: Գինի խմի, չտխրես:

Իսկ Նունուֆարի կողքով անցնելիս՝ գլուխը կռացրեց դեպի նա.

— Է՛, Նունուֆար քույրիկ, տանը, բանին լավ կնայես: Հայրիկին՝ պապաշային, լավ մտիկ արա...— Եվ նորից «Նունուֆար, Նունուֆար» կրկնելով ու բեղերը սրելով իրեն կառք գցեց ու սլացավ դեպի գյուղ, բայց այս անգամ ոչ թե խանութ գնաց, ինչպես մտադիր էր գալու միջոցին, այլ կառքը քշեց ուղիղ տուն՝ կնոջ մոտ:

— Նոյեմ, բաղից եմ գալիս,— հայտարարեց նա տուն մտնելով,— բանը— բանից անցած է երևում:

— Այսի՞նքն,— և Նոյեմը զունատվեց:— Ի՞նչ ես ուզում ասել:

— Այն, որ վարդապետն էլ սիրահարվում է: Հիմա պետք է էնպես անեք, որ հալիվորը հանկարծ չվերցնի ու ամուսնանա էդ Նունուֆարի վրա: Թե չէ՝ խայտառակություն է. կսկսեն բամբասել և, վերջն էլ, ով գիտի...

Մարդու հայտնությունը կարծես կայծակի հարված եղավ Նոյեմի համար: Սկզբում նա շշմեց, աչքերը լայն բանալով, հետո մեկեն վեր թռավ տեղից. «Ես էդ գաղթականի մազերը կպոկե՛մ», բացականչեց նա: Բայց գինեվաճառը հասկացրեց, որ աղմուկ հանելն ավելորդ է, հարևանները կիմանան: Նոյեմը ձայնն իջեցրեց.

— Որ էդպես է, ես նրան՝ էդ գաղթականին էնպե՛ս կանեմ, որ ոտը կտրի էդ տանից: Բոլորը նա՛ է մեղավոր. թե չէ իմ հերը, իմ նամուսով հերը նրան հագուստ— կապուստ չէր տա: Ո՛վ գիտի ի՞նչ անառակի մեկն է: Նրան կհեռացնեմ, հորս համար մի ուրիշ գործ անող կգտնեմ...

Գինեվաճառը հավանություն տվեց կնոջ ասածին:

— Նոյեմ, դու երբեք էդքան խելոք չէիր եղել: Էդ լավ ասիր,— և գինեվաճառն սկսեց մտախոհ գնալ— գալ սենյակում:— Բայց վախենում եմ բանը— բանից անցած ըլնի:

— Ես էդ գաղթականին բա՛ն ցույց կտամ...

Նա նիհար բռունցքը թափ տվեց Նունուֆարի հասցեին և անմիջապես վեր կացավ ու, առանց հագնվելու, գնաց քրոջ հետ խորհրդակցելու:

Քույրերն իրար տուն չէին գնում քանի տարի էր: Խռով չէին, բայց իրար չէին այցելում, որովհետև ամուսինները չէին սիրում միմյանց: Գինեվաճառը տանել չէր կարողանում դերձակի լռակյաց, ինքնամփոփ բնավորությունը. դերձակին դուր չէր գալիս գինեվաճառի պարծենկոտությունը և գինով փող աշխատելու միջոցները. նա այն կարծիքի էր, որ ամեն մի առևտուր խաբեբայություն է, իսկ գինու և օղու առևտուրը կրկնակի խաբեբայություն: Հետո դերձակ Վանեսը չէր սիրում, որ գինեվաճառը ինքն էլ երբեմն կերուխում էր սարքում, երկարաճիտ կոշիկներ է հագնում: Այդ կոշիկնե՛րը... դերձակը տանել չէր կարող նրանց ճռճռոցը: Նա չէր սիրում և քենակալի խոսելու ձևը: Իսկ գինեվաճառը, նրա մասին խոսելիս, դեմքը ծամածռում էր.

— Ի՛... նա էլ մա՞րդ է: Փորի հետ խոսողներին չեմ սիրում:

Ամուսինների սառնությունը որոշ սառնություն էր ստեղծել նաև քույրերի միջև: Բայց Նոյեմը, ինչպես մի քանի օր առաջ, այնպես էլ այս անգամ չէր կարող քրոջ մոտ չգնալ. խնդիրը վերաբերում էր իրենց երկուսի անվան ու պատվին. հոր խայտառակությունն իրենցն էր, անհրաժեշտ էր լրջորեն, կարգին խոսել հոր հետ, հարկավ, մենակ ինքն էլ կարող էր խոսել, բայց ավելի ազդեցիկ կլիներ երկուսի խոսքը, մենակ գուցե ամաչեր և այնպես համարձակ չլիներ, սակայն քրոջ ներկայությունը ուժ կտար նրան և համարձակություն: Հետո Անգինն էլ կխոսեր, որ այդ «գաղթականին» պահելը լավ չէ: Եվ վերջապես հայրը մեկից այնպես չէր ամաչի, ինչպես երկուսից:

Այս խոհերով Նոյեմը հասավ քրոջ տուն և, ներս մտնելով ու քրոջը տեսնելով, բացականչեց.

— Բա տեսնում ես մեր հերն ինչե՞ր է անում...

Անգինը հարցում անելու փոխարեն տարակուսած նայեց քրոջ հուզումից աղավաղված դեմքին: Նոյեմը շարունակեց արագ— արագ.

— Խայտառակությո՛ւն: Ինչպես երևում է, էդ մարդն իրա հետ մեզ էլ խայտառակելու է...

— Ի՞նչ. էլի շորեր, բան է տվել էն Նունուֆարին:

— Երանի՜ չէր որ շոր տալով պրծնեինք:

Եվ Նոյեմը, ձայնն իջեցնելով, կարծես պատերը կարող էին լսել, հայտնեց ա՛յն, ինչ լսել էր ամուսնուց: Անգինը զարմացավ.

— Ի՞նչ ես ասում... Չէ, սխալ կլինես... էդպես բան ոնց կլնի...

Նոյեմը բացատրեց, որ, այո, եղել է և ինքը հենց դրա համար է եկել. պետք է գնալ հոր հետ կարգին խոսել, հասկացնել, որ ամոթ— խայտառակություն է այդ գաղթականին պահելը, թող նրան հեռացնի, իրենք մի լավ գործ անող կբերեն:

— Էլ չաշացնենք. հենց վաղը գնանք,— ավելացրեց նա:— Ես մենակ էլ կերթայի, բայց երկուսով որ լինենք՝ կլնի...

Անգինը չգիտեր ինչ պատասխանի. նա զարմացած էր և մտածում էր, որ եթե քրոջ՝ Նոյեմի, ասածները ճիշտ լինեն կամ ճշտվեն— դա, իհարկե, վատ է իրենց տան, անվան համար, իրենց հոր համար, բայց ինչպես գնա հորն այդպիսի բան առաջարկի: Սակայն Նոյեմը նրան համոզեց, որ դա անհրաժեշտ է, թե չէ հոր հետ կխայտառակվեն իրենք էլ:

— Եթե այդ բանը թողնենք, չխոսենք, խալխը մեզ ամոթանք կտան, որ մեր հորն անտեր ենք թողել: Հասկանո՞ւմ ես...

Վերջին պատճառաբանությունը համոզեց Անգինին և նա համաձայնություն տվեց՝ միասին գնալ հոր հետ խոսել:

Եվ քիչ հետո նրանք բաժանվեցին, պայմանավորվելով վաղը գնալ այնպիսի ժամի, երբ այգում խնձոր գնողներ չեն լինում: Ու գտան, որ ամենահարմար ժամանակն առավոտն է:

Երբ իրիկունը դերձակը տուն եկավ և հետաքրքրվեց, թե կինն ինչո՛ւ է այլայլված՝ Անգինն ամոթից ամեն բան չհայտնեց, բայց ասաց, թե վաղը պետք է գնան հոր մոտ նրան հասկացնելու, որ մոր շորերը չտա գաղթականին և նրան այգուց հեռացնի: Ու լավ կլինի, եթե Վանեսն ինքն էլ խոսի հոր հետ:

— Ամեն մարդ իր գլխի տերն է,— ասավ դերձակը:— Ես ուրիշի գործերին չեմ խառնվի: Դուք գիտեք ձեր հերը:

Անգինը լռեց, և այնուհետև՝ մինչև ուշ գիշեր նրա քունը չէր տանում, ամոթից նրա դեմքը տաքանում էր, երբ մտածում էր քրոջ ասածների մասին։ Նրա տագնապն ավելացրեց մանավանդ գիշերվա կեսին հանկարծ բարձրացած քամին, որ սուլում ու շաչում էր գյուղի գլխին և առանձնապես իրենց տանիքում։

3

Օգոստոսի առավոտը նոր— նոր էր բացվում, երբ Մարտին ապերը վեր կացավ անկողնից, լվացվեց և իր փոքրիկ կողովը ձեռին մտավ այգի՝ տեսնելու, թե գիշերվա քամին որքան խնձոր է թափել ծառերից և ձմեռվա խնձորներին չի՞ վնասել արդյոք։ Նրա հաշվով քամին մեծ ավերածություն պիտի արած լիներ, որովհետև դրնգում էր շարունակ և տանիքը ծեծում... Հիմա, սակայն, այնպես խաղաղ էր, որ մարդ չէր հավատում, թե գիշերը փոթորիկ է եղել։ Արևը դեռ ուշ պիտի ծագեր, բայց նրա ելքն ավետող հրակարմիր ցոլքերն արդեն բռնել էին երկինքը, և գյուղում ու դաշտերում իջել էր մի անդորր, որ ամառը լինում է միայն կիրակի օրերը, երբ կալ ու դաշտային աշխատանք չի կատարվում և գյուղացին ուզում է մի երկու ժամ ավելի հանգստանալ շաբաթվա լարված աշխատանքից հետո։ Դրանից էր, գուցե, որ արտույտներն ուրախ երգով ճախրում էին ցած, իսկ ծիծեռնակները սլաքի պես կտրում էին օդը սուր ծվոցով և անհայտ անում չգիտես ուր։ Անտառը դեռ քնաթաթախ էր, այգու վրա՝ թե ծառերին և թե գետնի կանաչին դով ցող էր իջել. անգամ ընկած խնձորները շաղոտ էին...

Մի փոքր տարածություն անցնելուց հետո՝ Մարտին ապերը տեսավ, որ իր ենթադրությունը սխալ էր.— քամին շատ խնձոր չէր թափել... Նա հանգստացավ մանավանդ, երբ նկատեց, որ ձմեռվա խնձորները չէին վնասվել. յուրաքանչյուր ծառի տակ ընկել էին ընդամենը մի քանի հատ... Քամին, ինչպես երևում է, վերևից էր անցել։

Մարտին ապերը գոհ մնաց, և հանգիստ սրտով գնաց մինչև այնտեղ, ուր Սահակը քնում էր մեծ ծառի տակ։ Պահակը քնի մեջ քորվում էր, իսկ մի քիչ այն կողմ կապված շունը՝ Ասլանը, տիրոջը տեսնելով, սկսեց պոչը շարժել և կապը ձիգ տալ.— ուրա՞խ էր արդյոք տիրոջը տեսնելու համար, իր հավատարմությո՞ւնն էր հայտնում նրան, թե՞ կեր էր ուզում— դժվար էր ասել։ Բայց Մարտին ապերն այնպես հասկացավ, թե շունն ուզում է, որ ինքը՝ տերը մոտենա նրան։ Եվ ծերունին մոտեցավ ու, փաղաքշական խոսքեր ասելով, մի քանի անգամ շփեց շան գլուխը։ Ասլանը հրճվանքից ճմլկոտաց, ատամները կափկափեց ու նստեց կերի սպասելով, որ նրան ու ընկերներին տալիս էր միշտ Սահակը։ Բայց Մարտին ապերը չուզեց նրան արթնացնել.— մեղք է, թող քնի, մտածեց և այն է ուզում էր վերադառնալ, երբ նկատեց մոռի թփերը, որոնց ճղները կարմրել էին պտուղներով։ «Մի քիչ քաղեմ՝

տանեմ Նունուֆարին», ասաց նա մտքում ու, կողովի հատակին շերեփուկի մաքուր տերևներ փռելով՝ սկսեց մոռի հասած կարմիր հատիկները խնամքով ու զգուշությամբ վերցնել իրենց սպիտակ կաղապարներից: Երբ մի երկու— երեք բուռ քաղել էր արդեն՝ նա նորից վերադարձավ տուն:

— Նունուֆար, ա՛ռ, մոռ եմ բերել քեզ համար, — կողովը տվեց նա ինքնաեռը ջուր լցնող Նունուֆարին, ապա նորից ձեռները լվաց, հագավ կիրակնօրյա զգեստները, այսինքն՝ միայն բարակ շալ արխալուղը, որ Վանեսն էր կարել մի քանի տարի առաջ և, տերողորմյան վերցնելով, հանդարտ քայլերով գնաց դեպի փեթակները, մինչև թեյը պատրաստ կլիներ, որից հետո խնձոր առնողներ պիտի գային: Մարտին ապերն իրեն լավ էր զգում այսօր, այնպես լավ, որ վաղուց չէր զգացել: Երբ մի տարի առաջ կինը՝ Սաբեթ նանը, մեռավ՝ նրան թվաց, թե ամեն ինչ տակնուվրա եղավ, կյանքում էլ շահ, նպատակ, համ չէր տեսնում. ամեն ինչ ընկել էր աչքից: Բայց հիմա, երբ Նունուֆարը տանն էր, նրան թվում էր, թե կոտրված մի բան նորոգվեց ու ամեն ինչ կարգի ընկավ. էլ առաջվա պես անհանգիստ չէր. խաղաղություն կար սրտում, և նա կուզեր, որ այսօր այդ հանգիստն ու խաղաղությունը չխանգարվեր գնողների գալով, կշեռքով ու հաշվով: Այսօր գոնե հանգիստ թողնեին, ինչպես բոլորն են հանգստանում կիրակի օրերը: «Կալի եզն անգամ հանգստանում է կիրակի օրը»,— մտածեց նա,— իսկ մենք հա՛յ քաղի, հավաքի, կշռի, հաշվի»...

Մարտին ապերն, իսկապես, արդար լինենք, շահով, առնտրով քիչ էր հետաքրքրվում. նրան շահագրգռում, ապրեցնում էր միայն իր այգու կյանքը, նրա բազմազան կյանքը՝ վաղ գարնանից մինչև ուշ աշուն: Մարտին ապորը հետաքրքրում ու ապրեցնում էր յուրաքանչյուր ծառ ու թուփ. նրանց բողբոջումն ու ծաղկումը. ապա առաջին պտղավորումը— քորոցի գլխի չափ պտուղները, որ կամաց— կամաց դառնում էին բռունցքի չափ: Նա գիտեր այգու յուրաքանչյուր ծառի կենսագրությունը, ինչպես հայրն իր զավակների, նրանց պատահած դժբախտությունը. ծառի առաջին ծաղկումը նրան պատճառում էր զարմանալի հրճվանք, ինչպես զավակի հարսանիքը ծնողներին. նրանց հիվանդությունը նրան տխրեցնում էր և ստիպում իր հոգածությունը կենտրոնացնել հիվանդ ծառի վրա կոտրված ճյուղը, կարկտահար ծառը նրա սիրտը լցնում էին դառն վշտով, իսկ նոր պատրուսների առաջին կանաչն ու ընձյուղումը անասելի բավականությամբ ու հրճվանքով, մի այնպիսի հրճվանքով, որ նա չէր կարողանում իրեն զսպել մինչև իր ուրախությանը մասնակից չաներ և մի ուրիշի:— «Սահակ, Սահակ. արի մի տե՛ս՝ պատրուսները ո՛նց են կանաչել»... Ու նրա դեմքը փայլում էր հրճվալից ժպիտով: Իսկ եթե Սահակը չէր լինում, կինն էր աչքովն ընկնում՝ կանչում էր զվարթ ձայնով. «Սաբեթ, աղջի Սաբեթ, մի տես ո՛նց են կանաչել»... Նրան մանավանդ մեծ, անասելի մեծ հրճվանք պատճառեց իր մի փորձը, որն այնքան հաջող արդյունք տվեց, որ ամբողջ գյուղն սկսեց խոսել։— Տարիքով մի խնձորենու ստորին ճյուղերի վրա նա չորս տեսակ պատվաստ արավ, և չորսն էլ կանաչեցին, ծաղկեցին ու չորս տեսակ պտուղներ տվին։ Դա նրա համար ուրախություն էր, հաղթանակ, գյուղացիների համար՝ հրաշք. նրանք խմբերով գալիս էին հրաշք ծառը տեսնելու, և Մարտին ապոր համարումը մեծանում էր նրանց աչքում, դառնում հեղինակություն... Այնպես որ Մարտին ապերը սոսկ այգետեր չէր, որ ծառը պահում է բերք ու շահ ստանալու համար— նա այդ անում էր գործը սիրելով, նրա հաճույքը վայելելու։ Ոչ միայն ծառերին, թփերին էլ այդպիսի խնամքով էր վերաբերվում Մարտին ապերը.— այգու պատերի տակ և ազատ մասերում նա տնկել էր հաղարճի, մոռի ու փշախաղողի թփեր, իսկ տան շուրջը, դեռ ջահել ժամանակ, վայրի ու ընտանի վարդենիներ, որոնց վրա նույնքան խնամք էր թափում հիմա, որքան երիտասարդ օրերին... Ու միշտ քամիները, ցրտերը ահաբեկում էին նրան.— ծառերին մի բան չպատահի՞...

Այդ մտահոգությամբ անցրեց նա և այս փոթորկալի գիշերը, բայց հիմա հավաստիանալով, որ առանձին մի վնաս չի եղել —ծառ, ճյուղ չի կոտրվել,— նա ոչ միայն հանգստացավ, այլև հաճելի մի անդորր իջավ նրա սրտին և նա ցանկություն ունեցավ կիրակին հանգիստ անցնել իր տանը, առանց մարդկանց հետ առնտրի, հաշվի գործ ունենալու։

Այգու մեծ մասը շրջելուց հետո՝ այն է ուզում էր վերադառնալ տուն՝ թեյել, երբ այգու դուռը ծեծեցին։ Մարտին ապերը կանգ առավ, ո՞վ պիտի լիներ այսպես վաղ։ Ուզեց ձայն տալ Սահակին, որ գնա դուռը բանա, բայց հիշելով՝ նա քնած է, գնաց ինքը, տերողորմյան հանգիստ գցելով։

Երբ դուռը բաց արավ՝ նրա առաջ կանգնեցին իր երկու աղջիկները— Նոյեմն ու Անգինը՝ մեկը մյուսից լուրջ ու հուզված դեմքով։

Մարտին ապոր համար դա մի արտակարգ այցելության էր այդպես վաղ. արտակարգ թվաց նրան և աղջիկների հուզված արտահայտությունը. ի՞նչ պիտի լիներ... Եվ աղջիկներն իրենց հերթին երևի հոր դեմքին զարմանք նկատելով էր, որ ասացին.

— Շուտ եկանք, որ մարդ չլնի։ Քեզ ասելու բան ունենք, հայրիկ,— խոսեց առաջինը Նոյեմը։— Գնանք էս կուռը,— ցույց տվեց նա տան հակառակ կողմը, այգու խորքը։

— Ի՞նչ կա, ի՞նչ է պատահել,— չհամբերեց ծերունին, ենթադրելով, թե փեսաներից մեկին մի աղետ է պատահել։

— Չէ, մեզ բան չի պատահել,— շարունակեց Նոյեմը նույն լուրջ, հուզված ու վիրավոր տեսքով։— Մենք եկել ենք էդ գաղթականի համար...

Բայց հայրը թույլ չտվեց շարունակի. նա ուղղվեց կանգնած տեղը և նրա թավ հոնքերն ամպեցին.

— Ի՞նչ...— խուլ հնչեց նրա փոխված ձայնը: Եվ նրա այդ հարցի մեջ կար ոչ թե հետաքրքրություն, այլ մի զուսպ վրդովմունք:

Նոյեմն իր հերթին նույնպես ուղղվեց, դքվեց ու շրթերը սեղմեց. երևում էր, որ նա հոր հարազատ աղջիկն է:

— Դու դեռ բանը չլսած՝ մի՛ բարկանա, հայրիկ: Թող հլա ասենք՝ հետո:

— Ասա՛:

— Մենք քու աղջիկները, քու հարազատներն ենք: Էնպես չի՞: Քու պատիվը, քու անունը մերն է: Էնպես չի՞:

— Ասելի՛քդ ասա,— կտրեց հայրը:

— Ասեմ,— և Նոյեմը շունչ առավ կուրծքը բարձրացնելով ու, քրոջ՝ Անգինի վրա մի հայացք նետելով, որով նրան կարծես հրավիրում էր օգնության, շարունակեց ձեռը մեջքին կանթելով.

— Էդ գաղթական կնկանն ինչո՞ւ ես բերել քու տունը:

Հայրը միայն խեթեց Նոյեմի վրա, որ չգիտես արհամարհիում էր աղջկան, թե զարմանում նրա համարձակության վրա:

Բայց Նոյեմը դրանից չշփոթվեց.

— Խալխը հազար բան են ասում. դու հեռու ես՝ չես լսում... Էնպես բաներ, որ մարդ ամաչում է...

— Է՛նպես բաներ,— չհամբերեց հայրը և տնազեց աղջկան:— Ի՞նչ բաներ... Ու Նոյեմի փոխարեն նա դարձավ Անգինին:— Դու ասա տեսնեմ՝ «ի՞նչ բաներ»...

Անգինը կարմրեց:

— Եսիմ: Թող Նոյեմն ասի:

Եվ Նոյեմն սկսեց նրանից, թե հոր անվան ու պատվի համար լավ չէ, որ նա պահում է այդ գաղթական կնոջը, որ Նունուֆարը հայտնի գող է. կարող է հոր ունեցածն այնպես կրել, որ հայրը չիմանա, և մի օր էլ կտեսնի— տանը բան չի մնացել:

— Նրա մասին դեռ ավելի վատ բաներ են խոսում,— շարունակեց Նոյեմը:— Կարող է անառակի մեկն է: Էնպես չի՞, Անգին:

Անգինը նորից կարմրեց և գլուխն իջեցրեց: Նա ամաչում էր հոր երեսին նայել:

Մարտին ապերն սկզբում լսում էր ակամա, մի ականջն աղջիկներին դարձրած, հետո սկսեց երբեմն խեթել, իսկ Նոյեմի վերջին խոսքերից հետո՝ էլ չհամբերեց ու հարցրեց տաքացած.

— Է՞դ էր ձեր ասելիքը:

Եվ հոր ձայնի մեջ աղջիկներն զգացին զսպված բարկություն:

— Ամենավատը է՛ն է, է՛ն է,— տաքացավ Նոյեմը, կարծես հորից վարակվելով,— է՛ն է, որ էդ կնիկը անառակ է. ում տունն ասես՝ գնում է, ում հետ ասես՝ ընկնում է: Ի՞նչ կասեն մարդիկ...

— Մարդի՛կ,— աղջկա խոսքը կտրեց Մարտին ապերը: — Ի՞նչ գործ ունեն էստեղ մարդիկ:

— Ո՜նց թե, ախր մեզ համար էլ վատ է, մենք էլ գեղի մեջ ենք ապրում: Էդ որ մորս շորերը տալիս ես նրան, հագցնում— տեսնողն ի՞նչ կասի մեզ:

— Դուք ուրեմն ձեր մասին եք մտածում: Դա ո՛չ ձեր, ո՛չ խալխի բանն է: Կին է՝ ինձ օգնում է, իմ շորերը լվանում, ճաշ է եփում, տան բան է անում— ում ի՜նչ,— հոնքերը վրա տվեց ծերունին:— Կուզենամ հլա հետը կպսակվեմ— ձեզ ի՜նչ...

Նոյեմն ու Անգինն իրար նայեցին, գունատվեցին: Իսկ Նոյեմի վերին շուրթը դողաց:

— Ո՜նց թե,— ձեռներն իրար զարկեց Նոյեմը:— Իմ ազնիվ մոր տեղը գաղթական կնիկ բերե՞ս: էդ ինչե՞ր ես մտածում, ա՛յ հեր: Ուզում ես քու անունը, մորս հիշատակը հլե գետնովը տաս: Թե էդպես բան անես՝ մեր ոտն էլ էստեղ չես տեսնի...

Հայրը փնչացրեց ու երեսը թեքեց:

— Իմ գլխի տերը ե՛ս եմ, ոչ թե դու: Ինչ ուզեմ՝ էն էլ կանեմ:

— Բայց պսակվե՞լ գաղթականի հետ...

— Ես ձեր տան գործերին չեմ խառնվում:

Մարտին ապերն այնպես արհամարհանքով ասաց այդ և այնպես խստությամբ երեսը դարձրեց աղջիկներից, որ Նոյեմը գոգնոցի փեշը տարավ աչքերին, լաց եղավ: Նրան հետևեց և Անգինը: Բայց հայրն ուշ չդարձրեց նրանց արտասուքներին. նա, տերողորմյան ձեռի մեջ ճմրթելով, հեռացավ բարկացած, բարձրահասակ ու փոքր— ինչ կորացած: Նրա բեղերը շարունակ դողում էին: Նա գնաց դեպի փեթակներն ու մինչև ճաշ համարյա մնաց այնտեղ, ինքն իրեն խոսելով, փեթակների առաջի թփերը կարգի բերելով:

Պահակ Սահակը, որ մինչ այդ, հուզված խոսակցության ձայներ լսելով, արագ հագնվելով՝ վազել էր դեպի ձայները— նկատեց, որ ապոր աղջիկները լաց լինելով, վերադառնում են, իսկ ապերը հուզված գնում է դեպի փեթակները. թե ի՛նչ էր պատահել՝ նա չկարողացավ հասկանալ, բայց երևույթն այնքան արտասովոր էր, որ նա վազեց Նունուֆարի մոտ, գոնե նրանից բան իմանալու: Նունուֆարն ինքն էլ անհանգիստ էր. նա էլ լսել էր խոսակցության ձայները, տեսել էր ապոր աղջիկների գնալը, բայց թե ինչ էր պատահել— ոչինչ չէր կարող ասել, որովհետև կարգին բան չէր լսել: Իսկ Մարտին ապորից դժվար էր հարցնել— երկուսն էլ անհարմար էին համարում: Սակայն, աղջիկների գնալուց հետո, երբ արևը բավական բարձրացավ— խնձոր գնողներ եկան: Ապերը կանչեց Սահակին՝ պատվիրեց ասել, որ էգուց գան, այսօր խնձոր չեն կարող քաղել: Այդ տարօրինակ կարգադրությունը պահակին թե՛ զարմանք, թե՛ տարակուսանք պատճառեց, բայց և այնպես նա, առանց պատճառը հարցնելու, ճշտությամբ կատարում էր տիրոջ պատվերը, ո՛վ դուռը ծեծում էր՝ նա, առանց բանալու, հայտարարում էր.

— Էսօր խնձոր չենք քաղել, էգուց եկեք։

Մարտին ապերը հեռվից լսում էր այդ խոսքերը և կա՛մ մաքրում էր փեթակների առաջ սատկած— ընկած մեղուները կա՛մ ուղղում էր պառկած— թեքված ծաղիկներն ու թփերը։ Նա ինքն էլ չգիտեր ինչո՛ւ է անում այդ աշխատանքը, բայց չէր ուզում, որ Սահակն ու Նունուֆարը տեսնեն իր հուզումը։ Նա բարկացած էր աղջիկների վրա, և քանի գնում՝ այդ բարկությունն աճում էր, որ նրանք խանգարեցին իր լավ սկսած խաղաղ օրը։ Եվ ի՛նչ են ուզում իրենից։ Չե՞ն ուզում, որ ինքն ապրի... Մոր հագուստնե՛րը... կարծես իրենք են առել այդ հագուստները...

Նա մտածում, խոսում էր ինքն իրեն և, սկսած աշխատանքը թողնելով, երբեմն գնում— գալիս ծառերի տակ— բարձրահասակ ու փոքր— ինչ կորացած։

Քիչ հետո Սահակը նորից եկավ։

— Էլի խնձոր առնողներ են եկել, ապեր։ Չեն գնում։ Ասում են՝ ապորը կանչի...

Ապերը ձեռը թափ տվեց։

— Գնա՛ ծախի, թե կարող ես։

Սահակը չհասկանալով ապոր վատ տրամադրությունը, բայց ենթադրելով, որ դրա պատճառը երևի աղջիկներն էին իրենց անժամանակ այցելությամբ, գնաց «մուշտարիներին» բավարարելու։ Տեսնելով Սահակը մենակ է— Նունուֆարն անմիջապես օգնության հասավ նրան, ձեռն առնելով կշեռքը։ Սահակին մնում էր միայն խնձոր հասցնել այն տեսակներից, ինչ գնողներն էին ուզում և ինչ պառավները հավաքել էին երեկ առանձին սալակների մեջ։ Ինչպես ամեն կիրակի, այդ օրն էլ բավական գնողներ եկան՝ ո՛րը փողով, ո՛րը ցորենով։ Երբ ճաշի մոտ նրանք գնացին՝ Նունուֆարն ուրախ— ուրախ տուն եկավ։

— Տասվերկու փութ ծախինք,— ասաց նա Մարտին ապորը, որ, փեթակների մոտ շրջելուց ու աշխատելուց հոգնած, եկել մտախոհ նստել էր պատշգամում։

Ծերունին ոչինչ չպատասխանեց, նա կարծես չլսեց, այլ միայն շուրթերը վրա բերեց իրար և տերողորմյան խփեց ծնկանը։

Պատասխան չստանալով, բայց նկատելով ապոր վատ տրամադրությունը և, Սահակի նման ենթադրելով, որ այդ վատ տրամադրությունը կապ ունի աղջիկների այցելության հետ, Նունուֆարը նորից անհամարձակ մոտեցավ ապորը։

— Ես քու մեծ աղջկանից կվախնամ,— ասաց նա դողդող ձայնով, կարծես օգնություն խնդրելու համար։— Այսօր անպես չար աչքերով նայավ ինձի... անպես...

— Նայա՛վ...— չարախնդաց ապերը, առանց Նունուֆարին նայելու։— Իսկ դու վախեցա՞ր... Ինչքա՛ն կուզի թող նայի,— հանկարծ ձեռը ծնկանը խփեց ծերունեն ու ելավ տեղից։— Նայա՛վ... Նա ո՞վ է էստեղ։ Իր մարդու կնիկը, ոչ թե իմ տան տերը։ Նա էստեղ գործ չունի։ Նայա՛վ...

Մարտին ապերը խոսեց այնպես հուզված ու բռնկած, որ Նունուֆարը վախեցած հեռացավ— մտավ սենյակ, զղջալով, որ առիթ տվեց նրան բարկանալու։ Իսկ ծերունին, հիշելով աղջիկների հետ ունեցած խոսակցությունը, շարունակում էր զարմանալ նրանց համարձակության վրա, և նրան թվում էր, որ աղջիկներն իրեն չեն սիրում. ուզում են, որ ինքը մենակ մնա, իրենց ձեռքին նայի։ Նրան վրդովում էր մանավանդ այն, որ իրեն երեխայի տեղ են դնում, խորհուրդներ են տալիս, թե ի՛նչ պիտի անի... Հիշում էր, թե ինչպես աղջիկները ուրախ էին, որ Նունուֆարը կարողանում է տան բան անել, կերակուր եփել, և սովորեցնում էին թե ի՛նչը ինչպե՛ս պիտի եփել, ցույց տալիս ամեն բանի տեղ, որ կարող էին հարկավոր գալ նրան... Հիմա ի՞նչ էր պատահել... Մոր հագուստներից տվել է— դրա համար են կատաղել և «անառակ» ասում... «Ասում են՝ «գող է, անառակ է... է՛ս կանի, է՛ն»... Կարծես ես մարդ չեմ ճանաչում... Գողը, անառակը— աչքերից կերևա։ Խեղճ կնիկ են գտել— ամեն բան ասում են։ Գաղթակա՛ն է... կարծես գաղթականը մարդ չի... «Մեր ոտն էլ էստեղ չես տեսնի՛»:

Եվ Մարտին ապերը չէր կարողանում բացատրել, թե աղջիկները որտեղի՞ց համարձակություն ստացան իրեն հետ այդպես, այդ լեզվով խոսելու։ Ի՞նչն է նրանց անհանգստացնում, ինչո՞ւ են իրար գլխով դիպել...

«Մեր ոտն էլ էստեղ չես տեսնի»... Ավելի՛ լավ։ Դրանց տեսեք... Առանց ձեզ ապրել եմ, էլի կապրեմ... Կարող եք սկի չգալ...

Բայց հենց երեկոյան, երբ լամպը նոր վառել էին, մեծ փեսան՝ զինեվաճառը, եկավ. կառքը գոռալով կանգնեց այգու պատի տակ և նա, դեռ դռնից անհոգ մի եղանակ սուլելով, մոտեցավ իր երկարաճիտ կոշիկներով։

— Բարրիկո՛ւն, պապաշա, բարև՛ Նունուֆար քույրիկ,— ասաց նա պատշգամում սեղանի մոտ նստած Մարտին ապորը և գլուխ տվեց խլխլթացող ինքնաեռից թեյ լցնող Նունուֆարին։ Ինչպե՞ս ես, պապաշա,— շարունակեց նա բարձրաձայն, կարծես խուլի հետ էր խոսում, մի բան, որ ծերունուն դուր չէր գալիս։ —Էսօր աղջիկներդ, իմացա, քեզ հիմար բաներ են ասել՝ նեղացրել։ Որ իմացա՝ շատ բարկացա։ Դու նրանց ասածը բանի տեղ մի դնի, պապաշա. Կնկա մազը երկար է, խելքը՝ կարճ։ Նրանք ի՛նչ իրավունք ունեն խառնվեն քո գործին։ Երբ իմացա՝ շատ բարկացա, շա՛տ։ Ասի՝ գնամ պապաշայի մոտ, հանգստացնեմ, եթե նեղացել է։ Է, պապաշա, եթե ամեն մարդ իր գործին կենա— աշխարհի բանը միշտ լավ կերթա։ Եթե ես, ասենք, խառնվեմ պրիստավի կամ տանուտերի գործին, նրանք իմ գործին— ամեն ինչ կխառնվի իրար: Էնպե՞ս չի, պապաշա: Էդպես է: Շատ մարդ էլ քաղաքավարություն, մարդավարություն ասած բանը չգիտի. ի՛նչ խելքին փչում է՝ ասում է կամ անում է: Ես ասում եմ՝ մեր պապաշան ի՛նչ ուզի— պիտի կատարենք: Մենք էսօր որ կանք՝ նրա որդիներն ենք, ասում եմ, հարազատ որդիները: Դուք, ասում եմ Նոյեմին, աղջիկներ եք, մենք էլ քանի որ տղա չունի, տղաներն ենք: Էնպես չի՞, պապաշա:

«Պապաշան» հայացքը դեպի այգին, լսում էր նրան և անխոս թեյ խմում, բերանի անկյունները սեղմելով:

— Էդպես, պապաշա, հիմարներից չեն նեղանա: Դու խելոք մարդ ես, պապաշա,— ձեռը մտերմաբար աներոջ ծնկանը խփեց նա, հետո մեկեն թեքվեց ու բերանը մոտեցրեց ծերունու ականջին:

Նունուֆարը նրբանկատ կին էր. տեսավ զինեվաճառը ծածուկ բան ունի ասելու, պատշգամից հեռացավ, մտավ սենյակը և աներևութացավ:

— Էդպես, պապաշա,— Նունուֆարի հեռանալը նկատելով՝ ձայնը նորից բարձրացրեց զինեվաճառը:— Գեղացիք մի բան որ տեսնում են— բան են շինում: Ձեզ ի՛նչ մարդու տանը կին է աշխատում: Բա մեկը պիտի աշխատի չէ՞: Աղջիկները չեն հասցնում՝ թող ուրիշն աշխատի: Ձեր ի՞նչ բանն է: Էնպես չի՞, պապաշա: Էդպես է: Իսկ ես՝ ա՛յ ինչ եմ մտածել, պապաշա,— ձեռը նորից մտերմաբար աներոջ ծնկանը խփեց նա:— Ես քեզ շատ եմ հարգում, պապաշա: Այդ դու լավ գիտես: Եվ խղճում եմ շատ, որ մենակ ես մնացել, պապաշա, ու դրա համար մտածում եմ ա՛յ ինչ...

Մարտին ապերը թավ հոնքերի տակից մի սուր, բայց հետաքրքիր հայացք նետեց փեսայի ածիլած երեսը, ուր խաղում էին նրա փոքրիկ աչքերը:

— Մտածում եմ՝ դու մենակ ես, և էդպես շատ տխուր կլինի քեզ համար: Ասում եմ՝ մեր պապաշային մենակ չթողնենք...

Մարտին ապերը կրկին իր սուր, փորձող հայացքը գցեց զինեվաճառի երեսը, այդ վայրկյանին նրա հոնքերը ետ գնացին, և ծերունու դեմքը պարզվեց:

— Հը,— ասաց նա սպասողական:

— Ասում եմ, ուրեմն, պապաշա, քեզ մենակ չթողնենք. մեղք ես... Ասում եմ՝ երեխաներին, Նոյեմին վերցնեմ գանք էստեղ միասին ապրենք: Մենակ լավ չի քեզ համար: Խալխը ի՞նչ կասեն մեզ, էլ որ օրվա հարազատն ենք...

Մարտին ապոր հոնքերը նորից վրա եկան, բերանի անկյունները սեղմվեցին:

— Նունուֆա՛ր,— կանչեց նա մի ձայնով, որից երևում էր, թե կարծես դժգոհ է, որ նա հեռացել էր առանց իր թույլտվության: Իսկ երբ Նունուֆարը գլուխը հանեց սենյակի դռնից, Մարտին ապերը լփռտեց — Արի՛, չայ ածա...

Գինեվաճառն զգաց նրա դժգոհությունը, զգաց, որ աներոջը

հաճելի չեղավ իր առաջարկը, բայց չնկատելու տվեց ու շարունակեց նույն մտերիմ ձայնով:

— Նունուֆար քույրիկն էլ, իհարկե, կմնա կաշխատի: Ճիշտ է, ինձ համար դժվար է, խանութից հեռու կլինի. բայց ոչինչ, պապաշա: Դու գիտես, որ քեզ համար ամե՛ն ինչ կանեմ: Եթե հրամայես՝ էս բոպեին Տրապիզոն կերթամ...

Խանութպանը շարունակում էր, իսկ Մարտին ապերը տաք թեյը խմում էր և առաջվա պես մռայլ նայում այգու կողմը: Նա այլևս փեսային չէր լսում: Երբ թեյը վերջացրեց ու բաժակը դրեց ցած՝ նա հանկարծ ոտի կանգնեց.

— Սահակ, Սահակ... արի՛ էստեղ... Ծներին ջուր տվե՞լ ես,— հարցրեց նա, երբ Սահակը մթան մեջ երևաց ծառերի տակից:— Եթե չես տվել, գնա տուր...

Տեսնելով, վերջապես, աները տրամադիր չէ իրեն լսելու՝ զինեվաճառը, ըստ սովորության, ձեռն աներոջ մեջքին խփելով, հրաժեշտ տվեց:

— Էդպես, պապաշա, դոչաղ կաց. մի բան կանենք:

Ու գնաց, բայց մինչև այգու դուռը հասնելը՝ սրտացավ տիրոջ հոգածությամբ զգուշացրեց պահակին.

— Ծառերին, բանին լավ մտիկ արա, Սահակ, թե չէ...

Ու ձեռը մտերմաբար խփեց Սահակի մեջքին, որից պահակը իրեն շոյված զգաց և ուղեկցեց նրան մինչև կառքը:

Քիչ հետո, երբ Մարտին ապերը լսեց կառքի գոռոցը և ձիերի ոտնատրովը փափուկ սալլուղու վրա, նա էլ չկարողացավ իրեն զսպել.

— Չաչանա՛կ, դու էիր պակաս...

Նունուֆարը դիտող և ուշիմ կին էր. նա զգում էր, որ փեսայի գաղտնի խոսակցությունը Մարտին ապոր հետ պիտի վերաբերեր իրեն. զգում էր նաև, որ աղջիկները դեմ պիտի լինեին հոր քայլին՝ իրեն տանը պահելու, մեծ աղջիկը՝ Նոյեմն արդեն աչքերը ոլորել էր իր վրա և բռունցք էր թափ տվել. և հետո երկրորդ անգամն էր քույրերը, մանավանդ Նոյեմը, գալիս էին այգի, բայց տուն չէին մտնում: Նունուֆարն զգում էր, որ դրա պատճառն ինքն է, ու վախենում էր քույրերից, մանավանդ մեծից՝ Նոյեմից, որ այնպես սուր, շանթող աչքերով էր նայում իրեն, կարծես մեխում էր կամ ուզում էր վառել: Ի՞նչ է ուզում այդ կինն իրենից. ու չէր հասկանում, թե ինչպես անի, որ Նոյեմին չհանդիպի:

Բայց ինչ էլ մարդ մտադրում է—կյանքը կարգադրում է իրենը, հաճախ չուզած մարդուն ավելի ես հանդիպում: Քույրերի այգին գալուց մի քանի օր հետո, երբ Նունուֆարը գնացել էր գյուղի խանութներից թել ու շաքար գնելու (Մարտին ապերը տեսնելով նրա աչքաբացությունը, Սահակի փոխարեն նրան թողեց գնումների գործը), մի խանութում անսպասելի հանդիպեց Նոյեմին. նա կանաչ աչքերի անթարթ հայացքով իրեն այնպես նայեց, որ Նունուֆարը վախից կարմրեց և աչքերն ակամա գետին խոնարհեց:

— Լսի՛ր, աղջի,— մոտեցավ Նոյեմը, խոսելով անսպասելի մեղմ ձայնով, որ Նունուֆարը չէր սպասում:— Արի՛ էստեղ՝ բան եմ ասում:

Նրանք դուրս եկան խանութից և, Նոյեմն առաջ ընկավ: Նունուֆարն անխոս, սրտի դողով հետևում էր նրան ասես հիպնոսված և մտածում, թե այդ կինն արդյոք ո՛ւր է տանում իրեն: Երբ խանութի փողոցից թեքվեցին մի խուլ փողոց՝ Նոյեմը կանգ առավ և կանաչ աչքերը հառեց Նունուֆարի երեսը:

— Լսի՛ր, աղջի,— սկսեց նա ցածր ձայնով:— Ես քու թշնամին չեմ, քո վատն էլ չեմ ուզում: Հերս էդ շորերը՝ մորս շորերը տվել է քեզ, հագել ես՝ ոչինչ. աղքատ կնիկ ես, վարձք է արել: Բայց հիմի քեզ մի բան եմ ասում՝ պիտի լսես, թե չէ— ինձ Նոյեմ կասեն, շատ կբարկանամ:

— Ըսե,— դողաց Նունուֆարի ձայնը:

— Հորս տանից գնա: Գործ չունես՝ ես քեզ համար գործ կգտնեմ,— հասկանո՞ւմ ես: Էգուց էլ էնտեղ չլնես,— ավելացրեց Նոյեմը կտրուկ:

— Ես չէի ուզեր,— փորձեց արդարանալ Նունուֆարը,— հայրիկը կսե՝ «արի»: Կսեմ՝ «երթամ».— Չէ, կսե, մնա:

Նոյեմի աչքերը վառվեցին:

— Դու որ չմնաս,— տաքացավ նա,— հայրիկը քեղ զոռով չի պահի: Ինչե՛ր ես խոսում: Այ, ես քեզ բան եմ ասում. եթե էգուց չգնացիր,— կգամ տունը գլխիդ փուլ կածեմ: Անտե՛ր գաղթական,— ձայնը բարձրացրեց Նոյեմը:— Ես քրեհով ապրեմ՝ դու գաս հորս տանը նստե՛ս... Դե, գնա՛:

Նրանք բաժանվեցին. Նունուֆարը, ծանր փորձանքից ազատվածի պես, դուրս եկավ խուլ փողոցից և շտապեց այգի: Նոյեմի առաջարկությունը և՛ անսպասելի էր և՛ զարմանալի, բայց Նունուֆարը գոհ էր, որ խայտառակություն չեղավ փողոցում, որ Նոյեմը ձայնը չբարձրացրեց և ավելորդ խոսքեր լասաց, որ մարդ չտեսավ իրենց: Նրան թվում էր, որ Նոյեմը կարող էր աղմուկ բարձրացնել, մարդիկ հավաքել իր գլխին և նույնիսկ ծեծել իրեն:

Հասնելով տուն՝ նա Մարտին ապորը ոչինչ լասաց, թե հանդիպել է Նոյեմին և թե նա ինչեր է ասել, ի՛նչ առաջարկ է արել իրեն: Ժամանակին ճաշ տվեց ծերունուն, պահակ Սահակին, ապա ամանները հավաքեց՝ լվաց. հետո, երբ Մարտին ապերն ըստ սովորության «թեք» էր ընկել պատշգամի թախտին, Նունուֆարն անցավ սենյակները, հանեց Մարտին ապորից նվեր ստացած հագուստներն ու ոտնամանները, վերցրեց շալ գլխաշորը, հագավ իր հները, ու կես ժամ հետո նա, բոլորովին զգեստափոխված, մոտեցավ Մարտին ապորը, որ այդ ժամանակ գուլպանց հանգստանում էր թախտի վրա:

— Էհ, հայրիկ, ես կերթամ,— ասավ Նունուֆարը մեղավոր ձայնով:

— Ո՞ւր,— և ծերունին զարմացած նայեց Նունուֆարի փոխված կերպարանքին:— Ո՞ւր կերթաս:

— Իմ տեղ:

— Ինչո՞ւ: Ի՞նչ է պատահել:— Եվ Մարտին ապերը նստեց՝ ոտերը թախտից կախելով: — Ինձանից նեղացե՞լ ես, ինչ է:

— Չէ, ես քենե շնորհակալ եմ... —Նունուֆարը աչքերը խոնարհեց գետին:— Քու աղջիկ Նոյեմ կսե՝ «հորս տնեն հեռացի, չէ նե...»:

Մարտին ապերը թույլ չտվեց նրան շարունակել:

— Նոյե՞մը... Ուրեմն նա՞ է կարգադրել, որ իմ տված շորերը, ոտնամանները հանե՛ս...— Եվ ծերունին զայրացած փութկոտությամբ հագավ չուստերն ու ոտի կանգնեց:— Ո՞վ է Նոյեմը. ի՞նչ իրավունք ունի նա իմ տան վրա: Շորե՛ր... Այդ շորերը նա չի առել, այլ ե՛ս, ե՛ս...

Նա խոսեց զայրույթից, կարմրած, մի երկու անգամ գնաց— եկավ պատշգամում, հետո հանկարծ մոտեցավ Նունուֆարին, ձեռքը բռնեց ու քաշեց դեպի սենյակը:

— Արի՛ էստեղ...

Նունուֆարը, հնազանդ երեխայի պես, հետևեց նրան:

— Շորե՛ր,— ասաց Մարտին ապերը, հանգուցյալ կնոջ սնդուկը բանալով, ավելի շուտ հարձակվելով այդ սնդուկի վրա և, կնոջ հագուստները հանելով այնտեղից, խումբ— խումբ դրեց զարմացած Նունուֆարի առաջ: Ապա կամոդից հանեց ամեն տեսակ իրեր՝ կոշիկներ, սպիտակեղեն, գուլպաներ և նույնպես թափեց հատակին՝ Նունուֆարի առաջ:— Էս բոլորը դո՛ւ պիտի հագնես, դո՛ւ, հասկանո՞ւմ ես: Էս բոլորը ե՛ս եմ առել, ոչ թե նրանք, հասկանո՞ւմ ես: Էս բոլորը քունն է, հասկանո՞ւմ ես: Դե, էս րոպեին շորերդ փոխի: Ինչպես հանել ես,էնպես էլ հագի...

Նունուֆարն ապշած, զարմացած կանգնել էր հագուստների կույտի առաջ և չգիտեր ինչ անել...

4

Աշնանը, երբ օրանցիները կալերը վերջացրել էին արդեն և բանջարանոցները քաղել, Օրանում լուր տարածվեց, թե Մարտին ապերն ամուսնացել է գաղթական Նունուֆարի հետ, և պսակը կատարվել է ոչ թե եկեղեցում, այլ իր խնձորի այգում: Կանչել է, ասում էին, միայն իր ծխատեր քահանային, մի քանի տարեկիցների, դրանց թվում և իր քավոր Ամբակումին, որին գյուղում Ամբակ էին ասում: Եղել են, իհարկե, և հրավիրվածների կանայք, մի երկու— երեք պառավ ու — էլ ոչ ոք: ներկաները պատմել են, որ ճոխ սեղան է եղել՝ գինիներ, մի քանի տեսակ կերակուրներ... և ամեն բան այն կարգով, ինչպես լինում է այրիների պսակին. այսինքն չի եղել ո՛չ նվագ, ո՛չ պար: Նունուֆարը նոր հագուստներով է եղել, բոլորովին նոր կարած: Անգամ պահակ Սահակը հառած է եղել նոր և Նունուֆարի հետ սպասավորել է հյուրերին:

Իմանալով այդ մասին՝ ճանաչողներն ասում էին.

— Տեսա՛ր Մարտին ապորը. խնձորի պես կնիկ է առել:

Բայց ոմանք զարմանում էին նրա ընտրության վրա, որ Օրանի անվանի այրիներին թողած՝ գերադասել է Նունուֆարին, մի կին, որը ոչ «ազգ ունի, ոչ ցեղ»: Ոմանք այդ բացատրում էին նրանով, թե գուցե «սիրահարվել է», և ծիծաղում էին այդ բառի վրա, իսկ ոմանք պարզապես գտնում էին, որ Մարտին ապերն այնպես... «տախտակները խախտվել» են:

Այս կարծիքի էին մանավանդ Մարտին ապոր աղջիկները՝ Նոյեմն ու Անգինը:

— Չէ, հերս խելքը միանգամից ետ է տվել,— ձեռը ծնկանը խփեց Նոյեմը, երբ իմացավ իր համար այդ տխուր, չափազանց տխուր լուրը:— Ով գիտի էդ գաղթականը գի՞ր արավ, կախարդե՞ց նրան:

Ապա սկսեց հայհոյել հոր ծխատեր քահանային, որ համաձայնել էր հորը պսակել «էդ անառակի» հետ. հայհոյեց քավոր Ամբակին, որ խելքը կորցրած հորը ետ չէր պահել այդ բանից: Նրան ավելի վրդովում էր այն, որ հայրը ոչ միայն պսակվել, այլև իրենց «ոչ մի բանի տեղ» չէր դրել. — դա նշանակում էր արդեն իրենց չի էլ ուզում ճանաչել: Այնուհետև նա սկսեց հանդիմանել ամուսնուն, որ չէր կարողացել հորն իր ազդեցության տակ պահել:

— Պարծենո՛ւմ էիր, թե «պապաշան հիմա իմ բռան մեջ է»: Բա էս ո՞նց էլավ:

Գինեվաճառը, որ նույնպես հանկարծակի էր եկել աներոջ քայլից, ամեն բան տակավին կորած չէր համարում:

— Դու կարծում ես, որ ամուսնացավ՝ կնիկը ժառանգ կդառնա՞: Իսկի՛: Ժառանգն էլի դո՛ւ ես, քո՛ւյրդ է: Խնձորի բաղը ձեզ պիտի մնա, ոչ թե գաղթականի կնկանը: Ճիշտ է, խայտառակություն է. երևում է՝ մեզ չի ուզում ճանաչել, հարազատի տեղ չի դնում, բայց բանը դրանով չի վերջանում:

— Ի՞նչ գիտես:

— «Ի՛նչ գիտես»... Քնած հո չեմ. ամեն բան հարցրել— իմացել եմ: Դու պիսրր Պետրոսից օրենքը լավ չես իմանում: Ասում է՝ թեկուզ տասը կնիկ առնի, քանի երեխա չունի—ժառանգը աղջիկներն են: Իսկ եթե, ասում է, երեխա ունենա՝ էն ժամանակ բանը կդժվարանա...

— Էդ էր պակաս, որ երեխա էլ ունենա էդ գաղթականից:

— Հենց լավն էլ էդ է, որ ծեր մարդ է— չի ունենա.— հույս էր տալիս գինեվաճառը:— Դու իսկի մի վախի. ետ— առաջ բաղը մերն է:

Բայց նոյեմը չէր հանգստանում. նա չէր կարողանում հաշտվել այդ

մտքի հետ. նրա համար չշմեցնող հարված էր թվում այն, որ հայրն ամուսնացել է «գաղթական կնկա» վրա, որ հայրն այնքա՜ն «կորցրել է իրեն», որ իր տանը, մոր սարքած տանը պիտի նստի մի «գաղթական», մոր նվիրական իրերը պիտի բանեցնի, նրա թանկագին հագուստները պիտի հագնի մի կին, որ «քոծ» է եղել սրա— նրա դռանը, որ անտուն է եղել, անտեր ու սոված:

— Նա իմ մոր տեղը նստի՜ ու էն բաղին տեր դառնա՜...

Պակաս վշտացած չէր և Անգինը. բայց նրա վիշտն այլ էր. ամենից առաջ նա մեղադրում էր իրեն, որ հորը մենակ էր թողել, շուտ— շուտ չէր գնացել նրա տուն՝ տնտեսությանը նայելու, և նա գուցե ստիպված այդպիսի բան էր արել...

Եվ Անգինը մեղադրում էր ամուսնուն, որ չէր թողնում իրեն ամեն օր գնալ հոր մոտ, որ ինքը՝ դերձակ Վանեսը քիչ էր խոսում հոր հետ, չէր հարցնում նրա «սրտի խորհուրդը», և ահա հայրը, մենակ մնալով, արել է այդ բանը:

— Էլ հիմա խոսելն ավելորդ է,— ասում էր դերձակը է:— Երբ մարդը հավանել— առել է՝ մենք ի՞նչ կարող ենք ասել: Մենք նրա գլխին խելք չենք դնելու: Ամեն մարդ իր գլխի տերն է. ի՛նչ կուզի—էն էլ կանի: Եթե նա գաղթական կնկա հավանել է, ուրեմն՝ բախտն էդ է. մեր խոսելն ավելորդ է:

Անգինը համաձայն էր նրա հետ, բայց անունի, պատվի հարց էր. մարդիկ կմեղադրեն, որ տիրություն չեն արել իրենց հորը:

Չնայած տարբեր էր քույրերի վիշտը, այնուամենայնիվ, նրանք հաճախ այցելում էին իրար՝ կարծես միմյանց մխիթարելու: Բայց իրար մոտ գալով՝ ավելի էին մեծացնում ու բորբոքում իրենց վիշտը, մանավանդ Նոյեմը:

— Հիմի էլ ո՞նց երևանք մարդամիջի,— հուզվում էր նոյեմը:— Մենք էսպես նեղ ապրենք, նա իմ հոր տանն ու բաղումը պոլթա տա՞... Հա՜մ վնաս, հա՜մ տնազ:

Ու քույրերը՝ երկուսն էլ տխրում էին, կարծես հուսահատվում, բայց Անգինը շուտով սթափվում էր և աշխատում մխիթարել մեծ քրոջը, թե ինչ եղել է՝ եղել վերջացել է արդեն: Էլ խոսելն ավելորդ է: Հայրիկն այդ բանը չպիտի աներ, բայց որ արել է, ի՞նչ արած... Մարդ է, ինքը գիտի...

— Երանի նանի փոխարեն դա մեռած լիներ, — ասաց Նոյեմը մի օր հուզված պահին,— էլ էս խայտառակությունը մեր գլուխը չէր գա: Մի մատ մեղր դառանք գեղում: Խալխը հիմա ծիծաղում է մեզ վրա: Մեր խանըմ— խաթուն մոր տեղակ— գաղթակա՜ն... Որ մտածում եմ՝ խելքս գլխիցս թռչում է...

Ամուսնության առաջին օրերը, նույնիսկ առաջին ամիսները Նունուֆարը գյուղում չէր երևում. առաջ հաճախ գալիս էր խանութներից բան գնելու, գալիս էր մեկ— մեկ աղբյուրը ջրի, բայց հիմա— բոլորովին, նրա փոխարեն դարձյալ պահակ Սահակն էր գնումներ կատարում, աղբյուրից ջուր բերում: Երբ գյուղացիները հանաքով թե լուրջ հարցնում էին — ինչո՞ւ «աղան» չի երևում կամ ինչո՞ւ «նոր խանըմը» դուրս չի գալիս — Սահակն աչքով էր անում պարզուկ— խորամանկ ժպիտը դեմքին և անխոս հեռանում:

— Մեղրամիսը դեռ չի՞ վերջացել, աղա:

Սահակը չէր պատասխանում այդ հարցատերներին. նա հարգում էր Մարտին ապորը և չէր ուզում նրա տան բաները հայտնել որևէ մեկին: Ինչ վերաբերում է Նունուֆարին — ուրիշ ժամանակ գուցե նրա մասին բաներ ասեր— խոսեր, բայց քանի որ նա Մարտին ապոր կինն էր արդեն՝ չէր ուզի հիմա բան ասել կամ վատ բան լսել նրա մասին: Սակայն մի բան հիմա շփոթում և մտահոգում էր Սահակին, չգիտեր այժմ ինչպես վարվի Նունուֆարի հետ. առաջ նրան պարզ «Նունուֆար» էր ասում կամ «աղջի». բայց հիմա, երբ նա Մարտին ապոր կինն էր — այդպես չէր կարելի, ու չգիտեր ի՛նչ անի. «Նանի» չէր ուզում, որովհետև դեռ պառավ չէր, «մայրիկ» նույնպես, որովհետև դեռ ջահել էր. և նա այժմ «դու» էր ասում: Նունուֆարն էլ այդ կողմից պահանջկոտ չէր. երբ մեկը նրան «քույրիկ» էր ասում՝ ամաչում էր, կարմրում, որովհետև վաղուց ընտելացել էր, որ իրեն «Նունուֆար» ասեն: Իսկ երբ Մարտին ապերը նրան «Նունուֆար ջան» էր ասում—նա քիչ էր մնում փղձկար, վաղուց շատ վաղուց ոչ ոք նրան «ջան» չէր ասած. այդպիսի դեպքերում նրա սիրտը փուլ էր գալիս և նա երբեմն արտասվում էր ծածուկ տեղեր, չգիտես ուրախությունի՞ց թե հին— հին հիշողություններից: Ու այդ պատճառով կարծես նա Մարտին ապորն ավելի էր հարգում.— ամեն շաբաթ լվանում էր նրա գլուխը, անկողինը պատրաստում էր միշտ մի առանձին խնամքով, թեյի մեջ շաքար էր գցում, մսի լավ կտորները դնում էր նրա առաջ, հատակները սրբում էր եռանդով, կարծես նրան իր երախտագիտությունը հայտնելու: Բայց Մարտին ապերը չէր թողնում նրան շատ աշխատել:

— Հերիք է, Նունուֆար ջան, հերիք է, կհոգնես,— ասում էր նա ամեն անգամ, երբ տեսնում էր Նունուֆարը փեշերն ու թևքերը քշտած տունը հավաքում է կամ տան փովածքները եռանդով թափ տալիս:

Նունուֆարի գալուց առաջ՝ Մարտին ապորը թվում էր, թե բոլոր իրերը տան մեջ, պառավի մահից հետո, անշարժացել էին, խունացել կամ նույնպես մեռել, բայց Նունուֆարը հանկարծ ասես կենդանություն տվեց դրանց. ամանները զնգացին ու փայլեցին, ծածկոցներ երևացին այս կամ այն բանի վրա և տունը կարծես լուսավորվեց. չգիտես նրանի՞ց էր, որ լուսամատի ապակիները սրբվեցին, թե նրանից, որ սեղանի ճերմակ սփռոցը ձյունի պես մաքուր էր... Պահած տեղերից Նունուֆարը կտորներ հանե՞ց, թե՞ առավ նոր—լուսամուտների համար վարագույրներ կարեց— կախեց, ամանեղենի պահարանը զարդարեց նախշաձև կտրտած թղթերով: Առհասարակ Նունուֆարն աշխատում էր տունը միշտ կարգին ու մաքուր պահել, ամեն բան անել լավ, ժամանակին... Առավոտները, երբ Մարտին ապերը դուրս էր դալիս ծառերին ու մեղուներին նայելու (այգում հիմա մնացել էին միայն ձմեռվա խնձորները՝ «անպորտն» ու «անտովկա»— ն) Նունուֆարը ինքնաեռը դնում էր պատշգամի ծայրին և, մինչև թեյը կեփեր, տունը հավաքում էր, մաքրում, այնպես որ, երբ ապերը վերադառնում էր—ամեն բան փայլում էր:

— Ապրե՛ս Նունուֆար,— ասում էր Մարտին ապերը ձեռով Նունուֆարի ուսը շոյելով: Նրան այնպես էր թվում, թե կյանքը փոխվել է, թե ինքն ընդհարմացած, թմրած էր, հիմա կենդանացել է:— Բայց դու շատ մի աշխատի, Նունուֆար, կհոգնես...

Եվ Նունուֆարն, իսկապես, մի օր կարծես հոգնեց — հատակը սրբելիս՝ հանկարծ նրան թվաց աչքերը մթնեցին և նա, ավելը ձեռին նստեց՝ պատին հենվելով. ապա ձեռը տարավ դեպի ճակատն ու վեր կացավ երերալով, տնքոցը հազիվ զսպած: Մարտին ապոր հարցին, թե ի՞նչ պատահեց— Նունուֆարը գլուխը թեքեց և ուսի մեկը վեր քաշեց, որ նշանակում էր՝ չի իմանում:

Նունուֆարն ինքը, իհարկե, գիտեր, բայց ամաչում էր ասել, որ այդպիսի բան իրեն պատահել է տարիներ առաջ, երբ «երեխով» էր լինում, և նա հիմա ամեն կերպ աշխատում էր ապորից թաքցնել այդ հանգամանքի նշանները... Բայց Մարտին ապերը հասկացավ ամեն ինչ:

— Դե ուրեմն դու քեզ լավ պահի, շատ մի աշխատի, ծանր բաներ մի վերցնի...

Նունուֆարը կուզեր մոտը լիներ մի մոտիկ, հարազատ կինարմատ, որ պատմեր նրան իր ապրումները, իր ուրախությունը, թե նորից երեխա պիտի ունենա այնքան տարիներ հետո, իր երեխաները կորցնելուց հետո: Նա, որ մի հարազատ չուներ ոչ մի տեղ— հիմա նրան թվում էր, թե իր իսկական հարազատը պիտի գա, ու այդ հարազատից նա պիտի առներ կարոտը այն բոլորի, որ կորել կամ մեռել էին վաղուց, զգում էր նաև, որ այդ եկողը պիտի լիներ իր նեցուկն ու ապավենը և իր իսկական ուրախությունը կյանքում:

Ու գործի միջոցին, թե պարապ ժամանակ Նունուֆարի միտքը շարունակ զբաղվում էր նրանով, որ պիտի գար: Մտածում էր հագուստներ կարել նրա համար, բարձ ու անկողին պատրաստել, բայց, մատներով հաշիվ տեսնելով, գտնում էր որ դեռ ժամանակ կար... Նա այդ ամենի մասին մտածում էր մի ուրախությամբ, որ զգացել էր միայն առաջին երեխայի ժամանակ... Հիշելով, որ այն օրերին կեսուրն ամեն կիրակի իրեն տանում էր եկեղեցի—սկսեց ձմռան առաջին օրերը, երբ ազատ էր, գնալ եկեղեցի՝, հատկապես տոն և կիրակի օրերը, երբ պատարագ էր լինում: Հագնում էր հանգուցյալ պառավի թուխ վերարկուն ու կարճակրունկ կոշիկները, շալը գցում էր կամ թևին, եթե ցուրտ չէր լինում, կամ ուսերին, երբ քամիներ էին փչում: Այգուց մինչ գյուղ նա գնում էր, իհարկե, մենակ, իսկ գյուղում նրան՝ եկեղեցու ճանապարհին ընկերանում էր երբեմն ծանոթ մի կին, և նրանք զրուցելով շարունակում էին ճանապարհը: Եկեղեցում Նունուֆարը կանգնում էր կանանց դասի ետին մասում ու ջերմեռանդորեն լսում քահանաների արագ— արագ երգած, անհասկանալի բառերը, տիրացուների ընթերցումը, որ նրան թվում էր, թե շարունակում են մի հին վեճ՝ անըմբռնելի բանի մասին, իսկ երբ քահանան երբեմն բեմից ետ էր դառնում՝ մատները բարձրացրած, Նունուֆարին թվում էր՝ կարգի է հրավիրում նրանց:

Նունուֆարն անշարժ լսում էր նրանց և ինքն իր մեջ աղոթում: Իսկ երբ մեկ— մեկ սրտի տակ խլրտում էր զգում—այդ նրան հանկարծակի հուզմունք, խռովք ու հաճույք էր պատճառում, և նա աղոթում էր ավելի եռանդով: Այդ րոպեներին մի քաղցր արբեցում, երբեմն նվաղումի պես մի բան էր պատահում նրան, ճիշտ այնպես, ինչպես այն ժամանակ, երբ Մարտին ապերը հարցրեց պատճառը և ջուր տվեց նրան:

— Քեզ լավ պահի,— խորհուրդ տվեց նա մի ուրիշ անգամ, և ինքն ապերը ուրախության պես մի բան զգաց. թաշկինակը հանեց և գոհությամբ սրբեց բեղերը:— Ուրեմն՝ նոր երեխա պիտի ունենանք,— ավելացրեց նա ու ժպտաց մի խաղաղ ժպիտով, որ նրա բեղերը բարձրացրեց բերանից, երևան հանելով նրա իրարից հեռացած, բայց տակավին պինդ ատամները: Նունուֆարն զգաց ծերունու լավ տրամադրությունը և սրտապնդեց: Եվ այնուհետև Մարտին ապերը չէր թողնում նրան ծանր բաներ վերցնի, դժվար գործ անի. վառարանը վառում էր ինքը. ինքնաեռը ներս բերելու կամ կարպետ ու գորգ թափ տալու համար կանչում էր Սահակին: Եկեղեցի գնալու համար նույնպես զգուշացնում էր Մարտին ապերը, թե կարող է մրսել, սառույց կպատահի,— կընկնի, շուն կհաչի՝ կվախենա: Երբեմն էլ ուղղակի արգելում էր գնալ:

— Աղոթքը մեր տանից էլ աստծուն կհասնի:

Նունուֆարը սակայն այդ կարծիքի չէր. եթե այդպես լիներ՝ եկեղեցին ինչո՞ւ համար է հապա: Երկրի նախկին սովորությո՞ւնն էր, թե՞ Նունուֆարն ինքն էր զգում դրա անհրաժեշտությունը, գուցե և «երեխով» կինը դառնում է ավելի հավատացյալ — նա ամեն շաբաթ երեկո խունկ էր ծխում տանը, և այդ բանը դուր էր գալիս Մարտին ապորը. նա հիշում էր, որ հանգուցյալ Սաբեթն էլ այդպես էր անում... Իսկ կիրակի օրերը Նունուֆարը կանոնավոր գնում էր եկեղեցի: Կանանց դասում կանգնած՝ ականջ էր դնում ժամերգության և միաժամանակ լսում, թե ինչպես է նա «խաղում» սրտի տակ: Այդ վայրկյաններին Նունուֆարն սկսում էր ավելի ջերմեռանդ աղոթել ու խաչակնքել երեսը: Իսկ նրա աղոթքը միշտ նույնն էր ու մի քանի բառ, որ սովորել էր մանկությունից.

— Մեռնիմ քո սուրբ զորության, տեր...

Եվ ուրիշ ոչինչ: Նա այնպե՛ս ահով էր նայում շուրջը կանգնած կանանց, վախենում էր հանկարծ ծաղրեն իրեն, ծիծաղեն իր ձևերի վրա, իր վերարկուի վրա, որ շատերը երևի գիտեին ո՛ւմն է: Նունուֆարը համոզված էր, որ ամբողջ ավանն արդեն գիտե, թե ինքն ո՛ւմ հետ է ամուսնացել և ո՛ւմ հագուստներն է հագնում հիմա: Այդ բանից նա շատ էր ամաչում և վախենում. վախենում գլխավորաբար ծերունու աղջիկներից, մանավանդ Նոյեմից, որ մի երկու անգամ խոսել էր մոր շորերը հագնելու մասին... Եկեղեցում էլ Նունուֆարն աշխատում էր խուսափել նրանից. նրա գլուխը տեսնելուն պես՝ քաշվում էր կանանց դասի ետին շարքերը՝ աչքից անտես մի անկյուն: Մի անգամ սակայն նա հանկարծ իրեն տեսավ Նոյեմի կողքին կանգնած: Թե այդ ինչպե՛ս էր պատահել— չիմացավ, բայց սարսափած ետ քաշվեց, գրեթե փախավ, որ Նոյեմն իրեն չտեսնի:

— Մեռնիմ քո զորության, տեր,— շշնջաց նա վախվորած սրտով, հիշելով Նոյեմի սպառնալիքը փողոցում, նրա կանաչ աչքերի չար փայլը: —Մեռնիմ քո զորության... Մեռնիմ քո զորության...

Բայց մի օր. եկեղեցուց դուրս գալիս, Նունուֆարը դեմ առ դեմ հանդիպեց Նոյեմին. ավելի շուտ Նունուֆարը տեսավ նրա կանաչ աչքերի հայացքը, որ զննում էին իրեն ոտից— գլուխ: Նունուֆարն աչքերը խոնարհեց և, խմբված կանանց մեջ արանք բանալով, ինքն էլ չիմացավ ինչպես հեռացավ նրանից, և ետևից միայն լսեց, «տե՛ս լրբին»... Դա Նոյեմի ձայնն էր: Նունուֆարն անմիջապես դուրս եկավ եկեղեցուց և շունչը մեկ էլ այգու դռանն առավ: Երկար ժամանակ նրան թվում էր, թե Նոյեմը կրնկակոխ գալիս է ետևից, որ իրեն բռնի, հանդիմանի, թե ինչո՛ւ չէր կատարել ասածը, կամ հանկարծ մոր հագուստները պահանջի ու հանել տա փողոցում... Ու այս մտքից սարսափած Նունուֆարը գրեթե վազում էր հևալով և նա ետ նայեց միայն այն ժամանակ, երբ գյուղից դուրս էր եկել արդեն: Տեսնելով հետապնդող չկա՝ նա զնաց մի քիչ էլ, ապա նստեց այգու մոտ ընկած քարերից մեկին և, վերջապես, շունչ առավ լիքը կրծքով: Սիրտը կարծես թնդում էր կրծքի տակ, ականջներում զգում էր նրա զարկերը: Մի քանի անգամ նա ձեռը կրծքին դրեց՝ հանգստանալու, բայց սիրտը շարունակում էր բաբախել: Երբ քիչ հետո Մարտին ապերն այգում տեսավ նրա հուզված քայլվածքը և կարմրած դեմքը, զարմացավ.

—Ի՞նչ է եղել, ինչո՞ւ ես վազել...

— Հէչ,— թաքցրեց հուզմունքի պատճառը նունուֆարը,— շան տեսա՝ վախեցա:

Նա չէր ուզում ծերունուն հայտնել աղջկա վերաբերմունքը. չէր ուզում, որ հայրն իր պատճառով կռվի աղջկա հետ... Նա առհասարակ աշխատում էր Մարտին ապոր մոտ ոչինչ չխոսել նրա աղջիկների մասին, չգրգռել նրա բարկությունը, որ աղջիկներն իր դեմ ավելի չլարվեն: Մանավանդ, երբ զգում էր «խաղը» — նրա սիրտը լցվում էր խանդաղատանքով. ներում էր մարդկանց իրենց արարքները, անտարբեր էր դառնում դեպի ամենքը ու նրա միտքն ամբողջ կլանվում էր նրա ապագայով:

Այնինչ Նոյեմը, երբ Նունուֆարին տեսավ եկեղեցում, անչափ զարմացավ: Վաղուց, դեռ աշնանը, փողոցում հանդիպելուց հետո, նա Նունուֆարին չէր տեսել: Հիմա Նոյեմին թվաց, թե նրա դեմքը և փոխված էր և բավականություն էր արտահայտում, և նա ընդհանրապես տարօրինակ էր մոր վերարկուի մեջ: Ու զարմանքի հետ միասին Նոյեմին համակեց մի անզուսպ բարկություն, և նա չկարողացավ իրեն պահել, որ չնետի հեռացող Նունուֆարի ետևից «տես լրբին» բառերը, որոնք այնպես ահաբեկեցին խեղճ Նունուֆարին... Ու Նոյեմն այդ օրն այնքա՛ն հուզված էր նրան տեսնելուց, այնպիսի մի կասկած ընկավ նրա սիրտը, որ նա եկեղեցուց ոչ թե տուն գնաց, այլ շտապեց քրոջ՝ Անգինի մոտ:

— Ժամումն էի,— սկսեց Նոյեմը ներս մտնելուն պես:—Էն գլխամեռն էլ էնտեղ էր... Նայեմ՝ ի՞նչ տեսնեմ, որ լավ ըլնի: Տեսնեմ էդ լրբի փեշը կարճացել է... Երևում է՝ երկուհոգիս է...

Ու նա ձեռը խփեց ծնկանը:

— Սխա՛լ կլնես, Նոյեմ,— ասաց Անգինը:

— Ի՞նչ սխալ, աղջի. գլուխս որ տեսավ՝ ամոթից փախավ:

— Էդ էլ նոր բան,— ասավ Անգինը կասկածով:— Բայց հավատալս չի գալիս: Մեր հերն էդ հասակում՝ երեխա՞... Չե՛մ հավատում:

Նոյեմն ինքը չպնդեց, բայց քրոջն առաջարկեց եկող կիրակի միասին գնալ պատարագին՝ ստուգել իր կասկածը: Նա գիտե, որ իր աչքերն այդպիսի բաներում չեն սխալվում, բայց, քրոջը և իրեն համոզելու համար, որոշեց նորից տեսնել «զաղթականին»: Իսկ մինչ այդ, երբ ամուսնուն հայտնեց իր կասկածը, գինեվաճառը գլուխը տարուբերեց ծանրորեն. — Այ էդ վա՛տ է: Եթե ժառանգ ունեցավ, էն էլ տղա — պրծա՛վ: Նա կտիրանա հորդ ունեցածին: Իսկ դուք, հարազատ աղջիկներդ՝ հե՛չ...

Նա խոսում, խորհրդածում էր ու գնում— գալիս երկարաձիտ կոշիկները հագած: Նա ինքն, իհարկե, որպես փեսա, իրավունք չունի. իրավունքը հարազատ աղջիկներինն է: Բայց քույրերը կարող են խոսել հոր հետ և պահանջել, որ հայրը հարգի իրենց իրավունքը: Ժառա՛նգ... շատ զարմանալի է: Ի՞նչ իմանաս դա ձեր հոր ժառանգն է, թե պահակ Սահակի...

— Դրուստ, կարող է պատահել է՛...— վեր թռավ Նոյեմը։— Ի՛նչ իմանաս հիմի...

Անգինը նույնպես կասկածի մեջ էր։ Նա էլ կրկնում էր, թե հայրն այն տարիքում չէ, որ երեխա ունենա։ Ո՞վ է տեսել այդ հասակի մարդը երեխա ունենա. այստեղ մի բան չկա՞ արդյոք... Ու մի քանի օր Նոյեմը վրդովված այցելում էր քրոջը, թե ի՛նչ անեն այդ նոր խայտառակության համար։ Եթե ճիշտ լիներ, որ «գաղթականը» հղի է, ապա դա մեծ ամոթ էր լինելու իրենց համար. երկրորդ—ավելի մեծ ամոթ, եթե պարզվեր, որ դա պահակ Սահակից է և ոչ թե հորից։

— Դե, էն ժամանակ արի ու դիմացի,— գլուխն օրորում էր Նոյեմը, և երբեմն բռունցք թափ տալիս, չգիտես իրենց հո՞ր, Նունուֆարի՞, թե ուրիշ մեկի հասցեին։—Ա՜խ, երանի՜ սուտ ըլներ...

Քույրերի վշտին երբեմն մասնակցում էր և գինեվաճառը, ինքն էլ ենթադրություններ ու կասկածներ հայտնելով, երբեմն և քույրերին խորհուրդներ տալով։ Իսկ երբ մենակ էր մնում կնոջ հետ՝ տնքում էր գլուխը տարուբերելով.

— Եթե տղա եղավ, Նոյեմ, բաղը գնալու է մեր ձեռից...

Ինչ վերաբերում է դերձակ Վանեսին՝ նա շատ անտարբեր էր. ոչ մի ձևով չէր մասնակցել քույրերի վշտին։ Ընդհակառակը, երբ տեսնում էր նրանք խոսում են աներոջ, նրա նոր կնոջ մասին՝ թողնում— հեռանում էր կամ զբաղվում որևէ բանով։ Իսկ եթե կնոջ՝ Անգինի հետ մենակ էր մնում, կնոջ անհանգստությանը, հարցումներին ու կասկածներին պատասխանում էր միշտ միևնույնը.

— Ձե՛ռ քաշի... Ի՛նչ գործ ունես խառնվում ես ուրիշի բաներին։ Քու հերն էնքան խելք ունի, որ իր գործը կարող է տեսնել։

— Դրուստ է, իմ հերը խելոք մարդ է, բայց նա չի մտածել, թե ի՛նչ կասեն մարդիկ... Չի մտածել իր անունի մասին...

— Ավելորդ է, Անգին։ Բանը— բանից անցել է արդեն... Բայց Անգինը չէր հանգստանում, նա թեև մտածում էր, որ և ավելորդ է և ուշ, բայց հետաքրքրությամբ սպասում էր կիրակի օրվան՝ Նոյեմի ասածը եկեղեցում ստուգելու։

Եվ կիրակին չուշացավ։

Երբ քույրերը մտան եկեղեցի՝ պատարագն արդեն կանգնած էր, պատարագիչն զգեստավորված՝ բեմի վրա էր, տիրացուները նրա երկու կողմը բուրվառներ էին զցում և քշոցներ շխշխկացնում։ Ցրտի պատճառով թե՛ տղամարդիկ, թե՛ կանայք կանգնել էին իրենց տեղերում՝ վերարկուներ հագած. կանանց դասում, շատերը բրդե շալերով ծածկված, շուտ— շուտ խաչակնքում էին երեսները, իսկ ոմանք՝ ավելի պառավները ծնրադրում էին յուրաքանչյուրն իր նեղ— անհարմար տեղում, հարևանուհու փեշերին քսվելով ու նրան տհաճություն պատճառելով։ Նոյեմն ու Անգինը, մտնելով կանանց դասը, անհանգիստ աչքերով որոնում էին Նունուֆարին, բայց որովհետև կանայք շատ էին, խիտ շարքերով համարյա իրար կպած, նրանք իրենց խորթ մորը չէին տեսնում այդ բազմության մեջ. գուցե և չէր եկել, —մտածում էին նրանք ու ջանում ստուգել, իսկապես այդտե՞ղ է, թե ոչ: Մի քանի րոպե այս ու այն կողմը նայելով՝ դարձյալ չգտան: Մինչդեռ Նունուֆարը հեռու մի անկյունում, կանանց ետին շարքում կանգնած, աղոթում էր լուռ և միաժամանակ նկատում, որ քույրերը՝ Նոյեմն ու Անգինը աչքերով որոնում են մեկին. նա մտածում էր, թե չլինի այդ իրեն են որոնում, և երբ նրանց անհանգիստ, թափառուն հայացքը դառնում էր իր կողմը՝ նա մի առանձին սրտողով գլուխը թաքցնում էր առջևը կանգնած կնոջ գլխի ետև և սկսում եռանդով կրկնել իր աղոթքի համառոտ խոսքերը, աշխատելով չնայել նրանց. բայց երբեմն ակամա նայում էր՝ ստուգելու, թե իրե՞ն չեն փնտրում արդյոք: Շուտով սակայն նա թողեց այդ և, ինչպես հաճախ պատահում էր վերջերս, տարվեց իր մտածումներով, որոնք նրան փոխադրում էին մի ուրիշ աշխարհ, ուր Նունուֆարն զգում էր անանձնական մի երանություն, որի մեջ նա մոռանում էր իրեն և պատկերացնում մի էակի, մի մաքուր, լուսե էակի, որ լցնում էր նրա էությունն ու շրջապատը, իշխում էր նրա մտքերին ու սրտին: Ու այդ վերացած դրության մեջ Նունուֆարը հաճախ չէր նկատում, թե ինչպես է սկսվում, շարունակվում ու վերջանում ժամերգությունը, ինչպես են ձայնարկում տիրացուները, որովհետև այդ բոլորը խառնվում էին քշոցների շխշխկոցին, բուրվառների ծխին, մոմերի ճթճթոցին և ձուլվում— միանում զանգերի ղողանջին և ավելի ուժեղացնում երանության այն զգացումը, որ ապրում էր Նունուֆարը: Իսկ նա ապրում էր խաղաղ ու անդորր մի վիճակ, լսում էր անդորր ու խոր մի երգ, որ հոսում, տարածվում էր շուրջն ու գլխավերևը... Նրան թվում էր, թե վաղուց կորցրած մի բան պիտի գտնի... Նույնն զգում էր նա և տանը, բայց եկեղեցում ավելի, որովհետև այստեղ թերևս մթնոլորտն ավելի էր նպաստում այդ զգացումին: — Երբեմն Նունուֆարն այնքան էր ընկնում ինքնամոռացության մեջ, որ հաճախ չէր նկատում, թե ինչպես են ժամավորները դուրս գնում եկեղեցուց: Բայց երբ նկատում էր— ցնցվելով սթափվում էր իր ցրվածությունից և աշխատում էր ետ չմնալ դուրս եկողներից: Ու ճամփա էր ընկնում կամ մենակ կամ որևէ խեղճ կնոջ հետ ընկերացած, որովհետև ունևորներն իրենց հեռու էին պահում նրանից:

Այսօր էլ պատահեց նույնը. իր աշխարհը վերացած՝ Նունուֆարը սառած դռան ճռոցից սթափվեց հանկարծ ու նկատեց, որ կանայք իրար ետևից գնում են դուրս: Ինքն էլ շարժվեց դանդաղ քայլերով, վերջին անգամ երեսը խաչակնքելով:

— Մեռնիմ քո զորության, տեր...

Բայց հազիվ դուրս էր եկել բակը, երբ նկատեց Նոյեմին ու Անգինին, որ կանգնած՝ նայում էին իր կողմը: Նունուֆարն ակամա կանգ առավ և մտածեց, որ քույրերը երևի մոր վերարկուին են նայում, ինչ ձմեռվա սկզբից հագնում էր ինքը, և բրդե կապույտ շալին, որ թևին էր գցում ժամ գալիս: Ու հազիվ մի քանի քայլ էր արել բակում, Նոյեմն առաջ եկավ:

— Աղջի, հլա մի կանգնի,— լսեց նա Նոյեմի խիստ ձայնը և նրա կանաչ աչքերի հայացքն զգաց իր վրա:— Աղջի՛, ես քեզ չասի՞ հեռացի իմ հոր տնից. հը՞...

Նունուֆարը կանգ առավ սրտի դողով, վախից նա չկարողացավ անմիջապես պատասխանել, բայց երբ ուզեց խոսել— զգաց, որ շուրթերը չեն հնազանդում իրեն: Եվ նա քայլ արավ, որ գնա, բայց Նոյեմը նորից կտրեց առաջը.

— Ես քեզ բան եմ ասում, դու—հեչ, բանի տեղ չե՞ս դնում... Դու էդ ի՞նչ է, աղջի, մորս շորերը հագել ես, շալը գցել, եկել ժամ, որ մեր սիրտը ճաքացնե՞ս,— լսում էր Նունուֆարը և չէր կարողանում ոչ հեռանալ, ոչ պատասխանել: Մեկ էլ այն զգաց, որ Նոյեմը հրեց իրեն.

— Հլա սրա ֆասոնին: Լսելով այդ խոսքերը՝ Նունուֆարը դարձյալ չկարողացած պատասխանել և միայն ինքն էլ, իր հերթին, «Թող»— ասելով հրեց Նոյեմին և ուզեց առաջ գնալ:

Ու այդ տեսավ:

— Դու ինձ խփե՛ս,— լսվեց Նոյեմի ձայնը և հանկարծ Նունուֆարը մի ուժգին հարված զգաց աջ ոտքին, նրա ծունկը ծալվեց, մինչև կուղղվեր՝ մի ուրիշ հարված— աքացի զգաց փորին և Նունուֆարը փռվեց գետին: Ու այնուհետև չիմացավ ինչ կատարվեց հետը: Իսկ երբ աչքը բացեց՝ տեսավ երկու կին սառը ջուր են քսում երեսը, և ուրիշ ժամավորներ կանգնած նայում են իրեն: Նունուֆարն ամոթից երեսը ծածկեց ձեռներով:

5

Մարտին ապերն անհամբեր սպասում էր Նունուֆարին. ժամից ավելի սենյակում, լուսամուտի առջև կանգնած, նա ծառերի արանքով նայում էր այգու դռան կողմը և զարմանում, որ Նունուֆարն ուշանում է այսքան: Օրը սառն էր, պարզկա. մի քանի օր էր այգու ծառերը ծածկված էին եղյամի թելերով և բյուրեղներով, որ սենյակից նայելիս ծառերը թվում էին ծաղկած, մանավանդ արև ժամանակ, երբ ձյունն ու եղյամը ճղների վրա կապտին ու ճերմակին էին տալիս խնձորենու ծաղիկների նման: Ցրտի պատճառով Մարտին ապերը Նունուֆարին խորհուրդ տվեց չգնալ ժամ, վախենալով, թե կմրսի: Այժմ սակայն ցրտի հետ միասին նրան մտահոգում էր նրա ուշանալը: Նունուֆարը սովորաբար եկեղեցուց գալիս էր, երբ արևը սենյակից իր շողերը քաշում էր պատշգամբ. բայց, չգիտես ինչո՞ւ, նա ուշանում էր այսօր, և այդ հանգամանքը նրան անհանգստացնում էր: Մի երկու անգամ Սահակին ուղարկեց տեսնելու, թե չի՞ երևում արդյոք: Պահակը գնաց— եկավ, թե մարդ չկա: Ու փոքր անց, երբ նա շալն ուսերին անհանգիստ գնում— գալիս էր սենյակում, դուռը թափով բանալով՝ ներս մտավ Սահակը և հևալով ու վախեցած հայտնեց, թե Նունուֆարին բերում են... ու ինքը նորից վազեց դուրս, չբացատրելով իր խոսքերի նշանակությունը:

«Նունուֆարին բերո՛ւմ են...»: Այս խոսքերից ավելի արտահայտիչ էին Սահակի թափով մտնելն ու վախեցած դուրս վազելը: Եվ Մարտին ապերը չիմացավ ինչպես դուրս եկավ սենյակից, ինչպես հասավ այգու դուռը: Այստեղ նրա զարմանքը և անհանգստությունը կրկնապատկվեցին, երբ նկատեց, որ երկու կին՝ Նունուֆարի թևերը բռնած բերում են: Երկու սնազգեստ պառավ, որոնց կերպարանքն ավելի սևին էր տալիս ձյուների վրա:

Մարտին ապերը տագնապած առաջ գնաց.— Նունուֆարի երեսին գույն չկար, նրա հայացքը և՛ ցավագին էր և՛ անտարբեր:

— Ի՞նչ է պատահել,— և Մարտին ապոր ներքին ծնոտը դողաց:

— Հե՛չ,— իրեն զսպեց Նունուֆարը:

— Ինչպես թե «հեչ». երեսիդ գույն չկա,— հոնքերը կիտեց Մարտին ապերը:— Թե բան չկա, էս կնանիք ինչո՞ւ են թևերդ բռնել:

— Էնպես,— ասաց պառավներից մեկը:— Լավ չէր՝ հետը եկանք...

Նունուֆարը պառավներին խնդրել էր՝ մարդուն բան չասեն... «կբարկանա Նոյեմի վրա, և Նոյեմն ավելի կթշնամանա», մտածում էր նա, և չէր ուզում, որ ամուսինն իմանա պատահածը: Այդ էր պատճառը, որ պառավներից մեկը բացատրեց իրենց գալու առիթը նրանով, թե լավ չէր՝ հետը եկան:

Երբ Նունուֆարին տարան տուն՝ նա նստել չկարողացավ, անմիջապես պառկեց թախտի վրա ու երեսը ծածկեց ձեռներով, չգիտես ամոթից թե ցավից. և որքան էլ Մարտին ապերը հետաքրքրվեց, թե ի՛նչ էր պատահել — Նունուֆարը չհայտնեց իսկական պատճառը. նա մի բան էր միայն ասում, թե ոտը սահել է սառույցի վրա, ընկել է:

— Բա ես քեզ չէի ասում՝ էդ դրության ժամ չեն գնա,— գլուխն օրորում էր Մարտին ապերը:

— Հեչ բան չէ. կանցնի, կանցնի,— հանգստացնում էր Նունուֆարն ամուսնուն, բայց ինքը տնքում էր զսպված կամ կծկվում ու ձգվում, գլուխը բարձի մեջ խրելով կամ երկու ձեռով երեսը ծածկում էր ու ատամները սեղմում:

Մարտին ապորը թվում էր, թե նա տենդ ուներ և այդ տենդի ցավը գնալով սաստկանում էր, բայց Նունուֆարը երբեք իրեն չէր կորցնում և անհանգիստ Մարտին ապորը (որ մերթ ծածկում էր նրան վերմակով, մերթ թեյ էր առաջարկում ու շարունակ հարցումներ անում) հանգստացնում էր կրկնելով.

— Հեչ բան չէ: Կանցնի, հիմա կանոնի...

Սակայն երեկոյան նա մեռած երեխա ծնեց: Մարտին ապերը նրա անկողնի մոտից չէր հեռանում. նա իրեն զգում էր խորտակվածի պես. նրան թվում էր, թե տունը խանգարվեց նորից, կրկին փլվեց մի բան, որ այնպես բարձրացրել էր իրեն և ուրախացել, և նա այլևս ոչնչի մասին չէր մտածում, այլ միայն այն մասին, թե ինչպե՛ս անի, որ Նունուֆարը ոտքի կանգնի... Թեկուզ ոչինչ էլ չաներ, միայն թե երևար իր տանն ու այգում—բավական էր:

— Նունուֆար, որտե՞ղդ է ցավում,— շուտ— շուտ հարցնում էր նա, թեքվելով դեպի Նունուֆարի երեսը:— Նունուֆար, սիրտդ ի՞նչ է ուզում:

Նունուֆարը կամ պատասխանում էր դարձյալ նույնը, թե «հեչ, բան չէ», կամ չէր պատասխանում ու զուսպ տնքում էր. նա իրեն մեղավոր էր զգում ծերունու առաջ, որ նրա խոսքը չէր կատարել և սառին ու ցրտին գնացել էր ժամ: «Եթե չերթայի,— երբեմն անցնում էր նրա մտքով,— այս բանը չէր էղնի»... Ու շարունակ ամաչում էր ծերունուց թե՛ դրա համար, թե՛ այն բանի համար, որ նա իր գործը, հանգիստը թողած՝ շարունակ նստում էր մոտը և թավ հոնքերի տակից լուռ ու տխուր նայում իրեն կամ մեկ— մեկ խոսում, հարցումներ անում, Նունուֆարը խղճում էր, որ ինքը ծերունուն վիշտ է պատճառել և անհանգստություն. ամաչում էր, որ տանը բան անող չկա, որ տղամարդիկ են թեյ պատրաստում, հաց տալիս իրեն... Ճիշտ է, Սահակը ինքնաեռը դնում էր, թեյը եփում, բայց մնացած բանը Մարտին ապերն էր անում. նա էր թեյ տալիս հիվանդին, նա էր սեղանը հավաքում, անկողին գցում, դասավորում: Նունուֆարն ամաչում էր և Սահակից, որ նա, թեյ պատրաստելուց բացի, տունը սրբում էր կամ դուրսը հավերին «ծիկ—ծիկ» անելով, կուտ տալիս: Ու ամոթը կարծես կրկնապատկում էր նրա ցավը. նա երեսն ավելի հաճախ էր ծածկում գլխաշորով կամ ձեռքով, ու ավելի էր զսպում տնքոցն իր ցավի, որ քանի գնում՝ սաստկանում էր կարծես:

Նունուֆարի ցավը տեսնելով՝ Մարտին ապորից պակաս անհանգիստ չէր և պահակ Սահակը: Ինչ պիտի եղած լինի, որ Նունուֆարը մեռած երեխա բերեր,— մտածում էր նա և խղճում Նունուֆարին, որ այդպես առողջ կինը մնացել է պառկած: Խղճում էր և Մարտին ապորն այդ դժբախտության համար, ու աշխատում էր այնպես անել տան բան ու գործը, որ նա ոչ մի բանի պակաս չզգա, չնեղվի: Ժամանակին տունը սրբում էր, շներին կեր տալիս, գնում էր աղբյուր ջրի: Մի օր էլ աղբյուրում կանայք հետաքրքրված հարցրին նրանից, թե ինչպե՞ս է Մարտին ապոր «նոր կինը». ճի՞շտ է, որ մեռած երեխա է բերել: Սահակը պատասխանեց ինչ գիտեր:

Կանայք զարմացան և գլուխնին օրորեցին:

— Բա էնպես անաստված կխփեն, որ երեխան մեռնի՛,— ասաց կանանցից մեկը:

— Ո՞վ է խփել որ,— զարմացավ Սահակը և իր պարզամտությամբ ենթադրելով, թե տիրոջն են մեղադրում, հերքեց զայրացած: —Մարտին ապերն էդպես բան չի՛ արել:

— Ո՞վ տվեց, ադա, Մարտին անունը,— դժգոհեց կինը: — Իմ աչքի առաջ Նոյեմը վրա պրծավ նրան ու քացով խփեց... Չիմացա, աղջի,— դարձավ նա ջրվոր կանանց,— ի՛նչ ասին իրար, ի՛նչ չասին, մեկել էն տեհա, որ Նոյեմը զցեց նրան ու քացով խփեց: Խեղճն ընկավ ձյունի— սառույցի վրա, ուշքը գնաց...

Սահակը լսածից շշմած, կումը չլցրած վազեց տուն: Հազիվ տուն էր հասել ու կուժը տեղը դրել՝ Մարտին ապորը դուրս կանչեց հիվանդի մոտից ու լսածը պատմեց նրան:

Մարտին ապերը մինչև վերջ լսեց անխոս, և երբ Սահակը վերջացրեց, նրա երեսը բեղերի հետ դողաց մի վայրկյան:

— Ինչո՞ւ ես, Նունուֆար, թաքցնում,— վերադառնալով ու կնոջ անկողնու մոտ նստելով՝ սկսեց Մարտին ապերը: — Նոյեմը քեզ խփե՞լ է ժամի դռանը, հը՞... Ինչո՞ւ ես թաքցնում...

Նունուֆարը չէր պատասխանում. իսկ Մարտին ապերն ուզում էր անպատճառ իմանալ ինչպես է եղել բանը. ինչո՞ւ համար են խոսել և ինչո՞ւ է խփել: Նունուֆարը սակայն տնքոցն ու ցավը զսպելով՝ նայում էր նստած ամուսնու ծնկներին ու լռում: Բայց երբ Մարտին ապերը հայտնեց, թե ինքն ամեն բան գիտի, արդեն, էլ թաքցնելու կարիք չկա— այդ ժամանակ Նունուֆարը խոստովանեց, որ, այո, Նոյեմը հրել էր իրեն և ինքն ընկել էր սառույցի վրա:

— Բայց ես էլ անոր հրեցի,— ավելացրեց Նունուֆարը, հանցանքի մի մասն իր վրա առնելով:— Ես չհրեի նե՝ նա զիս չէր դիպնա...

Երկու թե երեք օր անց՝ խանութպան Արտուշը եկավ կառքով և, Սահակի հետ խոսակցելով, գրեթե աղմուկով մտավ ներս:

— Ո՞ւր է պապաշան,— ներս մտավ նա ձմեռվա կիսամուշտակ հագած, բուխարի փափախը գլխին, երկարաճիտ կոշիկները հագին ու բեղերը սրած:— Հա, էստե՞ղ ես, պապաշա: Բարև: Հենց էօր իմացա Նունուֆար քույրիկը հիվանդ է. խանութից եկա տեսնեմ՝ ի՛նչ է պատահել...

Նա խոսում էր ու նայում մերթ աներոջը, մերթ պառկած Նունուֆարին (որ ամաչելուց երեսը պատին էր արել և գլուխը վերմակով ծածկել), մերթ պահակ Սահակին: Բայց երեքից ոչ մեկը նրան չէր պատասխանում, և նա շարունակում էր.

— Սա ի՛նչ անբախտություն է. ո՞նց է եղել, չեմ հասկանում... Առողջ կնիկ— հանկարծ էսպես... Ասի գնամ մի տեսնեմ, պապաշան մենակ մարդ է...— Նա փափախը վերցրեց ու դրեց հացի սեղանին:— Հը՛, պապաշա, ի՞նչ անենք, բժիշկ կանչենք, հեքիմ կանչենք...

Սահակը նայում էր խանութպանին զարմացած աչքերով: «Այ,— մտածում էր նա,— կինը քացով խփել է, բայց ինքը, տես, ցավո՛ւմ է»: Եվ զարմանում էր, որ Մարտին ապերը նրան չէր պատասխանում: Նունուֆարը — հասկանալի է. նա թե հիվանդ է, թե ամաչում է. բայց որ Մարտին ապերը չէր խոսում— այդ Սահակին շատ տարօրինակ էր թվում: Սակայն նա ավելի զարմացավ, երբ Մարտին ապերը փեսայի խոսքի կեսին՝ խեթեց նրա վրա ու հանկարծ, փնչալով ելավ տեղից, և անսպասելի ոտը զարկեց հատակին.

— Դո՛ւրս էստեղից, չաչանակ: Դո՛ւրս, անամո՛թ: Կնիկդ քացով տվել է զցել, դու եկել ես գլխիս ավետարան ես կարդում...

Ծերունին առաջ գնաց ու նորից ոտն այնպես զարկեց հատակին, որ Նունուֆարը տեղից վեր թռավ ու նայեց, թե ինչ պատահեց արդյոք:

Բայց զինեվաճառը զարմացած ու որդիական ներողամիտ սիրով էր նայում աներոջը և, տեսնելով նրա առաջացումը դեպ իրեն, ետ— ետ էր գնում՝ ասելով.

— Հանգստացի՛ր, պապաշա, հանգստացի՛ր: Թող, քույրիկը կնեղանա: Հիվանդի մոտ էդպես լավ չի, պապաշա: Նունուֆար քույրիկ, դու հանգիստ կաց... ես պապաշայի հետ կխոսեմ... Չէ, պապաշա, դու մի բարկանա... Նոյեմն էդպե՞ս բա՛ն... Չեմ կարող հավատալ, պապաշա: Թշնամու խոսք է, թշնամու խոսք...

Նա թերևս շարունակեր խոսել այդպես երկար, բայց Մարտին ապոր կզակը նորից դողաց և նա այս անգամ ոտքն այնպես զարկեց հատակին և բռունցքն այնպես՝ հարվածելու ձևով թափ տվեց օդում, որ զինեվաճառը, գլուխն օրորելով, գնաց դեպի դուռը, բուխարու փափախը հազիվ գլխին դնելով:

— Լա՛վ, պապաշա, լա՛վ, հանգստացիր...

Բայց դռանը չհասած նա նորից կանգ առավ ու ետ նայեց.

— Առողջությո՛ւն, Նունուֆար քույրիկ: Առողջությո՛ւն:

Ու դուրս գնաց՝ դուռը կամացուկ դնելով: Սահակը հետևեց նրան, որ դրսի դուռը բանա և փակի նրա գնալուց հետո: Երբ նա, առաջ ընկնելով, վերցնում էր դռան նիգը՝ զինեվաճառը, մատները գլխի մոտ շարժելով, ուզեց պահակին հասկացնել, թե ինչպես երևում է «պապաշայի խելքը շարժվել է»:

— Բայց դու տանը, ծառերին լավ նայիր, Սահակ: Եթե մի բան պատահի՝ ինձ իմացրու:

Սահակը դուռը բաց պահեց մինչև նա կառք նստեց և մինչև կառքը գռռալով գնաց սառած ճանապարհով: Պարզկա, ցուրտ գիշեր էր:

Սահակը մի երկու րոպե կանգնեց, նայեց մութ— կապույտ ու բարձր երկնքում ճրագ— ճրագող աստղերին, ձյունով ծածկված, կարծես ձյուն ծածկոց առած ծառերին, որ միոտանի հսկաների պես կանգնել էին ձյուների մեջ շարք կազմած: Մոտիկ կապած շունը, Սահակի հոտն առնելով, բնից դուրս գալով կլանչեց քծնական կլանչով: Սահակը մոտեցավ նրան ու փաղաքշանքով «գնա բունդ, սարսաղ, ցուրտ է, գնա՛»,— ասաց նա և, ձեռները մրսած ականջներին դնելով, ինքը գնաց դեպի տուն:

Հեռվից դեռ լսվում էր սառած գետնի վրա գլորվող կառքի ձայնը:

Սահակը ներս մտավ, երբ կառքի ձայնը բոլորովին կտրվեց: Իսկ երբ ներս մտավ՝ Մարտին ապերը զայրացած գնում— գալիս էր սենյակում և միայն մի— երկու բառ էր կրկնում.

— Անամո՛թ... Ավազա՛կ...

Սահակը երբեք Մարտին ապորն այդպես զայրացած չէր տեսել. նրա ոչ միայն ծնոտը, նրա բեղերն ու ամբողջ գլուխը դողում— ցնցվում էին, և նա գնում— գալիս էր հուզված— անհաստատ քայլերով ու, չկարողանալով կարծես խոսել, տնքում էր միայն, փնչացնում: Իսկ Նունուֆարը, թվում էր, ավելի էր վատացել, նա կուչ էր եկել ու, չգիտես լաց էր լինում թե մրսում,—նրա մարմինը ցնցվում էր վերմակի տակ:

Սահակը խղճում էր նրան և չէր իմանում ինչո՛վ կարող է օգնել. նրան թվում էր, թե պետք էր պառավներ կանչել, որ նրա ցավն իմանան, նրա հետ խոսեն. գուցե մի բան ունի՝ տղամարդկանց չի ասում,— մտածում էր Սահակը, բայց չէր համարձակվում այդ մասին խոսել Մարտին ապոր հետ:

Մի օր հետո Նունաֆարը մեռավ այնպես, որ ոչ ոք չտեսավ նրա մեռնելը. նա մեռավ վերմակը գլխին քաշած և միայն ուշ, երբ Մարտին ապերն ուզեց նրան ճաշ տալ — տեսավ նրան անշարժ, անշարժ մեկնված:

Նա մեռավ այնպես անխոս ու խաղաղ, ինչպես ապրել էր:

Թաղեցին նրան կիրակի օր, մի ցուրտ արևոտ օր. նրա թաղմանը եկել էին այն բոլոր մարդիկ, որ եղել էին ամուսնությանը ամիսներ առաջ. կային ծանոթ կանայք, մուրացկաններ, որ հետո եկան հոգեհաց ուտելու: Թաղմանը եկել էր և գինեվաճառ Արտուշը. նա, առանց մեկի հետ խոսելու— խորհրդակցելու, կարգադրություններ էր անում տերտերին, գերեզմանափորներին, հուղարկավորներին, չնայած Մարտին ապերը չէր ուզում նրա երեսին նայել.— բայց նա իր պարտքն էր համարում այդ գործերն ինքը կարգադրել, որովհետև, իր ասելով, «պապաշան ուրիշ հարազատ» չուներ: Եկել էր և դերձակ Վանեսը Անգինի հետ... Նրանք տունը հավաքելու և եկողներին ընդունելու հոգսը վերցրել էին իրենց վրա, ու ամեն ինչ անում էին զգուշությամբ և անխոս... Չէր եկել միայն Նոյեմը, ամուսնու ասելով, հիվանդության պատճառով...

Երբ գերեզմանատանը բոլորը, Մարտին ապոր ձեռը բռնելով, ըստ

ավանդական սովորության, սկսեցին մխիթարանքի խոսքեր ասել, զինեվաճառն էլ մոտեցավ աներոջը և սիրտ տվեց...

— Մի վախի, պապաշա: Ղոչա՛ղ կաց: Քեզ լա՛վ պահի...

Մարտին ապերը նրան չպատասխանեց և միայն տնքաց: Նա ուզեց հարվածել նրան կամ խիստ խոսքեր ասել, բայց հարմար չհամարեց— տեղը չէր և ժամանակը չէր:

Մարտին ապերն այդ օրը չխոսեց ոչ մեկի հետ, բացի Սահակից, որին անում էր իր կարճ կարգադրությունները.

— Սահակ, էս արա... Սահակ, էն արա...

Իսկ Նունուֆարի թաղումից երկու օր հետո՝ Մարտին ապերը հանկարծ լռեց և դարձավ ինքնամփոփ, անտարբեր. շաբաթներով նա տնից չէր հեռանում, գյուղ չէր գնում: Սահակը հասկանում էր, որ դրա պատճառը ձմեռը չէր: Ամառները չէ, բայց ձմեռը նա համարյա ամեն օր գնում էր գյուղ՝ գնումների, ծանոթների մոտ. իսկ հիմա ոտքը բոլորովին կտրեց գյուղից. մենակ նստում էր տանը, իսկ արև օրերը շալն ուսերին գնում— գալիս էր պատշգամում և մտածո՛ւմ, մտածո՛ւմ... Ինչ էր մտածում այդքան, Սահակը չէր հասկանում. նա միայն զարմանում էր այդ փոփոխության վրա, ավելի էր խղճում «ապորը» և նրան, մխիթարելու թե զբաղեցնելու կամ նրա հետ խոսելու համար Սահակը պարզամտությամբ պատմում էր այն բաներից, ինչ լսել էր գյուղում, աղբյուրի մոտ, չմտածելով, որ իր պատմությունները կարող են հուզել ծերունուն: Եվ նրա բոլոր պատումները վերաբերում էին Նունուֆարին, թե ինչպես աղջիկները՝ Նոյեմն ու Անգինը կտրել են նրա առաջը եկեղեցու բակում, ինչ խոսքեր են ասել, ինչպես են կռվել: Սահակին թվում էր, թե այդ բոլորը կարող են հետաքրքրական լինել Մարտին ապոր համար, ուստի և պատմում էր մի տրտում հանգով:

— Ասում են՝ Նոյեմը մոտեցել— ասել է, թե՝ «դու ո՛վ ես, որ տեր դառնաս իմ հոր տանը, բաղին, իմ մոր շորերին»... էդ բոլորը մթամ իմն է,— բացատրում էր Սահակն իր կողմից:— Ասում է ու խփում. որ խփում է՝ խեղճն ընկնում է... Մարտին ապերը լսում էր նրան ու տնքում կամ փնչացնում, տերողորմյայի հատիկները զցելով կամ չիբուխը խառնելով— ծծելով: Իսկ պահակ Սահակը նոր մանրամասնություններով շարունակում է իր պատմությունը Նունուֆարի մասին, միշտ իր համակրանքը հայտնելով հանգուցյալին, որ երբեք վատ խոսք չէր ասել իրեն ու միշտ խղճով էր վերաբերվել: Երբեմն, զրույցի նյութը փոխելով, Սահակը խոսում էր իրենց անելիքների մասին, այն մասին, թե շուտով գարունը բացվելու է կամ բացվում է արդեն, որտեղի՞ց պիտի սկսեն արդյոք աշխատանքները. պատե՞րը պետք է կարգի բերեն առաջ, թե՞ չորացած ճյուղերը կտրեն:

Մարտին ապերը նրա այդ հարցերին չէր պատասխանում, այլ երբեմն, Սահակին ընդհատելով, հարցնում էր, թե հավերին կուտ, շներին լափ տվե՞լ է արդյոք: Էլ ուրիշ բաների մասին չէր հարցնում, որովհետև, առանց նրա ասելու էլ, Սահակն անում էր բոլորը, ինչ հարկավոր էր:

Սահակին սակայն անհանգստացնում էր Մարտին ապոր անտարբերությունը դեպ այգու աշխատանքները: Եղանակն օրըստօրե տաքանում էր արդեն. այգու ձյուները հալվել, չքացել էին, նրանց տեղը հողը փափկել և գոլորշի էր արձակում արևին. տեղ— տեղ՝ ծառերի և արեգունի թփերի տակ մանուշակի ու կովածաղկի թերթերը բարձրացրել էին իրենց գլուխները, այգու միջով անցնող առվի ափերին կանաչն աճել էր մի երկու մատնաչափ, իսկ ծառերի ճղները կարմրել, հյութավորվել և բողբոջել էին. մանավանդ տանձենիները, որ ամենից շուտ էին ծաղկում այգում... Ժամանակն էր, իսկական ժամանակը՝ պատերը կարգի բերել, այսինքն՝ թափված քարերը դնել— դարսել պատի վրա, ծառերի չորացած ճղները կտրտել, անցած տարվա տերևն ու խոտը հավաքել— այրել, ծառերի տակը փորել— փափկացնել և շարքերի առուները մաքրել՝ ժամանակին ծառերին ծաղկաջուր տալու համար... Բայց Մարտին ապերը, չգիտես ինչո՛ւ, դեռ կարգադրություն չէր անում այդ աշխատանքի համար: Այնինչ՝ առաջները միշտ, դեռ ձյունը չհալված, շարունակ դրանց մասին էր խոսում ու ծրագրեր կազմում:

Այդ էր պատճառը երևի, որ Սահակը ինքն էր անհանգստանում հիմա: Եվ օրը մի ձևով հիշեցնում էր, թե այգու աշխատանքի ժամանակն է:

— Ի՞նչ պրտի անենք, ապեր: Ծառերի կոկոնները իրե մեծանում են:

— Սպասի, տեսնենք հլա,— պատասխանում էր երբեմն ապերը:— Դեռ ժամանակ կա:

Եվ նորից տարվում էր իր մտքերով, տերողորմյայի հատիկները ծանր ու դանդաղ հաշվելով: Սահակն ուզում էր դարձյալ բան ասել, բայց չէր համարձակվում կտրել Մարտին ապոր մտքերի թելը: Նա միայն անհանգստանում էր, որ հետո բոլոր աշխատանքները կխառնվեն իրար և չեն հասցնի ամեն բան ժամանակին անել:

«Սպասի... դեռ ժամանակ կա»,— կրկնում էր Սահակը մտքում:— «Լավ, սպասենք»...

Բայց մի առավոտ հանկարծ Սահակը զարթնեց թխկոցի ձայնից, հագնվեց արագ ու վազեց դեպի թխկոցը, որը շարունակվում էր այգու ներքին մասում: Թխկոցը— կացնի էր: Ո՞վ պիտի լիներ այսպես վաղ այգին մտած, ո՞վ էր թխկոցը գցել այդպես... Մի փոքր առաջ վազելով, բայց դեռ բավական հեռվից Սահակը նկատեց Մարտին ապորը... դա փոքր— ինչ հանգստացրեց նրան, հանգստացավ նախ, որ կողմնակի մարդ չէր, գող չէր և երկրորդ՝ ապերն սկսել էր աշխատել... Ու շտապեց դեպի Մարտին ապերը:

Իսկ երբ մոտեցավ՝ Սահակը զարմանքից քարացավ մի պահ, հետո սթափվելով՝ դարձյալ առաջ գնաց, բայց այժմ բոլորովին ապշած ու մոլոր:

— Էդ ի՞նչ ես անում, ապեր,— հարցրեց նա մի խուլ, զարմանքից դողացող ձայնով:

Ապերը չպատասխանեց, գուցե և չլսեց Սահակի հարցը: Նա արխալուղի թևքերը քշտած, փեշերը գոտին խրած, ինչպես անում են փայտահատները, կացնով կտրում էր խնձորի մի ծառ, որ տերևից առաջ կոկոններ էր արձակել արդեն: Իսկ դրա կողքին կտրել— գցել էր երկու— երեք խնձորենի էլ: Ահա ինչու Սահակը զարմացած կանգ առավ, ապա տագնապած մոտեցավ նրան:

— Ապեր, էս ինչո՞ւ ես կտրել, սրանք ախր չոր չեն, — խոսում էր Սահակը հևալով, կարծես ահագին տարածություն էր վազել:— Ախր, ապեր, ափսոս են, ինչո՞ւ համար...

Եվ նա խոսելով՝ պտտվում էր կտրած ծառերի շուրջը, տարբեր կողմերից նայում նրանց ափսոսանքով ու զարմանքով. բայց ապերը դարձյալ նրան չէր պատասխանում. նա բերանը բեղերի տակ սեղմած, մի տարօրինակ եռանդով, կացինը վրա էր բերում ջահել ծառի բնին, որի դալար կեղևից ավիշ էր կաթում, և դեղնավուն խոնավ տաշեղները թռչում էին ամեն կողմը: Սահակը շշմած՝ նայում էր մերթ ընկած ծառերին, մերթ կտրվող ծառին ու կացնավոր Մարտին ապորը, և նրա սիրտը մղկտում էր այդ երիտասարդ դալար ծառերի համար, որ այնքան լավ, համեղ խնձորներ էին տալիս: Սահակի տխրությունն ու տագնապն ավելանում էր ման ավանդ այն պատճառով, որ Մարտին ապերը մռայլ լռություն էր պահպանում. չէր ասում, թե ինչո՛ւ համար, ինչն է ստիպել նրան՝ կտրել այդ ծառերը, որոնք հենց անցյալ տարի բռնել էին ամենից լավ և ինքը, Մարտին ապերը, դրանց ավելի էր սիրում, քան մյուս ծառերին:

Սահակը մի երկու անգամ էլ փորձեց իմանալ կտրելու պատճառը, բայց պատասխան չստանալով և մանավանդ տեսնելով, որ Մարտին ապերը, այդ ծառը կտրելուց հետո, կացինը ձեռին գնաց դեպի հարևան ծառը,— նա էլ չկարողացավ իրեն պահել, նետվեց դեպի Մարտին ապերը և բռնեց նրա թևը:

— Ապեր, ախր ափսո՛ս է...

Նրա ձայնի մեջ արցունքներ կային:

Ապերն այդ զգաց և նայեց Սահակին:

— Բա թողնեմ, որ շան ու գելի փայ դառնա,— գրեթե մռնչաց նա, թափով աշխատելուց հևասպառ:— Թող,— ու կացինը թափ տալով, թևը խլեց Սահակի ձեռից:

Եվ նորից սկսեց ծառերը կտրտել: Որքան էլ Սահակն աղաչում, խնդրում էր՝ չանել —Մարտին ապերը ոչ լսում էր, ոչ պատասխանում:

Այդ ժամանակ Սահակը մտածեց, թե ինչ անի, որ տիրոջը ետ պահի այդ գործից: Նա տեսնում էր, որ ապերն այդ անում էր զայրացած, բարկությունից. ուրեմն հարկավոր էր մեկը՝ մի մարդ, որ համոզեր նրան և չթողներ: Սահակի կարծիքով այդպիսի մարդ էր Մարտին ապոր քավորը՝ Ամբակումը: Դրա հետ միասին Սահակը հիշեց և Մարտին ապոր մեծ փեսային՝ զինեվաճառ Արտուշին, որ միշտ ասում էր. «Ծառերը լավ պահի, Սահակ, եթե մի բան պատահի — պատասխանատու ես»: Գինեվաճառին հիշելով՝ Սահակը մտածեց, որ եթե նրան ասեր՝ նա կառքով կգար և շուտ կհասներ: Ու, առանց երկար մտածելու, այլ միայն ծառերը փրկելու մտահոգությամբ տարված, Սահակը մի շնչով վազեց գյուղ՝ Արտուշ փեսայի մոտ և դողացող, գրեթե հեկեկուն ձայնով հայտնեց նրան, թե ի՛նչ է կատարվում այգում:

— Ապերը իրե կացինն առել, կոկոնած ծառերը կտրում է:

— Ինչո՞ւ:

— Եսի՛մ: Ասում եմ՝ «ապեր, ափսոս են, մի կտրի»: Չի լսում: «Թ՛ողնեմ, ասում է, շան ու գելի փայ ընի»...

Ինչ— որ վատ բան կռահելով՝ գինեվաճառը մթնեց, ապա անմիջապես կառք կանչելով՝ նետվեց մեջը, Սահակին էլ նստեցրեց կողքին ու— դեպի այգի:

— Գժվե՛լ է էգ մարդը, ի՞նչ է,— կրկնում էր նա ճանապարհին:— Ինչո՞ւ է էդպես անում որ...

Հասնելով այգի՝ նա, կառքից իջնելով, գնաց այն կողմը, որտեղից կացնի թխկոց էր գալիս:

Սահակի հաղորդածը, որի ճշմարտությանը նա կասկածում էր, ճիշտ էր. արդեն մոտ տասը ծառ ընկած էին գետին, և այդ իսկ րոպեին Մարտին ապերը կտրում էր մի ուրիշ կոկոնած խնձորենի:

— Պապաշա՛,— առաջ վազեց գինեվաճառը:— Էդ ի՞նչ ես անում, պապաշա...

«Պապաշան» ոչ միայն խոսքով, հայացքով անգամ չպատասխանեց փեսայի կանչին:

Այդ ժամանակ գինեվաճառն ավելի մոտեցավ:

— Պապաշա՛,— մտերմաբար բռնեց նա աներոջ թևը:— Էդ ախր ո՛նց կըլնի:

«Պապաշան» այս անգամ, գլուխը բարձրացնելով, հոնքերի տակից մի ակնթարթ նայեց փեսային, հետո թափ տվեց իրեն, թևն ազատեց նրա ձեռից և... թե փեսայի, թե Սահակի համար անսպասելի— հանկարծ կացինը վրա բերեց փեսային:

— Հեռո՛ւ, ավազակ... հեռո՛ւ, ուտդ չտեսնեմ էստեղ...

Գինեվաճառը ետ ոստնեց մի երկու քայլ:

— Պապաշա՛...

«Պապաշան» այս անգամ էլ կացինը ձեռին գնաց դեպի նա... բայց

գինեվաճառը, ետ— ետ գնալով, հեռացավ— գնաց դեպ այգու դուռը և, այլևս առանց մի խոսք ասելու, նետվեց կառքի մեջ ու սլացավ դեպի գյուղ՝ գործարար մարդու փութկոտությամբ:

Իսկ Մարտին ապերը, նրա հեռանալուց հետո, նորից շարունակեց կտրել ծառերը...

— Սրանց համար են նրանք իմ տունը քանդել. մի ծառ չեմ թողնի նրանց...

Սահակը լսում էր այս խոսքերը և էլ չէր համարձակվում մոտենալ նրան... Տեսնելով ապոր համառ վճռականությունը— Սահակին թվում էր, թե նա կտրելու է ամբողջ այգին... Բայց շատ չանցած՝ նա նստեց հոգնած, իսկ երկու ժամ հետո «պրիստավի մարդիկ եկան», ինչպես հետո պատմում էր Սահակը, «բռնեցին ապորը, կառք դրին ու տարան»:

Այդ Սահակին ավելի անհանգստացրեց ու վախեցրեց, և նա, տան ու այգու դռները փակելով, վազեց կառքի ետևից...

Շուտով Օրանում լուր տարածվեց, թե Մարտին ապերը խելագարվել է, և դրա համար բռնել— փակել են առանձին տեղ: Ոմանք էլ պատմում էին, որ Մարտին ապերը պնդում է, թե իր խելքը գլխին է, երբեք էլ ցնորված չէ, թե ինքն իր ծառերը կտրել է գիտակցաբար և պետք է կտրի, որպեսզի մահից հետո այգին փեսային ու աղջիկներին չմնա... Այնուամենայնիվ նրան չէին հավատում, քմծիծաղ էին տալիս նրա խոսքերի վրա, լուսամուտից հաց ու ջուր էին տալիս և աշխատում հեռու մնալ, որ չվնասի հանկարծ:

Իսկ մի քանի օր հետո գինեվաճառն ամբողջ ընտանիքով տեղափոխվեց այգի՝ անբրոջ տունը, որ այգու հետ միասին մնացել էր անտեր, միայն պահակ Սահակի հույսով:

Առանձնացվելու— բանտարկվելու առաջին իսկ ամսին Մարտին ապերը մեռավ, շարունակ կրկնելով, թե ինքը գիտակցաբար է կտրել այգին և չի ցնորվել... Բայց նրան չէին հավատում.— նա այնպես սիրում էր իր այգին, իր ծառերը— ինչպե՞ս կարող էր գիտակցաբար կտրել դրանք,— մտածում էին մարդիկ:

***

Եվ այժմ, տարիներ անց, գինեվաճառն իր ընտանիքով շարունակում է ապրել այգու տանը, որպես ժառանգ: Նա ընդարձակել է խանութը և առավոտից մինչև կեսգիշեր լինում է այնտեղ: Իսկ կինը՝ Նոյեմը զբաղվում է այգով—ամբողջ ամառը խնձոր է ծախում գյուղացիներին և ամեն բան անել տալիս պահակ Սահակին: Ավանում երբեմն խոսք է լինում, թե Անգինը զուր չի պահանջում իր ժառանգական բաժինը քրոջից, բայց և ասում են, թե մի կողմից դերձակ Վանեսը չի ցանկանում «ուրիշի ապրանքին տեր դառնալ», մյուս կողմից Նոյեմը հայտարարում է, թե մեծ քույրն ինքն է, հետևաբար՝ հոր ժառանգն էլ ինքն է: Այս բանը նա ասում է կողմնակի մարդկանց, որ լուրը տանեն քրոջը, և միշտ ավելացնում է, թե մարդը տեղեկացել է օրենք իմացող մարդկանցից՝ «պրիստավից, դատավորից, պիսըրից», որ հոր ժառանգությունը հասնում է այն աղջկան, որ տղա զավակ ունի, իսկ Անգինը միայն մի աղջիկ ունի...

Սահակն առաջվա պես պահակություն է անում այգում, ջուր է բերում, ցանկապատերն է ուղղում, խնձոր է քաղում, ջրում է այգին ու բանջարեղենի մարգերը և երբեմն, շներին ջուր կամ լափ տալիս, զրուցում է նրանց հետ Մարտին ապոր մասին.

— Այ գիտի Մարտին ապեր հա՜...

Առաջվա պես Սահակն էլ հաճախ չի ժպտում և աչքով անում ինքն իրեն, ծառերին ու աստղերին: Նա հիմա դարձել է լուրջ ու մտածկոտ... Կտրած ծառերի տեղը նա նոր պատրուսներ տնկեց, որոնք մեծացան և սկսեցին պտուղներ տալ: Բայց Սահակն այլևս չի ոգևորվում ծառերով ու նրանց պտուղներով այնպես, ինչպես առաջ...

1917

Ընթերցողներ

Մինասը ակնոցներն աչքերին, իր խանութի առջև նստած, լրագիր է կարդում: Նրան լսում են պայտար Պողոսը, ժամկոչ Անտոնը, անտառապահ Վանոն, դարբին Թորոսը և մի քանի գյուղացի՝ մարդիկ, կանայք ու երիտասարդներ: Մինասի աջ կողմը, խանութի շեմքին, կավե ամանների մոտ, նստած է Տոլստոյի նման մի ծերունի, ձախ կողմը կանգնած է չոր— չոր դեմքով, ձեռքերը կրծքին խաչած, մի պառավ կին և միամիտ աչքերով սրան— նրան է նայում շարունակ: Մյուս գյուղացիներն էլ իրար սեղմված, ոտքի վրա, շրջապատել են Մինասին:

Ամեն օր նրանք այսպես հավաքվում են Մինասի մոտ, և նա նրանց համար կարդում է պատերազմի մասին:

Այսօր էլ նա կարդում է պատերազմական լուրեր, և ամենքը, լուռ ու մունջ դեմք ընդունած, ինչպես այդ անում են եկեղեցում Ավետարանի ընթերցմանը ունկնդրելիս, լսում են նրան:

— «Գեր... մանա... կան միլի... տարիզմը,— կարդում է Մինասը աջ ցուցամատը շարժելով,— արդյունք է Վիլ... հելմ Հոհեն... ցոլ... երնի Եվրոպայում իր հեգե... մոնիան...»:

— Սպասիր, Մինաս,— ընդմիջում է նրան Տոլստոյի դեմքով ծերունին,— էդ հայերե՞ն ես կարդում:

— Իհարկե, հայերեն եմ կարդում,— պատասխանում է Մինասը:— Չես տեսնո՞ւմ՝ հայերեն գազեթ է:

— Ոնց որ ռուսերեն ըլեր,— ասում է ծերունին:

— Իսկի էլ չէ. որտեղի՞ ռուսերենն է, երբ հայերեն եմ կարդում,— ասում է Մինասը և շարունակում:— Լսեցեք. «Եվ... րոպայում իր հեգե... մոնիան ստեղծելու»:

— Ի՞նչը ստեղծելու,— ընդմիջում է Տոլստոյի դեմքով ծերունին:

— Մինաս, Մինաս, քե՛ մատաղ,— վիզը ծռելով ասում է չոր— չոր դեմքով պառավը խանութպանին,— մի տես՝ Ներսեսիս մասին բան կա գրած...

— Սպասիր,— ասում է Մինասը և դառնում ծերունուն:— Ուրեմն չիմացա՞ր ինչը... Որ էդպես է՝ կաց նորից կարդամ:

Նույն բանը Մինասը կարդում է նորից:

Ծերունին և մի քանի հասակավոր գյուղացի տարակուսանքով նայում են իրար.

— Բան չհասկացա,— ասում է ծերունին,— ո՞վ գիտի վատ ես կարդում.

— Վա՛տ,— խնդում է Մինասը,— կարդում եմ է՛ն, ինչ գրած է, իսկ դուք, որ չեք հասկանում, ես մեղավոր չեմ... «Վա՛տ ես կարդում»... Վեց տարի է գազեթ եմ ստանում, հիմի վատ եմ կարդո՛ւմ...

— Լավ, լա՛վ,— ասում է ծերունին ներողություն խնդրելու եղանակով,— կարդա, տեսնենք, էլ ինչ կա:

Մինասը շարունակում է լրագրի ընթերցումը առաջվա եղանակով:

— «Գերմանական զորքը տեղափոխվեց Արևելյան Պրուսիա»... Դե թո՛ղ գնան. դրանց հերն անիծա՛ծ... Գիտեք, ի՞նչ է ասում: Ասում է՝ նեմեցների զորքը փախչում է պրուսացիների երկիրը: Ոնց որ էրևում է, ռուսներից շատ են վախենում:

— Լա՛վ, Մինաս,— ասում է պայտար Պողոսը, կողքը քորելով,— էդ նեմեցները նեմեցներ են, բա էդ պրուսացիներն ովքե՞ր են:

— Պրուսացինե՛րը,— եր— Իհարկե: Դե, լա՛վ, լսեցե՛ք, կարդում եմ: կարացնում է Մինասը,— դրանք էլ ուրիշ ազգ են:

— Հա՛,— բացականչում է անտառապահ Վանոն:

Բոլորը լռում են:

Մինասը շարունակում է.

— «Պետրո...գրադ: Գերմանացիները հեռացան Լոձից»... Տեսնո՞ւմ եք. գերմանացիներն իրենց քաղաքները թողած փախչում են:

— Կարծեմ՝ էդ քաղաքը ռուսներինը պետք ա լինի,— նկատում է դարբին Թորոսն անվստահ:— Ոսկանի սալդաթ տղեն էդ քաղաքումն է ծառայում:

Մինասը խեթ— խեթ նայում է դարբինի դեմքին:

— Ո՞վ է ասում,— առարկում է նա,— ժամիցը ես եմ գալի, «ողորմի աստվածը» դու ես տալի՞ս: Գազեթը ես ե՛մ ստանում, հիմի...

— Լա՛վ, լա՛վ, կարդա՛, տեսնենք էլ ի՛նչ կա— ասում է ծերունին հաշտարար եղանակով:

Մինասը կարդում է.

— «Պարիզ.— Բրիտանական ականակիրը Օստենդեի մոտ խարիսխ ձգեց»... Ա՞յ տուր, էդպես էլ հարկավոր է...

— Ի՞նչ է ասում,— հարցնում է պայտարը, գլուխը քորելով:

— Ասում է՝ ռուսները բոմբ զցեցին նեմեցների քաղաքի վրա:

— Պա՛հ,— բացականչում է անտառապահը:

— Հապա՛, մերը չմեռնի ռուսների, սրանց ո՛վ կարա հաղթի; Ես ասել եմ՝ նեմեցները էնպես մի տուր պետք է ուտեն, որ էլ օխտը տարի մտներիցը չընկնի... Նրանց տեղն է:

— Էդ լավ ա,— ասում են գյուղացիները և գոհունակությամբ նայում իրար,— դենը կարդա, տեսնենք էլ ինչ կա:

— Մինաս, թե արևդ սիրես,— նորից ասում է պառավը ձեռները կրծքին խաչած,— մի տե՛ս, Ներսեսիս մասին բան կա՞...

— Մի քիչ սպասի,— ասում է Մինասը և թերթը շուռ է տալիս մյուս երեսի վրա:

Պառավը լռում է և շարունակում անմիտ աչքերով սրան— նրան նայել:

— Լսեցե՛ք,— կարդում է Մինասը,— «Լոնդոն: Ճապոնիան զորքեր է ուղարկում Ռուսաստան... եռ... յակ համա... ձայնու..թյունը օգնելու»... Դա՛ էր պակաս: Գիտե՞ք ինչ է ասում: Ասում է՝ ճապոնացիք գալիս են Ռուսաստան կռվելու: Հը՛մ... ի՞նչ կարան անեն: Ճապոնացիք չէ, թեկուզ նրանց պապի պապն էլ գա, ռուսին բան չեն կարող անել: Էն վաղ էր, որ էշը կաղ էր... էն ժամանակ ռսի զորքի մեջ հայեր չկային, հիմի ինչքա՛ն ուզես...

— Դրուստ է, հիմի շատ կան,— ասում են մի քանի գյուղացի միասին հառաչելով և հոգնությունից հենվում են մյուս ոտքերի վրա:

— Էն ժամանակ իմ Ներսեսին էլ չտարան,— ասում է պառավն ինքն իրեն:

— Իսկ դուք տեսե՞լ եք է՛դ ճապոնացիներին,— հարցնում է Մինասն իր ունկնդիրներին:

— Հա՛,— ասում է պայտարը վիզը քորելով,— մեր րեխի գրքումր կա:

— Դու դեռ պատկերն ես տեսել,— ասում է Մինասը խնդալով և դառնում գյուղացիներին:— Էդ ճապոնացիներին որ տեսնեք, ծիծաղներդ կգա. անճոռնի զատեր են՝ թիզ ու կես, որ գլխներին խփես՝ կիանգչեն, որ փեշդ թափ տաս՝ սիրտները կճաքի... Դրանք ի՞նչ են, որ ռուսներին հաղթեն:

Գյուղացիները խորին հետաքրքրությամբ հետևում են Մինասի պատմությանը, նրանցից շատերի դեմքին զարմանք է նկատվում:

— Իսկ էդ ինգլիզները հայ— քրիստոնյա են չէ՞,— հետաքրքրվում է Տոլստոյի նման ծերունին:

— Իհարկե,— պատասխանում է Մինասը:— Նրանք էլ, ֆրանցուզներն էլ...

— Իսկ էդ նեմեցները ի՞նչ ազգ են,— նորից հարցնում է ծերունին:

— Նեմեցնե՛րը,— մտածում է Մինասը,— լավ միտս չի. նրանք կամ ֆրանգ պետք է լինեն կամ... Ինչ որ է: Լսեցե՛ք. «Պետրոգրադ, ռուսները գրոհ տվին Յարոսլավի վրա. թշնամու աջ թևը նահանջեց դեպի հարավ— արևելք, ձախ թևը և կենտրոնը մնում են իրենց դիրքերում և թույլ ընդ... դիմադրություն են ցույց տալիս...»:

— Իսկ կռվի մասին բան չկա՞,— ընդմիջում են մի քանի գյուղացի միասին, դրանց հետ և Տոլստոյի նման ծերունին:— Կռվի մասին կարդա՛...

— Դեռ չէ. էդտեղ էլ կհասնենք,— ասում է Մինասը և թերթը նորից շուռ տալիս մյուս երեսի վրա:— Տնաշեննե՛ր, գազեթ կարդալու ժամանակ էդքան չեն խոսի. ինչ— որ կարդամ եմ՝ լսեցե՛ք, չեք հասկանո՛ւմ՝ կբացատրեմ...

Գյուղացիները մեղավորի պես իրար են նայում. ասես կամենում են մեղքը միմյանց վրա գցել, և ոչինչ չեն խոսում: Իսկ Մինասը, թերթը շուռ տալով, նայում է վերնից ներքև և մեջտեղից կարդում.

— «Ֆրանսիական զորաճակատում թշնամին ընդհարվեց ֆրանսիական կավալերիայի հետ: Կավալերիան գրոհ տվեց և ստիպեց թշնամուն նահանջել: Թշնամին անկարգ նահանջում է»:

— Էդ հե՛չ, Մինաս,— ասում են գյուղացիները,— դու կռվի մասին կարդա, տեսնենք ի՞նչ կա:

— Ոնց թե՝ հեչ,— ասում է Մինասը,— գազեթում ինչ— որ գրում են՝ պետք է կարդալ... Կռվի մասին եք ուզում, կռվի մասին էլ կկարդանք...

Գյուղացիներն ուրախացած բացականչում են.

— Հա՛, հա՛, կռվի մասին կարդա՛...

— Մինաս,— ասում է վերստին պառավը,— բա Ներսեսի մասին չես կարդո՞ւմ:

Մինասը չի լսում պառավի խոսքը, նա ուշադրությամբ որոնում է պատերազմի լուրերը: Եվ երկար որոնելուց հետո, վերջապես կարդում է.

— «Իտալական ժողովուրդը հուզված է: Իտալիան Ավստրիայից պահանջեց Տրիեստն ու Տրիենտը, հակառակ դեպքում զենքի է դիմելու»:

— Ինչ է ասո՞ւմ,— հարցնում է դարբին Թորոսը:— Լավ չհասկացա:

Մինասն ակնոցի վերից խեթ— խեթ նայում է նրան և գլուխն օրորում:

— Էստեղ ի՛նչ կա չհասկանալու որ,— ասում է նա: — Պարզ հայերեն գրած է. ասում է՝ Իտալիան Ավստրիայից պահանջել է...— նայում է լրագրին,— Տրիեստն ու Տրիենտը... Հիմի հասկացա՞ր:

— Չէ՛,— գլուխը շարժում է դարբինը:—Դրուստն ասած՝ խելքս չի կարում, թե էդ ի՛նչ է պահանջում:

— Հա՛, դրուստ. ի՛նչ է պահանջում,—ասում են մի քանի գյուղացի միասին:

Մինասը նորից նայում է լրագրին:

— Տրիեստն ու Տրիենտը,— պատասխանում է նա:

— Իսկ ի՞նչ բաներ են դրանք,— հարցնում է դարբինը նորից:

— Պա՛հ, քո տունը չքանդվի,— զարմացած ասում է Մինասը,— դո՛ւ բոլորովին սարի անասուն ես եղել... Էստեղ պարզ ասում է, թե Իտալիան Ավստրիայից պահանջում է է՛ս ու է՛ն. ասում է, թե էդ բաները չտաս, սուրը վեր կառնեմ ու ա՛մենքիդ սրի բերանը կքաշեմ:

— Պա՛հ,— բացականչում է անտառապահը:

— Հապա՛,— ասում է Մինասը,— հանաք բան գիտեի՞ք: Նրան Իտալիա կասեն: Շա՛տ զորեղ տերություն է:

— Էդ լա՛վ, Մինաս,— ասում է դարբինը ու նորից համառությամբ կրկնում իր հարցը:— Ամոթ չըլի ասելը, ես էլի չհասկացա, թե էդ ի՞նչ բաներ են, որ պահանջում է էդ... ո՞նց է:

— Իտալիան,— վրա են գցում այս ու այն կողմից:

— Հա՛, Իտալիան,— կրկնում է դարբինը:

Մինասը մի քանի վայրկյան, ակնոցի վերևից, անթարթ նայում է դարբնի չէչոտ դեմքին և բացականչում զարմացած.

— Վա՛հ, քու տունը չքանդվի, էդքան էլ անհասկացող մարդ կլինի, որ դու ես: Էս ահագին խալխը (ցույց է տալիս իր ունկնդիրներին) հասկանում է, դու չես հասկանո՞ւմ... Քեզ պարզ բացատրում եմ, որ Իտալիան Ավստրիայից պահանջում է,— նայում է լրագրին,— Տրիեստն ու Տրիենտը. ասում է՝ եթե չտաք, բոլորիդ սրի բերանը կքաշեմ, ձեր հերը կանիծեմ... Էլ ի՞նչ կա էստեղ չհասկանալու...

— Դրուստն ասած,— ասում է դարբինը,— չեմ հասկանում, մեղքս ի՛նչ թաքցնեմ:

Մինասն ակնոցի վերևից, անթարթ հայացքով նորից նայում է նրան և, գլուխը շարժելով, զարմանում դարբնի այդքան տգիտության վրա:

— Լա՛վ, լա՛վ,— ասում է Տոլստոյի դեմքով ծերունին,— կարդա, տեսնենք էլ ի՛նչ կա:

— Ներսեսի մասին բան չկարդացիր, Մինաս,— ասում է պառավը վիզը ծռելով:

Եվ լրագրի ընթերցումը շարունակվում է նորից:

1914

Երգիչը

Երբ 19... թվին թուրքերը գրավեցին Կարսը՝ երիտասարդ ենթասպա Վահրամը, որ լավ երգչի համբավ ուներ իր հայրենի քաղաքում և մինչև բանակ կանչվելը երգում էր երեկույթներին, գերի ընկավ քաղաքի դիրքերը պաշտպանելիս: Երբ նրան իր զորամասի ողջ մնացած զինվորների հետ տարան քաղաքից հեռու ընկած մի ինչ— որ տուն փակելու— նա իրեն պահում էր այնպես, որ թշնամին նրան չտարբերի զինվորներից. դեռ մինչև գերի ընկնելը՝ նա ոչնչացրեց սպայական իր բոլոր նշանները և հագավ զինվորի պարզ հագուստներ:

Առաջին երկու օրը նրանց պահեցին փակած, հետո մի առավոտ հանեցին ամբողջ խմբով և, պահակներով շրջապատած, տարան նախ քաղաքի փողոցները մաքրելու, ապա հող փորելու: Եվ այս շարունակվեց մի քանի օր: Զինվորները երկյուղի մեջ էին, թե թուրքերն անպայման վնասելու են իրենց. այսօր աշխատեցնամ են, բայց վաղը, մյուս օրը, երևի, բոլորին կսպանեն: Եթե չսպանեն էլ, երևի, սովամահ կանեն:

— Ոչինչ էլ չի լինի,— հուսադրում էր Վահրամը նրանց: — Իմ քաղաքը ես գիտեմ. այնպես կանեմ՝ մեզ կազատեն մի օր, իսկ եթե սոված մնանք՝ նամակ կգրեմ՝ հաց կբերեն... պահակին մի բան տանք՝ հեշտ է...

Զինվորները, որ մեծ մասամբ գյուղացի մարդիկ էին, անխոս օրորում էին գլուխները և հառաչում անփարատ տխրությամբ. և միաժամանակ նկատում էին, որ Վահրամը թեև սիրտ է տալիս իրենց և հանգստացնում, բայց ինքն էլ հանգիստ չէ, հաճախ գնում— գալիս էր փակ նկուղի երկարությամբ կամ մեկուսի մտածում երկար... Ու մի օր էլ նրանք լսեցին, թե ինչպես նա քթի տակ մռմռում է ինչ— որ, որը շուտով փոխվեց մեղմ մի երգի, մի պարզ երգի, որ ծանոթ էր շատերին:

Սկզբում ինվորները զարմացան.— գերության մեջ երգե՜լ...

Դա շատ տարօրինակ թվաց նրանց, և ոմանք շշնջացին իրար.

— Չլինի սրան մի բան է պատահել...

Ու ձեռները բնազդաբար տարան դեպի գլուխները:

Բայց երբ երգը կրկնվեց երկրորդ, երրորդ և չորրորդ օրերը՝ ընտելացան այնպես, կարծես օտարոտի ոչինչ չկար դրա մեջ: Վահրամը թեև նոր էր նրանց շրջանում ու մինչ այդ եղել էր պաշտոնական, բայց այժմ հասկացան կարծես, որ դժբախտությանը մոտեցնում է մարդկանց.

ու մի երկու օրում նրանց մեջ վերացավ պաշտոնականը և նրանք Վահրամին վերաբերվում էին իբրև հավասարի, մանավանդ նրա երգից հետո. և երբ Վահրամը չէր երգում՝ նրանց թվում էր մի բան պակաս է իրենց միօրինակ կյանքում, մի կարևոր ու հաճելի բան, որ պահ մի մոռացնել էր տալիս իրենց ծանր կացությունը, ու խնդրում էին.

— Մի բան երգի, Վահրամ ջան:

Գերված զինվորներից շատերը Վահրամից տարիքով էին, տան— ընտանիքի տեր, մինչև քառասուն և ավելի տարեկան մարդիկ, իսկ Վահրամը հազիվ լիներ քսանհինգ— քսանուվեց, և թերևս այդ էր պատճառը, որ շատերը նրան անունով էին կանչում, իսկ ոմանք նրան համարում էին «անդարդ տղա», որ ոչ տան մասին է մտածում, ոչ ընտանիքի, ոչ էլ կարծես իր դրության, ու երգում է, երբեմն էլ մասալներ է անում անհոգ: Սակայն չէին էլ դատապարտում իրենց սրտի խորքում.— ջահել տղա է, արյունը եռ՛ւմ է... և գոհ էին, որ իրենց հետ է ու օրեցօր ավելի էին մոտենում նրան, կարծես ավելի էին զգում նրա զրույցների ու երգի կարիքը: Ու հաճախ էր պատահում, որ այս կամ այն զինվորը այդ փակ նկուղում տիրող լռության մեջ դիմում էր նրան.

— Մի բան երգի, Վահրամ ջան:

Ու Վահրամը երգում էր սկզբում մեղմ ու ցածր ձայնով, որ դուրսը պահակները չլսեն, ապա կարծես երգով տարվելով, ձայնը բարձրանում էր աննկատելի: Զինվորները նրան լսում էին իրենց անկյուններում նստած, գլուխները կախ կամ ձեռները ճակատներին... թվում էր երգը նրանց մեջ զարթեցնում է նվիրական հուշեր և նրանք մտքով տարվում են իրենց գյուղերն ու տները, և գուցե այդ էր պատճառը, որ հանկարծ երգի կիսին լսվում էր խոր մի հառաչանք, որ դուրս էր գալիս որևէ մեկի սրտից, կամ արցունք էր փայլում մեկի այտի կամ միրուքի վրա:

Վահրամը սակայն, թվում էր, չէր նկատում այդ բաները և շարունակում էր իր տխուր երգը, երբեմն միայն նայելով դեպի վեր նեղ պատուհանները, որոնցից շատ քիչ լույս էր ընկնում իրենց գերության նկուղը: Երգում էր և, հետզհետե երգով տարվելով, ձայնը բարձրացնում էր ավելի, մոռանալով, որ դուրսը կլսեն իրեն:

Բայց մի անգամ էլ, երբ նա ձայնն այդպես բարձրացրած երգում էր՝ թիկունքը պատին տված, նկուղի փակ դուռը բացվեց և մեկն անսպաս մտավ ներս: Բոլորը նայեցին լարված. թուրք պահակն էր:

— Էս ո՞վ էր երգում,— առաջ եկավ նա՝ հրացանը ձեռնափայտի պես բռնած, բայց հանգիստ ձայնով:

Դա մի երիտասարդ զինվոր էր՝ թուխ դեմքով և սև, խոր նստած աչքերով, բայց վտիտ ու վատ հագնված: Չնայած նրա խաղաղ տրամադրության ու ձայնին— գերի հայ զինվորներն իրար նայեցին շվաթված: Իսկ պահակը, նկատելով, որ իր երևումն ընդհատեց երգը, և իր հարցին պատասխան չստանալով, ավելի առաջ եկավ:

— Դո՞ւ էիր երգում,— դարձավ նա առաջին պատահած գերի զինվորին, որ սթափ նայում էր նրան:

Զինվորը գլուխը շարժից բացասաբար, չկամենալով կարծես հայտնել երգողի ո՛վ լինելը. բայց Վահրամն անմիջապես միջամտեց.

— Ես էի երգում, ի՞նչ կա,— ու ձեռքով պահակին կանչեց իր կողմը:

— Բան չկա,— ասաց պահակը:— Լա՛վ էր... բայց ձայնդ շատ մի բարձրացնի. անցնողները, սպաները կիմանան՝ լավ չի:

Պահակի խոր նստած սև աչքերը թախիծի թե կարոտի արտահայտություն ունեին. նա մտքով կարծես փոխադրվել էր իր հայրենի գյուղը և հիմա մի տեսակ զմայլած նայեց Վահրամին ու կրկնեց հանդարտ.

— Լա՛վ էր...

Ու դուրս գնաց:

Այս դեպքից հետո Վահրամն իր երգերն սկսում էր կամաց, երգում էր գրեթե կիսաձայն, բայց երբեմն, երգով տարվելով, ձայնը բարձրացնում էր աննկատելի, մոռանալով, դուրսը պահակներ կան, անցորդներ են լինում, կարող է պատահել, որ դրանց մեջ լինի և թուրք սպա. իսկ երբ սթափվում էր և մտածում այդ մասին, նրան միշտ թվում էր, թե նույն պահակն է դուրսը, որ նույնպես հավանում է իր երգը, ու այդ ժամանակ նրա ձայնը թեթևակի դողում, ելևէջներ էր տալիս այդ գետնափորում, ինչպես բանտարկված մի թռչուն, որ թևածելիս դիպչում է միայն իր վանդակի պատերին: Զինվորները նրա երգի մեջ մերթ տեսնում էին կարծես հայրենի կանաչ դաշտեր, վճիտ աղբյուրներ, մերթ զգում էին հարազատների կարոտ ու ազատ օրերի բաղձանք և իրենք էլ, Վահրամի նման երգով տարված, թե նրա երգից հուզվելով, երբեմն բացականչում էին ինքնամոռացության մեջ.

— Ապրե՛ս, Վահրամ ջան, ապրե՛ս...

Եվ Վահրամը, չգիտես ոգևորվելով իր դժբախտության ընկերների խոսքերից, թե նրանց ու իր վիշտը ցրելու նպատակով, երգում է նորից իրեն մոռացած, այսինքն՝ մոռանալով, որ գերության մեջ է. ինքնաբեր տարվելով երգի հիշողությամբ, թե ռիթմով, նա ձայնը բարձրացնում էր կրկին՝ պայմանների ներածից ավելի, այնքան, որ ոչ միայն պահակը կարող էր լսել, այլև գուցե ամեն մի անցորդ:

Ու մի օր էլ ահա, նրանց գերության յոթերորդ թե ութերորդ օրը՝ երեկոյան, ուշ, երբ նրանք պատրաստվում էին պառկել— քնելու իրենց չոր տախտակներին ու հատակին փռած խոտերին, նորից ներս մտավ պահակը, նրա հետ և մի ուրիշ թրով զինված ստորին զորական ու պահանջեցին, որ Վահրամը, կամ ինչպես իրենք ասացին, «երգողը դուրս գա»: Կանչում են...

Գերի հայ զինվորները շփոթված ու վախեցած իրար նայեցին, իսկ Վահրամն այլագունեց մի պահ, ապա իրեն հավաքելով, հարցրեց մի խուլ ու բեկված ձայնով, որի մեջ ավելի կասկած կար, քան հետաքրքրություն:

— Ո՞վ է կանչում:

— Գնանք՝ կտեսնենք:

Պատասխանը քաղաքավարի էր, բայց և այնպես կասկածելի:

Վահրամը վեր կացավ և ուզում էր դուրս գնալ գլխաբաց ու առանց վերարկուի, կարծելով, թե կանչողը դռան մոտ է, սակայն պահակի հետ եկած զորականը նրան առաջարկեց «հագնվել»:

Այս մի հատիկ բառն ավելի շփոթ ու շվարում առաջ բերեց գերիների մեջ և ամենից ավելի իր՝ Վահրամի: Ո՞ւր են ուզում տանել և ինչո՞ւ:

— Ի՞նչ կա,— ակամա հարցրեց նա պահակին, երբ մոտեցել էր:

Պահակն ուսերը վեր քաշեց միայն: Իսկ գերի հայ զինվորներն անհանգստացան ավելի. պառկածները նստեցին, նստածները ոտքի կանգնեցին ասես կարկամած. նավթալամպի բոցկլտող լույսը մռայլություն էր դրոշմել նրանց դեմքերին, և նրանց ամենքի մտքով համարյա միևնույն բաներն անցան.— իմացել են, երևի, սպա է կամ թե երգը լսել են, տանում են պատժեն...

Նույն ենթադրությունն անցավ իր՝ Վահրամի մտքով. սակայն նա, ներքին տագնապը թաքցնելու համար կարծես, արագորեն սեղմեց մոտը կանգնածների ձեռքերը, իսկ մյուսներին գլխով արավ մտերմաբար:

— Մնա՛ք բարով, տղերք,— ասաց հայերեն:— Լավ կացեք: Չտխրե՛ք:

Վահրամի ձայնը բեկված էր և խուսափուկ, իսկ գերի զինվորների խոսքը նույնպես ցավագին եղանակ ուներ, երբ ասացին.

— Գնաս բարով, Վահրամ ջան...

Ու էլ ուրիշ խոսք չկարողացան ավելացնել, որովհետև չգիտեին ո՞ւր են տանում նրան և ինչո՞ւ:

Վերջապես, երբ Վահրամը հագնվելով դուրս եկավ բակը, նկատեց, որ մթան մեջ կանգնած սպասում էին երկու ուրիշ թուրք զինվոր էլ, որոնք, իրեն և հետին զորականին տեսնելուն պես, առաջ եկան և բռնեցին նրա աջ ու ձախ կողմը:

— Գնանք,— ասաց երիտասարդ զորականը թուրքերեն:

Վահրամը ուզեց նորից հարցնել ո՞ւր, բայց ավելորդ համարեց: Եվ նրանք երեքով Վահրամին տարան դեպի քաղաք:

Գիշերը մութն էր. երկնքում չէր երևում և ոչ մի աստղ, իսկ տներում և ոչ մի ճրագ, ոչ մի լույս, և նրանք խավար փողոցով գնում էին անխոս և մի տարօրինակ փաթկոտ ու ցրիվ քայլվածքով: Թուրքերից մեկը՝ զորականը, որ հրացան չուներ, այլ միայն թրով էր, քայլում էր Վահրամի հետ կողք— կողքի, իսկ մյուս երկուսը գալիս էին ետևից և, չգիտես ինչու, Վահրամին թվում էր՝ գալիս են հացանները պատրաստ պահած: Ու նա մեկ ուզում էր հարցնել թե ո՞ւր են տանում իրեն, բայց անմիջապես էլ վանում էր այդ միտքը. «ինչ ուզում է լինի», ասամ էր նա ինքն իրեն, ու առաջ էր գնում առանց քայլերը դանդաղեցնելու:

Նվաճված քաղաքը թվում էր մեռյալ. փողոցներն ամայի էին. չէր երևում ոչ մի անցորդ, չէր լսվում ոչ մի ձայն. անգամ շներ չէին հաչում:

Նա գնում էր ընդարմացած, կարծես ծանր երազի մեջ: Բայց մի տեղ՝ եկեղեցու փողոցում նա սթափվեց, երբ ջրի ձայն լսեց: «Սա Գոլոշենց աղբյուրն է», անցավ նրա մտքով, և նա զարմացավ, որ թուրքերի քաղաք մտնելուց հետո էլ, այս ծանր օրերին, այս մթանը աղբյուրի ջուրը գնում է առաջվա պես գոչ— գոչելով և, մինչև իսկ, թվում էր, ավելի բարձրաշառաչ...

Ու նորից նրան համակեց այն մտածումը, թե ո՞ւր են տանում իրեն. արդյոք գնդակահարելո՞ւ, թե իմացել են իր սպա լինելը՝ տեղափոխում են հայ սպաների մոտ... սակայն ինչո՞ւ գիշերով... թերևս որոշել են նրանց գնդակահարել՝ ինձ էլ տանում են նրանց միացնելու,— անցավ նրա մտքով և մի տեսակ բութ անտարբերություն զգաց. «ինչ լինելու է՝ թող լինի», ասաց նա մտքամ, «թուրքից լավ բան չի կարելի սպասել... երբեք»: Բայց քիչ հետո մտածեց, որ եթե կարողանա փախչել՝ գուցեն ազատվի... Բայց արդյո՞ք կարող է ազատվել...

Մի երկու կարճ փողոց անցնելուց հետո, երբ նրանք թեքվեցին մի նոր փողոց, Վահրամը կանգ առավ ակամա. նրա առաջ կանգնած էր վաճառական Անդրեասի երկհարկանի տունը, որ պայծառ լուսավորված էր. նրա բոլոր լուսամուտներից առատ լույս էր թափվում փողոց: Եվ Վահրամն զգաց, որ իրեն առաջնորդում էին դեպի այդ տունը:

— Հասանք,— ասաց թուրք զորականը:

Թե՛ տան լուսավորությունը և թե՛ թուրքի խոսքերը զարմացրին Վահրամին, և նա մտածեց, թե այստեղ հավանորեն զինվորական ատյան է, ուզում են, երևի, նախ հարցաքննել իրեն: Ներս մտնելիս, սակայն, նկատեց, որ իրենից առաջ տան աստիճաններով վեր է բարձրանում իրենց քաղաքում հայտնի հույն ջութակահար Երիկոն՝ պատյանով ջութակը թևի տակ:

Դա ավելի զարմացրեց Վահրամին: Ուրեմն Երիկոյին նույնպես բերել են հարցաքննելո՞ւ: Բայց ինչո՞ւ ջութակով... և այստեղ Վահրամի գլխով մի նոր միտք անցավ, չլինի իրեն երգելու համար են պատասխանատվության կանչում, Երիկոյին՝ ջութակ նվագելու, համարելով այդ երգն ու նվագը արհամարհանք դեպի իրենց: Չէ՞ որ հաղթողը տանել չի կարող պարտվածի ուրախությունը:

Բայց, աստիճանները բարձրանալիս, նա հանկարծ այնպիսի ձայներ լսեց ներսից, որ բնավ նման չէին զինվորական ատյանի ձայների.— լսվում էին խառնիխուռն ուրախ կանչեր և ծիծաղ:

Դա շատ տարօրինակ թվաց Վահրամին. ուրեմն զինվորական ատյան չէ... Ի՞նչ կարող է լինել հապա և ինչո՞ւ համար են իրեն ու այս ջութակահարին բերել այստեղ:

Մի վայրկյան հետո, սակայն, ամեն ինչ պարզվեց:

Երբ նրան աստիճաններով բարձրացնելով տարան մտցրին մի սենյակ, ուր մի քանի սպասավոր զինվորներ էին, Վահրամը նկատեց, որ հարևան սենյակում՝ վաճառական Անդրեասի ընդարձակ դահլիճում մի խումբ թուրք սպաներ էին ուրախանում մի երկար ճոխ սեղանի շուրջը. սեղանն այնպես էր լցված ամեն տեսակ ուտելիքներով և մեծ ու փոքր շշերով, որ ճերմակ սփռոցն՝ այդ ամենի տակ հազիվ էր երևում: Մյուս կողմից, չնայած դահլիճում մի քանի լամպ էր վառվում, բայց նա այնքան էր հագեցած ծխով, որ մարդիկ երևամ էին մշուշի մեջ, ստվերների նման: Դրանից հետո միայն Վահրամը նայեց ջութակահարին և նրանց հայացքները հանդիպեցին իրար: Ջութակահարը ժպտաց մի տեսակ ինքնագոհ, սպասելով նույնը կարծես Վահրամից: Բայց Վահրամն այն աստիճան զարմացած էր այստեղ բերվելու հանգամանքով, որ անտարբեր միայն նայեց հույն ջութակահարին, աչքերը ծխից թե լույսից բացխփելով: Իսկ նրան առաջնորդող զորականը, իրեն բերելով այս սենյակը, ինքը պատկառանքով ու պատրաստակամ անցավ դահլիճ, մոտեցավ սեղանի մոտ նստած մի սպայի և ինչ— որ փսփսաց նրա ականջին: Ու մինչ Վահրամն սթափվելով կմոտենար ջութակահարին՝ սեղանից ելավ միջահասակ մի սպա և a՛ la Վիլհելմ բեղերը սրելով, եկավ մոտեցավ և փոխնիփոխ նայեց հույն ջութակահարին և նրանից փոքր— ինչ հեռու կանգնած Վահրամին, ապա բեղերը թողնելով, մատը բարձրացրեց:

— Գիտեք,— ասաց նա թեթև երերալով,— ձեզ կանչել ենք՝ մեզ ուրախացնեք,— և, նորից հերթով նայեց ջութակահարին ու Վահրամին:— Մենք էլ զինվորական ենք՝ կկատարենք մեր... մեր...— Նա, ըստ երևույթին, չգտավ ցանկացած բառը և ավելացրեց.— Դե, խնդրեմ...

Ու ձեռով ցույց տվեց խնջույքի սենյակը:

Վահրամը, որ մինչ այդ, մինչ սպայի խոսելը, մի վայրկյան մտածեց, թե հավանորեն իմացել են, որ ինքն սպա է, կանչել են, երևի, խնջույքի, ինչպես երբեմն մեծահոգություն են անում հաղթող երկրի սպաները գերի ընկած սպաներին, այժմ, սակայն, լսելով թուրք սպայի խոսքերը և մանավանդ նրա «խնդրեմ»— ը (որ նման էր հրամանի, Վահրամին գոնե այդպես թվաց), նա մտածեց, թե արդյոք ո՞վ է իր տեղը հայտնել սրանց, իբրև երգչի... Ճանապարհին, իր մռայլ ենթադրությունների մեջ նա երբեք մտքովը չանցրեց, թե իրեն կարող են կանչել որպես երգիչ... թշնամի թուրք սպաների խնջույքին երգելու: Ճանապարհին նա մինչև իսկ մոռացել էր, որ ինքը երգիչ է:

Երգե՞լ... թուրք սպաների խնջույքի՛ն...

Այդ անսպասելի առաջարկը լսելով՝ նրա ականջները խշշացին և նրան թվաց, թե հատակն օրորվում է ոտքերի տակ... Երգե՞լ... Չէ, սրանք, անշուշտ, ծաղրելու, ստորացնելու համար են բերել իրեն:

Մտածում էր Վահրամը և նորից նրան տանջում էր այն միտքը, թե արդյոք ո՞վ է իմացել իր տեղը, ո՞վ է ասել, որ ինքը երգիչ է... Թերևս ի՞նքն է իր երգով մատնել իրեն...

Վահրամն իհարկե չէր կարող իմանալ, որ մի երկու ժամ առաջ այդ սրահում, երբ կերուխումը տաքացավ, հիսունն անց մի ծերացող թուրք սպա, որ հիմա նստած էր սեղանի գլխավերև, սկսեց երգել իր խռպոտ ձայնով, հետո, ըստ սովորության, ինքն իրեն չհավանելով, պահանջեց, որ երիտասարդները երգեն: Հերթով հրաժարվեցին: Ծերունին նեղացավ. «Ի՜նչ երիտասարդներ եք, որ չեք կարող երգել: Ո՞վ է տեսել առանց երգի քեֆ»... Այդ ժամանակ երիտասարդ սպաներից մեկը վեր կացավ տեղից:

— Ներողություն, էֆենդի,— ասաց,— մենք իսկապես երգելու շնորհք չունենք: Բայց ես մի լավ երգիչ ունեմ, եթե թույլ կտաք՝ կբերեմ:

— Բե՛ր, բե՛ր,— պահանջեցին այս ու այն կողմից:— Էլ ինչ թույլտվություն:

— Ոչ, թույլտվություն անհրաժեշտ է,— շարունակեց երիտասարդ սպան,— անհրաժեշտ է, որովհետև իմ երգիչը գերի է:

— Գերի՞...— զարմանքի ձայներ լսվեցին սեղանի բոլոր կողմերից:— Այդ ի՞նչ գերի է:

— Մի հայ սպա,— ժպտալով ու հանդիսավոր հայտարարեց երիտասարդ թուրք սպան, հետևելով սեղանակիցների դեմքերին, տեսնելու, թե ինչ տպավորություն է թողնում իր հայտարարությունը:

Բայց որովհետև շատերը տաքացած էին արդեն՝ նրա ասածն առանձին զարմանք չպատճառեց. մի քանիսին նույնիսկ զվարճալի թվաց, որ մի հայ սպա, պարտված երկրի սպա երգի իրենց սեղանին: Նրանց, հարկավ, ցանկալի կլիներ երգչուհի (մեկն այդպես էլ ասաց), բայց նրանք գիտեին, որ բարձր դասից կին չէր մնացել քաղաքում, իսկ հասարակ դասի մեջ դժվար էր այդպիսին գտնել, և չարժեր: Հիմա հետաքրքրական էր լսել այդ երգիչ հայ սպային, որ գերի էր. միայն մեկն ուզեց իմանալ, թե որտե՞ղ է արդյոք այդ գերի հայ սպան, որին մյուսների հետ միասին չեն ուղարկել թիկունք:

— Իմ թաղում,— ասաց երիտասարդ սպան:

Իսկ մի ուրիշ սպա հայտնեց. թե ինքն էլ գիտի մի հույն ջութակահարի տեղ, որին գտել են տներ խուզարկելու միջոցին: Եվ նա ծիծաղելով պատմեց, թե ինչպես խուզարկող չաուշը կամեցել է վերցնել նրա ջութակը, բայց տերը խնդրել է, որ չվերցնեն, փոխարենն ինքը կնվագի, եթե ուզեն:

— Այդ ավելի լավ,— ուրախացավ ծեր գնդապետը: — Կանչեցեք ուրեմն այդ ուռում ջութակահարին ու էրմանի երգչին:

Եվ ահա նրանց գտել բերել էին:

Սուր բեղերով սպան, իր առաջարկն անելուց հետո, գլուխը թեթևորեն կռացնելով՝ կարճատեսի պես զննեց թե՛ ջութակահարի և թե՛ Վահրամի դեմքերը, ապա երկուսին հրավիրեց դահլիճ և ինքն առաջ ընկավ:

Մտքերն այնպես էին խառնվեք Վահրամի գլխում, որ նա դժվարանում էր գլուխը բարձրացնել և շուրջը նայել: Այն ինչ՝ նայողը կարող էր կարծել, թե ամաչում է: Երգե՛լ... դա նրան թվում էր հեգնանք, չար մի ծաղր... Նրա մտքով անցնում էին վերջին օրերի խառնիխուռն դեպքերը— դիրքեր, կրակոցներ... թրերի փայլ և ընկնող, վիրավոր զինվորներ... ճիչ— աղաղակ... ապա տխուր մի նահանջ, և հաղթող թշնամու մուտքը քաղաք. փողերի ձայն ու հետո... զերինե՛ր, զերինե՛ր...

Մինչ Վահրամը տարված էր այս մտքերով՝ ջութակահար Երիկոն, սեղանապետի առաջարկով, սկսեց նվագել արևելյան մեղմօրոր մի եղանակ, որն աղմկող թուրք սպաներին լռեցրեց իսկույն և ստիպեց ասես, որ նրանք լարվեն՝ հասկանալու, թե ի՛նչ են ասում լարերը... Նրանք մինչև իսկ ուտելը թողին: Այդ մարդիկ, որոնց երաժշտությունը ամիսներ շարունակ եղել էր հրացանների ճարճատյունը և թնդանոթների որոտը, կռիվների ու ռազմական կյանքի մեջ կոպտացած այդ մարդիկ՝ առանձին մի ուշադրությամբ էին լսում հույն ջութակահարին, որի նվագը թեև չէր փայլում նրբությամբ ու վարպետ ելևէջներով: Նրա դեմքին կար տարօրինակ հաճոյական մի ժպիտ, որ չգիտես առաջացել էր նրանի՞ց, որ ջութակի կոթը, նրա վզին սեղմված լինելով, ձգել էր նրա դեմքի մաշկը, թե նրանից, որ այդ մարդն ուզում էր իր ժպիտով էլ հաճույք պատճառել ունկնդիրներին: Համենայն դեպս, երբ նա՝ երեսունն անց այդ ջութակահարը վերջին անգամ կտնտոցը տարավ— բերեց մի ծորուն մեղմությամբ,— սպաներից մեկը, որ ավելի մոտ էր ջութակահարին և գուցե բոլորից ավելի էր հարբած, բացականչեց խանդավառ.

— Յաշասո՛ւն, յաշասո՛ւն...

Մյուսներն անմիջապես, սեղանի բոլոր կողմերից, ձայնակցեցին նրան ծափերով ու հարբած կանչերով, որոնք Վահրամը լսում էր և չէր լսում: Նստած նա իրեն զգում էր ոչ այն է երազի մեջ, ոչ էլ արթուն. ավելի շուտ՝ նրան կարծես պատել էր մի տեսակ մշուշ ու թմրություն. և այդ վիճակում նրան միայն մի միտք էր զբաղեցնում, թե հիմա հերթը կգա իրեն. կպահանջեն, որ ինքն էլ երգի... Այո, կպահանջեն կամ կհրամայեն, որ ինքն էլ երգի... Այդ դեպքում ի՞նչ պիտի անի ինքը.

— Երգի՞...

Եվ այս մտքերի հետ միասին նա, չգիտես ինչու, հիշում էր քիչ առաջ անցած ճանապարհը՝ ամայի փողոցներ, փակ, անլույս տներ, և այդ խավարի մեջ լռած հայրենի քաղաքը, որը նրան թվում էր մեռած... կամ՝ տեսածները պատկերացնում էր ավելի որոշ, քան երբևէ՝ նորից կռիվ, կրակոցներ, վիրավորներ, դիակներ ու գերիներ, որոնք տարվեցին չգիտես ո՞ր կողմը և ո՞ւր...

Սակայն այդ ամենի վրա, այդ բոլոր մտքերի ու հուշերի վրա իշխում էր այն սևեռուն միտքը, որ համակել էր իրեն, թե հիմա ուր որ է իրեն պիտի առաջարկեն երգել...

Երգե՜լ... Բայց կարո՞ղ է արդյոք ինքը երգել... իսկ եթե չի կարող, ինչպե՞ս խուսափի... Ինչպես մերժի հարբած, զինուց մոլեգնած, ուրախության կատաղության մեջ ընկած թշնամի սպաների պահանջը, որ ուրախություն են ուզում, որ հաղթությամբ հարբած՝ ցանկանում են հարբել և ուրախությամբ ու զինով...

Ու Վահրամը մտածում էր, թե որքա՜ն իրոք բուռն է եղել նրանց՝ այս հաղթական թուրք սպաների ուրախանալու, զվարճանալու ցանկությունը, որ կեսգիշերին անգամ գտել— բերել են ջութակահար Երիկոյին և իրեն... Եվ հիմա ինչպե՜ս հրաժարվել, ի՞նչ պատճառաբանությամբ,— մտածում էր Վահրամը, լսելով ջութակահար Երիկոյի նվագը, որ սենյակը լցնում էր իր ճեզերվեզիրով և վերջանում միշտ հարբած «յաշասուններով» ու ծափերով:

Այդ աղմուկի և հոբթային հրճվանքի մեջ Վահրամին մխիթարում էր միայն այն, որ ջութակահարին կրկնել էին տալիս նվագած եղանակները: Նրան թվում էր իրեն մոռացել են... ուրեմն դեռ հնարավորություն ուներ մտածելու, հրաժարվելու համար մի հնար գտնելու:

Բայց որքան էլ մտածում էր՝ համոզիչ մի պատճառաբանություն գտնել չէր կարողանում, գոնե հնարավոր լիներ դուրս գալ, փախչել... Սակայն հենց այստեղ՝ դահլիճի դռան առաջ կանգնած էր իրեն բերող զորականը, իսկ ներքև՝ զինված պահակներ: Կթողնեի՞ն արդյոք, որ նա մի քայլ աներ կամ դուրս գալու փորձ...

Այստեղ նա հիշեց իր զինվորներին, որ երկու ժամ առաջ ճանապարհի դրին իրեն սրտապնդող խոսքերով. «դոչաղ կաց, Վահրամ ջան»... Բայց ի՞նչ կարող է անել Վահրամը «դոչաղ» լինելու համար...

Սակայն նրան իր ցնորական վիճակից հանեցին դարձյալ սպաների ծափերն ու բացականչությունները, որ ավելի խանդավառ ու տևական թվացին, քան առաջ: Ջութակահարը վերջացրեց իր երրորդ թե չորրորդ եղանակը: Հետո Վահրամն զգաց, թե ինչպիսի լռություն տիրեց դահլիճում, ինչպես սպաներից երկուսը վեր կացան տեղներից և Երիկոյին նստեցրին իր կողքին— առաջվան տեղը, ապա բոլորը խմեցին նրա կենացը:

Երբ, վերջապես, լռեց նվագին հաջորդած աղմուկը՝ սեղանապետ սպան, ծալած ցուցամատով իր a ́ la Վիլհելմ բեղերը դեպ վեր շտկելով, հայտարարեց, նայելով Վահրամին, որ տակավին խորհում էր հայացքը սեղանի մի կետին հառած:

— Այժմ, էֆենդիներ, լսենք պարոն երգչին...— Ապա նա դարձավ ուղղակի իրեն Վահրամին.— Դե, էֆենդըմ...

Վահրամը մի ակնթարթ, միայն մի ակնթարթ նայեց սեղանի ղեկավարին ու հայացքը խոնարհեց դարձյալ... թվում էր՝ ընտրում է երգելիքը:

Նա խորհում էր գլուխը կախ և միաժամանակ զգում, որ ամենքը նայում են իրեն... զգում էր դահլիճի անշշուկ լռությանը, որ նշան էր, թե բոլորն սպասում են իրեն՝ իր երգին:

Բայց նա հապաղում էր:

Տեսնելով երգն ուշանում է՝ թուրք սպաներից մեկը, ըստ երևույթին, ամենից երգասերը թե հարբածը, կրկնեց իր առաջարկը, իսկ մի ուրիշը գինով լի մի բաժակ դրեց Վահրամի առաջ:

Այս անգամ Վահրամը ցնցումի պես մի բան զգաց: Զգաց նաև, որ կարմրում է և ոտները դողում են:

Վճռական րոպեն մոտենում էր:

— Երգեցեք, պարոն, երգեցեք. դուք այլևս գերի չեք: Համարձակ եղեք և ուրախ: Դուք այսօրվանից ազատ եք,— ասաց թուրք սպաների մեծը:

— Ինքը— ազա՞տ... Եթե երգի— ուրեմն ազա՞տ է,— անցավ Վահրամի մտքով, և նա հիշեց քաղաքի ծայրամասում, խոնավ նկուղում փակված իր զինվորներին և մնաց դարձյալ լուռ ու անշա՛րժ:

— Ինչի՞ մասին եք մտածում,— հարցրեց նրա դիմացը նստած սպան, որին ըստ երևույթին տարօրինակ էր թվում Վահրամի լռությունը:

Վահրամը վերստին մնաց գլխիկոր ու լուռ. թվում էր սպայի հարցումը չլսեց կամ չհասկացավ, թե՞ գուցե չէր կարողանում ընտրություն անել ի՛նչ երգել:

Իսկ սպաներն սպասում էին, և ամենից ավելի սեղանապետը, որ նայվածքը չէր հեռացնում Վահրամից: Զուռնակահարը նույնպես անհամբերության էր զգում հարևանի լռությունից, դանդաղումից. տեսնելով մանավանդ սպաներն սպասում են անհամբեր՝ նա արմունկով հրեց Վահրամին և շշնջաց հայերեն, առանց երեսը նրան դարձնելու:

— Անհարմար է. երգիր մի բան... քեզ կազատեն, կվարձատրեն... Երգի՛ր...

Վարձատրե՛ն... Ուրեմն Երիկոն ինքը սպասում է այդպիսի վարձատրություն, և դրա համար էր ճգնում որքան կարելի է լավ նվագել, շատ նվագել... Մտածեց Վահրամը և դարձյալ զգաց, որ թուրք սպաներն անհամբեր նայում են իրեն ու սպասում են մի նոր հաճույք, ուրախաբեր մի բան, որ ավելի բարձրացնի իր տրամադրությունը...

Եվ իսկապես սպաները նայում էին նրան և սպասում... ու հանկարծ նրանցից մեկը, Վահրամի դիմացը նստող թուխ սպան, որ քիչ առաջ նրան հարցրեց, թե ի՞նչ է մտածում, լսելի ձայնով դարձավ կողքի սպային, Վահրամին ցույց տալով.

— Նա արտասվում է...

Իրոք. երկու կաթիլ արցունք դողում էին Վահրամի այտերին... Այդ նկատեցին և մյուս սպաները, իսկ սեղանի կառավարիչ գնդապետը պարզապես հետաքրքրվեց, թե ինչո՞ւ է արտասվում պարոնը:

Վահրամի փոխարեն պատասխանեց Երիկոն.

— Պարոն Վահրամի սովորությունն է,— ասաց նա, ցանկանալով, կարծես, Վահրամին լավ ներկայացնող բացատրություն տալ:— Պարոն Վահրամը երգելուց առաջ հուզվում է... Երգիր, անհարմար է,— կրկնեց ջութակահարը՝ նորից արմունկով հրելով նրան:

— Երգե՛լ,— արձագանքի պես կրկնեց Վահրամը և հանկարծ՝ աջ ձեռի մի առանձին թափով վերցրեց առջև դրած սեղանի դանակը և...

Եվ այնուհետև սեղանակիցներն իրենք էլ չնկատեցին, թե ինչպես նա դանակը տարավ դեպի կոկորդը.

— Իմ կոկորդը չի կարող ուրախացնել...

Եվ մինչ ջութակահարն ու սեղանակիցներից մեկ— երկուսը վրա կհասնեին նրա ձեռքը բռնելու — արյունն աղբյուրի պես ցայտեց նրա կոկորդից, իսկ մինչև կբռնեին նրան, որ նստեցնեին աթոռին կամ դանակը խլեին ձեռից— նա ամբողջ հասակով փռվեց հատակին...

Փոքր անց, երբ թուրք սպաները հարցրին ջութակահարին, թե ի՞նչ է նշանակում երգչի հայերեն խոսքերը, հույնը թարգմանեց.

— Իր կոկորդը չի կարող մեզ ուրախացնե՞լ... Այդպես էլ ասա՞ց:

— Այո,— գլխո՞վ արավ ջութակահարը:

Թուրք սպաներն իրար նայեցին անխոս, գլուխներն օրորելով, իսկ ոմանք մտածմունքի մեջ ընկան:

1920

Պատերազմը

I

Փոքր, աննշան գյուղ է Կաղնուտը, այնպես որ երբ պետական որևէ պաշտոնյա գնում է շրջանը պտտելու՝ նա բնավ Կաղնուտ չի մտնում: Բայց լավ պարտեզներ ունի Կաղնուտը և ավելի շատ բարդիներ, անթիվ շեկ բարդիներ, որոնց ուղղաձիգ շարքերին նայողը զարմանում է իսկապես, թե ինչու այդ շենի անունը Կաղնուտ է դրված, երբ մի կաղնի անգամ չկա այնտեղ: Աննշան ու փոքր է նաև Կաղնուտի տեղը. արձակ դաշտերից հեռացած՝ նա, խռոված թե քամիներից պաշտպանվելու համար ասես, թաքնվել է մի նեղ ձորակում և երբ մի վերստ հեռավորությունից նայում ես նրան,— տեսնում ես միայն բարդիների անհամար կատարներ, որ առաջին պահի թվում են թփեր՝ ամառ ժամանակ, իսկ ձմեռը հիշեցնում են չորացած ճալախոտի փնջեր... Այսպես՝ մի նեղ ձորակի մեջ, սարի արևադեմ լանջին կպած՝ Կաղնուտը նայում է երկնքին, մեկ էլ կողքից անցնող երկաթուղուն, որտեղից գիշեր— ցերեկ շրխկոցով ու սուլոցով անցնում են գնացքներն իրար ետևից: Անցնում են հևիհև, շտապ՝ շուտով կայարան հասնելու, որ ութ վերստի վրա է Կաղնուտից:

Կաղնուտը՛... այդտեղ ամեն ինչ նույնն է, ինչ— որ մեր բոլոր գյուղերում— մի փոքրիկ, տխուր եկեղեցի՝ քարերը մամուռով ծածկված, փայտե չորս ոտի վրա կանգնած բարձր մի զանգատուն՝ զանգերի թելերը սյուներից մեկին կապած, մի փոքրիկ տերտեր, որ կարդալու ժամանակ ակնոցը թելով կապում է ականջներին, մի խանութպան, որի կապույտ ներկած դռներով խանութում նավթի հետ միասին ծախվում է «փունջուղով» կանֆետ, և մի տանուտեր, որ կառավարում էր մոտակա երկու, Կաղնուտից ավելի փոքր ու աննշան, գյուղն էլ, և, քահանայի որդի լինելով, սիրում էր խոսել գրաբար— «Չի քոյե, համենայն դեպս»... Եվ ինչպես բոլոր գյուղերում, Կաղնուտում էլ ապրում էին մարդիկ այնպես, ինչպես հարյուր, հազար տարի առաջ՝ ժամ էին գնում, մատաղ անում սրբերին, ցանում էին, հնձում. գարուն, ամառ, աշուն աշխատանք, աշխատանք, անձրև, կարկուտ ու երաշտ. ձմեռը զրույց օդաներում, հարսանիք ու բուք... Ապրում էին ամեն մեկն իր հոգսով, հանգիստ հավատալով, որ իր «ճակատին էդ է գրած»... Գյուղն ընդհանուր անհանգստություն էր ընկնում միայն աշնանը, երբ տղերանցը տանում էին «սալդաթ»: Տանում էին հեռու— հեռու տեղեր՝ Վարշավ, Աղես, Կովիլ... «Ընկածներին» կաղնուտցիները հյուրասիրում էին հերթով, տալիս էին նրանց գուլպա, շապիկ, թաթման ու գրեթե գեղովի ճանապարհ զցում մինչև կայարան: Եվ երբ «պոեզը» տանում էր տղերանց՝ նրանք երկար նայում էին պոեզի ետևից, նրա ծխի ամպակուտակ քուլաներին, նրա հեռացող, սարերի մեջ կորչող ճամփին և հառաչում խմբով. «Անտե՛ր մնաս, անտե՛ր»... Ու բոլորին թվում էր, թե եթե չգար այդ պոեզը, իրենց որդիներին չէին տանի այդքան հեռու— հեռու տեղեր՝ Կովիլ, Վարշավ, Աղես, էլ ի՛նչ իմանաս ուր, ո՛ր ծայրն աշխարհի... Բայց գյուղի հանգստությունը վրդովվեց ավելի այն ժամանակ, երբ տանուտեր Արսենը հայտնեց, թե «կռիվ է բացվել» և թուղթ է եկել «զապաս տղերանց» հավաքելու:

Կաղնուտցիներն այդ օրը լավ են հիշում:

Տղամարդիկ հունձ էին գնացել. կանայք լսելով այդ՝ իրար անցան: Վազում էին նրանք տնետուն և, ծնկներին խփելով, հաղորդում իրար, «իմացա՞ք, աղչի, կռիվ է, ասում են. տղերանցը տանելու են»... «Վո՛ւյ, քոռանամ ես, վո՛ւյ խավարեք դուք: Ո՞վ ասավ, աղչի»... «Կանցիլարը թուղթ է եկել»... «Վա՛յ, խավարեք դուք»... Ու լուրն իսկույն տարածվեց ամեն կողմ. շուտով հասավ և հանդը, ուր տղերքը խոտ էին հնձում... Ու երեկոյան տղերքը հնձից եկան թե չէ, տանուտերը բոլորին կանչեց կանցիլար... դրանց մեջ էր, ամենից առաջ, Մաճկալանց Դավիթը, հետո Ծիրանանց Արշոն, ժամհարի տղա Զաքարը, Անդարդ Սեթոն, էլ որ մեկի անունը տաս. բոլորն էլ ջահել տղաներ, բայց դրանց մեջ Դավիթն էր մենակ, որ վեց ամիս չկա եկել էր «ծառայութենից» և երեք ամիս էր ինչ պսակվել էր... Մի խոսքով, տանուտերը սրանց բոլորին կանչեց և հայտնեց, որ «թուղթ է եկել զապասը հավաքելու». թող պատրաստ կենան վաղը քաղաք գնալու, այսինքն այն գյուղաքաղաքը, ուր պրիստավն էր նստում, իսկ այդտեղից, ինչպես կարգն է, պիտի գնային գավառային քաղաք... Կանցիլարը լուսավորված էր մի հատիկ լամպով, այն էլ գրագիրը դրել էր առաջին, ապակուն հազցրել էր մի սպիտակ թուղթ և սենյակի մեծ մասը թողել մթան մեջ: Տղերքը կիսախավարում, փայտե երկար նստարանների վրա տեղավորված, լուռ լսեցին տանուտերին, լսեցին և, երբ նա վերջացրեց, սկսեցին միանգամից դռվռալ:

— Կռի՛վ, էս նեղ մաջալին էդ էր պա՛կաս,— խոսեց առաջինը Ծիրանանց Արշոն:

— Բա մեր արտերը, արտերը ո՞նց պիտի անենք,— բղավեց ժամհարի տղա Զաքարն իր հաստ, բամբ ձայնով:

Ու ամեն կողմից սկսեցին՝ «արտեր, արտեր»... Բոլորը խոսում էին արտերի մասին, որովհետև արտերը հասնելու վրա էին: Իսկ անդարդ Սեթոն, ինչպես ամեն բանում, այստեղ էլ անդարդ ձնացավ.

— Է՛, տնաշենի տղերք— արտե՛ր, արտե՛ր... էնտեղ կինձենք էլի՛, մարդ թե արտ մի՞ն չի...

Ուրիշ ժամանակ, գուցե, տղերքը ծիծաղեին այս խոսքերից, բայց այսօր ոչ ոք ուշադրություն չդարձրեց. մի երկուսը նույնիսկ տհաճությամբ նայեցին նրան. «Սարսաղ, սավսալակ...»:

— Իսկ ի՞նչ կռիվ է, խալփա,— հարցրեց Ծիրանանց Արշոն տանուտերին:

— Որտե՞ղ, ո՞ւմ հետ,— հարցրին մյուսներն իրար ետևից:

— Էդ արդեն զիքրյե. կերթաք ինքներդ կտեսնեք: Ես ի՛նչ գիտեմ որտե՛ղ է,— ուսերը վեր քաշեց տանուտերը և, գործն արդեն վերջացած համարելով, թեքվեց ծեր, ճաղատ գլխով գրագրի՝ Արշակ աղի կողմը և սկսեց ինչ— որ բաներ հարցնել: Լամպը լուսավորեց նրա երկար սուր բեղերը և չերքեզի չուխի արծաթե վազմաները, որոնք մինչ այդ լավ չէին երևում: Գրագիրն ակնոցի վերևից, հոնքերի տակով նրան նայելով, շարունակ գլխով էր անում. «Հա՛, հա՛, պատրաստ է»... Իսկ տղերքը բանը դեռ վերջացած չէին համարում, և իրենց համար գոնե՛ ուզում էին պարզել, ի՛նչ կռիվ է, ի՛նչ կարող է լինել. ի՛նչ պիտի անեն տնեցիներն իրենց գնալուց հետո... Ու ոտի վրա խոսում էին, աղմկում, և այդ աղմուկի մեջ ամենից բարձր լսվում էր էլի ժամհարի տղա Զաքարի ձայնը, որ կրկնում էր շուտ— շուտ. «Էս նեղ մաջալին էդ էր պակաս...»:

Այս բոլոր ժամանակ Մաճկալանց Դավիթը լուռ էր: Նրան թվամ էր, թե ամենը, ինչ կատարվում է շուրջը— երազ է, հանկարծահաս, ծանր մի երազ: Կռի՛վ. ի՞նչ կռիվ, որտեղ, ինչի՞ համար: Հինգ տարի «ծառայությենից» հետո մի քանի օր չկա եկել է— նորից հրացան, նորից կազարմա, այն էլ, ով գիտի, որտե՞ղ... Ու կռիվ բառը կարծես հարվածում էր նրա գանգը— կռիվ, կռիվ... Տղերքը խոսում էին, աղմկում, բայց նա այդ աղմուկների մեջ տեսնում էր միայն հրացան, կազարմա, ցեխոտ ճանապարհներ, ուր քարշ է գալիս իրենց հետևակ գունդը՝ հոգնած, դադրած, փթաչափ բեռան տակ... Ծեր ծնողները հազիվ ուրախացել էին, հազիվ մի կարգին ցանքս էր արել— հիմի այդ բոլորը, դրանց հետ էլ ջահել կնոջ թող ու գնա՛... Դավիթն իր մտածումներից սթափվեց միայն այն ժամանակ, երբ աղմուկը լռեց. տղերքը դուրս էին գնացել: Նա էլ վեր կացավ և գլխարկը, իր զինվորական հին, կանաչ կանթով գլխարկը, որ վեց ամիս առաջ բերել էր հետը, դրեց գլխին ու դուրս գնաց:

Դուրսը՝ գեղամիջին տղերքը դեռ խոսում էին տան մասին, արտերի մասին, հնձած խոտերի մասին:

«Բա մեր սարի խո՞տը», մտածեց Դավիթը, ով պիտի բերի, եթե ինքը գնա: Հայրը՞, նա չի կարող... Մտածեց Դավիթը, մտածեց և մտքում վճռեց.— «Գնամ մի խալփին խնդրեմ, կարելի է մի երկու օրով թողնի»: Ու ետ դարձավ կանցիլար: Տանուտերն ու գրագիրը մենակ էին: Դավիթն զգուշությամբ, որ չխանգարի, անձայն քայլերով առաջ գնաց, գլխարկը վերցրեց և կանգնեց տանուտերի առաջ: Խալփեն ինչ— որ թուղթ էր ստորագրում՝ տառերը հատ— հատ գրելով, և ամեն մի գիծը քաշելիս՝ նրա սրածայր բեղերը շարժվում էին շրթունքների հետ: Երբ, վերջապես, վերջին տառի պոչը քաշեց ցած, գլուխը բարձրացրեց:

— Հը՛, ի՞նչ կա, Դավիթ աղա...

— Դուք ողջ ըլեք, խալփա. մի բան եմ ուզում խնդրեմ,— խոսեց Դավիթը ճիգով ժպտալով և միաժամանակ նայելով գրագրին, որ, գլուխն առանց բարձրացնելու, գրում էր շարունակ ճկույթը մյուս մատներից բաժանած:— Ուզում էի խնդրեմ, խալփա, որ մի օրով թողաս ինձ...

— Չիքոյե,— ընդհատեց նրան տանուտերը:— Էդպես բան չկա, առավոտը պատրաստ կըլես. գեղի տղերքը ծեգին էստեղ կըլեն:

— Խնդրում եմ, խալփա: Սարի գլխին խոտ ունեմ ախր...

— Ես էլ ունեմ:

— Դե, քու բանն ուրիշ, խալփա. դու երկու օրից ետը էլի կգաս, կբերես կամ բերել կտաս...

— Քունն էլ թող հերդ բերի. հերդ ի՞նչ է:

Դավիթը խնդաց տխուր:

— Էհ, խալփա. նա սկի կարում չի կառափած կալումը ման գա, ուր մնաց սարից խոտ բերի:

— Թող ախպերդ բերի:

— Նա էլ, դե, իրա համար. իրա բանը զոռով է անում... Խնդրում եմ. խալփա. թող կվերջացնեմ՝ ձեզ կհասնեմ...

— Քեզ ասի որ՝ զիքոյե,— վեր կացավ տանուտերը, չերքեզի չուխայի փեշերն ու գոտիկն ուղղելով:— Ես բանտ նստելու իշտահ չունեմ համենայն դեպս...

Դավիթը գույնը գցեց, փորին բռնած գլխարկը դողդողաց նրա ձեռին.

— Ուրեմն, վախենո՞ւմ ես՝ փախչեմ,— խոսեց նա փոխված ձայնով:

— Ես ինչ գիտեմ, փախար— փախա՛ր,— ասաց տանուտերն ու արագ— արագ դուրս եկավ:

Մի երկու րոպե Դավիթը մնաց մտածմունքների մեջ կանգնած, նայեց գրագրի՝ Արշակ աղի ճաղատ գլխին, որ փայլում էր լամպի լույսի տակ, նրա ճկույթին, որ դողդողում էր մյուս մատներից բաժանված և, «լա՛վ» ասաց ամբողջ կրծքով ու դուրս եկավ տանուտերի ետևից:

Հետևյալ օրը, վաղ առավոտյան, գյուղացիների մի մեծ խումբ Կաղնուտից ճամփա ընկավ դեպի կայարան: Մարդ, կին, ջահել ու ծեր իրար խառնված գնում էին դաշտի ճանապարհով, որ ոլոր— մոլոր ձգվում էր արտերի միջով և այսպես գնում դեպի կայարան... Պարզ օր էր. արտույտները երգում էին օդում. քամին, մի բարակ, զով քամի անցնում էր ցորենների վրայով և արտերը վետ— վետ ու ալիքավոր հորձանքով գնում էին դեպի բլուրները... Արտերին նայելով, գյուղացիները գնում էին մի իսկայական թափոր կազմած: Ամենից առաջ, իր ճերմակ ձիու վրա գնում էր տանուտեր Արսենը՝ չերքեզի չուխեն հագին, տանուտերական նշանը դեղին շղթայով վիզը գցած, ինչպես անում էր առհասարակ պաշտոնական գործերով տեղ գնալու ժամանակ (մի ուրիշ նշան էլ փոքրիկ օղով կարած էր կրծքին): Տանուտերի երկու կողմից, մի քանի քայլ հարգալից հեռավորության վրա, գնում էին երկու զգիրն իրենց նիհար, ոստոստուն ձիերով: Իսկ դրանց ետևից տղերք, կանայք, երեխաներ: Դրանք Կաղնուտի և մյուս երկու գյուղի զապասներն էին (պահեստի զինվորները), որ գնում էին կայարան: Իսկ նրանց հետ ազգական ու բարեկամ— մայր, եղբայր, հայր, կին կամ քույր— մի— մի կապոց ձեռներին՝ ուղեկցում էին տղերանց:

Խմբի մեջ էր Մաճկալանց Դավիթը: Հաղթ կուրծքը դուրս գցած, գլուխը բաց, հին շինելն ուսին, գնում էր նա և փնթփնթում տանուտեր Արսենի վրա: Նրա հետ գնում էին պառավ մայրը՝ Մարան նանը մի քանի ձու և երկու խաշած հավ կոնատակին, և կինը՝ Վարդիշաղը նույնպես մի փոքրիկ կապոց ձեռքին: (Հայրը՝ ծեր Ոսկանը մնացել էր տնպահ): Վարդիշաղը, որպես նորահարս, գնում էր աչքերը գետնին գցած: Պսակից հետո առաջին անգամն էր մարդու հետ դուրս գալիս հասարակության մեջ... այն էլ այդքան բազմության մեջ: Բոլորը նայում էին նրան, նրա շալ շորերին, նրա կլապիտոնե դեղին գոտուն, շրջազգեստի փոթփոթ ծայրերին, և նա, անթիվ այդ նայվածքներից ամաչելով, աշխատում էր մարդու հետ չքայլել, այլ շարունակ սկեսրոջ կողքից: Վարդիշաղն ամաչում էր, բայց նրան մխիթարում էր այն հանգամանքը, որ ուրիշ ջահել հարսներ էլ կային իրենց հետ, թեև իր պես երեք ամսվա պսակված չէին, բայց էլի ջահել էին: Մեկը, օրինակ Ծիրանանց Արշոյի քույրը, որ եկել էր մարդուն ու եղբորը ճամփու դնելու, մյուսը՝ Իրիցանց հարսը՝ ամուսնուն և տեգորը:

Արտերին նայելով՝ տղերքը շարունակ խոսում էին, կատակում:

— Եթե ավինդն ըսենց գնա, ցորենները մի շաբաթից կհասնեն,— ասում էր ժամհարի տղա Զաքարն իր մանր ու խոր աչքերն արտերից չհեռացնելով:

— Ո՛նց չէ, դո՛ւ էլ կուտես, —ծիծաղեց Անդարդ Մեթոն, որ խմբից խումբ անցնելով, կատակներ էր անում տղերանց, կանանց հետ:— Տենանք դու կուտես, թե ուրիշները քո հոգու համար:

— Դե բերանդ խերով բաց արա՛,— կշտամբեց նրան Մարան նանը՝ Դավթի մայրը:— Շաշանալ մի՛, հարսանիք չես գնում:

— Հարսանիք,— ծիծաղեց նորից Սեթոն.— ի՛նչ պակաս է: Մի քանի ամիս կմնամ, մեկ էլ տեսար՝ տիր— նա— նի— նա՛, տիր— նա— նի— նա՛...— նվագեց Սեթոն բերանով և մատները շարժեց բերնի առաջ,— ի՞նչ է. Սեթոն Ռուսաստանից բերում է մի մաթուշկա... մազերը շեկ, աչքերը չալ...

— Ձենդ կտրի,— սաստեց նրան նանը։— Քու մերը մաթուշկա պահող չի։

— Է՜, Մարան նանի,— ձեռները շարժեց Սեթոն իբրև թե պառավի միամտությունը ցույց տալով։— Մեկի աեղ երկո՜ւսը պիտի բերեմ. երկո՜ւսը, երկո՜ւսը,— խաղացրեց նա ձեռները գլխի վերև և սկսեց պարել։— Երկուսը, երկո՜ւսը...

— Ջվալիդ բերանը փակի, մասխարա՛,— վրդովվեց նանը.— մեր հայ հավատին էդ էր պակաս։ Մաթուշկա— է՛ն էլ երկուսը...

Ու, երեսը շրջելով, քայլերն արագացրեց։

Ճաշի մոտ հասան կայարան։ Մինչև գնացքի գալը նստեցին ստվեր տեղերում՝ պատերի տակ, ակացիների և բարդիների շվաքում թե՛ հանգստանալու և թե՛ «մի քիչ նիար» անելու։ Սակայն չանցավ մի քանի րոպե, զանգը տվին. գնացքը դուրս եկած՝ գալիս էր։ Բոլորն իրարով անցան, կապոցները վերցրին ու խմբվեցին պլատֆորմի վրա։ Պառավ Մարանը մի կողմից հարսին հսկելով, որ «գյադա— գյուղեք» չդիպչեն նրան, մյուս կողմից որդու փեշը բռնած՝ ասում էր. «Դավո ջան, նամակդ անպակաս կանես, ջահել հարս է, սիրտը կոտրի ոչ»... Իսկ Դավիթը շարունակ ժպտում էր. «Հա՛, նանի, հա՛. դու զիլ կաց», ասում էր նա մորը, և, կնոջը ցույց տալով, ավելացնում. «Էս շաշին լավ կըպահես...»։

— Քեզ համար ի՞նչ բերեմ, աղչի,— դարձավ նա կնոջը ցած ձայնով։— Ի՞նչ կուզես, հը՞...

Վարդիշաղը, ձեռները կրծքին, գլուխը թեթև շարժեց, և գլխի այդ շարժումով կարծես հասկացնել էր ուզում, թե դու ողջ վերադարձիր, ինձ ոչինչ էլ հարկավոր չի։

Գնացքը սուլեց հանկարծ, հևալով եկավ և շրխկոցով կանգ առավ։ Վագոններից դուրս թափվեցին «վեր գեղերից» եկող զապասները, վազեցին ջրի տակառի մոտ և, իրար հրելով, իրար վրա ջուր ցանելով, սկսեցին ջուր խմել։ Իսկ վագոնների լուսամուտներից գլուխները դուրս հանած՝ դրանց, կայարանին և բոլորին նայում էին դեղին կոճակներով, ակնոցով և կրախմալով մարդիկ։

— Դե, տղերք, տեղավորվեցեք,— լսվեց տանուտեր Արսենի ձայնը, որ մինչ գնացքի գալը գալումը նստած՝ պապիրոս էր քաշում։— Դե՛, դե՛...— Ու, աչքը վագոնների մեծավոր մարդկանց, վզի շղթան ու կրծքի վազմաներն ուղղելով անցնում էր նա տղերանց առաջից և կարգադրություններ անում։

Դավիթը, նրան նայելով, սկսեց նորից փնթփնթալ։

— Ձեռ քաշի, Դավիթ ջան, բան չունե՛ս,— հանգստացնում էր նանը նրան։— Ձե՛ռ քաշի...

Տղաները կամաց— կամաց տեղավորվեցին։ Դավիթը նույնպես մտավ վագոն։ Նանն ուղեկցեց նրան մինչև վագոնի շեմքը (նրանք գնում էին ապրանքատար վագոնով)։

— Ձվերը կոտրես ոչ, Դավո ջան. աղն աղլուխի տտումը կապած ա,— խորհուրդներ, ցուցումներ էր տալիս նա իրար ետնից և ձեռը ծոցը դրած նայում, թե հարմա՞ր տեղ է նստելու արդյոք Դավիթը և կապոցը չի՞ գցի արդյոք այնպիսի տեղ, որ ձվերը կոտրվեն: Եվ նա վագոնից հեռացավ այն ժամանակ միայն, երբ գնացքը սուլեց: Նա վախով ետ կանգնեց և շարժվող գնացքի ետնից ձեռները բարձրացրեց վեր, դեպի երկինք.

— Դո՛ւ հարեհաս ըլես, ո՛վ զորավոր սուրբ Սարգիս...

II

Տղաների գնալուց հետո Կաղնուտն իրեն զգում էր հանկարծ թալանված: Շատ քիչ տուն կար, որ կռիվ գնացած զինվոր չունենար կամ ազգական ու բարեկամ չլիներ գնացածին: Իսկ Կաղնուտում գրեթե բոլորն ազգական ու բարեկամ էին իրար և այդ պատճառով, տղերանց գնալուց հետո, բոլորը գրեթե սպասում էին լուր, նամակ: Ով որտե՞ղ գնաց, ո՞ւր մնաց, ի՞նչ եղավ... Սպասում էին անհամբեր, ջղագրգիռ ու տագնապով: Այդ տագնապն ավելանում էր մանավանդ այն ժամանակ, երբ մութն ընկնում էր կամ երբ երկինքը ծածկվում էր ամպերով, երբ անձրն էր գալիս: Բոլորի մեջ, սակայն, և ամենից ավելի անհանգիստ էր Մարան նանը: Աշխատանքի միջոցին, թե պարապ ժամանակ նա Դավիթին չէր մոռանում. թե դաշտում, երբ հասած արտերում զրնգում էր գերանդին, թե այն ժամանակ, երբ կովերը բառաչելով գալիս էին հանդից, թե տանը, երբ հարսը ման էր գալիս առաջին, նա, որդուն մտաբերելով, շարունակ քրթմնջում էր ինչ— որ: Իսկ երբ եկեղեցու զանգերը կանչում էին «ծլի՛նգ— ծլին, ծլի՛նգ— ծլին»— նա խաչակնքում էր երեսը և աղոթքի կանգնում:— «Տեր, դու օգնե՛ս»... Իսկ ծեր Ոսկանը, Դավթի գնալուց հետո, հարևան Պետրոսի օգնությամբ, մի կերպ բերեց սարի խոտը և դիզեց, հետո, երբ արտերի հունձն սկսվեց, նա, իր հին գերանդին ու սրոցը վերցրած, գնաց արտերը հնձելու: Մարան նանը, երբեմն և Վարդիշաղը գնում էին նրան օգնելու: Թեև պառավը չէր ուզում, որ հարսը այդ տեսակ աշխատանք անի, բայց որովհետև նա մենակ պիտի ձանձրանար տանը կամ լաց լիներ— նանը նրան տանում էր իր հետ: Որքան էլ չէր թողնում բանելու, բայց Վարդիշաղը, սովոր լինելով դաշտային աշխատանքի և պարապ նստելու ամոթից, օգնում էր ծերերին: Փոցխում էր, միջակներում մնացած հասկերն էր պոկում կամ եղանը ձեռքին բլուրներ էր շինում, և միշտ գլխաշորը ճակատին քաշած, որ արևը դեմքը չվառի: Այնուհետև կալին՝ բոլորն աշխատում էին միասին: Եվ բոլոր այդ աշխատանքի մեջ անհամբեր սպասում էին էլի նամակի:

Վերջապես այդ նամակը եկավ: Գյուղի մարդիկ դեպքերը, մեծ թե փոքր, լավ են հիշում, իսկ թիվ և ամիս՝ ամենևին. «Էս բանը պատահեց էն տարին, երբ մաշինի ճամփեն եկավ» ասում են, կամ՝ «էն տարին, երբ տերտերակինը մեռավ»: Այդպես էլ՝ Դավթի առաջին նամակն իր գնալուց որքա՛ն ժամանակ հետո եկավ, դժվար է ասել, բայց նա եկավ Աստվածածնա տոնին: Դավիթը գրում էր, որ ինքը լավ է և «կուզի որ դուք էլ լավ լինեք և գործով աջողակ»: Շատ բարով էր անում նանին, ամուն՝ հորը և կնոջը՝ Վարդիշաղին: Է՛լ — դո՛ւք ողջ լինեք: Կռվի մասին ոչինչ չէր գրում: Վերջում ասում էր միայն, որ գնում են «Գերմանի կողմը»: Դե, այդքան էլ որ գրել է, հերիք է, ինքը ողջ լինի. միայն թե նամակն անպակաս անի... Բայց երկրորդ նամակն ստացվեց շատ ուշ:— Անցավ նոր տարին, անցավ Բարիկենդանը, անցավ մեծ պասը— նոր Զատկին միայն մի բաց նամակ եկավ՝ երեսին մի ծեր մարդու պատկեր: Դարձյալ շատ բարով էր անում բոլորին և գրում էր, որ իրենց «պոլկը Կարպատումն է»: Տնեցիներն, իհարկե, շատ ուրախացան, ոո վերջապես, նամակ եկավ, և այդ նամակը մի քանի անգամ կարդալ տվին սրան— նրան: Բոլորը լավ էր, հասկանում էին, բայց թե ի՞նչ բան էր այդ «Կարպատը»— ոչինչ չհասկացան: Մինչև անգամ տերտերն էլ բան չհասկացավ: Ակնոցի թելերն ականջների ետևը կապած՝ նա նայեց նամակին, նայեց և գլուխը շարժեց. «Օրհնվածը հենց չի գրում, որ մի բան հասկանաս... Կարպե՞տ թե՞ Կարապետ, քաղա՞ք է, գյո՞ւղ— ի՛նչ իմանաս...»:

— Բա է՛ս պատկերն ի՞նչ է, տերտեր ջան,— ցույց տվեց նանը բացիկի երեսի ծերունու նկարը:

— Դե դա էլ իրենց քարոզիչը կլինի, ո՞վ է իմանում...

Այդ օրվանից հետո էլ նամակ չեկավ: Նանը որդու նամակները պահում էր ծոցում, և եթե մեկը հարց էր տալիս Դավթի մասին՝ հանում էր դրանք և ցույց տալիս: «Էս երկու նամակն է դու արել...»: Ու նամակները ծոցին ամեն կիրակնամուտ գնում էր եկեղեցի, չեչից շինած կարմիր մոմեր էր վառում և աղոթում Դավթի համար— «Տեր, դու խնայես ամեն դարիբի ու ամեն կորածի»... Հետո, եկեղեցուց դարձին, մտնում էր Ծիրանանց տուն, ժամհարի տուն և առհասարակ այն բոլոր տները— ո՛ւմ տղեն զինվոր էր:— Ո՛վ է իմանում, գուցե, մի բան էլ Դավթի մասին գրած լինեն... Բայդ ոչինչ չէր լինում: Ժամհարի տղա Զաքարը, ասում էին Վարշավ է, Իրիցանց Սեթոն՝ Վան թե Էրզրում, Ծիրանանց Արշոն առաջ Գերման էր (անունն էլ դժվար է ասվում, ով գիտի ինչ կորած մոլորած տեղ է). հիմի էլ տարել են, ասում է Տրապիզոն... ո՛ւ ո՛ւ— Տրապիզոն... Դո՛ւ խնայես, ով ձիավոր սուրբ Գեորգ... Մեկ— մեկ էլ պառավ նանն այնպիսի երազներ էր տեսնում... այդ ժամանակ, խունկ ու մոմ վերցրած, գնում էր գրբացի մոտ. և գարի գցողն ամեն անգամ ասում էր միևնույնը. «Տեղը դժվար է, բայց ճամփա է ընկնում»... Մինչ նանն այսպես դես ու դեն էր ընկնում Դավթից մի լուր ստանալու հույսով, հայրը՝ ծեր Ոսկանը, բանի վրա թե տանը նստած, երբեմն, մեկ էլ տեսար խոսեց ինքն իրեն. «Էն տղիցը նամակ չէկավ էլի՜»... Նրան պատասխանում էր հարսը կամ կինը, եթե լսում էին, իսկ եթե պատասխան չէր ստանում, նույնը կրկնում էր մի քանի անգամ, «Էն տղիցը նամակ չէկավ էլի՜»... և ապա կամաց, շատ կամաց ավելացնում էր. «Ով գիտի ի՜նչ պատահեց»... Ու այսպես անցնում էին օրեր, շաբաթներ ու ամիսներ: Անցավ տարի, տարի ու կես— նամակ չկար ու չկար: Վուրդիշաղը դեռ ջահել հարս՝ տխրում, լաց էր լինում թաքուն տեղեր, մանավանդ տխրում ու լաց էր լինում, երբ քաղաքից եկողները պատմում էին կռվի մասին: Պատմում էին հազար ու մի բաներ. պատմում էին, թե թուրքը «ժաժ է եկել» և թե ինգլիզը գնում է թուրքի վրա— նավով, զորքով. պատմում էին, թե ֆրանկները մի այնպիսի թոփ են հնարել, որ տասը լուծ գոմեշ չի քաշի, որը երբ զգում են— միանգամից մի քաղաք է սրբում, հողն ու փոշին ամպի նման չոքում է մի քանի օր, իսկ ձայնից հեռվում խլանում են զինվոր ու զորք... Ազատե՜ս, տեր. ինչեր չէին պատմում... Կռիվը մեծ է, ասում էին, կռիվը երկա՜ր. ամեն ազգ ու ցեղ վեր են կացել իրար վրա... Չէ՜, շուտ չի վերջանա... Պառավ նանն էլ տեսնում էր, որ կռիվը մեծ է, շա՜տ մեծ... Ամեն օր, ամեն օր, աստծու օր ու գիշեր պոեզը չէր կտրվում պոեզի ետնից, և ամեն օր վագոնները տանում էին զինվոր, զինվոր— հրացանով, անհրացան... Տանում էին բաց վագոններով, փակ վագոններով և մի տեսակ խաչ նկարած վագոններով... Սրանք էլ, ասում էին, վիրավորներ են... «Կուրանա՜ ձեր մերը»... Գնում, գալիս էին պոեզները, շվացնում գյուղի մոտ, գոգռալով անցնում կամուրջը և գնում, իրար ետնից: Տանում էին էլի զինվոր, ձի, թո՜փ— թնդանոթ, ու էլ ի՜նչ ասես: Տանում էին, գնում ու ճչում՝ «Ու՜ու՜ւ»...

— Ասսու կրա՜կ, ասսու կրա՜կ,— ասում էր նանն ամեն անգամ գնացքի ձայնը լսելիս և երբեմն չանչում նրա ետնից: — Տարար բէխիս չոլերը գցեցիր, ե՞րբ պըտի, ա՜յ անտեր, մի խաբար բերես...

Շաբաթը մի անգամ, երկու անգամ Կաղնուտի զզիրները գնում էին կայարան թերթեր, նամակներ բերում, և շաբաթը մի անգամ Մարան նանը գնում էր կանցիլար գրագրի՝ Արշակ աղի մոտ: Դավթից ոչինչ չէր լինում:

— Մի էն տակի թղթերը տես,— ասում էր նանը գրագրին ամեն անգամ, երբ նա բացասական պատասխան էր տալիս:— Կարելի է լավ չես տեսել...

— Կա ո՜չ, ա՜յ պառավ, կա ո՜չ, որ ըլի հո գլխիս չեմ տալու:

— Բա էս ո՞նց պըտի ըլի, Արշակ աղա. ինչի՞ նամակ չի ղու անում:

Գրագիրը շարունակ գրում էր և, առանց գլուխը բարձրացնելու, պատասխանում անտարբեր.

— Ո՜վ է իմանում. կարելի է փող չունի...

— Փո՜ղ, քոռանամ ես,— մատը ցամաք շրթունքին էր դնում

նանը։— Թող գրի թե՝ փող չունեմ... Հավ, ձու կտանեմ ստանցին՝ կծախեմ, փող կղրկեմ, միայն թե գրի— տեղն իմանամ՝ որտեղ է... Թե արևդ ապրի, Արշակ աղա, կարալ չե՛ս մի տեղն իմանաս,— շարունակում է նանը ձեռքը ծոցը տանելով։— Է՛ս իրես իրա նամակները, աղբեսն էլ միջին ա... Ու նանը նամակները դնում է գրագրի սեղանին։ — Հը՞, Արշակ աղա, չի՞ ըլի մի նամակ գրես իրա մեծավորների վրա։ Գրես թե՝ էս Դավիթ Մաճկալովը որտե՞ղ ա, կարելի է մի խաւբար անեն...

— Է՛հ, դժվար է, պառավ, դժվար, — ասում էր գրագիրն ու շարունակում իր գրությունը։

Դժվա՛ր... Նանը չէր հասկանում ի՞նչն է դժվար.— մեծավորներին գրե՞լը, թե՞ նրանցից պատասխան ստանալը։

Մի օր էլ, երբ նանն այսպես խոսում էր գրագրի հետ, ներս մտավ տանուտեր Արսենն իր արծաթե վազմաներով չերքեզի չուխեն հագին։

— Էլի՛... Դե, ա՛յ պառավ,— ասաց,— որ սաղ ըլի՝ դու կանի էլի։

Սա՛ղ... Ուրեմն կարող է պատահել Դավիթը մեռած լինի՞, սպանվա՞ծ... Նանի լեզուն չի զորանում, լեզուդ չորանա, տանուտեր Արսեն... Թեև չէր հավատում պառավը, բայց նրա սիրտը մի մութ կասկած ընկավ. ի՞նչ կանի, եթե Դավիթը մեռած լինի իսկապես... Կարո՞ղ է պատահել, որ այդպես բան լինի... Է՛, չէ մի— ինչեր է մտածում։ Խոսք էր էլի, Արսենի բերանն եկավ՝ ասա՛վ։— «Աստված որ ազռավի ձենը լսի՝ Վարթիվորին ձին կզա... Թող ասի, հողեմ գլուխը...»։

Տխուր վերադարձավ պառավը տուն և նստեց շեմքին։

Աշուն էր, քամի, տան առաջի բարդիները խշշում էին ու տերևաթափ լինում։ Նրանց հետ խշշում էին և բոլոր բարդիները, խշշում էին միատեսակ խուլ, համատարած խշշոցով, և ընդհանուր այդ խշշոցի ժխորից բացի գյուղում ուրիշ ձայն չէր լսվում։ Խշշում, խշշում էին բարդիները և նրանց դեղնած տերևները խմբով թռչում էին քամու հետ կամ օղապտույտ տատանումներով թափվում գետին։ Եվ գետին ընկնելով, ահից հալածված ասես, խմբվում էին իրար մոտ, հավաքվում անկյուններում, թաքնվում խոռոչների մեջ կամ մտնում ծածկույթների տակ...

Մարան նանը շեմքում նստած դնդնում էր ու հետո էլ մտածում, թե չլինի իսկապես մի բան է պատահել Դավթին. ինչո՞ւ հապա նամակ չի գրում... Եթե մի բան պատահած լինի և հարսի ծնողներն իմանան— ի՞նչ կանեն։ Վարդիշաղին կտանեն երևի... Նանը լսել էր, որ նրանք այդպիսի մտադրություն ունեն։ Այստեղ— այնտեղ խոսում էին այդ մասին և այդ խոսքերը նանի ականջն էին հասնում։ Թեև հարսի հերանք հեռու էին, Կաղնուտից երկու գեղ այն կողմ, բայց նրանց մտադրության մասին նանը լսել էր։ Ուզում էին Վարդիշաղին տանել... Էհ, երկու տարուց ավելի է, քիչ ժամանակ չի, մարդը չկա,— մտածում էր նանը հարսի մասին։ Իսկ շունը նրա ոտների մոտ պառկած հանդարտ մռռում էր։ Դա գայլանման, մազերը սևին տվող, ականջների ծայրերը կտրած, պոչատ շուն էր։ Երբ պառավը դնդնում էր լսելի ձայնով, նա կտրած պոչն ու ականջները շարժում էր և նայվածքը հառում պառավի դեմքին։

— Երանի քեզ, այ Չամբար,— խոսեց նանը հանկարծ շանը դիմելով։— Ցարաբ քո միտն էլ գալիս է Դավիթը, այ Չամբար։

Շունը, կտրած պոչն ու ականջներն ավելի շարժելով, տխուր նայեց տիրուհուն.

— Նա քեզ շատ էր սիրում, այ Չամբար։ Իհարկե, ո՛նց կմոռանաս...

Շունը հանկարծ մռռաց բարձր, և աչքերը բակի դռանը, կանգնեց առաջին ոտների վրա. հսկող հայացքով նայեց և, տեսնելով եկողը ծանոթ է, նորից նստեց։ Մանր քայլերով, ձեռնափայտը, ավելի շուտ մի ճիպոտ կռնատակին, գալիս էր մի շեկ, փոքրիկ, տարիքոտ մարդ։ Նանն իսկույն ճանաչեց. Վարդիշաղի հայրն էր՝ Դեղին Ծիտը, ինչպես անվանում էին նրան իրենց գյուղացիները նրա դեղին մազերի և բարակ ձայնի պատճառով։

— Բարի օր քեզ, խնամի Մարան, —ասաց նա դեռ հեռվից մի այնպիսի բարակ ձայնով, որ կարծես դուրս էր գալիս մի նեղ, ասեղի ծակի չափ նեղ, կոկորդից։

— Բարին արևիդ, խնամի Խունկի,— պատասխանեց պառավը, տեղից ելնելով։

Բարևելով նրանք նստեցին իրար կողքի, հենց շեմքի մոտ ընկած գերանին։

— Է՛հ, ո՞նց եք, խնամի Մարան։

— Փա՛ռք իրան, խնամի Խունկի, ապրում ենք էլի։

Խնամի Խունկին չիբուխը հանեց գոտկից և, միջի մոխիրը թափ տալու համար, մի երկու անգամ խփեց գերանին, ապա սկսեց հանդարտ լցնել թութունով։

— Էհ, խնամի Մարան, ապրել էլ կա, ապրել էլ,— շարունակեց նա իր ճռվողուն ձայնով և միաժամանակ չիբուխը լցնելով։— Ապրել կա խոսքով, ապրել կա ոսկով... Նա նորից լռեց, չիբուխի ետևից ընկած, և երբ պատրաստեց այն, նախքան բերանը կոխելը, ձեռքն զգուշությամբ դիպցրեց պառավի թևին։— Բա էս ո՞նց պըտի ըլի, խնամի Մարան,— ասաց նա հանդարտ հոգոցով, ու, խոսքը չավարտած, չիբուխը վառեց։

— Ի՞նչը, խնամի Խունկի։

— Էս մեր Դավիթի բանը, խնամի Մարան։

Պառավի ձեռներն ու ծնկները դողացին նստած տեղը։ Նա ցամաք շրթերը սեղմեց և երկչոտ նայվածք նետեց խնամու աչքերին, նրա դեղին հոնքերի տակ, դեղին արտևանունքների մեջ հանգիստ նստած աչքերին։

— Բան գիտե՞ս, խնամի։

Խնամի Խունկին հանդարտ չիբուխը հանեց ատամների արանքից։

— Չէ՛, խնամի Մարան: Ասում եմ մի խաբար չեկա՞վ էլի:
— Ո՞ւր է թե: Որտեղի՞ց,— հառաչեց պառավը:
— Հըը՛մ,— մզզաց խորհրդավոր ու երկար խնամի Խունկին և, առժամ լռելուց հետո, հարցրեց.— Էս քա՞նի տարի էլավ...
Նանը նորից հառաչեց.
— Երկու տարուց ավելի է, խնամի Խունկի. Վարթիվորին իրեքը կթամամի:
Խնամի Խունկին նորից մզզաց.
— Հըը՛մ... Երկու տարի՛,— խոսեց նա բերանի անկյունով, չիբուխն առանց հանելու, և, քիչ հետո, չիբուխը ձեռն առնելով, գլուխն իջեցրեց ու աչքերը հառեց գետնին:— Բա էս ո՞նց պըտի ըլի,— շարունակեց նա դարձյալ աչքերը գետնին,— էդ աղջկա, Վարդիշաղի բանը...
Նանը հասկացավ Դեղին Ծտի միտքը: Նա լսել էր, որ Վարդիշաղին ուզում են տանել, լսել էր և այն, որ մի ինչ— որ ունևոր լոռուտեցի առաջարկ էր արել՝ Վարդիշաղին առնելու:
— Ինչի՞ համար ես հարցնում որ, խնամի,— խոսեց նանը, շուրթերը սեղմելով, ինչ ցույց էր տալիս, թե արդեն գլխի է ընկել բանն ինչումն է և պատրաստվում է հարկավոր պատասխանը տալու:
— Ինչի՞ համար... Դե, դու էլ կնիկարմատ ես, խնամի Մարան, կհասկանաս էլի... Ջահել աղջիկ է, սիրտը կոտրած...
Նանը շուրթերն ավելի սեղմեց և նստած տեղը տրորվեց անխոս:
— Գիտեն մարդիկ, գիտե աստված, խնամի Խունկի,— խոսեց նա հառաչանքով, ծանր և գրեթե հանդիսավոր:— Գիտեն ամենքը, որ աղջկանդ աչքիս լսի պես եմ պահում: Ասած չեմ մի օր՝ էս ծուխը քեզ, կամ մեկնած ոտդ քեզ քաշի:
— Շնորհակալ եմ, խնամի Մարան, հաստատ մնաս... Բայց ասում եմ, ջահել աղջիկ է էլի՛, ո՛վ է իմանում... Մերն ասում է՝ թող մի քանի օր էլ գա մեր տուն: Ասում է՝ ռեխանց մեջ սիրտը կբացվի մի քիչ...
Մի քանի անգամ էլ հերանք այդպես ուզել էին հարսին, մի երկու անգամ նանը համաձայնել էր, մի երկու անգամ չէր համաձայնել, պատճառ բերելով իրենց մենակությունը, աշխատանքը. խոստացել էր, որ ինքը կտանի Վարդիշաղին հերանց տուն (և տարել էր ու ինքն էլ մի քանի օրով մնացել): Բայց այդ բոլորն արել էր մեծ դժվարությամբ. առանց հարսի դժվար էր, չէր կարողանում ապրել: Ոչ թե գործի— բանի համար— ո՛չ: Նանն առաջվա պես սկի չէր ուզում հարսին բանի դնել: Բանն այն էր, որ քանի հարսը տանն էր, նրան թվում էր՝ որդին ապահով է, բայց հենց որ նա հեռանում էր աչքից՝ նանը հուսահատվում էր. ամեն բան դատարկ ու անպետք էր թվում, իսկ հարսը «սրտին սին էր տալիս», ինչպես ինքն էր ասում: Սակայն հոր խնդիրը, այս երրորդ անգամը լինելով, չկարողացավ մերժել: Չկարողացավ նրա՛ համար, որ աշուն էր,

բան ու գործը պատճառ չէր կարող բերել, և նրա՛ համար, որ խնամին չնեղանա իրանից և աղջկանը կռվով, զոռով տանի, ինչպես արել էր մեկը հարևան Խաչի գյուղում:

— Թող գա, խնամի ջան,— ասաց,— ես էլ ուզում եմ սիրտը բացվի. ջահել է... Պառավն անկեղծ էր խոսում.— ջահել է, թող գնա մի քիչ ազատ ման գա, իրա պատճառով շարունակ կողքին նստելու չի, գուցե հենց այդպիսի մի ցանկություն էլ ունի Վարդիշաղը, որ մի քանի օրով գնա հերանց տուն.— Թող գա, խնամի Խունկի, բայց շուտ ետ բերես, մենակ կարըմ չեմ. սովորել եմ... Հրես մեր հայն էլ կգա՝ տեսնենք ի՞նչ է ասում:

Պառավը խոսում էր մարդու մասին:

Քիչ հետո ծեր Ոսկանն ու հարսը՝ Վարդիշաղը՝ եկան բոստանից մի— մի դդում ձեռներին: Ծերունին արխալուղով էր, Վարդիշաղն ամենօրյա իր կապույտ շորերով, մի սև գոգնոց կապած և ճերմակ գլխաշորով: Հորը տեսնելով՝ նա գլխաշորն ուղղեց, ամաչկոտ քայլերով մոտեցավ բարևեց, և մտավ ներս՝ շորերը կարգի բերելու: Իսկ ծեր Ոսկանը նստեց գերանին: Խնամու գալու նպատակն իմանալով՝ տվեց իր համաձայնությունը:

— Թո՛ղ գա րեխեն, ինչ կա որ, թող գա,— խոսեց նա անատամ բերանը չպպացնելով, այնպես, որ ճերմակած և դեղնած բեղերը քիչ էր մնում բերանը մտնեին:— Թո՛ղ գա...

Երեկոյան դեմ Դեղին Ծիտը, աղջկա առաջն ընկած, տարավ նրան իրենց գյուղը: Վարդիշաղն իր շորերից մի կապոց արավ, համբուրեց կեսոր, կեսրարի ձեռքը ու գնաց:

Ծերերը ճանապարհ դրին նրան մինչև բակի դուռը:

— Թեզ կգաս հա՛,— պատվիրեց նանը մի քանի անգամ:

Վարդիշաղը գլխով անելով հեռացավ:

Բայց նրա գնալուց հետո տունը նանին թվում էր դատարկ: Նա հաճախ նստում էր տան շեմքին և օրերը համրում, թե երբ պետք է Վարդիշաղը գա: Երբեմն էլ անհանգիստ, տխուր դիմում էր մարդուն:

— Վարդիշաղը եկավ ոչ, ա՛յ մարդ...

Եվ ծեր Ոսկանն ամեն անգամ, բերանը չպպացնելով, պատասխանում էր.

— Կգա էլի. բա հո մնալ չի... Մի օր կգա...

Երկու շաբաթ հետո սակայն լուր եկավ, թե Վարդիշաղն էլ չի գալու, նրան տվել են լորուտեցուն:

Տվել են լորուտեցո՜ւն... Ուրեմն Դավիթը մեռած է, Դավիթը չկա՜... Դրա համար էր ասում տանուտեր Արսենը... — Լեզուդ չորանա՛, տանուտեր Արսեն...

III

Ծեր ամուսինները մնացին մենակ: Ամբողջ աշուն ու ձմեռ տնից գրեթե դուրս չեկան: Նանը մինչև անգամ եկեղեցի չէր գնում. «Եթե նրանում մի զորություն կար, ընենց չէր ըլի», ասում էր հաճախ: Չէին գնում և մեծ որդու տուն (բաժանքից հետո առհասարակ սառել էին): Նրանց երկար ճանապարհը տնից գոմն էր, գոմից տուն. ամբողջ ժամանակ զբաղվում էին տավարի և հավերի հոգսով: Երբեմն մինչև ուշ գիշեր ծերունի Ոսկանը ճրագը ձեռին մնում էր գոմում, սպասելով, որ տավարը դարմանն ուտի. ո՛վ է իմանում եզներից մեկը հանկարծ կարող է կապը կտրել և կովին հարու տալ, որ էսօր էգուց կարող է ծնի: Իսկ նանն այդ ժամանակ մի հին գուլպա ձեռին նստում էր տանը՝ օջախի մոտ և, ըստ սովորության, դնդնում: Դուրսը քամին ու բուքը թռչում էին Կաղնուտի գլխով և անվերջ սուլում, շվշվում ու շառաչում բարդիների մեջ. թափում էին ձյունը կտուրներից, ձյունով խփում էին լուսամուտներին և վնգվնգում ծխնելույզներում: Ու ամբողջ գիշեր այդ ցրտի ու բուքի մեջ գնացքները գնում էին էլի, սուլում, ճչում էին գյուղի մոտ և գրգռալով անցնում կամուրջը: «Անտեր մնաք, յարաբ էլ ո՞ւմ տունն եք քանդելու», ասում էր նանն ամեն անգամ գնացքի սուլոցը լսելիս: Ու հիշում էր այն օրը, երբ Դավիթը վագոն նստեց և ասաց. «Մնաս բարով, նանի»... «Մեռնի քու մերը, իմ թառլան բալա, որտե՞ղ մնացիր յարաբ, ո՞ր չոլի մեջ, ո՞ր քարի տակ... գոնե մի կտոր շոր, մի նշան հասներ»... Ու տրորվելով՝ դնդնում էր նանը, մինչև որ ծեր Ոսկանը գալիս էր գոմից:

Ու այսպես մինչև գարուն: Իսկ գարնանը, երբ վար ու ցանքն սկսվեց, ծերունին արորը սարքեց և գնաց վար:

Եվ մի քանի օր էր արդեն վար էր անում:

Գարնան արևն անուշ տաքություն էր փռել Կաղնուտում, տավարը բակերում տաքանում էին, հավերը քրքրում էին անցած տարվա աղբակույտերը: Ամեն կողմից լսվում էր գառների ձայն, երեխաների աղմուկ. հանդից լսելի էին գութանավորների և մենավոր չթվորների ձայնը, որ խրախուսում էին եզներին: Օդը լիքն էր ձայների ժխորով:

Ճաշն անց էր: Պառավ Մարանը շեմքի մոտ ամաններ էր սրբում ավազով: Հինգ— վեց հավ աքլորի հետ միասին, վիզները երկարած, ոտնե— ոտ մոտենում էին նրան, սպասելով, որ տիրուհին, ինչպես միշտ, ամաններից մի բան կթափի. բայց նանը, անուշադիր հավերի ցանկության, խորասուզված իր գործն էր անում: Չամբարը, նրա կողքին նստած, գլուխը թաթերին, աչքերը երբեմն— երբեմն բանալով, նայում էր պառավին, նայում էր հավերին ու նորից ննջում՝ արևի ախորժելի տաքությունը վայելելով: Մեկ էլ նա մռռաց հանկարծ և մի ակնթարթում ցատկեց տեղից ու հաչելով առաջ վազեց: Հավերը կչկչացին և, վիզները ձիգ— ձիգ տալով, խմբվեցին աքլորի շուրջը: Ո՞վ է... Նանը ձեռը դրեց ճակատին և իր քաղված աչքերով նայեց շան ետնից: Ինչ— որ մեկը գալիս էր դեպի իրեն՝ մի հաստ ձեռնափայտ ձեռին: Գալիս էր կամաց— կամաց ու ծանր— ծանր շուրջն էր նայում: Հագին զինվորի շինել ու գլխարկ էր, բայց ինքը զինվորի նման չէր երևում. կաղում էր մի քիչ գլխարկն էլ աչքերին էր քաշել:

«Տենաս ո՞վ է»,— մտածեց նանը ձեռը ճակատին: «Չլինի Դավոյի մասին մի բան գիտի...»:

Եկողը աչքերը չորս՝ էլի նայում էր ամեն կողմ: Այս բանը և՛ վախեցրեց, և՛ զարմացրեց պառավին: Բայց նրան զարմացրեց ավելի այն, որ շունը, երկու բերան հաչելուց հետո, սկսեց հոտոտել եկողի փեշերը և փաթաթվեց ոտներին: Տեր Աստված, ո՞վ պիտի լինի սա... Նանը, առանց տեղից շարժվելու, շարունակում էր նայել զարմացած. հետո ամանները հավաքեց իրար մոտ, որ հավերը չդիպչեն նրանց, ու դարձյալ նայեց: Եկողը եկավ կաղալով, եկավ ու հանկարծ— «Բարով, նանի՛» ասաց:

Պառավը գրեթե ծուլ եղավ տեղից:

— Ա՛խ, Դավո ջան...

Ու ծեր Չամբարից բացի, ոչ ոք չտեսավ, թե ինչպես մայր ու որդի գրկեցին իրար ու լաց եղան... Պառավը զարմացած էր. առաջին կանգնած էր մի ուրիշ Դավիթ. ձայնը նրանն էր, բայց ինքը սկի նման չէր. աչքերը խոր ընկած, ոսկորները սրված, մի թշի վրա էլ ինչ— որ սպի կար. գնդակի տե՞ղ էր, ի՞նչ էր... Նանն ուզում էր հարցուփորձ անել, բայց չկարողացավ: Եվ քիչ հետո, երբ մտան ներս, երկու փոքրիկ, քառակուսի լուսամուտներով սենյակը, նա սկսեց խոսել հուզումից անկապ, կցկտուր.

— Ո՛վ զորավոր սուրբ Սարգիս... Ախր երազում տեսնում էի, Դավո ջան, տեսնում էի, որ՝ չէ...

Ու խոսում, խոսում էր երկար և կարծես, ուզում էր մի քանի տարվա անցուդարձը պատմել մի քանի րոպեում:

— Գնում էի նամակի, սրան էի հարցնում, նրան էի հարցնում. «կա ոչ որ կա ոչ»... Իսկ զարի զցողն էլ ասում էր՝ նեղ տեղ է: Հերվա ֆորթն էլ մատաղ էի խոստացել՝ սատկեց...

Խոսում էր պառավը և տան անկարգ դրած իրերը կարգի բերում, խոսում էր և նայում Դավթին: Տեսնելով, որ Դավիթը նայում է տան իրերին, ծալքին, խոսքի ընթացքը փոխեց.— Հա, ճոթ ու կտորն էլ էնքան թանկացել է, որ ո՛չ յորղանի երես ենք կարում առնել, ո՛չ դոշակի: Սաղ ճղվել, իրարից էլել են... Ամեն բան կրակի գին է դառել, այ կրակվեն դրանք... Էլած ձուն նավթի ու սպիչկի չի հերիքում: Էն էլ շատ ժամանակ չի ըլում. ամիսներով անթեղ եմ անում...

Դավիթը, մորը լսելով, նայում էր միաժամանակ կից սենյակի դռան և դեպի բակը: Երկար լսելուց հետո, վերջապես, ընդհատեց մորը.

— Բա էս մերոնք ո՞ւր են,— հարցրեց հանկարծ:

— Մերո՛նք,— երկարացրեց խոսքը նանը, շուրթերը սեղմելով:— Հերդ, Դավո ջան, գնացել է վար անելու: Երկու օր է մեր դիմացի արտը վարում է... Հողը ասում է, շա՛տ է պնդացել: Դե՛, իրա ուժն էլ չկա էն վաղվա... Խեղճ հայր հալից ընկել է: Դու էլ մի խաբար չես անում... Միշտ ասում է. «Գա՝ երեսիս մի բուռ հող քցի, էլ՝ հեչ...»: Նա հառաչեց երկար ու շարունակեց.— Ծիրանանց Արշոն, ասում են, իմացե՞լ ես, կուրանա նրա մերը, ընկել է ձիու տակը՝ սպանվել... Կալավեր է եղել, ի՞նչ է, գիտեմ ոչ... Իսկ Իրիցանց Սեթոյի, էն մեր շաշ, անդարդ Սեթոյի ոտները, ասում է, կտրել են բալնիցումը. իմացե՞լ ես... Հերն ուզում է եզը ծախի, գնա որդուն տես, մեծ տղեն թողում չի: Հերն ասում է՝ «Բա Սեթոյին մի եզը չի՞ հասնի»... Իսկ մեծ տղեն թե՝ «Ես կը բաժանվեմ, ասում է, եթե էդպես բան անես»... Ու մնացել են էդպես:

Դավիթը լուռ լսում էր մորը և էլի նայում կից սենյակին և բակի դռան:

Երկար լսեց, լսեց և նորից ընդհատեց մորը.

— Բա էն հարսն ո՞ւր է գնացել...

Որդու հարցը շփոթեց պառավին, նա չկարողացավ իսկույն պատասխանել, «Իմացե՞լ է տենաս, թե չէ», մտածեց և, աչքերը գետնին, սկսեց թախտի կարպետի ծալված ծայրերն ուղղել:

— Վարդիշա՛ղը,— խոսեց նա կարպետի հետ խաղալով. — Վարդիշաղը հերանց տուն է գնացել...— Ու, խոսքը չավարտած, հառաչեց: Պառավի ցամաք շուրթերը դողում էին. չէր իմանում ի՛նչ պատասխանի որդուն, քիչ էր մնում լաց լինի, բայց զսպում էր իրեն, շուրթերը սեղմում էր էլի, և նրա խորշոմած դեմքը դրանից ավելի էր կուչ գալիս:

Դավիթը նկատեց մոր հուզումը և կանաչ կանթով գլխարկը, որ մինչ այդ գլխին էր, վերցրեց և նստեց թախտի ծայրին:

— Ի՞նչ կա, բան է պատահե՞լ...

Նանը լուռ էր:

— Դե ասա, տենանք, ի՞նչ կա,— շարունակեց Դավիթը, մոր լռությունից ինքն էլ անհանգստացած: Պառավը փղձկաց հանկարծ և սկսեց արտասվել:

Ու պատմեց բոլորը:

— Ա՛խ, ասողի լեզուն չորանա՛, չորանա՛... Մի ժամ, ժամից ավելի, Դավիթը մնաց միևնույն տեղը անխոս նստած. արմունկները ծնկներին, գլուխն ափերի մեջ առած, մտածում էր: Հետո ելավ տեղից, գլխարկը վերցրեց, փայտը ձեռն առավ ու գնաց դեպի դուռը:

— Ո՞ւր, Դավո ջան,— հարցրեց նանը վախեցած:

Դավիթը, առանց ետ դառնալու, ասաց.

— Գնամ տենամ ի՞նչ է անում ապին...

Ասաց ու առաջ գնաց կաղալով:

Մայրը հուզումի մեջ մոռացել էր որդու կաղալը:

— Բա էդ ոտիդ ի՞նչ է պատահել, այ տղա,— հարցրեց երկյուղով։

— Հե՛չ,— պատասխանեց Դավիթն առանց ետ դառնալու։

Մայրը հասկացավ, որ գնդակի դիպած պիտի լինի, չուզեց հարցուփորձել, տեսնելով, որ Դավիթը տրամադիր չէ խոսելու. հետո մանրամասն կպատմի երևի...

— Կա՛ց, Դավո ջան,— ասաց նանը տեղից ելնելով։ — Բա մի բան չե՞ս ուտում։ Կա՛ց մի թեթև ձվածեղ անեմ։

— Չէ՛, հարկավոր չի,— հրաժարվեց Դավիթը։ Բայց նանը լսել անգամ չուզեց և, «կաց, կաց» ասելով՝ դուրս գնաց։ Եվ Դավիթը սենյակի փոքրիկ քառակուսի լուսամուտից տեսավ, թե ինչպես մայրն արագ— արագ գնաց դեպի գոմը։ «Երևի ձու բերելու»,— մտածեց Դավիթը, և նանը նրա աչքին այնպես փոքրացած ու թեթև երևաց, կարծես պառաված երեխա լիներ, որ քայլում էր շտապելով։ «Ոտներն էլ բոբիկ են», մտածեց Դավիթը և նոր միայն ուշ դարձրեց մոր հագուստին, որ նման էր մուրացկանի շորերի։ «Ոնց որ ուզողի շորեր ըլեն», մտածեց Դավիթը և խնդաց տխուր.— «Իսկ Վարդիշաղը մարդի է գնացել...»։

Վարդիշա՛ղը... Օտարականի պես կանգնել էր Դավիթը սենյակի մեջտեղը և չորս կողմն էր նայում։ Ծալքը նորից նրա աչքովն ընկավ և մոտեցավ ծալքին. տեսնես տարե՞լ է Վարդիշաղն իր անկողինը, բաժինքի շորերը, թե՞ չէ... Դավիթը. հիշում էր կնոջ վերմակն ու դոշակը երեսի կտորից. մեկը զոլ— զոլ էր, մյուսը՝ վարդագույն նախշերով։ Ոչինչ չկար... Դե, էլ ինչի՞ է նայում. «իհարկե տարած կլինի», մտածեց նա և, մորը չսպասելով, փայտը ձեռին դուրս եկավ բակը։

— Ո՞ւր, Դավո ջան, ո՞ւր ես գնում,— ձայն տվեց նանը գոմի կողմից։ Նա զգուշությամբ ինչ— որ բան էր բերում գոգնոցով։

Դավիթը չպատասխանեց.

— Մի բան ուտեիր, ա՛յ տղա։

Դավիթը ձեռը թափ տվեց։ Հարկավոր չի՛...

Ու գնաց։ Նանը մինչև փողոց աչքով ճամփու դրեց նրան մի թաքուն ահ սրտում. ինչո՞ւ այսպես հանկարծ գնաց Դավոն...

Դավիթը կամացուկ ու դանդաղ դուրս եկավ փողոց և քայլերն ուղղեց դեպի Դիմացի արտը։ Վարի օր էր, փողոցում մարդ սակավ էր պատահում. պատահողներն էլ կանգնում էին և նայում նրան։ Գյուղում զինվոր հազվադեպ էր լինում, այդ պատճառով նայում էին ուշադիր, հետաքրքիր։ Մի կին, որ երկու հորթ իրար կապած, առաջն արած քշում էր— երկար նայեց նրան և դարձավ կողքի կնոջը. «Մաճկալանց Դավիթը չի՞, աղջի. Ոսկանի տղեն»... «Հէ ոնց որ նա ըլի», պատասխանեց մյուսը։ Դավիթը ճանաչեց այդ կանանց. մեկն իրենց հարևան Պետրոսի կինն էր, մյուսը ժամհարի հարսը, բայց չպատասխանեց նրանց տարակուսանքին։ Նա էլ իր հերթին նայում էր գյուղի տներին, որոնք բոլորն էլ կարծես իջել, փոքրացել, խրվել էին գետնի մեջ. էլի Արտեմի խանութն էր մենակ, որ աչքի էր ընկնում ներկած դռներով... Գնում էր նա և նայում տներին. տեղ— տեղ շները հաչում էին նրա վրա, երեխաները կանչում էին «ուռո՛ւս, ուռո՛ւս»... Այս բոլորին նա ոչ մի ուշ չէր դարձնում, թվում էր նրան, թե անցնում է օտար մի գյուղի միջով այնպես, ինչպես անցնում էր Կարպատի, Պոլշի և Ռուսաստանի գյուղերի միջով: Բայց ոչ մի տեղ— ո՛չ Կարպատում, ո՛չ Պոլշում, ոչ էլ Ռուսաստանում նա իրեն այնպես օտար ու մենակ չէր զգացել, ինչպես այստեղ՝ իր հայրենի գյուղում: Նրա մտքից չէին հեռանում մոր խոսքերը— «Վարդիշաղը մարդու է գնացել», ու այնքան վատ էր զգում իրեն, որ չէր ուզում մարդ տեսնել, և աշխատում էր շուտով դուրս գալ դաշտ... Աջ ոտի վրա կաղալով, ձեռնափայտը ձեռին, վերջապես, դուրս եկավ գյուղից ու հասավ գետափ: Դեռ գյուղի միջից, երբ շները չէին հաչում, լսվում էր գետի խշխշոցը: Ջրի այդ ձայնը ծանոթ էր Դավթին, բայց դա էլ հեռավոր ու օտար էր թվում: Գետը հոսում էր հորդացած ջրերով. պղտոր ու մթնած ալիքները մրմռում էին և իրիրում միմյանց կավե պատնեշների մեջ ու շարունակ խշշում, թշշում, կարծես բողոքում, տրտնջում ու զայրանում էին ում որ դեմ:

«Վարդիշաղը մարդու է գնացել», կրկնում էր Դավիթը մտքում, գետի ջրերին նայելով, և նրան թվում էր թե ալիքները ճչում են «կինդ չկա, կինդ չկա»... Այո, չկա... Ուրեմն ի՞նչ, ինքն ավելորդ է՞... Չկա՞. լա՛վ. ո՞վ է մեղավոր ուրեմն. ի՞նքը, թե՞ նա... Եթե ժամանակին լար ուղարկեր, Վարդիշաղն, իհարկե, չէր գնա... Ո՞վ ասաց, թե չէր գնա... Հայրը՝ Դեղին Ծիտը, միևնույն է, կտաներ էլի... Բայց ոչ, հազիվ թե... Եթե լուր ուղարկեր՝ հազիվ թե... Իսկ ինչո՞ւ Վարդիշաղն այդպես արավ... Եթե նա սիրում էր՝ պիտի համբերեր... Համբերե՛ր...

Մտածում էր Դավիթն ալիքներին նայելով, և ալիքները, թվում էր՝ կանչում էին էլի. «կինդ չկա, կինդ չկա»... Լա՛վ, ուրեմն ինքն ավելո՞րդ է: Ավելո՞րդ... Ինչո՞ւ ավելորդ... Կերթա ահա իր ծեր հորն օգնելու, կերթա հիմա կփոխարինի նրան, որ վաղուց ի վեր սպասում է իրեն, հոգնած ու հալից ընկած... Ինչո՞ւ է ավելորդ. կերթա, կզբաղվի նորից հին գործով. արտ կցանի, կալ կկալսի, ինչպես առաջ...

Բայց որքան էլ Դավիթն ուզում էր մոռանա կնոջը՝ չէր լինում. ալիքները, գետափի ուռիները և քիչ վերն երևացող կամուրջը, բոլորը հիշեցնում էին նրան.— այս ջրի միջով էր, որ ձիով գնացին նշան, ուռիներն այսպես նոր էին կանաչել, երբ պսակվեց, և պսակից մի ամիս հետո այն կամուրջով էր, որ ինքն ու կինը— նորահարս ու նորափեսա միասին— գնացին Վարդիշաղի հերանց տուն, և ջրի էն կողմն էր, որ Վարդիշաղն ասաց. «Ինձ համար կրնկավոր բաշմակ կառնես»:

Երկար պիտի մնար Դավիթը գետափին կանգնած, եթե չսթափեցնեին նրան մի խումբ ոտաբոբիկ երեխաներ, որ հայտնի չէ որտեղից, աղմուկով թափեցին գետափ և սկսեցին կատվի պես մագլցել ուռիները: «Տեհանք ով շուտ, տեհանք ով շուտ», կանչում էին նրանք և կտրտում ուռիների նոր բացված դեղնականաչ ճյուղերը: Նրանց նայելով՝ Դավիթը գլուխը շարժեց, ժպտաց երեխաների ճարպիկության վրա և նորից կաղալով շարունակեց ճանապարհը դեպի Դիմացի արտը: Երբ կամուրջն անցավ՝ արտը երևաց. կեսից ավելին վարած էր արդեն. երևում էր, որ երկու օրվա վար է. մի մասը շեկին էր տալիս, մյուս մասը սև էր ու թարմ: Դավիթը կամաց— կամաց մոտեցավ: Ծեր Ոսկանն, ուրագն արխալուղի գոտին խրած, զառամ ձայնով անընդհատ խրախուսում էր եզներին, «Հա՛, քե մատաղ, հա՛, քաշի, հա»... Եվ եզները, մեջքները լարած, գնում էին համաչափ քայլերով, իսկ նրանց ետև բացվող ակոսից բարձրանում էր թեթև, բարակ ծխի նման թեթև գոլորշի:

— Բարի աջողում, ապի,— ասաց Դավիթը հորը մոտենալով և, քրտնած լինելով, գլխարկը վերցրեց:

Հայրն ավելի ուշ ճանաչեց որդուն, քան մայրը: Դավիթը՛... Երկար չէր հավատում և նայում էր ձեռն աչքերին հովանի արած: Երբ, վերջապես, համոզվեց Դավիթն ինքն է, բռնեց որդու գլուխը և համբուրեց նրա քունքի մազերը, ապա սկսեց գանգատվել, թե ինչո՞ւ այսքան ժամանակ նամակ չէր գրում, ու իրենք էլ, ո՛վ է իմանում, ինչե՞ր էին մտածում:

— Խեղճ մերդ ամեն օր լաց էր լինում.— Հայ էս ո՛նց էլավ, էս ի՛նչ էլավ,— խոսում էր ծերունի Ոսկանը դանդաղ, զառամ ձայնով. նրա անատամ բերանը չպպում էր և բեղերի մազերը, քիչ էր մնում, բերանը մտնեին: Մոր պես հայրն էլ փոքրացած ու թեթևացած էր թվում Դավթին. ավելի նիհարել էր ու ծերացել. հոնքերը բոլորովին ճերմակել էին և կախ ընկել աչքերի վրա, մինչև անգամ ականջներն էլ սպիտակել էին:— Դե, լավ արիր, որ եկար, որդի. լա՛վ արիր,— ասում էր նա շուտ— շուտ:

Եվ երբ բավական խոսել էր, մի ձեռով մեջքը բռնած, մյուսով գետնին դիմհար տալով, ելավ վարը շարունակելու: Բայց Դավիթը չթողեց:

— Թող, ապի,— ասաց,— ես կվարեմ...

Եվ, ձեռնափայտն ու շինելը թողնելով հոր մոտ մաճը ձեռն առավ: Եզներն առանց ճիպոտի շարժվեցին: Դրանք հին եզներն էին, որ այժմ բավական պառավել էին, բայց և ավելի փորձառու դարձել: «Էհ, գնացել է, գնացել», մսածում էր Դավիթը կնոջ մասին. «Թո՛ղ գնա... էլ կնիկ չի ճարվի աշխարհում», ավելացնում էր դառնացած, վրեժխնդիր և մաճն ամուր սեղմում ձեռքում: Վարժ եզները գնում էին համաչափ քայլերով, և ակոսները կանոնավոր շարում էին իրար կողքի: Գոհ էր Դավիթը, եզների հմտությունը զարմացնում էր նրան, այնպես կարգով էին քայլում: Չորրորդ թե հինգերորդ ակոսի վերջում, սակայն, արորը հանկարծ դուրս պրծավ ակոսից և վարածն ընկավ: Դավիթը ոտը դեմ տվեց՝ արորն իր տեղը գցելու և, հանկարծ... ծունկը բռնեց ու չոքեց: Ի՞նչ պատահեց: Նա սաստիկ ցավ զգաց. ծնկին դիպած հին գնդակի տեղն այնպես ծակեց, կարծես մեկը շամփրեց նրան, ոտից մինչև գլուխ վազեց մի տաք հոսանք և քրտինքը միանգամից ծածկեց նրա ճակատը: Նա ծունկը բռնեց և կամաց շփեց: «Ոչի՛նչ, բա՛ն չկա, վատ տեղ դիպավ»— մտածեց նա և շարունակեց վարը:

Հետևյալ ակոսում կրկնվեց նույնը:

Այս անգամ ծերունի Ոսկանը նկատեց և մոտեցավ որդուն:

— Ինչ պատահեց, Դավո ջան...

— Հեչ, ծունկս չթին դիպավ,— պատասխանեց Դավիթը՝ ծունկը բռնած:

Հայրը ձեռը մեկնեց, որ ինքը վարի, բայց Դավիթը դարձյալ չթողեց և, ծունկը ցավելով, վարը շարունակեց: Հայրը նստած նայում էր նրան և հոգով խնդում ուրախությունից, որ մենակ չմնաց, որ կորած Դավիթը եկավ նորից... Մտմտում էր ծեր Ոսկանը և խանդաղատանքով նայում որդու ետևից: Մեկ էլ տեսավ՝ Դավիթը չոքեց նորից: Ի՞նչ պատահեց էլի: Նա կրկին մոտեցավ որդուն: Դավթի դեմքն՝ այս անգամ ծամածռվել էր ցավից և գույնը թռել... Ծնկից դարձյալ մի տաք հոսանք էր վազում դեպի գլուխը, և ծունկը կարծես շամփրում էին կրկին:

— Խամությունից կըլի, խամությունից,— ասաց հայրը: — Դու նստի, նստի, ես կվարեմ...

Դավիթը ծունկը բռնած գնաց դեպի շինելը: Նա զարմացած էր. ինչո՞ւ հանկարծ ծունկը ցավ տվեց այդպես: Ճիշտ է, գնդակը դիպել էր ծնկին, հանել էին, և դրանից էր, որ թեթև կաղում էր, բայց նրան թվում էր միշտ, որ այնուամենայնիվ իրենց գործը կանի: Նա թե՛ ձեռքից և թե՛ ոտքից վիրավորվել էր Կարպատներում կամ, ինչպես ինքն էր ամսում, Կարպատում. պառկել էր հիվանդանոցում, և ամբողջ հիվանդանոցի հետ գերի էր ընկել, նորից հիվանդանոցի հետ ազատվել էր գերությունից, և միշտ էլ նրան թվացել էր, որ լա՛վ է՝ վիրավորվել է, այդպիսով կազատվի ծառայությունից, և որքան էլ ձեռքն ու ոտքը վնասված լինեն, այնուամենայնիվ իրենց գեղական գործը կարող է անել: Բայց ահա— էլ ինչի՞ է պետք... Հայրը՝ ծեր մարդ, նա պիտի աշխատի՝ ինքը նայի՞... Մտածում էր Դավիթը դառնացած և նայում հորը, որ մեջքը կքած, հազիվ կարողանում էր քարշ գալ արորի հետ: Նայում էր հորը, նայում էր գյուղին և մտածում: Ալիքավոր օդը վետվետում էր նրա առաջ, ագռավները հանդարտ, անվախ իջնում էին հոր ցանքսի վրա և ցորենի հատիկները վեր քաղում: Հեռվից, մոտիկից, գյուղի այն կողմի արտերից, բլուրների լանջերից լսվում էին գութանավորների և չթվորների ձայներ. գյուղում բառաչում էր մի ըստ երևույթին, նորածին կով՝ երկարաշունչ ու սրտախոր մի բառաչով, որը տարածվելով գյուղի վրա՝ դողդողում էր ջինջ օդի մեջ և արձագանքներով գնում դեպի դաշտերը: Երբեմն լսվում էր նաև շների հաչոց, երեխաների աղմուկ... Ու այդ բոլորը՝ թե՛ գութանավորների ուրախ հորովելը, թե՛ կովի կարոտակեզ բառաչը, թե՛

շների հաչոցը և թե երեխաների աղմուկը—բոլորը, բոլորը թվում էր Դավթին, որ միևնույն բանն են կրկնում, որ ինքը ավելորդ է, անպետք... Բոլորը— մեծ, փոքր, մարդ թե անասուն — պետք են մի բանի, իսկ ինքը ինչի՞ է պետք իր ոտքով... Եվ նա, ցավող ծունկը բռնած, տխուր նայում էր բարդիների մեջ կորած Կաղնուտին, լսում էր հստակ օդում տարածվող ձայները, հիշում էր կնոջը և կրկնում միևնույնը, որ ինքն այլևս ավելորդ է ու անպետք:— «Էլ ինչի՞ եմ պետք»... Ու իր հարցին պատասխան չէր գտնում:

IV

Օրը կամաց— կամաց երեկոյանում էր, բայց Դավիթը տեղից չէր ելնում. ծունկը դեռ մռմռում էր: Հայրը մի քանի անգամ խորհուրդ տվեց գնալ տուն: Չուզեց: Ո՞ւր գնա, ի՞նչ պիտի անի տանը... Ծեր մարդն աշխատի այստեղ, ինքը գնա՞ տուն: Ի՞նչ կա տանը... Եվ նա նույն տեղը նստած մնաց այնքան ժամանակ, մինչև որ հայրը եզներն արձակեց և սայլը լծեց: Նա օգնեց հորը եզները սայլին լծելու, ապա շինելը հագավ և, կաղալով, առաջվանից մի քիչ ավելի կաղալով, գնաց դեպի գյուղ: Ո՞ւր է գնում, ի՞նչ պիտի անի տանը, ի՞նչ կա տանը, մտածում էր նա և զայրույթով ցավող ոտքն ավելի ամուր խփում գետին...

Այն ժամանակ,երբ նա թեքվում էր դեպի գետը, նկատեց, որ իր ետևից, նույնպես դեպի գյուղն էին գալիս երեք ձիավոր: Ուշ չդարձնելով եկողներին՝ նա շարունակեց ճանապարհը: Ձիավորները մոտենում էին հետզհետե: Դրանցից մեկը տանուտեր Արսենն էր, մյուս երկուսը՝ նրա զգիրները, հրացանները թիկունքով գցած: Տանուտեր Արսենը, ինչպես միշտ, չերքեզի չուխան հագին, գդակը թեք, բեղերը երկար ու սուր, որ հիշեցնում էր Նասրը— Էդդին շահին, ուղիղ՝ շիփ շիտակ նստել էր ձիուն, և ձին նրա տակ գնում էր «ջրի պես», բաշը քամուն տված: Իսկ զգիրների ձիերը հետևում էին նրան սայլում լծվող հոգնած յաբուների պես ցինգիր— ցինգիր անելով: Տանուտեր Արսենը գալիս էր իր տանուտերության ենթակա Խաչի գեղից, ուր գնացել էր դասալիք զինվորներ բռնելու: Երկու օր առաջ նա «սոռչնի» թուղթ էր ստացել, որ խաչիգեղցի երկու զինվոր փախել են— դրանց անունը գրած էր թղթում— պետք է բռնել և ուղարկել: Հրամանը պրիստավից էր և շատ խիստ: Բացի դրանից, թղթում գրած էր, որ ընդհանրապես հետևել պիտի, որ փախած զինվորները չթաքնվեն գյուղերում: Եվ ահա տանուտեր Արսենը գնացել էր այդ հրամանը կատարելու: Խուզարկել էր փախած զինվորների տները, մարագը, գոմը, նայել էր ամեն տեղ, մինչև անգամ նրանց ազգականների տները. հարցուփորձել, սպառնացել էր նրանց ծնողներին, հարազատներին և... ոչինչ: Փախածները չէին գտնվել: Քանի անգամ բռնել էր այդպիսի «լրբերի»՝ թքել, մրել, ուղարկել և էլի— հե՜չ—

գալիս են... հենց այդ խաչիգեղցի մեկը փախել էր երեք անգամ էրզրումից: Բայց թե որտե՞ղ պիտի թաքնված լինեին այժմ խաչիգեղցի այդ տղերքը՝ նա հասկանալ չէր կարողանում: Այսպիսի անաջողություն չէր ունեցած երբեք. ի՞նչ պատասխան պիտի տար պրիստավին... Մտածում էր տանուտեր Արսենը և ոտքերով շտապեցնում ձիուն, ու ձին նորից գնում էր «ջրի պես»՝ բաշը քամուն տված...

Գետափին հասավ Դավթին: Մոտենալով՝ ձին կանգնեցրեց և նայեց նրան: Դավիթն իսկույն ճանաչեց տանուտեր Արսենին. նա բոլորովին չէր փոխվել, փոխվել էր միայն հին չերքեզի չուխան. այսինքն առաջվա սևագույնի փոխարեն, այժմ հագել էր դարչնագույն. վզմաները նույնն էին... նույնն էր գդակը... էլի նույն 45-50 տարեկան մարդն էր մնացել: Դավիթն ամեն բան լավ էր հիշում: Բայց տանուտերը չճանաչեց Դավթին. և ինչպե՜ս ճանաչեր— Դավթի նման այնքա՜ն մարդ կար միատեսակ շորերով. բայց հուցեն չուզեց ճանաչել. դժվար է ասել. այնուամենայնիվ, ձին կանգնեցնելով, հարցրեց արագ, թե ո՞վ է և որտեղի՞ց է գալիս:

Դավիթը չպատասխանեց:

— Քեզ եմ հարցնում է՜. զինվո՞ր ես:

Դավիթը դարձյալ չպատասխանեց. նա շարունակում էր քայլել դեպի կամարջը:

— Լսի՛ր, քեռու տղա,— շարունակեց տանուտերը հեգնանքով, ցուցամատը դեպի իրեն շարժելով, ինչպես անում են մանուկներին կանչելիս:— Դոկումենտ, բան ունե՞ս, թե՝ զիքրյե:

Դավիթը շինելը թևից ուսը գցեց և, լեզուն չպպացնելով, գլուխը շարժեց.— Ծըը՜ ... Նրա այդ անտարբերությունը, գլխի շարժումը և լեզվի «չպպոցը» վրդովեց տանուտերին (ո՞վ է սա, որ իրեն մարդատեղ չի դնում, իր հարցերին չի պատասխանում) և նա ձին քշեց դեպի Դավիթը, կամենալով իջնել ձիուց, բայց մինչ այդ ետ ընկած զգիրները մոտեցան և, Դավթին ճանաչելով, երկուսը միասին բացականչեցին.

— Սա հո մեր Դավիթն է, խալփա...

Տանուտերը տնքաց. գլուխը թափահարեց, անհայտ է վիրավորանքից թե թյուրիմացությունից, և ձիու սանձը բաց թողեց նորից:

Գզիրներն ուզում էին զրույց բացել Դավթի հետ, իմանալ ե՞րբ է եկել, որտեղի՞ց, բայց Դավիթը անուշադիր նրանց ցանկության, ատամները սղմած, գլուխը շարժեց տատանուտերի ետևից, ինչ— որ փնթփնթաց ինքն իրեն և շարունակեց ճանապարհը կամուրջով:

Կես ժամից հետո նա տանն էր արդեն: Հազիվ մտել էր ներս՝ գզիրներից մեկն եկավ և կանչեց նրան կանցիլար:

— Ի՞նչ կա, ո՞վ է կանչում:

— Տանուտերը...

— Տանուտե՛րը... Գլուխը քարով է տվել տանուտերը... Գնա ասա՝ գալիս չե՛մ,— պատասխանեց Դավիթը վրդով:

Եվ չգնաց:

Բայց քիչ հետո նույն զգիրը նորից եկավ:

— Խալփեն վռազ կանչում է կանցիլարումը...

Դավիթը դարձյալ չգնաց. ի՞նչ գործ ունի նա տանուտերի մոտ:

Սակայն մի քանի րոպեից երկու զգիր միասին եկան և տարան նրան:

Դավիթը ձեռնափայտը վերցրեց ու առաջ ընկավ:

«Մի տեսնենք էդ մարդն ի՞նչ է ուզում ինձանից», մտածում էր ճանապարհին:

Տանուտերը, ձեռքերը ետևը դարսած, անցուդարձ էր անում կանցիլարի բակում և շրթունքները կրծում: Մի քանի գյուղացի և մի կին նրա մոտ կանգնած ինչ— որ բան էին խնդրում, բայց տանուտերը, աչքը ճամփին, գրեթե չէր լսում նրանց: Երբ Դավիթը զգիրների հետ միասին ներս մտավ բակը՝ նա ձեռքերը կանթեց մեջքին, կանգնեց և ուղիղ նրան նայեց:

— Հը՛, վերջապե՛ս,— խոսեց նա:— Մեր տղա, դու խանի խոռն ես, նամեսնիկի թոռն ես, որ լայաղ չես անում գալ...

Դավիթը մի ձեռը նույնպես կանթեց մեջքին և ոտից գլուխ նայեց տանուտերին՝ մի հոգնած ու դառնությամբ լի հայացքով:

— Է, ի՞նչ կա որ, ինչի՞ գամ,— խոսեց նա ակամա՝ արհամարհանքով, յուրաքանչյուր բառն առանձին շեշտելով:

— էդ արդեն քո բանը չի՝ ինչի՞ համար,— շարունակեց տանուտերը:— Քեզ որ կանչում են՝ պըտի գաս: Հասկանո՞ւմ ես... Էստեղ վլաստն է կանչում, հասկանո՞ւմ ես,— բարկացավ տանուտերը և ավելի մոտեցավ նրան:— Դու ինձ էն ասա՝ դոկումենտ ունե՞ս, թե չէ... Էլ լի՛րբ— լիրբ մի խոսի...

— Դե, լավ, հերի՛ք,— թափ տվեց ձեռը Դավիթը և ձեռնափայտը բարձրացրեց:

Թե՛ զգրրները և թե՛ բակում եղած գյուղացիները լավ չնկատեցին, թե ինչ պատահեց, որ տանուտեր Արսենը հանկարծ փռվեց գետին:

Գզիրներր վրա վազեցին նրան բարձրացնելու:

Բայց նա չէր շարժվում:

Դավթի հարվածը դիպել էր նրա քունքին. ճակատից արյուն էր գնում:

Դավթին անմիջապես ձերբակալեցին և տարան ներս: Երբ նրա մոտ եղած թղթերը վերցրին, գրագիրը դրանց մեջ գտավ մեկը, զինվորական վարչությունից տրված մի թուղթ, որի մեջ գրված էր «Դավիթ Մաճկալով, 28 տարեկան, ազատվում է զինվորական ծառայությունից անպետքության պատճառով...»:

Գրագիր Արշակ աղեն մի քանի անգամ կարդաց այդ թուղթը, կարդաց և չհասկացավ, թե ինչու Դավիթը, մի այսպիսի վկայագիր ունենալով, ցույց չի տվել տանուտերին:

— Ինչի՞ց է վախեցել արդյոք, որ ցույց չի տվել,— զարմանում էր նա,— և ի՞նչ է մտածել, որ սպանել է տանուտերին...

Մտածում էր Արշակ աղան, մտածում և բան չէր հասկանում...

1920

Զաքարի հարսը

I

Երկու օր շարունակ տխուր լուրեր էին գալիս ճակատից, թե մեր զորքերը նեղվում են և թուրքերն առաջ են շարժվում, ու երկու օր շարունակ այդ փոքրիկ գյուղը՝ Կաղնուտը դողում էր ահից, ինչպես մի թռչուն, որ սպասում է որսորդի զարկին: Մարդկանց ձեռքն այլևս գործ չէր բռնում. հնձած խոտը մնացել էր արտերում փռված, բանջարանոցներն անպահապան. կանայք չէին կարողանում ճաշ եփել կամ տուն հավաքել. ի՛նչ ընկնում էր՝ մնում էր ընկած: Երկու օր էր նախիրը արոտ չէր տարվում, և տավարը սովից թառաչում էր բակերում ու փողոցներում. երբեմն այստեղ— այնտեղ կարելի էր տեսնել մի ձի, որ ներս ընկած փորով, կտրած կապի մնացորդը վզից կախ կամ ոտքերի տակ քարշ տալով, կրծում է փողոցների եզերքին կամ ցանկապատերի արանքում բուսած կանաչները: Քաղցած թուխսը, ճուտերը ետևն արած, մտնում էր տուն՝ հացի տաշտը քրքրում, և կամ, ոչինչ չգտնելով, ծվար էր անում տախտի տակ կամ տախտի վրա:

Ծանր, տագնապալի օրեր էին. երեկոները ճրագ չէին վառում, գիշերներն անցնում էին վատ երազներով ու տեսիլքներով, իսկ շները, շները հո շարունակ հաչում էին լուսնի վրա և ոռնում... Թվում էր, թե հեռուներում, սարերի այն կողմը, վխտում են անթիվ— անհամար, զինավառ ու արնածարավ թշնամիներ, որոնց հոտը շներն առել են արդեն... Երբեք շներն այդպես անհանգիստ չէին եղել:

Գյուղի տղամարդկանց մեծ մասն արդեն ճակատումն էր, ուր կամ զենքով, կամ դիրք փորելով օգնում էր հայ զորքին, իսկ գյուղում գտնվող ծերունիները՝ ձեռները գոտիները խրած, կանայք կոները խազած, հաճախ նրանց հետ և հասակավոր երեխաները այս ու այն փողոցի անկյունում կամ այս— այն տան բակում խմբված սպասում էին նոր, հանգստացնող լուրերի: Մինչդեռ ունևոր ու ճարպիկ կաղնուտցիներից ոմանք իրենց ճաղավոր սայլերը լծած, տան մեջը բարձած՝ ընտանիքով, երեխաներով գաղթում էին գյուղից: Տանում էին, ինչ կարող էին. նորահարսն իր օժիտը, պառավն իր հոգեպահուստը, իլիկն ու մանածը, տանտիկինն իր հագուստեղենն ու ամանեղենը, իսկ փոքրիկ երեխաները, մի հավ կամ մի կատու գրկած, բեռնած սայլի վերևը տեղավորված՝ ուխտ գնացողի ժպիտով նայում էին մնացողներին ու կարծես ասում. «Է, շուտով կվերադառնանք. առայժմ մնաք բարով»... Մնացողները սակայն հեռացողներին նայում էին թաքնված արհամարհանքով, աշխատում էին ամեն կերպ ցույց տալ, որ իրենք երբեք չեն վախենում և բնավ մտադիր չեն թողնել հայրենական օջախները և պապերի նվիրական գերեզմանները: Րոպեները խորհրդավոր էին. մարդիկ խոսում էին զգացմունքներով:

— Մենք մեր հողը չե՛նք թողնի. էստեղ ծնվել ենք, էստե՛ղ էլ կմեռնենք,— ասում էին հանդիսավորապես, կարծես երդվելով:

Հեռացողներն այդ համարում էին հանդիմանանք և, վախկոտ չերևալու թե արդարանալու համար կարծես, ասում էին.

— Կնանոնց, երեխաներին տանենք՝ անօրենների երեսը չտեսնեն, մենք մի քանի օրից ետ կգանք...

Բայց դա չէր մխիթարում մնացողներին. ընդհակառակը՝ ավելի էր տխրեցնում: Նրանց տագնապն ավելացնում էր մանավանդ անձրևը, որ մերթ վարար, մերթ մանրամաղ իջնում էր երկինքը պատող մոխրագույն ամպերից:

Զորքի նահանջից հետո գյուղում տիրեց մի անշարժ լռություն, որ լինում է միայն անտառում փոթորկից առաջ: Գյուղի կյանքը կանգ առավ ու ամեն ինչ համակվեց մի համր սպասողականությամբ. մի սպասողականություն, երբ սիրտը կարծես չի բաբախում, շնչառությունն ընդհատվում է կամ հևում, երբ մարդկանց շարժումներն ու խոսքերը չեն ավարտվում... Թե՛ մարդ, թե՛ անասուն, տուն թե ծխնելույզ ասես սպասում էին ի՛նչ է լինելու մի ժամ, երկու ժամ հետո: Այժմ շներն իսկ դադարել էին հաչելուց: Մի քանի րոպեում փողոցներն ամայացան, բակերը դատարկվեցին, մնացող մարդիկ աշխատում էին թաքնվել ապահով տեղեր: Ամենքին թվում էր, թե թշնամին դարան մտած նայում է իրենց, ուստի և անցնում էին պատերի ու ցանկապատերի կողքով, գրեթե կուզեկուզ ու վազեվազ...

Բայց թշնամին գյուղ մտավ միայն հետևյալ օրը կեսօրին: Նրա մոտեցումը տեսնելով՝ գյուղի մեծ մասը թաքնվեց, որ առաջին իսկ օրը, երբ թշնամին առավել գազազած է լինում, նրա ձեռը չընկնեն և իզուր նահատակ չդառնան:

— Մի քանի օր տապ անենք՝ տեսնենք ի՛նչ է լինում: Կարելի է էգուց— մյուս օրը մեր զորքը նորից գալիս է:

Ու թաքնվածներն սկզբում լսեցին անծանոթ ձայներ, որ համատարած լռության մեջ սարսափ էին ազդում, ապա լսելի եղավ ձիերի ահարկու ոտնատրոփ, որ թաքնվածներին թվում էր, թե ահա թշնամին ամեն ինչ ոտնատակ է տալու Կաղնուտում: Սակայն դա մի փոքրիկ վաշտ էր, որ եկել էր գյուղը բռնելու:

Թուրքերին դիմավորեց տանուտերը մի երկու ծերունու հետ, մտքում հայհոյելով թուրքերին էլ, իր ընտրության օրն էլ, որ ստիպված պիտի այսպիսի ծանր պարտականություն կատարել՝ գլուխ իջեցնել թուրք սպաների, թուրք ասկերների առաջ:

Զոկատի հրամանատարը, աղ ու հացն ընդունելով, հայտարարեց, թե բնակիչներն իզուր են թաքնվել, թե ամենքը կարող են դուրս գալ և իրենց գործով զբաղվել: Բայց լոռեցիները չհավատացին այդ հայտարարությանը: Հետո թուրքերը պահանջեցին զենք ու զինվորներ: Տանուտերը տվեց մի քանի խախտված, փականքները կոտրած հրացաններ: Ինչ վերաբերում է զինվորներին՝ հայտնեց, որ դրանցից գյուղում չկա, բոլորը նահանջել— գնացել են: Թուրքերն էլ, իրենց հերթին, տանուտերին չհավատացին և սկսեցին տնետուն շրջել՝ զենք ու զինվորներ գտնելու:

Ծերունի Զաքարն իր ընտանիքով փակվել էր սեփական թոնրատանը, որ գտնվում էր իր պարտիզի խորքում և, ծառերով շրջապատված, անմիջապես չէր նկատվում փողոցից ու բակից: Զաքար ապին նրանցից էր, որ չէր կամեցել թողնել իր տունն ու հայրենի գյուղը և, վտանգից ազատ մնալու համար, համենայն դեպս թաքնվել էր աչքից հեռու, մեկուսացած այդ շենքում: Ճշմարիտն ասած, նա չէր էլ թաքնվի, եթե ինքն ու պառավը լինեին. բայց իրենց մոտ էր հարսը՝ Եսթերը, որ հազիվ մի տարվա ամուսնացած էր: Որդին՝ Արամը, որպես զինվոր, նահանջող զորքի հետ հեռանալով՝ չէր կարող կնոջը տանել, ուստի և ծերունին բարվոք համարեց թաքցնել նրան, որ թուրքերը չտեսնեն, մանավանդ որ գեղեցկատես էր... Իսկ Եսթերը ոչ միայն ծերունու, այլև գեղացիների կարծիքով գեղեցիկ էր. սպիտակ ձվաձև դեմքի վրա թուխ աչքերը վառվում էին աստղերի պես, և չնայած գլխաշորին, որ ծածկում էր երեսի ու ճակատի որոշ մասը՝ այնուամենայնիվ տեսնողը չէր կարող անտարբեր լինել: Ծերունին մտածում էր, որ գոնե առաջին օրերը թուրքերը նրան չտեսնեն: Բայց հարսից ու կնոջից զատ Զաքարի այդ թոնրատանը, որպես ապահով տեղ, հավաքվել էին նրա երկու ամուսնացած աղջիկները՝ իրենց երեխաներով, հարևաններից՝ կաղ Մարտիրոսը իր հիվանդ կնոջ հետ, դարբին Դավիթը իր պեպենոտ նիհար կնոջ ու կարճլիկ— գնդլիկ մոր հետ, որ գյուղի առաջին տատմերն էր ու գարի գցողը: Պատահաբար այդտեղ էր ընկել և գյուղի կույր մուրացկան աշուղը՝ իր ձմերուկանման չոնգուրով: Նրան բերել էր դարբինը փողոցից, ուր նրա առաջնորդ երեխան փախել էր ահից և նա մնացել էր ձեռները պատերին քսելով... Այնպես որ թոնրատանը հավաքվել էին մոտ քսան հոգի: Կանայք նստոտել էին իրենց տներից բերած գորգերի վրա, մրոտ թոնրատան խորքում, իբրև ավելի ապահով տեղ. իսկ տղամարդիկ խմբվել էին դռների մոտ, որպես պահապաններ վտանգի առջև: Նրանք երբեմն միայն կցկտուր խոսքեր էին փոխանակում, բայց մեծ մասամբ լարված ականջ էին դնում դրսի ձայներին:

Ինչ վերաբերում է ծերունի Զաքարին՝ նա մտածում էր միայն մի բան, որ չվնասեն իր տունն ու ընտանիքը: Ճիշտ է, շատ բան նա արդեն թաքցրել, թաղել էր, ինչպես պղնձեղենը, բայց նա երկյուղ ուներ տան համար, թե չլինի հանկարծ մտնեն ունեցած— չունեցածը կողոպտեն կամ, ով գիտի, վառեն, ինչպես հաճախ անում են այդպիսի դեպքերում... Անհանգստության տաղտուկից, թերևս և կանանց մոտ վախկոտ չերևալու կամ նրանց սիրտ տալու համար, տղամարդիկ խոսակցությանն սկսեցին: Առաջին խոսք բանողը եղավ դարբին Դավիթը, մի հաստ ու պինդ, գանգրահեր գլխով մարդ, որ հիսունն անց էր արդեն:

— Եթե մի օր առաջ՝ իմ ասած մի հիսուն— վաթսուն տղա լիներ դիմացի սարի վրա, թուրքերը մեր ձորից չէին անցնի, էստեղ չէին մտնի,— ափսոսաց նա, գլուխը տարուբերելով:

— Հիսունը չէ, մի հարյուրը բան կտեսներ,— վրա բերավ կաղ Մարտիրոսը ավելի բանիմաց մարդու եղանակով:— Բայց որտեղի՞ց, ասում են հրամանատարը փորձված չի եղել, տեղը լավ չի իմացել, ասել է «նահանջենք»:

— Ի՜հ՜, գետինը մտնի էդ հրամանատարը,— ասին մինչ այդ լուռ տրորվող կանայք խմբով, երևակայելով, որ իրենց անծանոթ այդ «հրամանատարն» է եղել իրենց գլխին եկած աղետի պատճառը:

— Էհ, զինվորները ինչի՞ էին նրան լսում,— հուզվեց կարճլիկ— գնդլիկ տատմերը, դարբնի մայրը:

— Ո՞նց կարելի է չլսել,— ասաց կաղ Մարտիրոսը:— Ո՞նց կարելի է հրամանատարին հակառակել:

— Ինչո՞ւ չի կարելի,— մեջ մտավ դարբին Դավիթը՝ վեճի պատրաստվողի հեգնանքով, և նրա կլոր կարմիր երեսն ավելի կարմրատակեց:

Կարող էր իսկապես վեճ ծագել, եթե կաղ Մարտիրոսը դժգոհ ու երկար չտնքար, թոնրատան միակ ու փոքրիկ պատուհանին մոտենալով: Տնքաց ու տանտերը՝ ծերունի Զաքարը իր փայտե աթոռին նստած: Բոլորը լռեցին: Այդ լռությունը շուտով փոխվեց նորից համր սպասողականության, որ հետզհետե փոխվեց խուլ անհանգստության.— ի՞նչ է կատարվում արդյոք դրսում, ի՞նչ է անում թշնամին. մարդիկ է սպանում, թե տներ է թալանում...

Եվ դրսից տեղեկություն իմանալու ցանկությունն հետզհետե այնքան զորացավ, որ թոնրատանը գտնվողներից մի քանիսը միասին խոսք բաց արին, թե լավ չէ՞ր լինի արդյոք, եթե մեկը գնար մի տեղեկություն, մի լուր բերեր:— Իհարկե, լավ կլիներ. բայց ո՞վ կերթար: Կաղ Մարտիրոսը հրաժարվեց, պատճառ բերելով իր կաղ ոտը:

— Ես կերթայի, բայց էս անտեր ոտս հետս չի գալես,— ասաց նա ծնկանը խփելով: Ծերունի Զաքարին թույլ չտվին գնալու, հարգելով նրա ծերությունը. աշուղը՝ կույր էր, մնում էր դարբինը, ու քանի որ ամենից շատ նա էր խոսում խիզախության մասին— հրաժարվելու պատճառ չուներ. արհամարհական մի հայացք գցելով կաղ Մարտիրոսի վրա՝ նա մոտեցավ դռանը:

Մեծ զգուշությամբ դուռը բացին այնպես, որ չճռռա, ու դարբնին թողին դուրս և թոնրատան փոքրիկ քառակուսի պատուհանից, որ երբեք էլ շրջանակ ու ապակի չէր ունեցել, նայեցին ետևից:

Սկզբում դարբինը համարյա կուզեկուզ անցավ մի քանի քայլ բաց տարածությունը, ապա նրա կարճ հասակը՝ գանգրահեր գլխով աներևութացավ ծառերի ու թփերի արանքում: Տղամարդիկ, կանայք, երեխաները շնչազուսպ սպասում էին, թե ինչ լուր է բերելու:

Չքաշեց սակայն մի հինգ— վեց րոպե՝ դարբինը վերադարձավ նույն ճանապարհով և լուսամուտից հայտնեց, թե ոչինչ չի երևում:

Մի անգամ էլ նա այսպես գնաց— եկավ և նորից հայտնեց, թո դեռ մարդ չի երևում. ձայներ գալիս են, բայց հայտնի չէ ո՞ր թաղից: Այս ասելով՝ ամեն անգամ նա գանգրահեր գլուխը կոխում էր պատուհանից ներս և դիմում կնոջը.

— Մարգարիտ, ես էստեղ եմ. չվախենա՛ս, զի՛լ կաց:

Կինը հասակավորներից ամաչելով, ոչինչ չէր ասում, ուստի և հարսի փոխարեն պատասխանում էր դարբնի մայրը՝ տատմերը:

— Սա զի՛լ ա, դու զի՛լ կաց,— ասում էր նա մասամբ հանաքով:

Եվ դարբինը նորից հեռանում էր նոր տեղեկություն բերելու: Երրորդ անգամը նա վերադարձավ բոլորովին փոխված՝ սպրդնած դեմքով.

— Ձեզ մատաղ, հրե՛ տերտերի կովերը տանում են մեր քուչով,— ասաց նա հազիվ լսելի շշունջով, ու նորից անհայտացավ ծառերի արանքում, դարձյալ կուզեկուզ ու զգուշությամբ շուրջը նայելով:

Ամենքին համակեց տխրությունից ավելի ծանր մի բան:— Լսվեցին հառաչանքներ: Կույր աշուղը, որ մինչ այդ, չոնգուրը երեխայի պես գրկած, անխոս նստել էր թոնրատան մի անկյունում, չիմանալով ի՛նչ ասել անծանոթ մարդկանց շրջանում, հանկարծ շարժվեց տեղից և նրա նվագարանի լարերը ծնգացին անսպասելի: Բոլորը վախեցած նայեցին նրա կողմը. ինչ ծնգացնելու ժամանակ է գտել այս աշուղը: Բայց աշուղը նվագել չէր ուզում. նա կամենում էր խոսել, և դրա համար լարը քաշեց, ինչպես անում էր սովորաբար, երբ ուզում էր իրեն լսեն.

— Մի՛ վախեք, աստված ողորմած է: Աղոթեցեք,— ասաց նա հուսադրիչ, բայց ողբերգական ձայնով:

Իսկ ծերունի Զաքարը, ուշ չդարձնելով աշուղի խոսքերին, սկսեց սիրտ տալ կանանց, որոնցից մի երկուսը, դրանց թվում և իր պառավը, սկսեցին, ծունկները ծեծելով, արտասվել:

— Հանգի՛ստ կացեք, հե՛չ բան էլ չի պատահի:

— Ասվիլ չի, սանահեր,— խոսեց մշտապես զվարթ տատմերն

ընկճված ձայնով։— Լավ կլիներ էս ջահելներին մի տեղ պահեիր,— ասաց նա ձեռը Զաքարի հարսի ու աղջիկների կողմը պարզելով։

Տատմոր խոսքերը բոլորին խորհրդավոր թվացին, մանավանդ այն պատճառով, որ նա գարի զգող էր։ Լռեցին մի փոքր։ Հանկարծ Զաքարի պառավը, մաշված ու չորչորուկ այդ կինը, որ, շարունակ երեսը խաչակնքելով, շշնջում էր ինչ— որ, դարձավ տատմորը.

— Իսկ, քավորկին, գարիդ զգե՞լ ես սկի. ի՞նչ է ասում։

— Չէ, չարդ տանեմ. էս քանի օր է գարիս խանգարվել է,— գլուխն օրորեց տատմերը խուսափողական ձևով, կարծելով թե խնդրելու են գարի քցի, ինչ որ չէր սիրում անել շատ մարդկանց առաջ, և ապա ավելացրեց հանաքով.— Ինչպես երևում է թուրքերից վախեցել է...

Կանայք այդ պատասխանից ենթադրեցին, որ տատմոր գարին, անկասկած, վատ բան է գուշակել, այլապես նա չէր խուսափի խոսել այդ մասին. ու լռեցին. լավեցին նոր հառաչանքներ ու հոգոցներ։

— Աղոթեցեք, քույրիկներ, աղոթեցեք,— կրկնեց աշուղը գոց աչքերը տարածության մեջ հառած։ Նա ինքը խոր հավատացյալ չէր, բայց այդ ասաց կանանց անհանգստությունը մեղմելու, գուցե և սփոփելու համար. գիտեր, որ մի բանի վրա հույս դնելը լավ բան է։

— Էէ, քու աստվածն էլ,— երեսը շուռ տվեց կաղ Մարտիրոսը, և կաղալով գնաց դեպի պատուհանը, քթի տակ փնթփնթալով։

— Աստվա՜ծ,— քրթմնջաց տատմերը։— Նա որ օգնող ըլեր՝ թուրքն էստեղ չէր գա... Հրե՜ տերտերի կովերը տանում են— դե թող առաջը կտրի. տերտերիցն էլ աղոթասեր մարդ...

— Հա՜ա՜,— տնքացին նորից մի քանի հոգի։

Կույրի ծաղկատար դեմքով մի ստվեր անցավ. անհայտ էր՝ վշտացա՞վ, թե ամաչեց։

Այդ նկատեց միայն Զաքար ապին. մյուսները, ոտնաձայն լսելով, աչքերնին հառել էին պատուհանին և, ոմանք, արտակարգ հայտարարություն սպասող բանտարկյալների նման, իրար ուսի վրայից նայում էին, թե էլ ինչ նոր լուր պիտի բերի դարբինը, որ այս անգամ ուշանում էր, չգիտես ինչո՜ւ։ Դրա համար էլ ամենից անհանգիստը դարբնի պեպենոտ կինն էր, որ ոտի պճեղների վրա, մի ձեռը մեջքին կանթած, վիզը ձգած, տղամարդկանց գլուխների արանքով նայում էր լուսամուտից և շուտ— շուտ խնդրում կաղ Մարտիրոսին՝ ետ կանչել ամուսնուն։ Բայց տեսնելով ոչ մեկը իրեն չի լսում՝ մարդուն չի կանչում, նա վրդով քրթմնջում էր ինքն իրեն.

— Իհարկե, իրենց համար հանգիստ են. խեղճ մարդուն դրկեցին կրակի առաջ...

Սակայն շատ չքաշեց՝ ծառերի արանքում նորից երևաց դարբինը, այս անգամ այլայլված դեմքով։ Նա ձեռքով ու աչքերով նշան արավ, որ դուրս բանան։

Նորից մեծ զգուշությամբ դուռը բաց արին և դարբինը ներս ընկավ հուզումից գրեթե շնչասպառ։

Ամենքը, բացի կույրից, նույնիսկ երեխաները շրջապատեցին նրան։ Եվ դարբինն սկզբում մի խոր ծանր շունչ քաշելով, ապա ցածր, շատ ցածր ձայնով, կարծես վախենալով, որ իրեն կլսեն դուրսը, հազիվ արտաբերեց, թե թուրքերը գալիս են Զաքարի տան կողմը։

— Հինգ— վեց հոգի են... թվանքավորված...

Եթե կայծակ պայթեր կամ տունը փլվեր՝ այնքան չէին սարսափի, ինչպես այդ խոսքերից, որ ասվեցին այնպես դողդոջ ու ցածր ձայնով։ Բոլորը գունատվեցին և փշաքաղվեցին միաժամանակ։ Ուրեմն գալի՞ս են... Եվ ամենքն ինքնապաշտպանության բնազդով ելան տեղներից ու, շունչները պահած, ականջ դրին։

— Մի՛ վախեք, աստված ողորմած է,— հնչեց նորից աշուղի կարեկից ձայնը լռության մեջ։

Բայց այս անգամ մի քանի ձայն միասին սաստեցին նրան.

— Սը՛ս, սը՛ս...

Լռություն իջավ. մի քանի վայրկյան ոչ ոք չիմացավ անելիքը, շուտով սակայն ինքնապաշտպանության բնազդը զարթեց նորից։ Կաղ Մարտիրոսը, ձախ կողմի վրա երկու թիզ իջնելով ու բարձրանալով, առաջ գնաց և, մի բան տեսնելու թե լսելու հույսով, աչքն ու ականջը հերթով մոտեցրեց դռանը։

Ծերունի Զաքարը կամեցավ դուրս գալ և հնազանդություն հայտնել, որ չվնասեն տանն ու իրենց, բայց նրան թույլ չտվին դուրս գալու, ասելով, թե թուրքերն իրենց թաքստոցը հիմա չգիտեն, իսկ նա, դուրս գալով, թուրքերին կբերի թոնրատուն, ու հետո, ով գիտի, ինչ կարող են անել։ Զաքարի աղջիկները, կաղ Մարտիրոսի կինը երեխաներին հավաքեցին իրար մոտ ու մի կարպետով ծածկեցին նրանց, բայց երեխաներն իսկույն գլուխները հանեցին կարպետի տակից ու հետաքրքիր նայեցին մեծերին։ Մյուսները, ականջները ձայնի, շարունակում էին սպասել կանգնած։

Ծերունի Զաքարը, տեսնելով, որ իրեն չեն թողնում դուրս գալ, մերթ դռանը, մերթ պատուհանին մոտենալով, նայում էր ապարդյուն, տեսնելու, թե ի՞նչ են անելու թուրքերը իր տան հետ, իր անասունների հետ, որ երկու— երեք օր էր փակել էր գոմում, և խոտ չունենալով, կերակրում էր ծառի ճղներով ու անցած տարվա դարմանով։ Նա այդ րոպեին նմանում էր հարկի պարտք ունեցող այն մարդուն, որին անիրավությամբ փակում են՝ տունը վեր գրելու, և ինքը չի կարող տեսնել ի՞նչպես են վարվում իր ապրանքի հետ։

Այդ վայրկյանին նրան զբաղեցնում էր մանավանդ իր անասունների՝ կովերի ու եզների հոգսը, հանկարծ մտնեն գոմը և իր տավարն էլ քշեն տերտերի կովերի պես... Խեղճ ծերունին այդ պահին ոչ այնքան ցավում էր նրանը կորցնելու համար, որքան խղճում էր նրանց, որ իր ձեռքով մեծացրած կովերն ու եզները հանկարծ կարող են ընկնել օտարի ձեռք:

Առաջին իրարանցումից հետո՝ թոնրատանն իջավ մի այնպիսի լռություն, որ տերևների սլլոցն անգամ լսվում էր պարտիզից: Եվ այդ լռության մեջ հանկարծ հնչեց շան հոչոց, Զաքարի շան հաչոցը, մի շուն, որը, գիտեին, երբեք սուտ չէր հաչում և որի հաչոցը նման էր գըմփ—գըմփոցի, ապա թրխկաց մի դուռ, որի վրա շունն ավելի փրփրեց. բայց հանկարծ նա սուր կլանչելով՝ ձայնը կտրեց. չգիտես հեռացա՞վ մի կողմ, թե պատահեց ինչ— որ:

— Անօրենները շանը ծեծեցին,— ձեռը ծնկանը խփեց Զաքարի պառավը, տրորվելով:

Հազիվ արտասանել էր նա այս խոսքերը, լսվեցին հավերի կչկչոցը, որից հարսը՝ Եսթերը եզրակացրեց, որ հավերին բռնում են: Նա իր ձեռքով բոլոր հավերին արել էր հավանոցը և դուռը փակել:

Լսելով շան ու հավերի անօգնական ձայները, Զաքարն այլևս չկարողացավ համբերել և նետվեց դեպի դուռը:

— Թողե՛ք, ախպեր, թողե՛ք ես գնամ...

Բայց հազիվ մոտեցել էր դռանը, երբ թոնրատան առջև քսվեցին համարձակ ոտնաձայներ և մեկը դուռը ծեծեց կարծես փայտի ծայրով:

— «Եկա՛ն»...— անցավ բոլորի մտքով, բայց ոչ ոք տեղից չշարժվեց, ով գիտի, գուցե և փորձի համար են թակում. գուցե և թակեն ու հեռանան:

Սակայն դուռը բախեցին նորից ու նորից... Ներսը գտնվողները մոռացել էին, որ կողպեքի բացակայությունը դրսում՝ դռան վրա, մատնում էր մարդկանց գոյությունը ներսում, ուստի և ծեծում էին: Այս անգամ արդեն Զաքար ապին վճռաբար, բայց մեծ զգուշությամբ դուռը բաց արավ, որ դուրս գնա եկողներին պատասխան տալու, սակայն դուռը բռնած կանգ առավ շեմից ներս:

Դռան առջև, շեմքին բոլորովին մոտ կանգնած էր մի ջահել թուրք սպա, մի բարակ ու միջահասակ տղամարդ՝ կիպ ու կարճ զինվորական բաճկոնով, թուրը կողքից կախ, գառան մորթուց փափախը գլխին: Նրա ետև կանգնած էին երեք զինվոր՝ նույնպես հրացաններով զինված ու փափախավոր: Նախքան սպան կխոսեր՝ Զաքարը գլուխ տվեց նրան, և, թուրքերեն լավ չիմանալով, ասաց վայրկյանին հարմար երկու բառ.

— Գալդ բարի լինի...

Իսկ սպան, նրան չհասկանալով, ձեռը սև— փայլուն բաղերին քսելով, մի աչքը ներս ասաց թուրքերեն.

— Ձեր զենքերը: Տվեք ձեր զենքերը...

Ծերունին, թեև թուրքերեն լավ չգիտեր, բայց հասկացավ սպայի պահանջը, որ դուռն ետնից վրա բերելով անվրդով առաջացավ ու կանգնեց շեմքին, կամենալով կտրել սպայի առաջը, որ նա ներս չմտնի և, ահագին ուժ գործ դնելով իր վրա, առանց այլայլվելու և հանգիստ պատասխանեց իր կիսատ— պռատ թուրքերենով, թե ինքը զենք չունի, քանի որ կռվող մարդ չէ:

— Յոխտո՛ւր, ղարդաշ, յոխտո՛ւր...

Սպան, որ աչքի մեկը շարունակ ներսն էր, առաջ գնաց:

— Այնուամենայնիվ պետք է խուզարկել տունը,— ասաց նա հետի ասկյարներին:

Զաքարը չըմբռնեց սպայի միտքը. նա այդ հասկավ միայն այն ժամանակ, երբ սպան իր կողքով, թուրը դռան շեմափայտին դիպցնելով, մտավ ներս և իր զինվորներին հրամայեց զենք որոնել. և նրանք այդ զենքը որոնեցին թոնրատան բոլոր անկյուններում, թոնրի մեջ, դուրս տալով այնտեղի փայտը, որոնեցին մարդկանց վրա, անգամ հացի կապոցներում, որ կանայք վերցրել էին իբրև մի քանի օրվա պաշար:

Այս գործողության ամբողջ ընթացքում Զաքարն անխոս, ներքին կցակի դողը հազիվ զսպելով, հետևում էր թուրքերի շարժումներին:

— Սա քո՞ւ տունն է,— հարցրեց սպան Զաքարին:

Զաքարը գլխով արավ բթամատերը գոտին խրած:

— Իսկ սրանք ո՞վքեր են,— ցույց տվեց աղան դարբին Դավթին, կաղ Մարտիրոսին և աշուղին:

— Իմ հարևաններն են, ղարդաշ:

— Դրա՞նք,— այս անգամ սպան ձեռը մեկնեց դեպի կանայք, որ կարծես դիտմամբ խմբվել էին իրար կողքի:

— Դրանք էլ իմ աղջիկներն են...

— Շատ աղջիկ ես ունեցել,— նկատեց սպան քմծիծաղ: — Հապա դրանց մարդիկն ո՞ւր են:

Ծերունու ներքին կցակն ավելի դողաց:

— Նրանք կռիվ էին գնացել...— և Զաքարը բառերը ծամեց, չիմանալով ինչ ասել:

Սակայն տատմերն իսկույն օգնության հասավ նրան.

— Նրանք սպանվել են, ղարդաշ, սպանվե՛լ են,— ասաց նա սրտի խորքից հառաչելով, ու գոգնոցը տարավ դեպի աչքերը:

— Ի՞նչ է ասում պառավը,— հետաքրքրվեց սպան:

Կաղ Մարտիրոսը պատրաստակամ լնգաց դեպի առաջ և թարգմանեց տատմոր խոսքերը:

Սպան գլուխը թեքեց, աջ ոտքը խաղացրեց ծնկան հետև ձեռի մտրակով ծնկանը խփեց մի երկու անգամ:

— Իսկ նա ո՞վ է,— նայեց սպան Զաքարի հարսին՝ Եսթերին, որ այդ րոպեին սկեսրոջ ետևը նստած աչքերը գցել էր գետին:

— Սա իմ հարսն է, ղարդաշ,— պատասխանեց Զաքարը և ավելացրեց առանձին մի աճապարանքով:— Սա էլ կինս է, իսկ նա՝ մեր գյուղի խեղճ աշուղը,— մատնացույց արավ նա անկյունում նստած չոնգուրը գրկած աշուղին, կամենալով սպայի ուշադրությունը հարսից հեռացնել ուրիշ կողմ, որովհետև այդ րոպեին նա սպայի աչքերումն նկատեց մի առանձին փայլ:

— Ցակշի,— ասաց սպան, ձախ բեղի ծայրը ոլորելով: — ուրեմն դա քո հարսն է. իսկ դրա մարդն ո՞ւր է:

Հարցը ծերունու համար շատ ծանր էր. որդին նահանջող զորքը մեջ էր. նա, դարձյալ չիմանալով ինչ ասել, չկարողացավ իսկույն պատասխանել: Ու դարձյալ տատմերն էր, որ օգնության հասավ.

— Էս հալիվորը, դարդաշ, թուրքերեն կարգին չգիտի, որ պատասխանի,— ասաց նա:— Սրա մարդն էլ սպանվել է, դարդաշ...

Սպան մի «հըմ» արա՛վ շրթունքները սեղմելով և, փափախն ու թրի պոչը նորից դռան շեմափայտին դիպցնելիվ, դուրս եկավ թոնրատնից իր զինվորների հետ միասին:

Զաքար ապին ու կաղ Մարտիրոսը երկյուղած հետևեցին նրանց:

II

Երբ սպան դուրս գնաց՝ յուրաքանչյուրի սրտից կարծես մի քար ընկավ և մրոտ թոնրատունը լուսավորվեց հանկարծ: Նրանց առաջին գործն եղավ՝ գովել տատմորը, որ բոլորից սրտոտ ու հնարամիտ գտնվեց: Տղամարդիկ ծիծաղեցին նրա շինծու լացը հիշելով. կանայք զարմացան նրա համարձակության վրա, ասելով, որ նա իր այդ հնարամտությամբ շատ բան փրկեց: Եվ զարի զցող պառավի հեղինակությունն ավելի բարձրացավ: Իսկ նա, այդ գովեստներից ոգևորված, լիքը կուրծքը դուրս գցելով ու հոնքերը վեր ձգելով, ասաց, հաղթանակ տանողի պես.

— Տեհա՛ք... որ ասում էի բան չե՛ն անի... հենց դողում էիք. ոնց որ ձեզ ուտիլ պտեին...

Թեև տատմերն այդպիսի բան չէր ասել, բայց ոչ ոք չառարկեց:

Շուտով ամենքի տրամադրությունն այնքան բարձրացավ, որ սկսեցին կատակներ անել. ծաղրեցին բնականաբար վախկոտներին, և ամենից շատ կաղ Մարտիրոսի կնոջը, որ երեխաներին թաքցրել էր կարպետի տակ, իսկ ինքը, թուրքերից չնկատվելու համար, գլուխը կոխել էր ցորենի ջվալների արանքը. հետո, երբ հերթը հասավ աշուղին,— տատմերը խնդաց նրա աղոթքի վրա և հարցրեց, թե նա գիտի՞ արդյոք «շալախո» նվազել:

Աշուղը պատասխանեց վիրավորված արժանապատվությամբ.

— Ինչի՞ դ է պետք, քուրս...

— Ասում եմ՝ դու ածես— ես պարեմ:

Բոլորը ծիծաղեցին: Բայց այդ ծիծաղը դուր չեկավ կույրին, նա փակ աչքերը թեքեց մի կողմի վրա ու լռեց մռայլ:

Ծիծաղից հետո բոլորին համակեց ուտելու ցանկությունը, այն

սուր, բոլոր ցանկություններից գերագույնը, որ դողացնում է մարդու ձեռքերը և մոռացնել է տալիս ամեն ինչ: Երկու— երեք օր էր կարգին հաց չէին կերել: Մի րոպեում մեջտեղ եկան պաշարի բոլոր կապոցները և թոնրատան կավե հատակին փռված կարպետների վրա բացվեց «սուփրա— սեղան», որ կարող էր մի ամբողջ կնունք շահել:

Արդեն պատրաստվում էին հացի նստելու, երբ ներս մտավ կաղ Մարտիրոսը, իսկ քիչ հետո Զաքար ապին բթամատերը կաշվե գոտին խրած, մի բան, որ անում էր ծայր հուսահատության րոպեներին: Երկուսն էլ այնպիսի դեմք ունեին, որ դուրսը կարծես ծեծել էին նրանց կամ ծանր խոսքերով վիրավորել: Ներս մտնելուն պես տատմերը նրանց հրավիրեց հացի նստել, բայց նրանք մնացին անխոս ու մռայլ կանգնած: Ավելի տխուր էր Զաքար ապին. տատմոր հրավերի վրա նա այնպես տնքաց, կարծես սրտի թելերը կտրտվեցին: Ենթադրելով, որ դուրսը վատ բան է կատարվում, մի քանի ձայներ միասին հարցրին.

— Հանգի՞ստ ա, թե... թալան, բան...

Կաղ Մարտիրոսը ուսերը վեր քաշեց մտահոգ, որից դժվար էր մի բան հասկանալ, իսկ Զաքար ապին նորից հառաչեց մի այնպիսի հառաչանքով, որից բոլորը եզրակացրին, թե տանը կամ տավարին մի բան է պատահել անշուշտ: Բայց, ինչպես հետո երևաց, դրանց ոչինչ չէր պատահել:

— Բա էլ ի՞նչ կա,— նկատեց տատմերը զվարթ հանդիմանանքով:— Էլ ինչո՞ւ եք էդպես... Փառք աստծո, ցասումն անցավ... Եկեք հաց կերեք, վաղուց մի հալալ հացի չենք նստել...

Եվ որովհետև այս խոսքերից հետո էլ նրանք չնստեցին. ամեն կողմից շտապեցին նրանց տխրության պատճառն իմանալ: Բայց նրանք դարձյալ կարծես խուսափում էին բան ասել, սակայն կաղ Մարտիրոսը, ասես ծանր մի բեռից ազատվելու համար, հանկարծ բացականչեց.

— Անիրավները իշտահ թողի՞ն... որ մարդ կարենա հաց ուտի...

Բոլոր գլուխները միանգամից դարձան դեպի Մարտիրոսը. հետաքրքրությունն այնքան մեծ էր, որ ամենքը համարյա խոսեցին միասին.

— Ի՞նչ, ի՞նչ ասին... Ի՞նչ արին որ...

Կաղ Մարտիրոսը դարձյալ ոչինչ չասաց, այլ միայն թեքվեց դեպի իր կուռը բռնած դարբին Դավիթը և ինչ— որ շշնջաց նրա ականջին:

Դա շատ խորհրդավոր թվաց, որովհետև ասվեց շատ տխուր դեմքով և մանավանդ որ դարբնի դեմքը զարմանալի այլափոխվեց այդ լսելուց հետո: Բայց որովհետև տատմերը տեղը հանգիստ չէր նստում— դարբինն իմացածը հայտնեց և անհամբեր մորը: Պառավն լսածից այնքան վրդովվեց, որ չկարողացավ իրեն պահել և ձեռը ծնկանը խփեց զայրացած.

— Ախր ես գիտեի էլի, որ էդպես բան կանեն շները: Գիտեի էլի, որ ջահել տեսնեն թե չէ...

Տղամարդիկ, առանձնապես որդին՝ դարբինը, աչքով— ունքով լռեցրին նրան և իրենք դուրս եկան պարտեզ՝ ծառերի տակ: Տատմերը չհամբերեց և հետևեց նրանց, մնացողներին թողնելով սաստիկ հետաքրքրության մեջ: Ոչ ոք այլևս հաց ուտել չկարողացավ:

Թոնրատնից մի տաս— տասնհինդ քայլ հեռանալով՝ բոլորը կանգ առան երկու մեծ խնձորենու տակ, որոնք իրենց տակավին խակ պտուղներից կռացած ճղներով ծածկում էին նրանց դրսի աչքից. այդտեղ նրանք սկսեցին ցածրաձայն, կամացուկ, առանց ձեռներ շարժելու, խորհրդածել: Կարծես դավադիրներ, որ վախենում են ձերբակալվելուց, կամ խոսում էին մահամերձի մասին: Շուտ— շուտ լսվում էր ծերունի Զաքարի հառաչանքը և տատմոր անհանգիստ ձայնը, որ կրկնում էր. «Բա որ ասում էի, սանահեր, ջահելներին մի կողմի վրա դարկի...»:

Ինչո՞ւ էին տղամարդիկ մռայլվել և ինչո՞ւ էին խորհրդակցում այդպես ծածուկ ու հառաչում:

Ի՞նչ էր պատահել, վերջապես:

Բանն այն էր, որ թուրք սպան Զաքարից պահանջել էր, որ նա երեկոյան հարսին բերի, իսկ կաղ Մարտիրոսի ասելով «ուղարկի» տերտերի տունը՝ «փաշայի համար սենյակ սարքելու»: Այդպես էլ ասել էր՝ «փաշայի համար»: Եվ ավելացրել էր, որ եթե այդպես անի՝ տանը հավաքվածներին ձեռք չի տա: Հակառակ դեպքում— գլուխը թափ էր տվել: Զաքարը նեղն ընկած, անելիքը չիմանալով, ասել էր, թե դրա համար գուցե ուրիշ մի կին գա, գուցե իր պառավը, բայց սպան չէր համաձայնել, ինչպես կաղ Մարտիրոսն էր ասում, ու ավելացրել էր.— «եթե չբերես՝ մարդ կուղարկեմ...»:

Այդ պահանջն այնքան անամոթ ու վայրենի թվաց, որ բոլորը զայրույթից սկսեցին հայհոյել: Յուրաքանչյուրն զգում էր, որ այդ անկարելի, անհնարին բան է: Բաց աչքով այդպիսի բան թո՛ւյլ տալ: Ավելի լավ չէ՞ մեռնել...

Բայց ավելի մտածում էին. քան արտահայտվում:

Երբ առաջին վայրկյանի զայրույթն անցավ՝ սկսեցին նրանք լուրջ կշռադատել դրությունը: Առաջին միտքը, որ ծագեց նրանց գլխում՝ այն էր, թե ինչպես անեն, որ հարսին ազատեն, և ինչ հնարքով կարելի է այդ անել: Մեկը խորհուրդ տվեց թաքցնել: Բայց մյուսները գտան, թե որտեղ էլ լինի՝ կպահանջեն, և եթե գտան— կվնասեն ամենքին: Ապա ցանկություն հայտնեցին, որ Զաքար ապին ինքը խորհի, գուցե թե մի ելք գտնի, բայց իսկույն էլ զգացին, որ ծեր մարդուն այդ խնդրում մենակ թողնել չէր կարելի. դա ոչ միայն անհարմար, այլև տմարդի բան կլիներ, էլ որ օրվա բարեկամներն ու հարևաններն էին: Ու սկսեցին հարցին մոտենալ զգուշությամբ, գյուղացիներին հատուկ ծածկամտությամբ, Զաքարին ցավակցելով:

Առաջինը խոսեց դարբինը.

— Դե, սանահեր, էդպես է, ի՛նչ անես... էլի դու պիտի անես...

Եվ նա առաջարկեց, որ Զաքարն իր ոտքով գնա խնդրի թուրքերին, որ խնայեն իր ծերությունը, այդպիսի բան չանեն։

— Շատ խնդրվեցինք,— կաղ ոտի վրա բարձրացավ ու իջավ Մարտիրոսը։— Ասինք ինչ ուզում եք վերցրեք— տարեք, միայն էդ բանը մի անեք։ Ռազի չեղավ։ «Էդ է, ասում է,— իրիկունը եթե չբերես՝ էս ասկյարները կգան հարսիդ ետևից»։ Տատմերը կատաղեց.

— Ի՜, հողեմ դրանց գլուխը։ Թող փող ուզեն, թող տավար ուզեն։ Բանը գլխներից կտրվե՜լ էր։ Անամոթնե՜ր... Բա որ ասո՜ւմ էի, սանահեր։ Բա որ ասո՜ւմ էի...

Ոչ ոք չէր հիշում ի՛նչ է ասել տատմերը, բայց բոլորը մտածում էին, որ պետք է մի ելք գտնել։— Եվ ամենից շատ տանջվում էր Զաքարն ինքը.— նա իր ձեռքով իր հարսին վերցնի— տանի թուրք սպայի տո՞ւն... Եվ նա շուտ— շուտ տնքում էր անխոս ու գլուխն օրորում, ասես իրեն տանջող մտքերից ազատվելու... Նա շատ լավ էր հասկանում, թե ինչ է նշանակում տուն հավաքել— պատրաստելը...

Պակաս անհանգիստ չէրն դարբինն ու կաղ Մարտիրոսը. նրանք մտածում էին, որ եթե իրենք մի բան չանեն և հարսին տանեն՝ դա մեծ անպատվություն կլինի իրենց համար, տղամարդիկ ու բաց աչքով թո՞ւյլ տան այդպիսի բան։ Եթե այստեղ չլինեին՝ ուրիշ... շա՛տ վատ կլինի, եթե մի բան չանեն. էգուց մյուս օրը իմացողն ի՞նչ կասի... Եվ, տեսնելով ժամանակն անցնում է, պետք է մի բան ձեռնարկել, նրանք սկսեցին խոսել, թե գուցե լավն այն կլիներ, որ բոլորը դուրս գան այստեղից և Եսթերին ու ծերունու հետևերը տանեն ուրիշ տեղ պահեն։ Սակայն այս գտան ավելի վտանգավոր, ի՛նչ իմանաս հենց տեղափոխվելիս անիրավները չե՞ն բռնի...

— Լավ, ուրեմն ի՞նչ անենք,— ասաց վերջապես կաղ Մարտիրոսը ծերունուն։— Դու ի՞նչ ես մտածում, Զաքար ապի։

Զաքար ապին ուսերը վեր քաշեց ծանրորեն։

— Ի՞նչ պիտի մտածեմ... Ես իմ ձեռով իմ հարսի՞ն...— նա խոսքը չավարտեց և, փոքր լռելուց հետո, շարունակեց հոգոցով։— Հետո ի՛նչ պատասխան տամ իմ տղին։

Դարբինը միջամտեց.

— Գուցե, սանահեր, հենց կնկա բան կա. տուն սրբել, մաքրել, շոր լվալ... Չէ՞ որ դու էլ հետը պտի ըլես...

Մի դառը քմծիծաղ ծռեց ծերունու կանոնավոր դեմքը։

— Կնկա բա՛ն... ես իմ ձեռով իմ հարսի՞ն... կմեռնեմ, էդպես բան չեմ անի...

— Բա ի՞նչ ես մտածում...

— Ես՝ հե՛չ,— ուսերը նորից թոթվեց ծերունին։— Ես ի՛նչ մտածեմ, գլխիս խելք մնաց որ...

Այդ ժամանակ դարբինը նկատեց.

— Ես էլի էն եմ մտածում, Զաքար ապի, որ գնաս էդ անիրավների մոտ և ասես, թե հարսս հիվանդ է, կարալ չի գա... «Երեխով է» ասա. կուզես իմ պառավս գա: Եթե բան կա անելու՝ նա ավելի լավ կանի:

— Լավ,— խոսեց Զաքարը ծանր տնքոցով,— բա չի՞ ասի, թե հիվանդ էր ինչո՞ւ էն ժամանակ չասիր:

Լռեցին՝ մտքերի մեջ ընկած. զգում էին, որ Զաքարը գնա էլ, միևնույն է, ոչինչ չի օգնի. հրաշքը միայն կարող է փրկել հարսին: Գուցե ծերունուն էլ վնասեն՝ չթողնեն ետ գա. չէ՞ որ հիմա նրանք գազազած փողոցներն են ընկած՝ մարդ չեն խնայում: Մեղք է, ծեր մարդ է:

— Լավ, ի՞նչ պիտի անենք էն ժամանակ,— ասաց Մարտիրոսը:— Մի բան պիտի անենք, էսպես հո չի կարելի թողնել: Նորից որ գան՝ մեկի տեղ երկու— երեքը կտանեն:

Ամենքի սիրտն ահ ընկավ. կարող է, իհարկե, այդ էլ պատահել. թուրքից ամեն ինչ սպասելի է, մտածեցին նրանք և դարձյալ գտան, որ միակ ելքը էլի այն է, որ Զաքար ապին գնա խնդրի: Բայց այստեղ էլ այն երկյուղը կար, թե ծերունուն կարող են վնասել՝ սպանել հենց ճանապարհին:

Զաքար ապին սակայն այդ երկյուղը չուներ կարծես:

— Ամեն բան կանեմ՝ մենակ թե խեղճ հարսին ու մեզ փրկեմ խայտառակությունից,— ասաց նա, վերջապես, ու շարժվեց տեղից:

Ու այդ միջոցին, երբ նրանք մի երկու քայլ էին արել, թոնրատնից հանկարծ լացի ձայն լսեցին: Ուրեմն իմացել են,— անցավ նրանց մտքով: Ո՞վ էր հայտնել արդյոք... հետո պարզվեց, որ հայտնողը եղել է դարբնի կինը, իմացած լինելով իր տատմեր— սկեսրոջից:

Երբ նրանք ներս մտան, Զաքարի կինը՝ Զանին, այդ նիհար պառավը, իր չորչորուկ ձեռներով գրկել էր հարսի գլուխը և լալով կրկնում էր.

— Ես մեռած չեմ, որ քեզ տանեն: Դեռ մեռած չեմ...

Իսկ հարսի ուսերը շարունակ ցնցվում էին նրա գրկում...

Տղամարդկանց տեսնելով՝ կանանց հուզումը թեթևացավ մի փոքր. նրանք լռեցին, և այդ լռությունը թվամ էր չարագուշակ ու անասելի ծանր. ոչ ոք չէր կարողանում մի խոսք ասել. բոլորն իրենց զգում էին վիրավորված, կաշկանդված ու ամոթահար: Եվ լռությունը խզեց դարձյալ եռանդուն տատմերը, դառնալով տղամարդկանց.

— Լավ, հիմի ի՞նչ ենք անում,— ասաց նա մի տեսակ վրդովված:

— Ասում ենք՝ Զաքար ապին գնա էդ անօրեն թուրքի մոտ,— տատմորը պատասխանեց որդին՝ դարբինը:— Գնա ասի, որ հարսս հիվանդ ա, երեխով ա, կամ խնդրվի, որ էդ չանեն...

— Բայց նրան կլսե՞ն որ,— վշվշաց Զաքարի չորչորուկ պառավը:

— Եթե ոսկի, արծաթ ունեք՝ տարեք ռեխները քցեք,— նորից խոսեց տատմերը տիրական ձայնով:

— Ի՛նչ ունեմ կտամ,— երկար հոգոց քաշեց պառավը,— հոգիս, շորերս էլ կհանեմ կտամ՝ միայն թե... խեղճ հարսին փրկենք: Բայց վախենում եմ խեղճ հալիվորից ամեն բան առնեն ու իրեն էլ...

— Աստված ողորմա՛ծ է,— հնչեց հանկարծ կույր աշուղի ձայնը, և նրա այդ խոսքերը, այս անգամ, լարված լռության մեջ, տագնապով բռնված հոգիների համար թվացին մի տեսակ սփոփիչ ու հուսադրիչ:

Եսթերը սակայն այդ խոսքերի մեջ սփոփիչ ոչինչ չզգաց. նա պարզ գիտակցում էր, որ թեկուզ ամենքն սփոփեն իրեն, մխիթարեն, միևնույն է, թուրքերին հակառակել չեն կարող, կամ ինքն ուզի— չուզի, միևնույն է, իրեն կտանեն, եթե որոշված է... Նրա արցունքից թրջված աչքերը հիմա վախվորած տեսք ունեին, բայց նա զույգ ձեռներով շարունակ ծածկում էր երեսը և գլուխը կախում, կամենալով կարծես մոռանալ իրեն սպառնացող խայտառակությունը: Բայց մտքերը շարունակ եռում էին նրա գլխում, չթողնելով մի բանի վրա մտածելու, և նա մերթ ցավում էր, որ չէր լսել կաղ Մարտիրոսի կնոջ խորհուրդը՝ երեսին մուր քսելու մասին: Կարծում էր նա ծաղրում է իրեն կամ նախանձում է իր ջահել գեղեցկությանը... Եթե նրան լսեր՝ թուրք սպան իրեն չէր էլ նկատի... Մերթ էլ Եսթերին թվում էր, թե ինքը երազի մեջ է, ու հենց արթնանա՝ ամեն ինչ կչքանա: Բայց ավելի շուտ հիշում էր ամուսնուն. ի՞նչ կասի Արամը: Եվ Եսթերը մտովի բարկանում էր մարդու վրա, որ չէր մնացել իրեն պաշտպանելու. նրան թվում էր, որ թոնրատանը հավաքված տղամարդկանցից և ոչ մեկը խիզախություն չի ունենա իրեն պաշտպանելու... Ուստի և նրան թվում էր, թե այս խայտառակությունից իրեն կարող է փրկել միայն հրաշքը,— եթե թուրքերը հանկարծ փախչեին կամ թոնրատունը հանկարծ փուլ գար իր գլխին:

Մինչ այդ, ճրագավառոցը մոտենում էր, նրա հետ և վտանգը:

Ամենքը դարձյալ լուռ էին. կարծես չէին համարձակվում մի բան ասել: Միայն Զաքար պառավն էր, որ ձեռքը զարկում էր ծնկանն ու տրորվում, հառաչում:

— Աղջի, Զանի, ի՞նչ ես... հերիք է,— հանդիմանում էր տատմերը:— Հողեմ նրանց գլուխը, շատ էլ խոսք է, ասել են, գուցե արդեն մոռացան, էլ չեն գալիս...

— Բա եթե գա՞ն,— լսվեց մեկի երկչոտ ձայնը:

— Եթե գան,— տատմերը հանկարծակիի չեկավ:— Եթե գան, էն ժամանակ կտեսնենք:— Նա լռեց և քիչ հետո շարունակեց:— Եթե գան՝ Եսթերին մենակ չենք թողնի...

Ոչ ոք չհասկացավ, թե ի՛նչ է նշանակում «Եսթերին մենակ չենք թողնի»... ի՞նչ կարող էին անել, որ նա մենակ չլիներ... Մինչ մեկը հարց կտար, տատմերը պարզեց իր միտքը:

— Եթե գան՝ Զանին՝ կեսուրը կերթա հետը: Զաքարը չէ, նրան բանի տեղ չեն դնի, տղամարդ է. Զանին կերթա. ե՛ս կերթամ... տեսնենք ի՞նչ են ուզում դրանք...

Տատմոր խոսքերը կարծես փոքր— ինչ թեթևացրին ծանրացած մթնոլորտը. կարծես ելք գտնվեց. ու բոլորը մի տեսակ ազատ շարժվեցին նստած տեղերում. Զաքարը գլուխը բարձրացրեց, նրա պառավը թողեց իր հառաչանքները...

— Էդպես գուցե ավելի լավ լինի, հը՞,— ասաց կաղ Մարտիրոսը։— Կնանոց բան չեն անի։ Լավ կլնի նրանք խոսեն...

Այդ ժամանակ մեկը, կարծեմ դարբնի կինը, առանց մտածելու, գուցե անզգուշաբար դարձավ Եսթերին։

— Իսկ դու ի՞նչ կասես, Եսթեր, կերթա՞ս։

Եսթերը հուզվեց։

— Ե՞ս... ե՞ս... Եթե էսքան մարդու գլուխը կվերցնի— կերթամ...

Ասաց նա արդեն չխոսկանությունը, ամոթխածությունդ թողած, մի բռնկված դժդոհությամբ, որից բոլորն անհարմար զգացին։ Նա այնքան էր լցված, որ կարծես պայթեց իրեն թեթևացնելու համար։

— Դու հանգիստ կաց, Եսթեր ջան. ես մեռած չեմ, որ քեզ տանեն,— ասաց կեսուրը՝ նրա գլուխը, ուսերը շոյելով։

— Էհ, ով կթողնի որ,— վրա բերավ տատմերը,— էսքան կնիկ, էսքան տղամարդ էստեղ։ Մի՛ վախի, հարս ջան։ Խոսք էր՝ շներն ասացին գնացին։ Կարծում եմ էլ չեն գա...

Բայց Եսթերը չհանգստացավ. նա երեսը ծածկեց նորից ափերով ու գլուխն իջեցրեց։ Խղճահարության հետ միասին՝ սարսափի պես մի բան համակեց ամենքին։ Ոչ ոք Եսթերից չէր սպասում այդպիսի հանդիմանություն իրենց հասցեին, զգացին, որ նա զայրացած էր, որ չեն կարողանում իրեն փրկել։ Ու ամեն կողմից սկսեցին սիրտ տալ նրան, սփոփել։ Բայց Եսթերը գլուխը չէր բարձրացնում. չգիտես լալի՞ս էր թե խորհում անելիքը,— ոչ ոք չէր կարող ասել և ոչ ոք էլ սիրտ չէր անում նրա ձեռները ետ տանել երեսից։ Թող լաց լինի, արցունքները կթեթևացնեն...

Այնինչ Եսթերն արտասվելով մտածում էր, ավելի շուտ՝ նրան այնպես էր թվում, թե ամենքը, երևի, չեն կարողանում մի բան անել— իրեն են հարցնում։ Իսկ մինչ այդ նրան այնպես էր թվում, թե ինքը երազի մեջ է, մի անհարմար կացության մեջ, որ անցնի պիտի, բայց դարբնի կնոջ անզգույշ խոսքերը նրան հանեցին այդ դրությունից և հուզեցին, և նա, լաց լինելով, մտածում էր մի այլ բան, որ ոչ ոքի մտքով չէր կարող անցնել այդ վայրկյանին, բայց նրան թվում էր միակ փրկարար ելքը։

Ու մի քանի րոպե անհարմար լռություն էր, որն այնքան խորացավ, որ դրսից լսվեց նոր սկսված անձրևի խուլ միօրինակ խշշոցը։

Տատմերն այդ նկատելով և, տեսնելով ոչ ոք չի խոսում, հարցրեց պատուհանին նայելով.

— Կարծես անձրև է գալիս, հը՞։

— Հա. էլի սկսեց,— ասացին տղամարդիկ, նույնպես պատուհանին նայելով:

Իրոք, անձրև էր: Սկզբում ծառերը խշշացին անսովոր, ապա անձրևի շիթերն սկսեցին ծեծել նրանց տերևներն այնպես, կարծես բազմաթիվ հավեր կուտ էին վեր քաղում: Հետո լսվեց ամպի մի խուլ որոտ, փայլակը շողշողաց, մի ակնթարթ լուսավորելով ամեն ինչ, նաև թոնրատան պատուհանը, և սկսեց մեծաշիթ ու հորդ մի անձրև... Դա ուրախացրեց ներսը գտնվողներին, թե անձրևի պատճառով թուրքերը, երևի, էլ չեն գա...

Բայց, չանցավ մի ժամ, նրանք եկան...

III

Երեկոն բավական մթնել էր: Թոնրատանը պահվածները առատ լույսից վախենալով, նավթի լամպի փոխարեն մեղրամոմ էին վառել: Եկողները, երկու հոգի էին՝ հրացաններով, որոնք, հանկարծ սկսած անձրևի պատճառով, դրել էին թևերի տակ՝ փողերը ներքև ուղղած: Աղոտ լույսով էլ իսկույն ճանաչեցին, որ դրանք այն ասկյարներն են, որ ուղեկցում էին ջահել սպային խուզարկության ժամանակ: Արևառ դեմքերի վրա նրանց սև աչքերի սպիտակուցներն ավելի էին աչքի ընկնում, քան որևէ բան նրանց վրա, և դրանց փայլը ահ էր ազդում: Ամեն ինչ սակայն նրանց վրա՝ մորթե գլխարկները, հնամաշ, վրաները չնստող զգեստներն ու ոտնամանները վկայում էին, որ նրանք գոհ չեն իրենց վիճակից: Չլինեին հրացանները՝ նրանց կարելի է նմանեցնել քաղցած ճամփորդների, որ հաց են խնդրում որևէ— դուռ ընկած: Դեռ շեմքում նրանք հարցրին: «Հարսը պատրա՞ստ է», այնպիսի գործնական ու սովորական մի ձայնով, կարծես խոսքը պատվիրած իրի մասին լիներ, և, առանց պատասխան ստանալու, ներս մտան...

Եվ այն, ինչ հետո տեղի ունեցավ թոնրատանը, լինում է միայն մեռելը գերեզմանատուն տանելու միջոցին: Պառավը կախ ընկավ հարսից, մյուս կանայք լաց եղան, իսկ տղամարդիկ առաջ եկան ու սկսեցին խոսել զինվորների հետ, որ ետ զնան և հայտնեն, թե հարսը հիվանդ է. խոստացան նրանց փող, շատ փող:

— Յո՛ք,— բարկացավ նրանցից մեկը, հրացանը բարձրացնելով:— Ձեր փողը պետք չի: Հարսին պետք է տանենք:

Եվ բոլորն զգացին, որ այլևս օգնել չեն կարող, բայց որոշեցին հետը գնալ: Ծերունի Զաքարը, որ մինչ այդ թվում էր ընդարմացած, հանկարծ այնպես լցվեց, որ երկու ձեռով, իր չոր տերևների նմանող ձեռներով բռնեց հարսի գլուխը ու համբուրեց նրա ճակատը, և արցունքի կաթիլները ցած գլորվեցին նրա ճերմակ միրուքի լիրայով: Կանայք նույնպես լաց եղան:

Այդ րոպեին բոլորը խղճում էին Եսթերին, իսկ ինքը Եսթերը կարծես ոչինչ չէր զգում. գոնե այդպես էր թվում ամենքին: Շուրթերը սեղմած, մի թեթև նայվածք իսկ չգցելով հավաքվածների վրա, նա գլուխը դիք բռնած գնաց դեպի դուռը: Պառավ սկեսուրը և հաստլիկ տատմերը (շալները վերցրած, որ չթրեն), առաջ եկան, որ ուղեկցեն Եսթերին, բայց ասկյարները նրանց կանգնեցրին:

— Ինչո՞ւ համար: Մենք մենակ հարսին պիտի տանենք...

Բայց պառավներն անխոս առաջ գնացին, դուրս եկան թոնրատնից և անձրևի տակ հետևեցին Եսթերին: Բակի դռանը ասկյարները նորից ստիպված եղան կանգնել և ետ դարձնել նրանց, կարիք չկա, որ նրանք գան... Եվ գլուխնին ու բռունցքնին թափ տվին բարկացած: Այդ ժամանակ հարսին ուղեկցել ուզեց Զաքար ապին: Ասկյարները նրան էլ չթողին:

— Մեզ ասել են՝ մենակ հարսին:

Եվ ասկյարները Եսթերի երկու կողմը բռնած՝ աներևութացան իրիկվա մթնում, ավելի շուտ անձրևի մառախուղում: Իսկ անձրևը շարունակվում էր խուլ ու միակերպ թնդյունով, որ առաջանում էր ավելի ծառերի տերևների հանած աղմուկից: Եվ անձրևի պատճառով մութն ավելի թանձր էր թվում:

Ասկյարները գնում էին անխոս, Եսթերը հանգիստ, ինչպես առաջ: Բայց դա մի լարված հանգստություն էր: Շուտով, ինչպես այդ սովորաբար պատահում է մեծ հուզումների ժամանակ, հիշողություններն ու խոհերը պաշարեցին նրան, ու Եսթերը երկու զինվորի արանքում շարունակ խորհում էր այն միտքը, որ ծագեց նրա գլխում թոնրատանը՝ իր որոշումն անելիս: Ու նա այժմ մասամբ հանգիստ էր և նրա համար, որ իրեն տանում են մթնով. դա շատ հարմար էր գալիս իր տրամադրության. նախ՝ տեսնողներ չէին լինի, որ իրեն տանում են, և երկրորդ՝ մթնով հեշտ էր իրագործել իր մտադրությունը: Բայց երբեմն նրան սարսափեցնում էր այն միտքը, թե հանկարծ չկարողանա անել այն, ինչ մտադրել է: Ու շուտ— շուտ մտքում կրկնում էր ատամները սեղմած. «Պիտի անեմ՝ ինչ էլ լինի»... Իսկ ի՞նչ էր ուզում անել: Նա մտածում էր— ավելի լավ է սպանվել, քան ենթարկվել անպատվության և խայտառակվել աշխարհում, ու... որոշել էր փախչել, որ ետևից կրակեն՝ սպանեն: Ահա ի՛նչ էր մտածում նա: Նրան թվում էր, որ իրեն միայն դա կազատեր խայտառակությունից: Եվ հույս ուներ, որ դա անպայման այդպես կլինի. հենց որ ինքը վազել սկսի, ասկյարներն անշուշտ կկրակեն ետևից: Ու ամեն ինչ կվերջանա... Դրա համար էլ հանգիստ էր նա թե թոնրատանը՝ իր որոշումն անելուց հետո, թե ճանապարհի ընկնելիս, դրա համար էլ ներքուստ ուրախ էր, որ մութն է.— եթե լույս լիներ՝ զինվորները իրացան չէին արձակի, այլ կհետևեին, և անշուշտ, կբռնեին մի տեղ ու խայտառակությունն ավելի մեծ կլիներ:

Ու իր ենթադրություններն այնքան բնական ու իրագործելի էին թվում նրան, որ Եսթերը չէր էլ կասկածում, թե կարող է այլ բան լինել: Այո, նա կանի այնպես, ինչպես մտածում է... Եվ մահը նրան թվում էր հեշտ, պարզ ու ցանկալի:

Մի հարյուր, երկու հարյուր քայլափոխ զինվորները Եսթերին տանում էին թևերից բռնած: Բայց, զարմանքով նկատելով, որ նա չի ընդդիմանում, թևերը թողին և մեկը նրանցից աջակողմի զինվորը, զգուշության համար, բռնեց նրա շրջազգեստի փեշը, ու այդպես առաջ գնացին հետզհետե վարարող անձրևի տակ: Փողոցներում մարդ չէր երևում, տներում լույս, անգամ տանուտերի տան առջևից անցնելիս— Եսթերը լույս չնկատեց ու մտածեց, թե գուցե նա էլ իրենց նման թաքնվել է իր թոնրատանը կամ գոմում:

«Էհ, գլուխը քարը,— ասաց նա մտքում,— ինձ ի՛նչ...»:

Եվ նա հանկարծ զարմացավ ինքն իր վրա, որ կարողանում է հանգիստ մտածել ուրիշ բաների մասին: Ու անմիջապես փորձող հայացքով կողքանց նայեց ասկյարներին, թե հարմար ժամանակը չէ՞ արդյոք...

Բայց աջակողմի զինվորը դեռ բռնած էր փեշը, իսկ ձախակողմինը իրենից մի փոքր առաջ էր քայլում: Նրանք դարձյալ չէին խոսում. դժվար է ասել անձրևն էր նրանց լռության պատճառը, թե ուրիշ մտքեր էին զբաղեցնում տնից— տեղից կտրված այդ մարդկանց:

Երբ փոքր— ինչ էլ գնացին և, ուրիշ մի փողոց թեքվելիս, թռան մեծ առվի վրայից, Եսթերն այդ առվից ճանաչեց իսկույն, որ իրենք մտան եկեղեցու կողմը տանող փողոցը: Այդտեղ էլ լույս ու ճրագ չէր երևում: Սակայն, քիչ հետո, լսվեցին ոտնաձայններ, ապա կրակի պես մի բան պեծ— պեծին տվեց անձրևի տակ, կարծես հանգչող մի աստղ: Ոտնաձայնները մոտենում էին. նրանց հետ մոտենում էր և պեծին տվող բանը: Մի քանի քայլ էլ առաջ գնացին, եկողները ձայն տվին թուրքերեն.

— Ո՞վ է:

Ասկյարները պատասխանեցին.

— Ձերոնցից:

Երբ եկողները մոտեցան, պարզվեց, որ դրանք երկու թուրք գիշերապահներ էին. մեկը, չնայած անձրևին, պապիրոս էր ծխում: Նրանք կանգ առան և մեկը Եսթերին նայելով հարցրեց.

— Էդ ի՞նչ դուշ եք տանում:

Ասկյարներն ինչ— որ բան ասին: Սրանց պատասխանի վրա եկողները տնքացին, որից հետո Եսթերի կողքից քայլող և շրջազգեստը բռնող զինվորը թողեց նրա փեշը և, ծխող գիշերապահին մոտենալով, մի պապիրոս խնդրեց: Եսթերն այս հանդիպումից հանկարծակիի եկած, անելիքը չիմանալով, մնաց կանգնած, մինչև ասկյարը պապիրոսը վառեց, նորից բռնեց փեշը ու նորից առաջ անցան, թողնելով զիշերապահներին, որոնք գնացին հակառակ ուղղությամբ:

Այժմ, այս նոր փողոցում, անձրևը խփում էր երեսանց և անխնա թրջում Եսթերի ու ասկյարների դեմքը, կուրծքը, մեկը կարծես ցնցուղով ջուր էր ցանում նրանց երեսին և, չգիտես դրանի՞ց էր արդյոք թե ուրիշ բանից, ասկյարի պապիրոսը հանգավ և նա ստիպված եղավ թողնել Եսթերի փեշը ու, երեսը շրջելով, աշխատեց պապիրոսը կպցնել չախմախով:

Եվ այդ ժամանակ էր ահա, որ Եսթերը որոշեց իրագործել այն, ինչ մտադրել էր: Հենց որ ծխող զինվորը փեշը թողեց և երեսը շրջեց, Եսթերը թափ տվեց իրեն, կարծես անձրևաջուրը վրայից թափելու և մեկանց տեղից պոկվեց ու առաջ վազեց, ամեն բան մոռացած: Նրա ականջը միայն մի ձայնի էր— հրացանի կրակոցին. կրակոց, որ բոպեական մահ պիտի բերեր իրեն և ազատեր խայտառակվելուց: Այդ բանում նա համոզված էր սկզբից, դրանով տոգորված էր նրա էությունը, և այդ էր պատճառը, երևի, որ դրանից դուրս նա ոչ մի մտածում, վախ կամ փափագ չուներ, բացի այդ մահը, ավելի շուտ՝ բացի մահաբեր կրակոցը: Այդ էր պատճառը նաև, որ նա չէր լսում ոչ իր ետևից վազող ոտնաձայները, ոչ շների հաչոցը, որ բարձրացել էր այդ միջոցին և ոչ թուրքերեն սպառնալից խոսքերը, որ ասում էին. «Դո՛ւր, դո՛ւր— կաց, կխփեմ...»:

Նա վազում էր ինչպես խելագար, ինչպես հագուստները վառվող անգիտակից մեկը, որ շտապում է իրեն ջուրը գցելու, այլևս ականջ չդնելով որևէ ձայնի: Նա մթան մեջ, անձրևի տակ վազում էր այնպես արագ, որ իր վազքը չէր զգում, ինչպես ինքնաբեր սարից իջնող մեկը:

Որքան տարածություն անցավ այդպես— ինքը հաշվել և ասել չէր կարող, բայց բավական տեղ գնալուց հետո հանկարծ լսեց մի ճայթյուն, մի այնպիսի ճայթյուն, որից օդը կարծես պատռվեց.

«Էս է»,— անցավ Եսթերի մտքով, ու նա ընկավ երեսն ի վայր: Միանգամից նա այնպես թուլացավ, ինչպես ձգված լարը կտրվի հանկարծ. նա փռվեց, ձեռները տարածեց ցեխերի մեջ ու աչքերը փակեց:

«Հիմա կմեռնեմ» անցավ նորից նրա մտքով, ու առաջին անգամ լսեց հանկարծ վազող մարդկանց ոտնաձայններ... և մտածեց, որ դրանք, երևի, կրակոցի վրա եկող մարդիկ են. ու աչքերն ավելի պինդ փակեց, մտածելով, որ մահն այսպես է լինում երևի, ու ինքնամոռացության պես մի բան պաշարեց նրան... Բայց զգում էր, որ ոչ ոք չի մոտենում իրեն, և անձրևը թրջում է իր ձեռներն ու երեսի աջ կողմը. լսում էր, կարծես քնի մեջ, ինչպես են շները հաչում հեռու և մոտիկ... Լսում էր, ու այլևս՝ ոչ վախ էր զգում, ոչ որևէ բան... նրան տիրել էր մի անծայր անտարբերություն և ընդարմացում, որին հետևեց շուտով ինքնամոռացությունը, երբ նա չէր զգում անձրևը, ոչ էլ լսում էր շների հաչը:

Եվ այսպես րոպեներ անցան, գուցե և ժամեր:

Մինչ այդ ասկյարները, մթան մեջ նրա ետևից վազելով, անցան նրա ընկած տեղի մոտով և, շներ հաչեցնելով, մտան ուրիշ փողոցներ՝ նրան որոնելու, գտնելու... Իսկ անձրևը շարունակում էր առաջվա պես, ու նրա ուժգին թափից ամբողջ գյուղը՝ իր պարտեզներով թնդում էր խոնավ խավարում, ուր շների հաչը հնչում էր ասես ակամա ու վախով:

Անհայտ է որքան ժամանակ անցավ այդ բոլորից հետո. սակայն այն, ինչ ցանկանում էր Եսթերը չեղավ. նա չմեռավ. շուտով նա ուշքի եկավ շների հաչոցից, գուցե և անձրևից, որ շարունակում էր թրջել նրան, առանձնապես նա այդ զգաց ձեռների ու երեսի վրա... Նա սթափվեց, և այդ միջոցին միայն մի վախ, սարսափի պես մի երկյուղ պաշարեց նրան, թե ուրեմն չի մեռել և թե թուրքերը հիմա կգան ու կտանեն իրեն. և էլ ոչինչ չի կարող անել ինքը.— հիմա արդեն կտանեն ձեռքերը պինդ բռնած, քարշ տալով...

Ու այդ միտքը կայծակի պես շանթեց նրա ուղեղը. նա զսպանակի պես վեր թռավ տեղից ու վազեց, ինքն էլ չիմանալով ի՛նչ ուղղությամբ և ո՛ւր: Նրա ոտները դիպչում էին քարերի, ընկնում ցեխերի, ջրերի մեջ, և նա թվում էր ոչինչ չէր զգում ու շարունակ մղվում էր առաջ, ինչպես հալածական մի ուրու մութի մեջ: Գնում էր նա ոչ թե փողոցի միջով, այլ միշտ ցանկապատերի կողքով, ցանկապատերի երկարությամբ, նրանց քսվելով, աշխատելով քայլել անլսելի:

Փոքր— ինչ առաջ գնալով, սակայն, նա զգաց, որ ոտքերը ծանր են դիպչում գետնին. կանգնեց մի վայրկյան, հանեց ոտնամանները և գուլպանց շարունակեց վազքը՝ էլի միշտ դեպի խավարն ու դարձյալ ցանկապատերի կողքով: Անցավ այսպես մի կարճ փողոց, իսկ երկրորդ փողոցի անկյունում շների վլվլոցն ստիպեց նրան կանգ առնել՝ փախած եղջերուի նման ականջները սրելով:

Բայց ոչ ոք չէր գալիս, ոչ մի ոտնաձայն չէր լսվում, շները, հավանորեն, հաչում էին իր վրա: Այս հանգամանքն ստիպեց նրան լավ կշռադատել անելիքը: Եթե շարունակեր՝ շները կբանային հետքը. եթե մնար տեղում կանգնած՝ գիշերապահները կտեսնեին անշուշտ ու կբռնեին, դարձյալ խայտառակությո՛ւն:

«Ով սուրբ Տիրամայր» ասաց նա մտքում, և դարձյալ ափսոսաց, որ չմեռավ:

Այսուհանդերձ պետք էր մի բան անել՝ կրկին թուրքերի ձեռը չընկնելու համար, և Եսթերը որոշեց պահվել ուր և լինի— որևէ մի տան մեջ, անգամ մի փլեկ մարագում, մինչև լուսանար կամ անցներ մի քանի օր: Այժմ, երբ մահը չէր աջողվել՝ նա փրկության ուրիշ մի ելք չէր տեսնում, քան պահվելը: Պետք էր պահվել և որքան կարելի է շուտ...

Այս որոշումը ուժ տվեց նրա ոտքերին և նա հարյուր քայլից հետո ծեծեց առաջին պատահած դուռը, որի ճեղքերից թույլ մի լույս էր երևում:

Ներսից հարցրին թուրքերեն։

— Ո՞վ է։

Եսթերը մի ակնթարթ կանգ առավ դողահար, անելիքը չիմանալով, բայց հետո մեկեն, ինչպես որսորդի հանդիպած նապաստակ, մի երկու ոստյունով նետվեց դեպի ցանկապատը և, առանց ետ նայելու, սլացավ առաջ:

Այդ միջոցին էր ահա, որ ճանապարհի եզրին, բարդիների շարք նկատելով, հիշեց նա Ճարտարանց Սիմոնի կնոջը՝ Գարան ազուն, որ, լսելով, չէր փախել անդամալույծ ամուսնու պատճառով, ու վազեց դեպի նրա տունը: Նրա բախտից բակում շուն չկար, բայց և լույս էլ չէր երևում ներսը:

Եսթերը մի վայրկյան կանգ առավ երկբայության մեջ — հանկարծ այստեղ էլ թուրքեր լինեն. սակայն այն հանգամանքը, որ ներսը լույս չէր վառվում և խոսնց չէր լսվում, համարձակություն տվեց նրան, և նա դուռը ծեծեց կամաց, այնպես կամաց, որպեսզի գիշերապահներ, հարևաններ չլսեն, և մանավանդ շները, որ կարող էին աղմուկ բարձրացնել և մատնել իրեն: Թույլ ծեծելու հետևանքո՞վ արդյոք թե ուրիշ մի այլ պատճառով՝ սկզբում ներսից ձայն չլսվեց: Երկրորդ անգամ նա թակեց մի քիչ ավելի ուժեղ. և այս անգամ մի նվազ, վախլուկ ձայն հարցրեց.

— Ո՞վ է:

— Ես եմ,— ասաց Եսթերը, կարծելով ձայնից պիտի ճանաչեն իրեն:

— Դու ո՞վ ես,— լսվեց մոտեցող բոբիկ ոտների ձայն:

Այս անգամ Եսթերն ուզեց ավելի պարզ լինել.

— Ես եմ, Եսթերը, Զաքարի հարսը: Դուռը բաց արա, խնամի...

Եսթերն այստեղ միայն զգաց, որ իր ձայնը դողում էր և մարմինը սարսռում: Լսեց, թե ինչպես ներսից մի ձեռք որոնում էր փակը ու չէր գտնում. վերջապես գտավ և, տնքալով, վերցրեց սողնակը: Դուռը բացվեց մութ երախի նման և Եսթերն ասես կուլ գնաց նրա մեջ: Տագնապած տանտիրուհու շշուկով տված հարցերին, թե «ի՞նչ կա», «ինչի՞ է եկել»,— Եսթերը չկարողացավ իսկույն պատասխանել. նա կուրծքը բռնած, ծանր հևալով կրկնում էր միայն.— «կասեմ, կասեմ»... Բայց երբ Գարան ազին վառեց մոմի կտորը և Եսթերն իր առջև տեսավ Գարան ազու մի քիչ անհանգիստ, մի քիչ քնատ դեմքն ու վախից թարթվող աչքերը և նրա՝ անկողնում արթուն նստած ծեր ամուսնուն, այդ ուռած դեմքով անդամալույծին, որ իր ասես բորբոքված աչքերի հայացքը սևեռել էր ներս մտնողի վրա,— Եսթերը մի քիչ հավաքեց իրեն, մանավանդ տղամարդու, թեկուզ անդամալույծ տղամարդու ներկայությանը սիրտ տվեց նրան և նա սկսեց պատմել գլխով անցածը:

Ամուսինները մինչև վերջն անխոս լսեցին նրան և ապա, երբ Եսթերը բոլորովին վերջացրեց, երկուսը միասին տնքացին.

— Էհ, ինչ որ է: Աստված խնայել է՝ սպանել չեն...

Այս խոսքերից և ամուսինների այն արտահայտություններից, որ ունենում էին նրանց դեմքերն ու աչքերը պատմության ընթացքում,— Եսթերը նկատեց, որ ծերունիները դժվարանում են հավատալ, թե նա կարողանար ազատվել տանողների ձեռքից և փախչել: Նա անհրաժեշտություն զգաց հավատացնել նրանց, որ ինքը ճշմարտություն է ասում, բայց անհարմար համարեց նորից կրկնել ասածը:

«Չեն հավատում— չհ՛ավատան», ասաց մտքում, մտնելով պառավի մի կերպ պատրաստած անկողինը, մտածելով, թե ի՛նչ է բերելու վաղվան օրը:

IV

Այնուհետև Կաղնուտում տիրեց նվաճած գյուղի ծանր դրությունը. թուրքերը տղամարդկանց տանում էին շարունակ աշխատանքների՝ դիրքեր փորելու, կամ բեռներ կրելու. ջահել կանայք թաքնվում էին և երբեք լավ, մաքուր զգեստներ չէին հագնում. ոմանք նույնիսկ, տգեղ երևալու համար, դիտմամբ կաղում էին. շատերը երեկոները ճրագ չէին վառում. հացը թխում էին գիշերները, ու բոլոր տներում միշտ խոսում էին զգույշ, շշուկով. երեխաներն անգամ քիչ էին լաց լինում: Ահից մարդիկ սակավ էին հեռանում իրարից և, ինչպես կենդանիները վտանգի ժամանակ, խմբվում են մի տեղ, այնպես էլ այն բոլոր մարդիկ, որ թշնամու գյուղը մտնելու առաջին օրը հավաքվել էին իրար մոտ, մնում էին դարձյալ նույն տեղերում: Մենակությունը սարսափեցնում էր, ո՛վ է իմանում ի՞նչ կարող է պատահել...

Եսթերը, իր թաքնվելու հետևյալ օրն իսկ Գարան ազուն՝ խնդրեց, որ նա լուր «ղրկի» սկեսրոջն ու կեսրարին, որ չանհանգստանան, և իմանա, թե ե՞րբ կարող է վերադառնալ: Բայց պառավը հարմար մարդ չգտավ ուղարկելու, մտածելով, թե այդպիսով կմատնի իրեն, որ թաքցրել է «տարած մի հարսի», իսկ ինքը վախեցավ գնալ. բայց երկրորդ թե երրորդ օրը գնաց, ինքը Եսթերի պառավ սկեսրոջը դուրս կանչեց խնձորենիների տակ և, խորին գաղտնիք հաղորդողի պես, հայտնեց հանձնարարությունը, պատմելով և այն բոլորը, ինչ պատմել էր Եսթերն իրեն: Պառավ Ջանին և՛ ուրախացավ, և՛ զարմացավ այդ ամենը լսելով, իսկ վերջում հայտնեց, թե թող Եսթերը մնա մի քանի օր էլ, մինչև «հանդարտի», որից հետո ինքը կկանչի: Եվ այդ օրից Եսթերը ժամեր է համրում իրենց տունը դառնալու, սպասում էր միայն հարմար ժամանակի: Միաժամանակ մտածում էր, թե որքան կուրախանան այժմ սկեսուրն ու կեսրարը, երբ իմանան, որ իրեն ոչինչ չի պատահել, որ կարողացել է փախչել ու անարատ մնալ: Ու երբեմն նա մտքում ասում էր ինքն իրեն, «Այ կզարմանա՞ն հա, եթե բոլորը պատմեմ»... Միևնույն ժամանակ նա ուրախ էր, որ չէր մեռել.— որքա՜ն պիտի տխրեր մարդը՝ Արամը, եթե ինքը մեռած լիներ: Գար տեսներ՝ չկա, խեղքը կթոցներ խեղճը,— մտածում էր Եսթերը ամուսնու մասին մի օտարոտի սրտագին խանդաղատանքով, ինչ առաջ երբեք չէր զգացել. գուցե այդ նրանից էր, որ նա իրեն զգում էր այնպես, ինչպես գերեզմանից ելած կամ մահից փախած, որ տեսնում է նորից արևի լույսը և աստծու աշխարհը:

Երբ մի շաբաթ հետո, Գարան ազուց իմանալով, որ անցուդարձը կանանց համար դարձել է անվտանգ և պառավ սկեսուրից էլ լուր եկավ թե արի, Եսթերն անչափ ուրախացավ, որ կարող է վերջապես տեսնել իրայիններին:

— «Որքա՜ն կուրախանա»,— մտածում էր նա, ու այնպիսի կարոտ էր զգում, կարծես ամիսներով անջատված էր նրանցից:

— Գնա՛նք, դադեն, գնա՛նք:

Եվ պառավ Գարանը, ապահովության համար, ուղեկցեց Եսթերին, որ ամբողջ ճանապարհին մտածում էր դարձյալ, թե «մերոնք» որքան կզարմանան իրեն տեսնելով և իր փախչելու պատմությունը լսելով:

Եվ, իրոք, տանը շատ զարմացան Եսթերին տեսնելով: Ինչպես հարություն առած մի մեռել՝ նա ամենքին ապշեցրեց կարծես, թեև լսել էին ողջ է և պահված: Այդտեղ էին դարձյալ այն բոլոր մարդիկ, որ սկզբում հավաքված էին թոնրատանը, բացի կույր աշուղից, որ գնացել էր՝ հայտնի չէ ուր: Սկզբում ոչ ոք չկարողացավ խոսք ասել, և Եսթերին թվաց, որ բոլորը զարմացած են, թե ինչպես է կարողացել փախչել, ուստի և ժպտաց ու առաջ նետվեց ամենից առաջ պառավ նանի վզով փարվելու: Բայց սկեսուրը, փոխանակ գիրկը նրան բանալու, խղճահարությամբ թե ցավով նայեց նրան ու գլուխն իջեցրեց, աչքերը սրբելով: Եսթերն այդ խղճահարության արտահայտությունը նկատեց նաև մյուսների դեմքին ու հայացքների մեջ, և ավելի ժպտաց, զարմացավ ու ժպտաց. ուրեմն ոչինչ չգիտե՞ն, որ ինքը փախել— ազատվել է,— անցավ նրա մտքով: Մի՞թե Գարանը չի պատմել... Եվ ցույց տալու համար, որ նրանց խղճահարությունն անտեղի է— Եսթերն այս անգամ ավելի ժպտաց. ու ժպիտից նրա դեմքն այնքան ձգվեց, որ սպիտակ ատամները բացվեցին երկու շարքով:

Բայց, տեսնելով բոլոր դեմքերը դարձյալ տխուր են, նա չկարողացավ համբերել և հարցրեց.

— Բա չե՞ք իմացել, որ փախել եմ... Բա Գարանը չասա՞վ, որ գիշերը փախա— մտա նրանց տուն: Ես ախր կես ճանապարհից փախա...

Ու նորից հրճվալից նայեց շուրջը և բոլորի դեմքին դարձյալ խղճահարություն ու մի տեսակ սառնություն նկատեց: Եսթերին թվաց, թե իրեն չեն հավատում: Լռում են՝ ուրեմն կասկածում են:

— Բա՛, փախա՛,— կրկնեց նա, և նորից սկսեց պատմել, թե ինչպես էր փախել, ինչպես էր ընկել ցեխերի մեջ, ինչպես էր թուրքերի դուռը ծեծել՝ մինչև Գարանի տուն հասնելը: Պատմելով այս ամենը՝ նա դարձյալ ժպտում էր հաղթանակ տանողի պես, սպասելով հավանությունների ու գովասանքի, ուրախության: Բայց նրան լսում էին տխուր հառաչանքներով, երբեմն տարակույսով ու կասկածով, իրար երեսի նայելով: Ոչ ոք կարծես չէր հավատում, որ մի կին կարողանար փախչել տանողների ձեռից: Եվ երբ նա վերջացրեց՝ սկեսուրը տրորվեց ձեռը ծնկանը խփելով.

— Դե, անբախտություն էր եկավ էլի...

Ու գլուխն օրորեց ծանր թառանչով:

Եսթերն ուշադիր նայեց պառավի դեմքին, կարծես նրա խոսքերի իմաստը հասկանալու համար:

— Ես ախր, նանի, փախա՜... էլ ի՜նչ անբախտություն...

Սկեսուրը գլուխը կախեց անխոս: Մյուսները՝ կեսրարը, կաղ Մարտիրոսը, դարբինը, սրանց կանայք և Զաքարի աղջկիկները նույնպես բան չխոսեցին. և Եսթերը դրանց բոլորի դեմքին էլ նկատեց նույնը, ինչ որ սկեսրոջ դեմքին. դա տխրությո՞ւն էր, թե թերահավատություն՝ նա դժվարանում էր հասկանալ: Եսթերը նկատեց նաև, որ փոխանակ ուրախանալու, բոլորն էլ, բացի երեխաներից, կարծես խուսափում էին իր երեսին ուղիղ նայելուց, և նա չէր կարողանում հասկանալ՝ ամաչո՞ւմ էին, որ իրեն չէին պաշտպանել տանելիս, թե չէին հավատում իր ասածներին:

Ու նա կրկնեց մի տեսակ սրտնեղած.

— Ես ասում եմ՝ փախա, ախր, փախա...

Այս անգամ էլ մարդ չխոսեց.— ոչ ոք ուրեմն չէր հավատո՞ւմ...

Եսթերը լռեց վիրավորված: Եվ փոքր անց, երբ նա մտածմունքների մեջ նստած էր մենակ, դարբնի կինը, այդ պեպենոտ դեմքով նիհար կինը, մոտեցավ նրան և, ցավակցելով ու կատուի պչրանքով սկսեց խոսակցել հետը: Հարցուփորձեց նախ, թե ինչպես էր զգում Եսթերը իրեն տանելու ժամանակ. վախենո՞ւմ էր թե չէ, ու վերջը, ձայնն ավելի իջեցնելով, բռնեց նրա թևը:

— Դե լավ. ինձանից ինչո՞ւ ես թաքցնում. գիտես որ ես քու ասած բաց բերաններից չեմ...

Եսթերն, ատամները սեղմած, նայեց սանամորը:

«Ուրեմն չի հավատում որ փախել եմ» անցավ նրա մտքով, ու վրդովվեց, բայց զսպեց իրեն և ասաց միայն.

— Չասի՜, որ ճամփից փախա...

— Դե լավ,— շարունակեց դարբինի կինը մտերմաբար ու ավելի թերահավատ:— Ես հո գնալու չեմ չավ անեմ...

Եսթերը գունատվեց. նրա ցամաք շուրթերը դողացին:

— Ես թաքցնելու բան չունեմ: Ասի, որ... փախել եմ... փախել... Ուզում ես հավատա, ուզում ես— չէ:

Եվ նա, արհամարհանքով տեղից ելնելով, հեռացավ սանամորից։

«Թող ով ուզում է չհավատա. ես որ անարատ եմ», ասաց նա ինքն իրեն, մտածելով, որ իր ամուսինը հո կհավատա...

Ու այդ օրվանից նա սկսեց արհամարհել բոլոր ակնարկներն ու կասկածներն իրեն տանելու մասին. ինչ ուզում է ասեն, բավական է որ իր մարդը հավատա իրեն։

Եվ նա երկար չսպասեց մարդուն։

Չանցավ մի թե երկու ամիս՝ գյուղում լուր տարածվեց, թե թուրքերը «հեռանալու են», «հեռանում են»...

Եվ, իրոք, մի քանի օրից հետո նրանք սկսեցին անսովոր պատրաստություններ.— զինվորները շտապ հավաքում էին իրենց իրերը, հագուստները. գրաված ապրանքներն շտապ ուղարկում էին կայարան. մի օր էլ զնդացիրները ձիերին բարձեցին ու, թնդանոթները լծելով, բռնեցին եկած ճանապարհը։

— Գնաք՝ ետ չգաք,— չանչում էին նրանց ետևից կանայք։

Եվ թուրքերը գնում էին՝ զորք ու թնդանոթ իրար ետևից, իրար խառնված։ Գ-Դնում էին փութկոտ շտապողականությամբ։

Խոսում էին, որ հաշտություն է...

Դեռ թուրքերը բոլորովին չհեռացած՝ գյուղից փախածներն սկսեցին վերադառնալ—նիհարած, հոգնած, ոմանք հագուստները փոխած...

Մի օր էլ ահա անսպասելի եկավ Եսթերի ամուսինը՝ Արամը։

Իրիկնաժամ էր. արևը վաղուց մայր էր մտել, և արևածաղիկները Զաքարի պարտիզում՝ գլուխները դեպ արևմուտք թեքած, ասես կարոտով թե անհամբեր սպասում էին նրա վերադարձին. մի կով, փողոցում բառաչելով, վերադառնում էր հանդից։

Եսթերը պարտիզի ցանկապատի վրայից նկատեց, որ զինվորի աղյուսագույն հագուստով մի մարդ՝ սև, մազակալած դեմքով, իրենց ծառերին նայելով, դեպի իրենց կողմն է գալիս փողոցով։ Նրա կողքին կախված էր զինվորի քաթանե մի պայուսակ, իսկ ձեռքին մի այնպիսի անտաշ ձեռնափայտ ուներ, որ միայն անտառից եկողներն են ունենում։ Սկզբում Եսթերը մտքովն անգամ չանցրեց, թե դա կարող է ամուսինը լինել— ա՛յնքան նա նման չէր Արամին, այնքան սև ու մազակալած էր նրա դեմքը. բայց երբ եկվորը մտավ իրենց բակը և ծանոթ շարժումով գլխարկը ետ տարավ,— Եսթերը զսպանակի պես վեր թռավ կանգնած տեղից և վազեվազ, ժպտուն ու խնդալից նետվեց դեպի նա։

— Քիչ մնաց ճանաչեի ոչ... ի՜նչ փոխվել ես,— ասաց նա դեռ ամուսնուն չհասած, և դարձյալ ժպտաց։

Արամը կանգ առավ և տրտում մի հայացքով նայեց կնոջը։ Իսկ երբ Եսթերի նայվածքն ընկավ ամուսնու դեմքին՝ նա ինքն ևս կանգ առավ.

օտարոտի թվաց նրան Արամի մի տեսակ զսպված հայացքն ու մռայլությունն այդ րոպեին:

— Դրուստ, զոռով ճանաչեցի,— կրկնեց Եսթերն այս անգամ ամուսնու փոշեթաթավ կոշիկներին նայելով ու էլի ճիգով ժպտալով:

Արամն անխոս առաջ անցավ, առանց կնոջը ձեռք տալու: «Հոգնած է», մտածեց Եսթերը և ձեռը մեկնեց ամուսնու պայուսակին:

— Տո՛ւր. բեղարած ես...

— Թո՛ղ,— ուսը կնոջից արագորեն հեռացրեց Արամը: — Ով կա տանը:

— Ապին, նանը:

— Է՞լ:

— Էլ հեչ...

Այսքանով վերջացավ նրանց առաջին խոսակցությունը, թերևս նրա համար, որ մոտեցել էին տանը կամ գուցե Արամը հոգնած էր, տկար— այդպես թվաց Եսթերին,— համենայն դեպս Եսթերը, ժպիտը դեմքին, մարդու հետևից գնալով, ուղեկցեց նրան ծնողների մոտ և ինքն շտապեց կրակ անել՝ Արամի համար ձվածեղ պատրաստելու, որ բոլոր կերակուրներից շուտ կեփեր, և միաժամանակ ջուր տաքացնել՝ նրա հոգնած ոտներն ու գլուխը լվանալու:

Ուրախությունից Եսթերն իրեն այնքան թեթև էր զգում, որ մի քանի րոպեի մեջ փայտ կոտրեց, կրակ արավ բակի քարե օջախում և քիչ հետո ջրով լի կաթսան և յուղով թավան տեղավորեց կրակի վրա:

Երբ այս բոլորը պատրաստ էր և կրակը բռնկած վառվում էր ուրախ բոցով, Եսթերը մտածում էր, թե որքան կզարմանա Արամը, երբ լսի իր փախչելու պատմությունը:

Կես ժամից հետո պատրաստ ձվածեղը հացի հետ նա տարավ ներս: Սակայն դրված դռան մոտ՝ ներսից լսվող խոսակցության ձայնը կանգնեցրեց նրան:

— Ու դուք էլ թողի՞ք,— ասում էր Արամը դժգոհ:

— Ի՞նչ կարայինք անել, որդի, ի՞նչ կարայինք,— ասում էր հայրը խեղճացած:— Զոռով տարան... Մենք կուզեինք, որ էդպես անբախտություն գար մեր գլո՞ւխը...

Ձվածեղը դողաց Եսթերի ձեռին. նա անմիջապես հասկացավ, որ ամուսինն իմացել է իրեն տանելը, բայց ներքուստ վրդովվեց կեսրարի դեմ, որ միայն արդարանում էր և չէր հանգստացնում Արամին, չէր ասում, թե ինքը փախել է կես ճանապարհից ու պահվել Գարանի տանը:

Եվ որովհետև սենյակում լռեցին առժամ,— Եսթերը, ներս մտավ՝ անտարբեր երևալու ճիգով:

Նրան տեսնելուն պես սկեսուրն ու կեսրարը գլուխները կախեցին, իսկ Արամը կռացավ իր երկարաճիտ փոշոտ, մաշված կոշիկները հանելու:

Եսթերը ձվածեղը դրեց ամուսնու առջև:

— Կեր, սոված կլինես...

Ապա, դառնալով կեսրարին, նշանացի հասկացրեց, որ նա էլ մասնակցի:

Ոչ մեկն էլ չշարժվեց: Արամը շարունակում էր աջ կոշիկի ծայրով հանել մյուս կոշիկը:

— Դու կեր, ես կհանեմ,— կռացավ Եսթերը մարդու առաջ ձեռները նրա կոշիկին մեկնելով:

Բայց Արամը ոտքն արագ քաշեց իրեն և երեսը թեքեց:

Այս բանը տարօրինակ թվաց Եսթերին. նա զարմացած նայեց մարդուն:— Արամի դեմքն առաջվանից մռայլ էր, իսկ աչքերի մեջ մի այնպիսի օտարոտի փայլ կար, որ նա ստիպված եղավ ելնել տեղից՝ տարակուսած ու շփոթված:

Այդ տեսնելով՝ նանը նկատեց.

— Թող հանի էլի, Արամ ջան:

Արամը չխոսեց, և ոչ էլ դիրքը փոխեց:

— Ձվածեղը կեր, որդի, կհովանա,— ավելացրեց նանը առանձին կարեկից մի եղանակով, որ ասես ուզում էր մեղմել որդու վիշտը և իր ցավը:

Բայց Արամը միայն խեթ նայեց ձվածեղին, տնքաց հառաչելու փոխարեն և հանկարծ, արագ մի շարժումով, գլխարկը տախտից վերցնելով, ասես մեկի ձեռից խլելով, դուրս գնաց:

Եսթերը մի րոպե մնաց շվարած կանգնած, ապա նայեց ծերերին և, տեսնելով նրանք չանհանգստացան Արամի այդպես դուրս գնալուց, ինքը, ինչ— որ կռահելով, նույնպես դուրս գնաց գունատված:

Մարդուն նա հասավ գոմի դռանը և թևը բռնեց:

— Արամ, ո՞ւր, ո՞ւր ես գնում... Դու սպասիր հլա... Ի՜նչ ասել են, ի՜նչ լսել ես— սո՜ւտ է:

— Ի՞նչն է սուտ,— լփրտեց Արամը ու կանգ առավ, առանց կնոջը նայելու:

— Դրուստ է,— հևալով սկսեց Եսթերը,— ինձ տարան, գիշերը, անձրևին... բայց ես փախա կես ճամփից, Մարգարանց տան մոտից... Երդվում եմ հորս գերեզմանով: Թող ինչ ուզում է ասեն ուրիշները, ես անարատ եմ, Արամ... անարա՜տ:

Արամը կնոջը լսում էր անշարժ և, իրիկնաժամի մութի պատճառով, Եսթերը նրա դեմքն ու հայացքը չտեսնելով, չէր կարողանում կռահել՝ հավատո՞ւմ է ամուսինն իրեն, թե ոչ: Ու իր բեկվող ձայնով շարունակում էր արագ ու կցկտուր, սպասելով ամուսնու խոսքին, այն խոսքին, որից երևար, թե նա հավատում է իրեն, թե ուրիշներից լսածը սխալ է եղել:

Եվ Արամը, վերջապես, երկար լռելուց հետո, խոսեց, բայց նրա խոսքը խոցող շեշտ ուներ:

— Փախա՛ր... էն էլ թուրքերը թողնեն, որ դու փախչես...

Եսթերն ընկրկեց մի քայլ, հետո, մեկեն առաջ գալով, փարվեց ամուսնու թևին:

— Հավատա, Արամ. մորս գերեզմանը վկա,— կրկնեց Եսթերը, մարդու թևը գրեթե գրկած, բորբոքուն ու լայն բացած աչքերը նրա դեմքին:— Փախա՛, գնացի Գարանի տուն, մի քանի օր էնտեղ մնացի, հետո... Կուզե՞ս Ճարտարանց Սիմոնի պառավին՝ Գարանին հարցրու...

— Լա՛վ, լավ. թո՛ղ,— Արամն ուզեց թևն ազատել կնոջ ձեռից, բայց Եսթերը բաց չթողեց:

— Ուրեմն... ուրեմն չես հավատո՞ւմ... դու էլ չես հավատում,— կրկնեց նա, ամուսնու թևն ավելի պինդ բռնելով:

— Դե, լա՛վ, թո՛ղ,— կրկնեց իր հերթին Արամը ու թևը թափ տվեց այնպիսի ուժով, որ կինը կռացավ ընկնելու պես ու առաջ թեքվեց, իսկ ինքը, թևն ազատելով, գնաց տուն:

Եսթերն ուղղվեց և անխոս ու անշարժ նայեց նրա ետևից. ուրեմն Արամն էլ չի հավատո՛ւմ...

Երեկոն իջնում էր կամաց— կամաց. գյուղի տներում, մեկը մյուսի ետևից, բացվող աչքերի նման, վառվում էին ճրագները: Մթնշաղը տեղի էր տալի մթության:

Եսթերը կանգնել էր թանձրացող մութի մեջ և, թվում էր, արձանացել է հայեցությամբ տարված:

Մի ժամ թե կես ժամ հետո, երբ անկողինները գցելու ժամանակն եկավ, պառավ նանը դուրս եկավ շեմքը և կանչեց հարսին.

— Եսթե՛ր, Եսթե՛ր...

Նա իր կանչը կրկնեց մի քանի անգամ, բայց Եսթերը չերևաց:

Այդ ժամանակ նանը դուրս եկավ բակը և կանչեց ավելի բարձր.

— Ե՛սթեր... աղջի Եսթե՛ր...

Եսթերը չերևաց դարձյալ: Նա ոչ բակումն էր, ոչ պարտիզում:

«Ով գիտի հարևանի տուն է գնացել», մտածեց պառավը, թեքվեց դեպի կաղ Մարտիրոսի տունը:

Եսթերը այնտեղ չէր: Նա չկար նաև Պողոսանց, Համբարանց և Իդարանց տներում: Այդ ժամանակ պառավը զարմացած ու անհանգիստ ճրագ վառեց և գնաց թոնրատան կողմը: Հարսը չկար ոչ գոմում, ոչ թոնրատանը: Եվ այն միջոցին, երբ պառավը ճրագը ձեռին, առավել զարմացած, վերադառնում էր տուն՝ Արամին հարցնելու, թե նա չիմացավ արդյոք ո՞ւր գնաց Եսթերը,— պատահաբար նրա հայացքն ընկավ գոմի պատին կպած սալորենուն, որի մի ճյուղը կռացել էր անսովոր, և հանկարծ նրա մեջ նկատեց ինչ— որ սպիտակ բան:

Մոտենալով՝ նա տեսավ երկու բոբիկ ոտներ:

Պառավը ճչաց որքան ուժ ուներ.

— Արա՛մ...

Արամը դուրս վազեց գլխաբաց, նրա ետնից և ծերունի Զաքարը:

Եվ այն, ինչ տեսան նրանք երեքով, նավթի ճրագի լույսով, թե անսպասելի էր և թե ահարկու:

Եսթերը կախվել էր բակի մեծ սալորենուց, նրա ոտնամաններն ընկած էին ծառի տակ:

Արամն շտապեց թոկը կտրել և կնոջն ազատել:

Եվ երբ Եսթերին իջեցրին՝ նրա մարմինը տաք էր տակավին, բայց ինքը մեռած էր արդեն:

1919

Ջրհորի մոտ

...Էս, ինչ որ պատմում եմ — Ավստրու կողմն էր: Շաբթից ավելի՝ առավոտ, իրիկուն կռվում էինք: Ցերեկը հանգստանում էինք շոգի պատճառով— առավոտ, իրիկուն կրակում... Մին ավստրիացիք էին առաջ գալի, մին մենք էինք վրա տալի, բայց միշտ էնպես էր ըլում, որ մնում էինք էլի մեր տեղերում, մեր հին դիրքում: Բա՛ց, դուրան տեղ էր. հերիք էր գլուխներս բարձրացնեինք՝ իրար տեսնում էինք, իսկ դուրբինով հո ոնց առաջիդ: Մեր ու ավստրացոց արանքին մի տուն կար միայն, մի մեծ տուն, երկու հարկանի, կտուրը երկաթած: «Կալվածատիրոջ տունն է», ասում էին. նրա դաչան էր, ինչ... Առաջին էլ պարտեզ կար, սիրուն ճաղավոր պարիսպներով: Էնքան մոտիկ էր, որ ամեն ինչ տեսնում էինք: Դրա մոտ էլ ջրհոր կար՝ երկար փետով (էն, որ ռուսները ժուրավլ են ասում): Ինչքա՛ն էինք ծիծաղում էդ փետի վրա... Էդտեղ՝ կռվից ամեն բան՝ տունը, ծառերը, ախպեր, կուչ են եկել, կարծես ուզում են թաքնվել, բայց էդ փետը — էդ ժուրավլը՝ մեն—մենակ տնկվել է դաշտի մեջ ու դունչը մեկնել երկինք: «Աղոթում է»,— ասում էին տղերքը: «Չէ, մեզանից խռովել է, գանգատ է անում աստծուն»: Մի քանիսն էլ թե՝ «Մեզ բանի տեղ չի դնում. ինչքան ուզում եք կրակեցեք, ինձ բան չեք անի, ասում է»: Ու մենք կրակում ենք, մին—մին էլ հանաքով նշան էինք բռնում, բայց նրա համար՝ հե՛չ...

Ու էսպես շաբաթից ավելի... կրակում ենք, կրակում, բայց արևը բարձրանում էր թե չէ՝ կրակոցը երկու կողմից էլ դադարում էր:

Կռիվը՝ կռիվ, էդ արևն էլ մի կողմից էր նեղում մեզ: Բաց դաշտ, ամառվա շոգ օր... ջուր էլ չկա: Մի բոչկա ջուրը, խնայելով խմում ենք, երկու օր. օրական մի բակլաշկա՝ ոնց որ ուղտին գդալով ջրես...

Մի օր էլ, ըհը՛, ջուր չկա... բոչկեն էլ է հատել, բակլաշկաներն էլ... Ծարավից տղերանց բերանը բաց էր մնացել հավի պես... Լեզուներս կպել, չորացել է... Գիտեք էլի, երբ մարդ ծարավ է, ոնց է ըլնում...

«Այ, մի քիչ ջուր հա՛», ասում ենք իրար:

Բայց ո՞րտեղից... Բոչկեն գնացել էր ու մի օր էր չկար: Բռնվե՞լ էր, ձի՞ն էր ընկել, ի՞նչ էր պատահել— չկա՛ր... Մեր բախտից ավստրացիք էլ չեն շարժվում, թե չէ մի հա՛յ անեին՝ իրենց գերի էինք... էնպես էինք թուլացել: Մենակ մենք չենք էդպես, մեր վաշտապետն էլ պակաս չի մեզնից: Տեսնում ենք շուտ—շուտ ավստրացոց կողմն է նայում, պռոշները չպպցնում է ու՝ «չորտ վազմի,— ասում է,— ե՞րբ պիտի ջուր բերեն»:

Դա բեղերը նոր ծլած տղա էր, ռուս ստուդենտ, բերել էին աֆիցեր: Լավ տղա էր, հասկացող, հանաքչի. իրան էլ Վասիլի Վլասիչ էին ասում: Դա նայեց, նայեց ավստրացոց կողմը, մին էլ թե՝ «չորտ վազմի, գոնե էս ջրհորը մոտիկ ըլեր»... Մենք էլ նայում ենք ջրհորին ու զարմանում, որ ջուրն էնքան մոտիկ է ու անկարելի հեռու: Ծարավ մարդիկ ու ջրհո՜ր... Նայում ենք ոնց որ սոված հացին:

— Բա ջուրն էնքան մոտիկ ըլի ու մենք էսպես ծարա՜վ,— ասում է տղաներից մինը:

— Էդ ասի է՜,— տնքում են տղերքը:

Իսկ մեր վաշտապետը պռոշները չպպացնում է ու շարունակ՝

«Չորտ վազմի, չորտ վազմի...»:

Տեսնում ենք, խեղճը ինքն էլ է տանջվում ծարավից:

Խոսում ենք, մին էլ տղաներից մինը թե՝

— Այ, մեկը ըլներ էդ ջրհորից ջուր բերեր հա՜...

Էդքան հերիք էր արդեն: Ամեն կողմից վրա տվին.

— Տղերք, ո՞վ կարա իսկապես...

Ասում են ու իրար նայում: Ասում են ու վաշտապետին նայում:

— Եկեք մեզնից մինը թող գնա:

— Գժվե՞լ եք, ինչ է. նրանք էնտեղ նստած (այսինքն ավստրացիք), ասում են, ճանճ էլ ժաժ գա՝ կտեսնեն:

Մին էլ թե՝

— Եկեք փորձենք:

— Այ տղերք, ձեռը վեր կալեք, ասում են, շանսատակ կանեն:

Մի քանիսը թե՝ փորձենք, մի քանիսը՝ թե թարկը տվեք:

Վերջը թե՝ անպատճառ, ինչ էլ ուզում է ըլի — պետք է գնանք:

Բայց ո՞վ գնա, ո՞վ չգնա. թե՝ եկեք վիճակ գցենք: Երեսուն— քառասուն թուղթ փաթաթեցին ու լցրին մի փափախ:

— Դե՜հ, հանեցե՜ք...

Հանեց սա, հանեց նա — մի ութը, ինը մարդ, վրա տասը, տերդ խնդա, Բաղդասար, վիճակն ընկավ ինձ:

«Դե, գնա հիմի,— ասում եմ ինքս ինձ,— ա՜յ քեզ օյին. երկու տարի ազատվեցիր կրակից, հիմի արի ջրի ճամփին մեռի: Էսպես էլ սարսաղություն...»:

Բայց ընկերական բան է, ինչ պիտի անես. ընկել ես — պիտի կատարես:

— Դե, արի՜ գնա, արի գնա,— ասում են:

Իսկ ես ժաժ չեմ գալի. դեռ կարծում եմ հանաք է: Թուղթը ձեռիս շուռ եմ տալիս դեսուդեն: Տղերքն էլ կարծում են վախում եմ:

— Չլի՞ վախենում ես...

Նամուսս չվերցրեց:

— Կատոլին թել կապեցեք գնամ,— ասում եմ:

էստեղ թէ՝ Վասիլի Վլասիչին ասենք — նոր: (Այսինքն վաշտապետին): Վասիլի Վլասիչը ակոպի մի ծերում նստած՝ պապիրոս էր շինում: Երկու տղա մոտեցան թե՝

— Թույլ տվեք, վաշե բլագորոդիյե, գնանք ջրհորից ջուր բերենք...

— Ո՞ր ջրհորից,— ասում է:

Տղերքը ցույց տվին մեր առաջի ջրհորը:

Վաշտապետը բարկացավ:

— Գժվե՞լ եք, ի՞նչ է,— ասում է,— ինչպես կարելի է, չէ՞ որ իսկույն կսպանեն: Նիկակ նիլզյա՛...

Տղերքը թե՝

— Վաշե բլագորոդիյե, դուք թողեք միայն, ոչինչ էլ չի լինի: Էնպես կանենք, որ չտեսնեն:

— Բայց ո՞վ է գնում,— ասում է:

Թե՝ Բաղդասարը: Այսինքն՝ ես:

Վաշտապետը մի քիչ չեմ ու չում արավ: «Ափսոս է տղեն», ասում է: Բայց վերջը տեսավ շատ են խնդրվում, ծարավից մեռնում են, ճար չկա, ինքն էլ ծարավ՝ թողեց: Կանչեց ինձ իրա մոտ ու խրատեց:

— Բայց էնպես գնա,— ասում է,— որ չտեսնեն հա՛... Կարո՞ղ ես...

— Կաշխատեմ,— ասում եմ:

Տղերքն ուրախացան: Կատոլը բերին, կտոր—կտոր թելեր իրար արին՝ ունկը կապեցին ու տվին ինձ:

— Դե՛, քեզ տեսնենք:

— Բարի՛ ճանապարհ...

— Հաջողությո՛ւն...

Թելը դրի կատոլի մեջ, կատոլը ձեռս առա, սողալով անցա ակոպի թումբը ու՝ չոքե—չոք, չոքե—չո՛ք... Գնում եմ փորս գետնին քսելով, գնում եմ ծիտ տեսած կատվի պես: Փորսող եմ տալիս խոտերի միջով, ու կատոլը միշտ աջ ձեռքիս, գլխիս առաջ բռնած, որ եթե կրակեն էլ՝ կատոլին դիպչի...

Միամի՛տ մարդ. կարծում էի կատոլից հետո ինձ չի դիպչի, կամ հենց եկած գնդակը կատոլի վրա է գալու... Էսպես է. վախից խոտի շվաքումն էլ կպահվես... Գնում եմ— ու մի կողմից վախենում եմ, մի կողմից էլ ուզում եմ անպատճառ գնալ, գնալ ի՛նչ էլ լինի:— Անունի, պատվի խնդիր է:

«Եթե ճակատիս գրած է, որ մեռնելու եմ էսպես տեղ, էսպես բանի համար, թող մեռնեմ,— ասում եմ,— ոչինչ...»:

Մտածում եմ ու գնում. գնում եմ ու մտածում: Լավ է՝ կանաչ է. գնալու ժամանակ էնքան էլ չեմ երևում: Կանաչը էսպես մի թզից ավելի է: Էս կանաչները տափակցնելով սողում եմ... Արևն էլ վերևից էնպես է վառում, որ տերդ խնդա... Էնքան շոգից չեմ նեղվում, ինչքան քրտինքից... Քրտինքը ծլլում է երեսիցս, թափվել է ականջներիս ետևը... ուզում եմ սրբեմ՝ ձեռ կբարձրանա՜... Միրտս խնոցու պես զցում է փորումս: Բայց գնում եմ էլի, գնո՜ւմ.— ավստրացիք դեռ չեն տեսնում... Շուտով հոգնեցի, փռվեցի կանաչների վրա... Հանգստացա ու նորից... Գնում եմ— էլի չեն տեսնում... Մի երկու անգամ նայեցի մերոնց կողմը. տեսնեմ՝ ետևիցս ծիկրակում են թաքուն, իսկ ավստրացիք — հե՜չ... ժաժ չեն գալիս. չեն տեսնում...

Էսպես, ախպերս, որ դուք եք, չոքե—չոք սողալով հասա ջրհորին: Հասա ու մնացի քարի շվաքում: Բերանս էնպես է չորացել, որ թվում է՝ լեզուս կապ է ընկել... Առաջ հլա էս քարի շվաքում մի լավ շունչ քաշեցի, հանգստացա.... Նայեցի՝ ավստրացիք էլի չեն տեսնում: Լավ... հիմի ի՞նչ անեմ... Տեսնում եմ, որ դժվարը գալը չէր, դժվարն էն է, թե ո՜նց ջուր հանեմ... Ջրհորի բերանը բարձր է: Մի արշինի չափ: Բարձրանամ թե չէ՝ տեսնելու են, որ տեսնեն թե չէ՝ կրակելու են:

Տերդ խնդա՜ Բաղդասար...

Փորձեցի պառկած կատոլը կոխել ջրհորը — չեղավ:

Ճար չկար, պիտի բարձրանայի.... Մտածում եմ, մտածում ու չեմ իմանում, ի՜նչ անեմ: Վերջը, կեցցե՜ս Բաղդասար. մի բան միտս ընկավ. աղլուխս: Լավ է՝ մոտս էր. հանեցի ու կանգնեցի: Կանգնեցի ու թափ տվի դեպի ավստրացիք: Ավստրացիք իրարով անցան, գլուխները հանեցին ակոպից ու նայում են ինձ: Ես էլ սպիտակ աղլուխս թափ եմ տալիս, որ չկրակեն... Մի կողմից թափ եմ տալիս, մի կողմից էլ կատոլը կախում են հորը: Էդ որ տեսան՝ ավստրացիքս հրացանները բռնեցին: Ես աղլուխս թափ տալով մի քանի անգամ ձեռքս բերանս տարա... Ուզում եմ հասկացնել, որ ջուր եմ տանում, ծարավ ենք...

Հասկացա՞ն, ի՜նչ էր — էլ չկրակեցին...

Աչքերս նրանց կողմը՝ կատոլը կախ արի... Հիմի էլ, արի տես, թոկը կարճ է, ջրին չի հասնում... Ի՞նչ անեմ: Վերցրի գոտիկս կապեցի թոկի ծերը. հասավ:

Ջուրը հանեցի. հանեցի ու նորից աղլուխս նրանց կողմը թափ տալով, կատոլն առած վազում եմ: Ո՜նց եմ վազում. ձի զցես՝ չես հասնի: Ես վազում եմ, իսկ ավստրացիք ետևիցս ծիծաղում են: Էդ ես հետո իմացա. տղերքը դուրբինով նայել էին, պատմեցին:

Դեռ կես ճամփին եմ— մերոնք «ուռա՜» կանչեցին:

— Մալադե՜ց Բաղդասար, մալադե՜ց Բաղդասար:

Էլ Բաղդասարին հալ է մնացել:

Հասա ու տղերանց հետ ինքս ծիծաղում եմ իմ արածի վրա...

Բայց էդ ոչինչ: Դու էս ասա, թե մի կատոլ ջուրը քանի՞ մարդու ծարավ կկոտրի: Մի քանիսը խմեցին — հատավ: Մնացածներն էլ մնացին ծարավ: Դե, գիտեք. ծարավ մարդու մոտ ջուր են խմում՝ ավելի է ծարավում: Ջուրը ամենից առաջ տվինք, իհարկե, մեր վաշտապետին, հետո ո՜վ ավելի ծարավ էր:

Մի հինգ— վեց հոգի խմեց՝ հատա՜վ:

Տղերքը թե՝ արի՜, Բաղդասար, մեկ էլ գնա...

Խնդրում են, աղաչում:

Մտածում եմ՝ գնա՞մ, չգնա՞մ: Ամեն անգամ պապը գաթա չի ուտիլ: Ավստրացիք են, քեռուս տվերքը չեն. մի անգամ թողին — լա՜վ, երկրորդ անգա՞մ... Մտածեցի ու ասի՝ արի՝ մեկ էլ գնամ, ինչ կլի՝ կլի՜... Էդպես ժամանակ մարդ հարբածի պես է ըլում: Շաշի պես հավեսի էի ընկել...

Էս անգամ վերցրի երկու կատոլ: Էլ ոչ թե սողում եմ առաջվա պես, կամ չոքե—չոք եմ գնում, այլ կանգնած: Աղլուխս թափ եմ տալիս ու առաջ գնում: Ավստրացիք էլ նայում են: Կարծես սպասում են, թե մի բան պըտի ասեմ:

Հասնում եմ ջրհորին, նորից մի քանի անգամ ձեռս բերանս եմ տանում, աղլուխս շարժում եմ ու կատոլը կախում: Ավստրացիքս էլի նայում են: Առաջվա պես էլի՝ ոչի՜նչ... Բան չեն ասում...

Կատոլները լցրի ու ետ՝ աղլուխս թափ տալով բերի:

Նոր տեղ էի հասել, մին էլ տղերքը թե՝

— Հրե՜ մի ավստրացի է գալի:

Ետ դառնամ տեսնեմ՝ դրո՜ւստ: Մի ավստրացի շոր թափ տալով՝ գալիս է: Եկավ, եկավ ու — ըհը՝ — տեսնենք մի աման էլ ձեռին:

Մերոնք թե՝

— Ջրի է գալի...

Դրուստ որ: Եկավ ջրհորի մոտ կանգնեց ու ձեռի շորը թափ տվեց մեր կողմը:

Մերոնք թե՝

— Այ տղա, նրանք էլ են ծարավ էլել...

Ու թե դուք ժաժ եք եկել էնտեղ, մերոնք էլ էնպես: Բան չարին:

Ավստրացիս կռացավ, ջուր հանեց ու տարավ:

Էդ որ մերոնք տեսան, սիրտ առան: Թե՝ տղերք, եկեք մեկ—մեկ գնանք ջուր բերենք: Բաղդասարը հո փողրաթ չի արել...

Ինչպես ասի — տղերանց մեծ մասը ծարավ էր դեռ: Էդ խոսքի վրա բոլորը թե՝

— Գնա՜նք:

Վաշտապետին ասին: Էլի մի քիչ չեմ ու չում արավ, բայց թողեց:

Տղերքը գնացին:

Առաջ մեկ—մեկ, հետո՝ երկու—երկու...

Էդ որ ավստրացիք տեսան՝ իրանք էլ եկան:

Մենք գնացինք, նրանք եկան, մենք գնացինք, նրանք եկան, ու մին էլ տեսանք մեր զինվորների կեսը իրես ջրհորի գլխին: Մենք ու ավստրացիք խառնվել ենք իրար: Խոսում ենք, բայց իրար չենք հասկանում: Հասկանում ենք նշաններով: Մենք ասում ենք՝ «Վաղա խորոշ», նրանք էլ՝ «գո՜ւթ, գո՜ւթ»... Էդպես խոսում ենք, ջուր ենք հանում, խմում, իրար հյուրասիրում ու ծիծաղում... Ես մինչև հիմա էլ չեմ հասկանում, թե ինչի՞ էինք ծիծաղում... Էնքանը գիտեմ, որ ուրախ էինք, շա՛տ էինք ուրախ... Մինչև անգամ, երբ ջրից կշտացանք՝ սկսեցինք երես, ձեռներ լվանալ: Հետո ջրհորի էդ ժուրավլը կռացրինք, բարձրացրինք, կռացրինք, բարձրացրինք... Ինչպես երևում էր՝ երկար ժամանակ չէր բանել — ճռում էր, ճռճռում ու էնպես ձեներ հանում, ոնց որ հարյուր տարվա հիվանդ: Դրա ճռճռոցի վրա ծիծաղում ենք, հանաքներ անում... Ավստրացիք էլի ինչ—որ բան են հարցնում՝ չենք հասկանում: Նրանք «գո՛ւթ—գո՛ւթ», մենք «խարաշո՛, խարաշո՛»: Նրանք մեզ հացի կտորներ են տալիս, մենք նրանց պապիրոս: Ու էլի իրար ենք անցնում ու ժպտում:

Չգիտեմ, ինչքան ժամանակ էր անցել— մի րոպե թե մի ժամ— մին էլ տեսնենք մեր դիրքերից ձեն են տալի.

— Ռեբյատա՛...

Ոնց ենք վազում՝ էլ դու պրծար:

Ետ եկանք: Վաշտապետը ծիծաղում է:

— Հը՞, կշտացա՞ք,— ասում է:

Մենք գլխով ենք անում:

— Դա, վաշե բլագարոդիյե:

— Իսկ ավստրացոց հետ ի՞նչ էիք անում,— հարցնում է:

— Ոչինչ,— ասում ենք,— նրանց լեզուն չենք հասկանում:

Նա գլուխն օրորում ու բեղի տակ ծիծաղում է:

Հետո թե՝

— Լավ չի՞,— ասում է,— երբ մարդիկ էսպես մոտիկ բարեկամ են իրար:

Նրա էս խոսքերի միտքը էդ ժամանակ լավ չհասկացա, բայց տղերանց հետ էլի գլխով արի.

— Իհարկե, վաշե բլագարոդիյե...

Էլ չխոսեց: Մենք էլ ծարավներս կոտրած, հանգստացանք: Նստել ու խոսում ենք, թե՝ ո՛նց պատահեց էս բանը. ո՛նց էլավ, որ ավստրացիք մեզ մոտ թողին ջրհորին: Մի քանիսը թե՝ «իրենք էլ ծարավ էին՝ դրա համար...»:

Խոսում ենք մեզ համար, մին էլ՝ իրիկնապահին մի հրաման, թե պետք է առաջ գնանք, պետք է կրակել: Կրակե՛լ... Արի տես, որ տղերանցից ոչ մինը սիրտ չի անում կրակելու: Ձեռներիս չի բռնում, հասկանո՞ւմ եք: Քիչ առաջ իրար հետ ասում, ծիծաղում էինք՝ հիմի... չի ըլնում: Վերջը, վերջը մեզ զոռ արինք. կրակում ենք, բայց վա՛յ էն կրակելուն... Մարդուն որ չես տեսել՝ ուրիշ բան է. կկրակես, կքշես՝ գնա. բայց որ տեսել ես, հետը խոսել, էն էլ մի երկու ժամ առաջ — ուրի՛շ է: Չի ըլում... Կրակում ենք, բայց էնպես: Գցում ենք օդի մեջ, գնում է...

Կրակեցինք, կրակեցինք, բայց էլի էն, էլի էն: Առավոտը մենք մեր դիրքերում էինք, ավստրացիք իրենց:

Բայց արի տես, թե բանից ի՞նչ դուրս եկավ: Մի օր անց՝ մեր վաշտապետին կանչեցին տարան: Նրանցից ետը մեր կապիտանը, նրա հետ էլ մի ուրիշ պարուչիկ եկան մեզ մոտ՝ խոսեցին: Կապիտանը, չոր, երկար մարդ էր՝ սարթ բնավորության տեր: Զինվոր տեսներ թե չէ՝ նկատողություն. «Ինչո՞ւ է գլխարկդ ծուռ», «Ինչո՞ւ լավ չբարևեցիր», «Ինչո՞ւ շորերդ, շինելդ լավ չես կոճկել» ու էսպես բաներ: Եկավ սա ու սկսեց, թե՛ դուք, ասում է, եկել եք թշնամու դեմ կռվելու, պետք է կռվեք, ասում է, ինչպես կարգն է: Մի հավատաք, ասում է, էն մարդկանց, որ ձեզ կասեն թե, ավստրացիք մեր բարեկամներն են: Սո՛ւտ է, ասում է. էդ բոլոր մարդիկ ստախոս են. դրանք հայրենիքի դավաճաններ են...

Խոսեց, խոսեց ու վերջն էլ թե՝

«Ձեր վաշտապետը սրանից եդը սա կլինի»:

Այսինքն՝ հետը եկած պարուչիկը:

Խոսեց ու գնաց:

Իսկ մեր վաշտապե՞տը՝ Վասիլի Վլասի՞չը: Ո՞ւր տարան, ի՞նչ եղավ... Հարցուփորձ, հարցուփորձ— վերջը իմացանք, որ սպանել են... Մնացինք զարմացած, թե ինչո՞ւ: Նրանից էլ լավ մա՛րդ... Բոլորիս դրության մեջ մտնում էր, երբ մի բան էինք խնդրում՝ «չէ» չկար: Հիվանդ ժամանակներս գալիս էր մեզ տես, վիրավորված զինվորներին տանելու ժամանակ համբուրում էր, հետո նամակներ էր գրում, սիրտ տալի (էդպես մի նամակ էլ ես եմ ստացել): Իսկ մնացածի հետ՝ ոնց որ ախպեր. կգար ձեռը մեջքներիս կխփեր, կհարցներ՝ ո՞նց ենք, ի՞նչ ենք... Ու էս բաների համար սիրում էինք նրան... Բայց արի տես, որ «վատ մարդ» է եղել, ասում է: «Վատը» ո՞րն է, ի՞նչ է արել: Էլի հարցուփորձ, հարցուփորձ— վերջը, իմացանք՝ մեղքը է՛ն է, որ թույլ է տվել, ասում է, իրա զինվորներին թշնամու զինվորների հետ խոսելու և չի թողել թշնամու վրա կրակեն... Էդ որ իմացանք՝ կատաղեցինք: Էդքան էլ սո՛ւտ... Չէ՞ որ մարդը, ասում ենք, էդ բոլորն արավ. որ ծարավ չմեռնենք: Էլ ինչո՞ւ է էդ սուտը:

Խոսում ենք, բայց սրտներս էրվում է: Մտածում ենք, որ մարդը մեր պատճառով սպանվեց: Մտածում ենք, բայց ամեն մեկիս սրտին կարծես մի քար է ընկել... Մի օր էլ հինգ—վեց հոգի խոսում ենք էսպես, զարմանում, զայրանում, թե էդպես մի բան... Տղաներից մեկը վեր կալավ թե՝ «էդ բոլորը մեր կապիտանի գործն է»: Մթամ սպանելու պատճառը նա է եղել: Մտածում ենք— դրուստ որ— բոլորը նրա գործն է: Կարող էր, չէ՞, ձեն չհանել. իմացածը ուրիշների՝ մեծերի — ականջը չգցել, եթե դրուստ էլ ըլներ էն, ինչ ասում էին: Ուր մնաց որ՝ սուտ... Մեր մեջ կային ռուս, խախոլ, հայ, վրացի, լատիշ: Բոլորն էլ հավասար ցավում են. «Խե՛ղճ մարդ»... «Խե՛ղճ Վասիլի Վլասիչ»... Ցավում ենք ու չենք իմանում ի՛նչ անենք... Մի օր էլ էսպես հինգ—վեց հոգով խոսում ենք, մեր ռուսը— Պավլուշա էինք ասում— վեր կալավ թե՝ «դրան էլ, ասում է, նրա օրը պիտի զգել»: Վրացի Դաթիկոն էլ է՛ն կողմից. «Ուղիղ է, ասում է, պե՛տք է...»:

Անցավ մի շաբաթ, ավստրացիք առաջ եկան, նորից ետ գնացին, ու էս անգամ, երբ ետ գնացին՝ մենք մեր դիրքերը հասցրեցինք ջրհորին: Ու հենց էդտեղ մի գիշեր, երբ կապիտանը, ամեն անգամվա պես, եկել էր պրավերկի— մեր տղերքը, կրակոցի ժամանակ, և—ևս արին դրան... Ու երբ առավոտը դրա մարմինը գտան ջրհորի մոտ, բոլորն էլ կարծեցին, որ անցնելու ժամանակ ավստրացիք են խփել:

Էդպես էլ գրեցին գազեթներում...

1920

Յանկ